Amerikanisch

(*Amerikanisches Englisch*)

ohne Mühe

Die Methode für jeden Tag

Amerikanisch
(*Amerikanisches Englisch*)
ohne Mühe

von

David APPLEFIELD

Deutsche Übersetzung und Bearbeitung von

Susanne GAGNEUR

Zeichnungen von J.L. Goussé

ASSiMiL®
Der Sprachverlag

Körnerstrasse 12
50823 Köln
Deutschland

ISBN 978-3-89625-005-6

Der Assimil-Verlag bietet folgende Sprachkurse an:

Grundkurse Niveau A1–B2 / Reihe "ohne Mühe"

Amerikanisch • Arabisch • Brasilianisch
Bulgarisch • Chinesisch • Chinesische Schrift
Dänisch • Deutsch (als Fremdsprache) • Englisch
Finnisch • Französisch • Griechisch • Hindi
Indonesisch • Italienisch • Japanisch • Kanji-Schrift
Koreanisch • Kroatisch • Latein • Luxemburgisch
Niederländisch • Norwegisch • Persisch • Polnisch
Portugiesisch • Rumänisch • Russisch • Schwedisch
Spanisch • Suaheli • Thai • Tschechisch
Türkisch • Ungarisch • Vietnamesisch

Vertiefungskurse Niveau B2–C1 / Reihe "in der Praxis"

Englisch • Französisch • Italienisch • Russisch • Spanisch

Weitere Sprachkurse in Vorbereitung

... Aktuelles und weitere Infos unter **www.AssimilWelt.com**

Die Tonaufnahmen

mit den fremdsprachigen Texten aller Lektionen und Verständnisübungen aus diesem Kurs – insgesamt 165 Min. Spieldauer – können Sie im Internet oder bei Ihrem Buchhändler bestellen: **American English**

4 Audio-CDs ISBN 978-3-89625-155-8
1 MP3-CD ISBN 978-3-89625-605-8

INHALT

VERZEICHNIS DER LEKTIONEN

ANHÄNGE

VORWORT

Willkommen bei “Amerikanisch ohne Mühe”! Wir freuen uns, dass Sie diesen Assimil-Kurs gewählt haben, um sich die Grundstrukturen des amerikanischen Englisch anzueignen, einer Sprache, die heute nicht nur von mehr als 270 Millionen Menschen in den USA, sondern darüber hinaus noch von fast doppelt so vielen Menschen auf der ganzen Welt gesprochen wird, die sich alle des Amerikanischen als internationaler Sprache bedienen.

Amerika! Allein der Name erzeugt bei den meisten Menschen bereits Fernweh! Sofort denkt man an Begriffe wie “Land der unbegrenzten Möglichkeiten”, “Neue Welt” und “American Way of Life”. Amerika – das sind faszinierende Metropolen, atemberaubende Natur, historische Stätten und kulturelle Highlights. Da sind New York, San Francisco, Los Angeles, die Nationalparks, rauschende Wasserfälle und Gebirge, Flüsse und Seen, endlose Weiten. Amerika ist der Schmelztiegel der Kulturen; Eingewanderte aus der gesamten Welt, vor allem aus Europa, haben das Gesicht Amerikas geprägt und auf die Kultur, die Lebensweise und vor allem die Sprache großen Einfluss genommen.

Diese Sprache zu entdecken, ihre Grundstrukturen mühelos zu erlernen und sie so zu beherrschen, dass Sie sich auf einer Reise durch dieses faszinierende Land oder auch im Gespräch mit aus Amerika stammenden Personen hier in Europa in lebendigem, modernem und authentischem Amerikanisch verständigen können – das ist das Ziel des vorliegenden Kurses.

HINWEISE ZUR VERWENDUNG DIESES BUCHES

Allgemeines

Das vorliegende Lehrwerk richtet sich an Personen, die noch nicht über Englisch- oder Amerikanischkenntnisse verfügen, aber auch an Personen, die bereits Amerikanischkenntnisse haben und diese auffrischen oder ausbauen möchten. Es vermittelt in 105 Lektionen modernes und lebensnahes Amerikanisch. Insgesamt umfasst der Wortschatz, den Sie in diesem Kurs erlernen, ca. 2.000 Vokabeln.

Die Voraussetzung für Ihren Lernerfolg ist die Regelmäßigkeit, mit der Sie lernen. Widmen Sie der amerikanischen Sprache täglich eine halbe Stunde. Haben Sie einmal wenig Zeit, so vermindern Sie die Lerndosis lieber, als dass Sie sie ganz streichen. Sie müssen nicht pro Tag eine Lektion durcharbeiten, sondern können eine Lektion auf zwei oder drei Tage verteilen. Lernen Sie nicht "zwischen Tür und Angel" oder wenn Sie unter Stress stehen oder zu müde sind. Wählen Sie zum Lernen einen Ort und eine Tageszeit, der bzw. die auf Ihre Lerngewohnheiten abgestimmt ist.

Lesen Sie auf jeden Fall die Einleitung, besonders die Erläuterungen zur Aussprache und die Liste der Laute. Beides ist eine wichtige Ergänzung zu den Tonaufnahmen; außerdem wird hier beschrieben, wie Sie die vereinfachte Lautschrift lesen. Vor allem in den ersten Tagen Ihres Studiums sollten Sie sich die Liste der Laute möglichst täglich ansehen und die Laute laut und deutlich nachsprechen.

Passive und aktive Phase

Wie alle Assimil-Kurse gliedert sich auch dieser Kurs in eine passive und eine aktive Phase (auch "Zweite Welle"). Bis Lektion 49 lernen Sie zunächst passiv, d. h., Sie sollen nur verstehen, was Sie lesen und was Sie hören. Sie sollten möglichst oft die Aufnahmen anhören, die Aussprache trainieren, die Anmerkungen lesen und die Übungen absolvieren. In dieser Phase bilden Sie noch keine eigenen Sätze, sondern sammeln lediglich passiv Wortschatz an.

Mit Lektion 50 beginnt die aktive Phase oder "Zweite Welle". Sie finden nun am Ende jeder Lektion den Hinweis "Zweite Welle:", gefolgt von einer Lektionsnummer. Nachdem Sie eine Lektion wie gewohnt studiert haben, gehen Sie zurück zu der angegebenen Lektion und arbeiten diese aktiv durch, d. h., Sie sollen den deutschen Dialog auf der rechten Buchseite auf Amerikanisch formulieren, wobei Sie die linke Buchseite zudecken. Dies üben und wiederholen Sie so lange, bis Sie den Text korrekt in die Fremdsprache übersetzen können.

AUFBAU DER LEKTIONEN

A. Lektionstext

Auf jeder linken Buchseite finden Sie den fremdsprachigen Lektionstext, auf der gegenüberliegenden Buchseite die deutsche Übersetzung, die eine sinngemäße Übersetzung ist. Um Ihnen vor allem am Anfang das Verständnis zu erleichtern, finden Sie in den Sätzen, in denen es nötig ist, auch die wörtliche Übersetzung einzelner Wörter oder Satzteile in runden Klammern (...). Dagegen sind Satzteile oder Ausdrücke im Deutschen, die im amerikanischen Text nicht vorhanden sind, jedoch für das Verständnis oder für die syntaktische Korrektheit des Deutschen wichtig sind, mit eckigen Klammern versehen [...]. Fettgedruckte Zahlen am Satzende im amerikanischen Text verweisen auf die Anmerkungen (siehe Punkt C.).

B. Vereinfachte Lautschrift / Aussprache (PRONUNCIATION)

Unter dem Lektionstext finden Sie einen mit **PRONUNCIATION** ("Aussprache") überschriebenen Absatz, der den Lektionstext in vereinfachter Lautschrift wiedergibt. Hierbei handelt es sich nicht um die internationale Lautschrift, sondern um eine speziell von ASSIMIL für "deutsche Zungen" entwickelte Lautschrift, die Ihnen die Aussprache des Amerikanischen erleichtern soll. Die einzelnen Silben der Wörter sind durch Bindestriche voneinander getrennt. Betonte Silben sind fett gedruckt. Bis Lektion 48 wird jeweils der gesamte Dialog in vereinfachter Lautschrift wiedergegeben, ab Lektion 50 nur noch die Ausdrücke und Wörter, deren Aussprache schwierig oder ungewöhnlich ist. Wie Sie die Lautschrift lesen, wird in der vorliegenden Einleitung erläutert.

C. Anmerkungen

Fettgedruckte Zahlen im amerikanischen Lektionstext verweisen auf die Anmerkungen, die grundsätzlich auf der gleichen Buchdoppelseite zu finden sind; das erspart Ihnen umständliches Hin- und Herblättern. Die Anmerkungen enthalten in Kürze wichtige Informationen zum Verständnis des jeweiligen Satzes, eines Satzteils oder eines Wortes bzw. deren Grammatik, ergänzenden Wortschatz, Synonyme und Antonyme zu bestimmten Wörtern und gelegentlich landeskundliche Details.

D. Verständnisübung mit Lösung

Die 1. Übung jeder Lektion ist eine aus wenigen amerikanischen Sätzen bestehende Verständnisübung, in der das Vokabular der aktuellen Lektion und auch der letzten Lektionen wieder aufgegriffen und in einen anderen Kontext eingebettet wird. Anhand dieser Übung können Sie feststellen, ob Sie den bisher gelernten Wortschatz verstanden und assimiliert haben. Die Lösung dieser Übung finden Sie in Form der deutschen Übersetzung der Übungssätze auf der gegenüberliegenden rechten Buchseite.

E. Lückentextübung mit Lösung

Die 2. Übung jeder Lektion ist eine Lückentextübung, die ebenfalls auf dem bislang erlernten Vokabular basiert. Hier sollen Sie auf der Grundlage der angegebenen deutschen Sätze in die darunter stehenden amerikanischen Sätze fehlende Wörter einsetzen. Die "Lücken" werden durch Punkte dargestellt, wobei jeder Punkt für einen Buchstaben steht. Die Lösung zu dieser Übung, d. h. die fehlenden Wörter, die Sie einsetzen müssen, finden Sie auf der gegenüberliegenden rechten Buchseite.

F. Motivationshinweise

Alle paar Lektionen finden Sie kleine Absätze in Kursivschrift, die dazu dienen sollen, Sie zu ermuntern und zu motivieren, Sie also sozusagen "bei Laune zu halten". Sie enthalten auch wichtige Tipps für das effektive Lernen und für Situationen, in denen Sie auf Schwierigkeiten stoßen oder in denen Sie sich demotiviert fühlen.

G. Wiederholungslektionen

Jede 7. Lektion ist eine Wiederholungslektion. Hier wird in systematischer Form die Grammatik der vorangegangenen sechs Lektionen wiederholt, vertieft und anhand von Beispielen erläutert. In diesen Lektionen finden Sie u. a. auch Konjugations-, Deklinations- und Wortschatzlisten, die Sie vielleicht in den Lektionen vermisst haben. Zur Auflockerung enthalten einige dieser Lektionen auch landeskundliche Informationen.

H. Persönliche Notizen

Da die Ränder dieses Buches sehr schmal sind, wollen wir Ihnen schließlich auch ein bisschen Platz geben, sich eigene Bemerkungen zu notieren, seien es Fragen, zusätzliche Vokabeln oder persönliche "Eselsbrücken".

I. Illustrationen

Schenken Sie schließlich auch unseren mit viel Liebe gemachten Illustrationen ein bisschen Aufmerksamkeit. Jede Karikatur dreht sich um einen Satz aus der Verständnisübung der jeweiligen Lektion. Vielleicht helfen Ihnen die Illustrationen, sich bestimmte Redewendungen oder Ausdrücke besser zu merken, weil Sie sie dann mit einem Bild bzw. einer Situation verbinden können.

J. Tonaufnahmen

Sie können zwar mit dem Lehrbuch alleine lernen, wir empfehlen Ihnen dennoch dringend, die dazugehörigen Tonaufnahmen zu erwerben. Sie enthalten sämtliche amerikanischsprachigen Lektionstexte sowie die amerikanischen Sätze der Verständnisübungen. Professionelle Sprecherinnen und Sprecher gewährleisten eine hohe Authentizität in Aussprache, Betonung und Satzmelodie. Dem häufigen Anhören der Tonaufnahmen kommt bei Assimil eine besondere Bedeutung zu, denn hierdurch entwickelt sich sehr schnell ein Sprachgefühl. Sie optimieren Ihre Aussprache und entwickeln rasch Automatismen, um eigenständig Grammatikregeln abzuleiten und diese auf andere Wörter und Ausdrücke zu übertragen. Dies hilft sehr dabei, beim aktiven Sprechen auch eigene Fehler zu korrigieren. Beachten Sie, dass die Wiederholungslektionen nicht auf den Tonaufnahmen enthalten sind.

ARBEITSWEISE

1. Hören Sie sich zunächst die Lektion mehrmals hintereinander auf den Tonaufnahmen an und vergleichen Sie die Aussprache mit der vereinfachten Lautschrift unter dem Lektionstext.

2. Hören Sie sich dann die Lektion erneut an und lesen Sie den amerikanischen Dialog Satz für Satz laut mit, wobei Sie versuchen sollten, der Aussprache der Sprecherin bzw. des Sprechers möglichst nahe zu kommen. Lesen Sie beim Nachsprechen immer wieder die Übersetzung auf der rechten Buchseite. Sprechen Sie die Sätze laut und mit Nachdruck, wie ein Schauspieler auf einer Bühne.

3. Wenn es zu einem Satz eine Anmerkung gibt, so lesen Sie diese.

4. Hören Sie sich am Ende die Lektion noch einmal komplett auf den Tonaufnahmen an.

5. Lesen Sie jeden Satz so oft laut, bis Sie ihn wiederholen können, ohne ins Buch zu sehen.

6. Hören Sie sich die Lektion noch einmal komplett an.

7. Wenn Sie den gesamten Lektionstext verstanden, die Aussprache geübt und die Anmerkungen gelesen haben, absolvieren Sie die Verständnisübung, am besten schriftlich.

8. Arbeiten Sie anschließend, am besten schriftlich, die Lückentextübung durch, natürlich ohne zwischendurch auf die Lösung zu sehen!

9. Gehen Sie erst dann zur nächsten Lektion über, wenn Ihnen die aktuelle Lektion keine Schwierigkeiten mehr bereitet und Sie die Lektions- und Übungstexte gut verstehen!

DIE AUSSPRACHE DES AMERIKANISCHEN

Wie bereits erwähnt, geben wir Ihnen in diesem Buch eine vereinfachte Lautschrift an die Hand, die eine Hilfestellung für die Aussprache des Amerikanischen sein soll und die im gesamten Buch durch kursiv gedruckten Text in eckigen Klammern [*Laut*] gekennzeichnet ist. Ein langer und ausführlicher Diskurs über die Aussprachenuancen der 46 unterschiedlichen Laute würde nur dazu führen, dass Sie die Geduld verlieren. Und Sie wollen ja so schnell wie möglich mit dem Lernen – und auch mit dem Sprechen – beginnen.

Lesen Sie die unter PRONUNCIATION aufgeführte Lautschrift, wie sie dort steht, Buchstabe für Buchstabe (also *ei* als e-i, *nicht* wie in "Ei") und beachten Sie die im Folgenden genannten Besonderheiten bei der Aussprache einzelner Laute:

- Sprechen Sie den in der Lautschrift mit *ä* wiedergegebenen Laut wie eine Mischung aus ä und a.
- Sprechen Sie den mit *ö* wiedergegebenen Laut wie ein kurzes dunkles e wie in "Küch<u>e</u>" (fast wie ein ö).
- Das amerikanische "l" (Lautschrift *l*) ist ein "retroflexes" und weit in der Kehle gesprochenes l, was bedeutet, dass die Ränder des hinteren Zungenteils breit gegen die Backenzähne des Oberkiefers gedrückt werden.
- Das amerikanische "r" (Lautschrift *r*) ist ein "retroflexes" und weit in der Kehle gesprochenes r, was bedeutet, dass die Zungenspitze Richtung Gaumen gebogen und die Ränder der Zunge breit gegen die Backenzähne des Oberkiefers gedrückt werden.
- Das amerikanische "th" (sprich *ti-eitsch*) gleicht in der Aussprache einem gelispelten s, d. h., Sie erzeugen es am besten, indem Sie ein f sprechen und die Zungenspitze zwischen die Schneidezähne schieben. Es gibt diesen Laut stimmlos (d. h., die Stimmbänder werden nicht eingesetzt und der Laut wird durch Luftausstoß zwischen den Lippen erzeugt; Lautschrift [*fß*]) und stimmhaft (die Stimmbänder vibrieren, es erfolgt kein Luftausstoß; Lautschrift [*fs*]).
- Bei dem in der Lautschrift mit *wu* wiedergegebenen w ist zu beachten, dass es nicht wie das deutsche w (die Unterlippe berührt die oberen Schneidezähne) gesprochen wird, sondern wie ein mit sehr spitzen Lippen und leichtem Luftausstoß gesprochenes u.

- Ein Doppelpunkt (:) nach einem Vokal bedeutet, dass dieser Vokal lang gesprochen wird.
- Eine Tilde (~) hinter einem Vokal bedeutet, dass dieser wie der entsprechende französische Nasallaut gesprochen wird.
- Eine Tilde (~) hinter einem Konsonanten bedeutet, dass dieser stimmlos gesprochen wird (d. h., die Stimmbänder werden nicht eingesetzt, der Laut wird durch Luftausstoß zwischen den Lippen erzeugt).

LISTE DER LAUTE DES AMERIKANISCHEN

A. Vokale

Phon. Zeichen	Beschreibung	Beispielwort
a	kurzes a wie in "hat"	dug [*dag*] "gegraben"
a:	langes a wie in "Nase"	car [*ka:r*] "Wagen"
a~	Nasallaut in französischen Lehnwörtern	ensemble [*a~-**ßa**~mbl*] "Ensemble"
ä	kurzes ä wie in "plätten"	fat [*fät*] "fett"
ä:	langes ä wie in "Käse"	fairy [***fä:**-ri*] "Fee"
ä~	Nasallaut in französischen Lehnwörtern	lingerie [*lä~-sch~ö-**ri***] "Wäsche"
ai	a-i wie in "Mais"	fine [*fain*] "fein"
ao	a-o wie in "Haus"	now [*nao*] "nun"
e	kurzes e wie in "Wetter"	met [*met*] "getroffen"
ei	e-i	fate [*feit*] "Schicksal"
ö	kurzes dunkles, geschlossenes e wie in "Katze"	ago [*ö-**gou***] "seit"
ö:	wie ö, aber lang gesprochen	fur [*fö:r*] "Pelz"
i	kurzes i wie in "bitte"	bit [*bit*] "bisschen"
i:	langes i wie in "Tiefe"	meat [*mi:t*] "treffen"
i͜e	i mit nachfolgendem kurzem e	nearly [***ni͜er**-li*] "fast"
o	kurzes o wie in "Koch", das leicht zum a tendiert	got [*got*] "erhalten"
o:	wie o, aber lang gesprochen	paw [*po:*] "Faust"
o~	Nasallaut in französischen Lehnwörtern	fait accompli [***feit** ö-**ko**~-pli*] "vollendete Tatsache"
oi	o-i wie in "heute"	boil [*boil*] "kochen"
ou	o-u	goat [*gout*] "Ziege"
u	kurzes u wie in "Mutter"	book [*buk*] "Buch"
u:	langes u wie in "Muse"	boot [*bu:t*] "Stiefel"
u͜ö	u mit nachfolgendem kurzem ö	tourist [***tu͜ö**-rißt*] "Tourist"

B. Konsonanten

Phon. Zeichen	Beschreibung	Beispielwort
b	b	book [*buk*] “Buch”
ch	ch wie in “Kachel”	loch [*loch*] “See”
d	d	dog [*dog*] “Hund”
dsch	wie der Anlaut von “Dschungel”	jam [*dschäm*] “einklemmen”
f	f	fat [*fät*] “fett”
g	g	good [*gud*] “gut”
h	h	hat [*hät*] “Hut”
j	j wie in “jung”	yet [*jet*] “noch”
k	k	kit [*kit*] “Bausatz”
l	l	lot [*lot*] “Menge”
m	m	mat [*mät*] “Matte”
n	n	not [*not*] “nicht”
ng	Nasallaut ng, wie in “singen”	sing [*ßing*] “singen”
p	p	pet [*pet*] “Haustier”
r	retroflexes kehliges r (nicht gerollt!; siehe Einleitung)	rat [*rät*] “Ratte”
ß	stimmloses s wie in “Rast”	sip [*ßip*] “schlürfen”
s	stimmhaftes s wie in “Reise”	zip [*sip*] “Reißverschluss”
sch	stimmloses sch wie in “Schiff”	ship [*schip*] “Schiff”
sch~	stimmhaftes sch wie in “Garage”	vision [***vi**-sch~n*] “Vision”
t	t	tip [*tip*] “Trinkgeld”
tsch	tsch wie in “Matsch”	chin [*tschin*] “Kinn”
fß	stimmloses gelispeltes s (siehe Einleitung)	thin [*fßin*] “dünn”
fs	stimmhaftes gelispeltes s (siehe Einleitung)	the [*fsö*] “der, die, das”
v	w wie in “Vase”	van [*vän*] “Lieferwagen”
wu	mit gespitzten Lippen gesprochenes u mit leichtem Luftausstoß	win [*wu**in***] “gewinnen”

▶ First Lesson [*fö:rßt leßn*]

Nice to **Meet** You ①②

1	– **What's** your **name**? ③
2	– **Jack**. **What's** yours? ④
3	– **Bill**. ⑤
4	– **Nice** to **meet** you, **Bill**. ⑥
5	– **Like**wise.

PRONUNCIATION [*prö-nan-**ßiei**-schön*]

[***naiß*** *tu:* ***mi:t*** *ju:* **1** *wuotß jur* ***neim****?* **2** *dsch~****äk****. wuotß* ***jurs****?* **3** *bil.* **4** ***naiß*** *tu:* ***mi:t*** *ju:, bil.* **5** ***laik****-wuais.*]

Dies ist Ihre erste Lektion. Sie lernen hier, wie Sie eine andere Person höflich begrüßen. Hören Sie sich besonders sorgfältig die Aufnahmen an und üben Sie gründlich die Aussprache.

Erste Lektion

Schön, Sie kennenzulernen (wörtlich: zu treffen)

1 - Wie heißen Sie? (wörtlich: Was ist Ihr Name?)
2 - Jack. Und Ihrer? (wörtlich: Was ist Ihrer?)
3 - Bill.
4 - Schön, Sie kennenzulernen, Bill.
5 - Ebenso.

Denken Sie daran: Die runden Klammern im deutschen Text umfassen die wörtliche Übersetzung des Amerikanischen. Die eckigen Klammern umfassen Satzteile, die im Amerikanischen nicht vorkommen, jedoch für das Verständnis des Deutschen erforderlich sind.

ANMERKUNGEN

① So sagt man "Schön, Sie/dich kennenzulernen". Die Grundbedeutung von **to meet** ist "treffen".

② "Du" (2. Person Singular) und "Sie" (Anrede, Höflichkeitsform) heißt beides **you**. Wie **you** übersetzt wird, hängt daher immer vom Kontext ab bzw. davon, wie gut die Gesprächsbeteiligten sich kennen.

③ **What's** ist die Kurzform von **What is...** "Was ist ...?" Solche Kurzformen werden in der gesprochenen Sprache häufig verwendet.

④ **Your** ist das Possessivpronomen (besitzanzeigendes Fürwort) für die 2. Person Singular und Plural und bedeutet je nach Kontext "dein, deine, Ihr, Ihre, euer, eure". **Yours** ist ebenfalls ein Possessivpronomen, es steht jedoch am Satzende. Das Besitztum, auf das es sich bezieht (hier **name**), muss vorher schon einmal genannt worden sein.

⑤ **Bill** ist die Koseform von **William**. Solche Koseformen sind unter den Amerikanern sehr beliebt. Weitere Beispiele: **Thomas - Tom**, **Elizabeth - Betty**. Es ist üblich (auch unter Geschäftsleuten), Personen schon kurz nach dem Kennenlernen mit ihrem Vornamen anzusprechen.

⑥ Der Infinitiv (die Grundform eines Verbs) wird mit dem Wörtchen **to** gebildet. Hier: **to meet** "treffen, kennenlernen".

1. Übung: Verstehen Sie diese Sätze?

❶ Nice to meet you. ❷ Likewise. ❸ What's your name?
❹ What's yours?

2. Übung: Setzen Sie die richtigen Wörter ein!

❶ Wie heißen Sie? (Was ist Ihr Name?)

What's . . . . name?

❷ Und Sie (Was ist Ihrer)?

What's . . . . . ?

❸ Schön, Sie kennenzulernen.

. . . . to . . . .

▶ Second Lesson [*ße-könd leßn*]

Where Are You **From**?

1	– **Where** are you **from**? ①
2	– **Tex**as.
3	– **Me too**! ②
4	– You're **kid**ding! **It's** a **small** world! ③④

PRONUNCIATION [*prö-nan-**ßiei**-schön*]

[***wuer** a:r ju: **from**? **1** wuer a:r ju: from? **2 tek**-ßöß. **3** mi: **tu:**!*
*4 jur **kid**-ding! itß-ö **smo:l wö:rld**!*]

ANMERKUNGEN

① Seien Sie nicht erstaunt, wenn eine Person aus den USA sofort nach dem Kennenlernen fragt, woher Sie kommen und was Sie z. B. beruflich machen. Diese Art der Kontaktaufnahme ist unter Amerikanern ganz üblich; sie wissen gerne sofort, mit wem sie es zu tun haben.

Lösung 1. Übung: Haben Sie verstanden?

❶ Schön, dich/Sie kennenzulernen. ❷ Ebenso. ❸ Wie heißen Sie? (Was ist Ihr Name?) ❹ Und Sie? (Was ist Ihrer?)

❹ Ebenso.

. . . .

❺ Wie heißt du? (Was ist dein Name?)

. . . . ' . your name?

Lösung 2. Übung: Die fehlenden Wörter.

❶ your ❷ yours ❸ Nice - meet you ❹ Likewise ❺ What's

Zweite Lektion

Woher kommen Sie? (Wo sind Sie von?)

1 - Woher kommen Sie?
2 - [Aus] Texas.
3 - Ich (Mir) auch!
4 - Sie machen Witze! Die Welt ist klein (Es ist eine kleine Welt)!

② Die Wörter **to** (Kennzeichen für den Infinitiv, auch "zu, nach"), **too** ("auch") und **two** ("zwei") haben alle die gleiche Aussprache: [*tu:*].

③ **You're kidding** "Sie machen Witze!; Sie scherzen!". Das Verb **to kid** [*tu: kid*] bedeutet "scherzen".

④ **It's** [*itß*] ist die Kurzform von **It is** [*it is*] "es ist, das ist". **It** ist das Personalpronomen (persönliches Fürwort) für das Neutrum ("es"). Man verwendet es für Gegenstände, Tiere und in unpersönlichen Ausdrücken, die wir später noch kennenlernen werden.

5	– What **part** of **Tex**as?
6	– **San** An**to**nio.
7	– **Oh**, I'm from **Hous**ton. ⑤

PRONUNCIATION [*prö-nan-**ßiei**-schön*]

[**5** *wu**ot pa:rt** of **tek**-ßöß?* **6** ***ßän** än-**tou**-niou.* **7** *ou, **aim** from **hju:**-stön.*]

Schon in den ersten Lektionen kommen fast alle typischen Laute des Angloamerikanischen vor. Unterscheiden Sie sorgfältig zwischen stimmhaften und stimmlosen Lauten, z. B. dem stimmhaften ***th****-Laut (in der Lautschrift [fs]) und dem stimmlosen* ***th*** *(in der Lautschrift [fß]). Sprechen Sie das* ***o*** *immer offen, wie z. B. in "kochen", den mit [ö] wiedergegebenen Laut immer wie ein kurzes geschlossenes e, fast wie in kurzes ö. Das stimmhafte s (in der Lautschrift [s]) wird wie im Wort "Hase" gesprochen, das stimmlose (in der Lautschrift ß) wie in "Haus". Das* ***v*** *wird wie unser w gesprochen. Üben Sie die Laute anfangs einzeln, aber laut!*

1st EXERCISE: Do you understand?

[*fö:ßt **äk**-ßör-ßais: **du**: ju: **an**-dö-**ßtänd**?*]

❶ Where are you from? ❷ I'm from Texas. ❸ It's a small world! ❹ What part of Texas are you from? ❺ Me too. ❻ I'm from San Antonio; you're from Houston. ❼ You're kidding!

2nd EXERCISE: Find the right words!

[***ßä**-könd **äk**-ßör-ßais: **faind** fsö **rait wuörds!***]

❶ Ich auch. Ich bin aus Texas.

Me too. . ' . from Texas.

❷ Woher kommen (sind) Sie?

Where . . . you . . . . ?

❸ Die Welt ist klein (Es ist eine kleine Welt)!

It's . small . . . . . !

5 - [Aus] welchem Teil von Texas (Welcher Teil von Texas)?
6 - San Antonio.
7 - Oh, ich komme (bin) aus Houston.

ANMERKUNGEN

⑤ **I'm** [*aim*] ist die Kurzform von **I am** [*ai äm*] "ich bin".

SOLUTIONS OF 1st EXERCISE: Did you understand?

[*ßö-**lu**-schöns of **fö:ßt äk**-ßör-ßais: **did** ju: **an**-dö-**ßtänd**?*]

❶ Woher kommen Sie (Wo sind Sie von)? ❷ Ich komme (bin) aus Texas. ❸ Die Welt ist klein! (Es ist eine kleine Welt!) ❹ [Aus] welchem Teil von Texas kommen (sind) Sie? ❺ Ich auch. ❻ Ich bin aus San Antonio; Sie sind aus Houston. ❼ Sie machen Witze!

❹ Sie machen Witze!

You're . . . . !

SOLUTIONS OF 2nd EXERCISE: The missing words.

[*ßö-**lu**-schöns of **ßä**-könd **äk**-ßör-ßais: fsö **mi**-ßing **wuörds.***]

❶ I'm ❷ are - from ❸ a - world ❹ kidding.

Third Lesson [*fßö:rd leßn*]

At the **Post Of**fice ①

1 – Good **mor**ning, **ma**'am. ②
2 – **Mor**ning. I'd **like** to **send** this **let**ter to **Pa**ris. ③④
3 – **Fran**ce or **Tex**as? ⑤
4 – **Fran**ce of **cour**se! My **daugh**ter lives there.
5 – **Here's** a **stamp**.
6 – **Thank** you. ⑥
7 – **You're wel**come. ⑦

PRONUNCIATION

[***ät fsö poußt o**-fiß **1** gud **mo:r**-ning, **mä**-m. **2 mo:r**-ning, **aid** laik tu: **ßend** fsiß **leddr** tu: **pä**-riß. **3 fra:**nß o:r **tek**-ßöß? **4 fra:**nß of **ko:**rs! mai **do:**-dö livs fser. **5** hi:rs ö **ßtämp**. **6 fßänk** ju:. **7 jur wuel**-kam.*]

Auf dem (An dem) Postamt

1 - Guten Morgen, [gnädige] Frau.
2 - Morgen. Ich möchte (würde mögen) diesen Brief gerne nach Paris schicken.
3 - [In] Frankreich oder [in] Texas?
4 - [In] Frankreich natürlich! Meine Tochter lebt dort.
5 - Hier ist eine Briefmarke.
6 - Danke [Ihnen].
7 - Nichts zu danken (Sie sind willkommen).

ANMERKUNGEN

① Ist Ihnen aufgefallen, dass **post office** hier großgeschrieben ist? In anglophonen Ländern gibt es verschiedene Stile für die Großschreibung in Titeln und Überschriften. Welche Wörter jeweils großgeschrieben werden, kann von der Wortart und ihrer Wichtigkeit, von der Wortlänge und von der Stellung des Wortes abhängen. Wir richten uns nach dem **Chicago Manual of Style**.

② Welche Grußformel benutzt wird, hängt von der Tageszeit ab. Morgens sagt man **Good morning** "Guten Morgen", nachmittags sagt man **Good afternoon** [***gud a:f**-tör-nu:n*], abends sagt man **Good evening** [***gud i:**-vö-ning*] "Guten Abend", und "Gute Nacht" heißt **Good night** [***gud nait***].

③ Beim Sprechen werden bestimmte Silben oder Laute verschluckt. So wird **Good Morning** oft zu **mornin'** abgekürzt.

④ **I would like** "Ich hätte gerne ..." wird in der Umgangssprache gerne verkürzt zu **I'd like: I'd like a cup of coffee** [*aid **laik** ö **kap** of **kof**-fi*] "Ich hätte gerne eine Tasse Kaffee".

⑤ Im Bundesstaat Texas gibt es eine kleine Stadt, die sich Paris nennt und die aus dem Film "Paris, Texas" von Wim Wenders bekannt ist.

⑥ Der englische Laut **th** ist vergleichbar mit unserem "gelispelten" s. Es gibt diesen Laut stimmlos wie in **thank** und stimmhaft wie in **the**. Lesen Sie sich vor allem am Anfang häufig die Einführung in die Phonetik durch und hören Sie sich so oft wie möglich die Aufnahmen an.

⑦ Dies ist der Ausdruck für "Gern geschehen", "Nichts zu danken", wörtlich "Sie sind willkommen".

1st EXERCISE: Do you understand?

❶ Good morning, sir. ❷ Here's a letter. ❸ Thank you, ma'am. ❹ I'd like a stamp. ❺ My daughter lives in Texas. ❻ You're welcome. ❼ Of course.

2nd EXERCISE: Find the right words!

❶ Hier ist ein Brief.

. . . . ' . a letter.

❷ Paris [in] Frankreich. Selbstverständlich.

Paris, France. . . . .

❸ Ich hätte gerne (würde mögen) eine Briefmarke.

. ' . . . . . a stamp.

▶ Fourth Lesson [*fo:rfß leßn*]

Welcome to **Pitts**burgh

1 – Good **after**noon, Mr. **Jack**son, **wel**come to the **o**ffices of Heinz **Ket**chup.

2 – **Thank** you **ve**ry much. **It's nice** to **be** here. ①

3 – Is **this** your **first** trip to **Pitts**burgh?

4 – **Yes**, **first** time in **Pen**nsyl**va**nia, in fact. ②

PRONUNCIATION

[***wuel**-kam tu: **pitß**-bö:rg **1** gud **a:**f-tör-**nu:n**, **miß**-tö **dsch~äk**-ßön, **wuel**-kam tu: fsi: **o**-fi-ßis of **hainß ket**-schap. **2 fßänk** ju: **ve**-ri **matsch**. **itß naiß** tu: **bi:** hi:r. **3** is **fsiß** jur **fö:rßt** trip tu: **pitß**-bö:rg? **4 jeß**, **fö:rßt** taim in **pen**-ßil-**vei**-ni-ö, in **fäkt**.*]

SOLUTIONS OF 1st EXERCISE: Did you understand?

❶ Guten Morgen, [mein] Herr. ❷ Hier ist ein Brief. ❸ Danke, [gnädige] Frau. ❹ Ich hätte gerne (würde mögen) eine Briefmarke. ❺ Meine Tochter lebt in Texas. ❻ Gern geschehen. (Sie sind willkommen.) ❼ Selbstverständlich.

❹ Meine Tochter lebt in Paris.

My daughter ..... in Paris.

❺ Ich würde gerne (würde mögen) diesen Brief verschicken.

I'd like .. .... this letter.

SOLUTIONS OF 2nd EXERCISE: The missing words.

❶ Here's ❷ Of course ❸ I'd like ❹ lives ❺ to send

Vierte Lektion

Willkommen in (zu) Pittsburgh

1 - Guten Tag (Nachmittag), Herr Jackson, willkommen in (zu) den Büros von Heinz Ketchup.
2 - Ich danke Ihnen sehr (Danke Ihnen sehr viel). Es ist schön, hier zu sein.
3 - Ist dies Ihre erste Reise nach Pittsburgh?
4 - Ja, [das] erste Mal in Pennsylvania, genau.

ANMERKUNGEN

① **Here** [*hier*] "hier" beschreibt die unmittelbare Umgebung des Sprechers, während sich **there** [*fse:r*] "da, dort" auf einen weiter entfernten Ort bezieht.

② Der Bundesstaat Pennsylvania ist eine der 13 ursprünglich britischen Kolonien. Sein Name ist abgeleitet von William Penn, seinem Gründer. Die Hauptstadt ist **Harrisburg**, seine größten Städte sind jedoch **Philadelphia** und **Pittsburgh**.

5 – **Where** are **you** from?
6 – **Boi**se, **I**daho.
7 – **Oh**, the **home** of the po**ta**to. ③
8 – Yes **sir**, **Fren**ch fries and **ket**chup, **what** a **com**bo! ④⑤⑥

PRONUNCIATION

[***5 wuer** a:r **ju:** from? **6 boi**-si, **ai**-dö-hou. **7 ou**, fsö **houm** of fsö pö-**tei**-dou. **8 jeß ßö:r**, **fren**sch frais änd **ket**-schap, wu**ot** ö **kam**-bou!*]

1st EXERCISE: Do you understand?

❶ This is my first visit to Pittsburgh. ❷ Welcome to the home of french fries. ❸ It's nice to be here. ❹ Is this your first trip to Idaho? ❺ Yes, sir, my first time, in fact. ❻ Good afternoon. Welcome to the offices of Ford in Idaho.

2nd EXERCISE: Find the right words!

❶ Es ist schön, hier zu sein.

It's nice . . . . here.

❷ Ist dies Ihr erster Besuch in (zu) Pittsburgh?

Is . . . . your . . . . . visit to Pittsburgh ?

❸ Willkommen.

. . . .

❹ [Ich] danke Ihnen sehr. Woher kommen Sie?

. . . . very much.

. . . . . are you . . . . ?

❺ Ja, die Heimat der Kartoffel und des Ketchups.

Yes, the . . . . of the . . . . . . and ketchup.

5 - Woher kommen Sie (Wo sind Sie von)?
6 - Boise, Idaho.
7 - Oh, die Heimat der Kartoffel.
8 - Ja, [mein] Herr, Pommes frites und Ketchup, was für eine Kombination!

ANMERKUNGEN

③ Mit **home** kann je nach Kontext das "Zuhause", das "Haus", die "Heimat", das "Heimatland" gemeint sein.

④ Die Amerikaner schwärmen sehr für Pommes frites. Sie nennen sie **French fries**.

⑤ Ketchup, eine süßliche Soße auf Tomatenbasis, wurde von Präsident Ronald Reagan in den Schulkantinen, die vom Staat subventioniert werden, offiziell als "Gemüse" deklariert. So wurde aus einem Hamburger mit Pommes frites eine "ausgewogene Mahlzeit", eine Mahlzeit mit Fleisch und Gemüse.

⑥ **Combo** ist die Kurzform von **combination** "Kombination, Mischung, Zusammenstellung".

SOLUTIONS OF 1st EXERCISE: Did you understand?

❶ Dies ist mein erster Besuch in (zu) Pittsburgh. ❷ Willkommen in der Heimat der Pommes frites. ❸ Es ist schön, hier zu sein. ❹ Ist dies Ihre erste Reise nach Idaho? ❺ Ja, [mein] Herr, mein erstes Mal, genau. ❶ Guten Tag (Nachmittag). Willkommen in den Büros von Ford in Idaho.

SOLUTIONS OF 2nd EXERCISE: The missing words.

❶ to be ❷ this - first ❸ Welcome ❹ Thank you - Where - from ❺ home - potato

Fifth Lesson [*fiffß leßn*]

Do You **Sm**oke?

1 – Ex**cuse** me, do you **smo**ke? ①
2 – **No,** I **don't**.
3 – Do you **mind** if **I smo**ke? ②
4 – **Frank**ly, **yes**!
5 – O**kay**, **don't** get up**set**! ③
6 – My **wife smo**kes two **packs** a **day**! ④
7 – **I on**ly **want** to **smo**ke **one.** ⑤
8 – **Pack**?
9 – **No, cig**a**ret**te!

PRONUNCIATION

[***du: ju: ßmou****k? **1** ikß-**kju:s** mi:, du: ju: **ßmou**k? **2 nou**, ai **dount. 3** du: ju: **maind** if **ai** ßmouk? **4 fränk**-li, **jeß**. **5** ou-**kei**, **dount** get ap-**ßet**! **6 mai wuaif** ßmoukß tu: **päkß** ö **dei**! **7** ai **oun**-li **wuont** tu: **ßmou**k **wuan**. **8 päk**? **9 nou, ßi**-gö-**ret**!*]

Fünfte Lektion

Rauchen Sie? (Tun Sie rauchen?)

1 - Entschuldigen Sie, rauchen Sie?
2 - Nein (ich tue nicht).
3 - Macht es Ihnen etwas aus (Tun Sie etwas dagegen haben), wenn ich rauche?
4 - Ehrlich [gesagt], ja!
5 - Schon gut, regen Sie sich nicht auf (tun nicht werden ärgerlich)!
6 - Meine Frau raucht zwei Packungen am (einen) Tag!
7 - Ich möchte nur (nur wollen) eine rauchen.
8 - Packung?
9 - Nein, Zigarette!

ANMERKUNGEN

① **Do** bedeutet im Infinitiv (**to do**) "machen, tun". Es wird außerdem in Ja-/Nein-Fragen dem Subjekt als Hilfsverb vorangestellt. **Do you smoke?** "Rauchen Sie? / Rauchst du?", **Does she like French fries?** (**Does** = Form für die 3. Person Sing.) "Mag sie Pommes frites?". Und unsere 1. Übung lautet immer: **Do you understand?** "Verstehen Sie [die Sätze]?".

② Raucherinnen und Raucher, aufgepasst! In den USA sollten Sie zuvor immer fragen: **Do you mind if I smoke?**, da das Rauchen in den USA an den meisten öffentlichen Plätzen nicht mehr erlaubt ist.

③ Hier sehen Sie wieder eine Form des Wörtchens **do**, die Form **Don't**, was die Kurzform von **Do not** "tu nicht" ist. **Don't** ist hier die verneinte Befehlsform: **Don't smoke!** "Rauch nicht! / Rauchen Sie nicht!", **Don't buy ketchup!** "Kauf / Kaufen Sie keinen Ketchup!" (**to buy** [*tu: bai*] "kaufen").

④ **... a day** bedeutet "am Tag" oder "pro Tag". **Two letters a day** "zwei Briefe am/pro Tag".

⑤ Das Verb **to want** bedeutet "wollen, möchten". Es kann sowohl als Vollverb benutzt werden (**I want French fries** "Ich will/möchte Pommes frites") als auch als Hilfsverb, indem man ihm ein anderes Vollverb im Infinitiv nachstellt (**I want to send a letter** "Ich will/möchte einen Brief schicken").

1st EXERCISE: Do you understand?

❶ Do you smoke? ❷ Do you mind if I buy ketchup? ❸ Frankly, no! ❹ My daughter smokes. ❺ I only want to send a letter.

2nd EXERCISE: Find the right words!

❶ Entschuldigen Sie, rauchen Sie?

Excuse . . , do . . . smoke?

❷ Macht es dir etwas aus?

Do you . . . . ?

❸ Regen Sie sich nicht auf!

. . . ’ . get . . . . . !

▶ Sixth Lesson [*ßikfß leßn*]

What Kind of **Work** Do You **Do**?

1 – **What** kind of **work** do you **do**?
2 – I am **look**ing for a **job**. ①②③

PRONUNCIATION

[***wuot*** *kaind of* ***wuö:rk*** *du: ju:* ***du:****?* **1** ***wuot*** *kaind of* ***wuö:rk*** *du: ju:* ***du:****?* **2** *ai äm* ***lu****-king fo:r ö* ***dsch˜ob****.*]

SOLUTIONS OF 1st EXERCISE: Did you understand?

❶ Rauchen Sie? / Rauchst du? ❷ Macht es dir/Ihnen etwas aus, wenn ich Ketchup kaufe? ❸ Ehrlich [gesagt], nein! ❹ Meine Tochter raucht. ❺ Ich will/ möchte nur einen Brief schicken.

❹ Meine Tochter raucht zwei Päckchen am Tag!

My . . . . smokes . . . packs a day!

SOLUTIONS OF 2nd EXERCISE: The missing words.

❶ me - you ❷ mind ❸ Don't - upset ❹ daughter - two

Haben Sie bemerkt, dass für "ich" ***I*** *(sprich: ai) benutzt wird, das immer, auch im Satzinneren, großgeschrieben wird?*

Sechste Lektion

Welche Art von Arbeit machst du?

1 - Welche Art von Arbeit machst du?
2 - Ich suche [gerade] eine Stelle.

ANMERKUNGEN

① Befindet sich eine Handlung gerade in der Ausführung, verwendet man das Verb **to be** "sein" als Hilfsverb, gefolgt vom Partizip Präsens ("Verlaufsform"): **to send - sending, to like - liking, to do - doing** usw. So heißt **I am (I'm) smoking a cigarette** "Ich rauche [gerade] eine Zigarette", **He is working** "Er arbeitet [gerade]".

② Das Verb **to look for** bedeutet "suchen (nach)". **I am looking for a cigarette** "Ich suche [gerade] eine Zigarette".

③ Im Gegensatz zum Deutschen, wo "Job" meistens eine kleine Nebenbeschäftigung bezeichnet, meint der Ausdruck **job** im Amerikanischen eine richtige "Anstellung", eine "Stelle".

3 **What** do **you** do? ④

4 – I **work** for an **un**em**ploy**ment **a**gency. ⑤

5 – How's **bus**iness? ⑥

6 – We're **bus**y all the **time**.⑦

7 – **I** am **still look**ing for a **job**! ⑧⑨

PRONUNCIATION

[***3 wuot** du: **ju:** du:? **4** ai **wuö:rk** fo:r ön **an**-im-**ploi**-mönt ei-dsch˜ön-ßi. **5** haos **bis**-nöß? **6** wui:r **bi**-si o:l fsö **taim**. **7 ai** äm **ßtil lu**-king fo:r ö **dsch˜ob**!*]

1st EXERCISE: Do you understand?

❶ What kind of work do you do? ❷ I'm looking for Bill. ❸ I work for the post office. ❹ I am still looking for Mr. Jackson. ❺ She is busy all the time.

3 [Und] was machst du?
4 - Ich arbeite für eine Arbeitsvermittlung (Arbeitslosenagentur).
5 - Wie läuft (ist) [das] Geschäft?
6 - Wir sind die ganze Zeit (alle Zeit) beschäftigt.
7 - Ich suche noch immer eine Stelle!

ANMERKUNGEN

④ Beachten Sie die Betonung, die auf **you** liegt, und die verdeutlicht, dass es sich hier um eine Gegenfrage handelt.

⑤ Wie im Deutschen kann man das Gegenteil eines Adjektivs mit der Vorsilbe **un-** ausdrücken. So wird aus **happy** [***hä**-pi*] "glücklich" **unhappy** [*an-**hä**-pi*] "unglücklich". Das gleiche gilt für zahlreiche Substantive, hier **unemployment** "Arbeitslosigkeit", was das Gegenteil von **employment** "Beschäftigung" ist.

⑥ **How's** ist die Kurzform von **How is...?** "Wie ist ...?"

⑦ Das Adjektiv **busy** [***bi**-si*] "beschäftigt" hat den gleichen Stamm wie **business** "Geschäft" aus Satz 5.

⑧ Zieht sich eine Handlung oder ein Zustand länger hin, verwendet man **still**, was dem deutschen "nach wie vor", "immer noch" entspricht. Es wird zusammen mit dem bereits bekannten Partizip Präsens benutzt und diesem vorangestellt: **Bob is still working** "Bob arbeitet immer noch". **I'm still smoking** "Ich rauche immer noch".

⑨ In den USA müssen sich Arbeitslose, die einen **job** suchen, einmal in der Woche bei ihrer **unemployment agency** melden. In den USA gibt es keinen Kündigungsschutz; auch jede Führungskraft kann von heute auf morgen entlassen werden. Auf der anderen Seite ist es leicht, eine neue Anstellung zu finden. Personen, die eine Stelle suchen, betreiben **job-hunting** (**to hunt** [*tu: hant*] "jagen") oder **job-hunt**.

SOLUTIONS OF 1st EXERCISE: Did you understand?

❶ Welche Art von Arbeit machst du? ❷ Ich suche [gerade] Bill. ❸ Ich arbeite bei der (für die) Post. ❹ Ich suche noch immer Herrn Jackson. ❺ Sie ist die ganze Zeit beschäftigt.

2nd EXERCISE: Find the right words!

1. Ich suche [gerade] eine Arbeit.

   I am .... for a job.

2. Ich arbeite für Herrn Jackson.

   I .... for Mr. Jackson.

3. Wie läuft (ist) [das] Geschäft?

   How's .... ?

4. Ich suche nach wie vor eine Stelle.

   I am ..... looking for a .... .

▶ Seventh Lesson [*ße-vönfß **leßn***]

Wiederholung und Anmerkungen

Es ist nun an der Zeit, die Dinge, die Sie gelernt haben, zu wiederholen und ein wenig zu vertiefen.

Was wir in dieser Lektion erläutern, ist Ihnen schon bekannt. Wir wollen hier nur etwas mehr "System" hineinbringen. Lernen Sie jedoch auf keinen Fall auswendig. Lesen Sie die folgenden Anmerkungen mehrmals durch und vertrauen Sie darauf, dass sich diese Grundstrukturen mit der Zeit automatisch ihren Platz in Ihrem Gedächtnis suchen.

1. Die Personalpronomen

Sie lauten:
Singular

1. **I** [*ai*] (immer als Großbuchstabe)	ich
2. **you** [*ju:*]	du; Sie (Höflichkeitsform)
3. **he, she, it** [*hi:*, *schi:*, *it*]	er, sie, es

SOLUTIONS OF 2nd EXERCISE: The missing words.

① looking ② work ③ business ④ still - job.

Nun haben Sie Ihre erste Etappe, die ersten sechs Lektionen, schon hinter sich gebracht. Die nächste Lektion ist eine Wiederholungslektion, in der die bisher erworbenen Kenntnisse vertieft und erweitert werden. Arbeiten Sie weiterhin ca. 15–20 Minuten täglich. Geben Sie dem Stoff Zeit, sich "zu setzen", und lernen Sie vor allem nicht auswendig!

Siebte Lektion

Plural

1. **we** [*wui:*]	wir
2. **you** [*ju:*]	ihr/Sie
3. **they** [*fsei*]	sie

Das Pronomen **it** wird für Gegenstände sowie für Tiere benutzt bzw. für alles, was nicht klar als männlich oder weiblich definiert ist.

You gibt es, wie Sie sehen, sowohl im Singular als auch im Plural. Das Amerikanische kennt für unser deutsches "du", das höfliche "Sie" (Singular und Plural) und "ihr" nur die Form **you**.

2. Das Verb to be "sein"

Hier die Konjugation des Verbs **to be** "sein" in der vollen Form und der Kurzform, die in der gesprochenen Sprache häufig benutzt wird.

Volle Form	Kurzform	Deutsche Bedeutung
I am [*ai äm*]	**I'm** [*aim*]	ich bin
you are [*ju: a:r*]	**you're** [*jur*]	du bist; Sie sind (Höflichkeitsform)
he is [*hi: is*]	**he's** [*hi:s*]	er ist
she is [*schi: is*]	**she's** [*schi:s*]	sie ist
it is [*it is*]	**it's** [*itß*]	es ist
we are [*wui: a:r*]	**we're** [*wui:r*]	wir sind
you are [*ju: a:r*]	**you're** [*jur*]	ihr seid; Sie sind
they are [*fsei a:r*]	**they're** [*fseir*]	sie sind

3. Die Verneinung mit not

In Lektion 5 sind wir zum ersten Mal auf die Verneinung eingegangen. Sie wird gebildet, indem man dem Verb die Verneinung **do not** (Kurzform **don't**) oder **does not** (nur 3. Person Singular; Kurzform: **doesn't**) voranstellt (Ausnahme: das Verb **to be**; siehe Punkt 5 dieser Lektion). Einige Beispiele:

I do not like / I don't like "Ich mag nicht".
He does not smoke / He doesn't smoke "Er raucht nicht".
They do not buy / They don't buy "Sie kaufen nicht".

4. Das Verb to do

To do "machen, tun" ist sowohl Vollverb als auch Hilfsverb. Hier seine Konjugationsformen:

Affirmativ	Negativ	Negativ (Kurzf.)	Dt. Bedeutung
I do [*ai du:*]	I do not	I don't [*ai dount*]	ich tue nicht
you do	you do not	you don't	du tust / Sie tun nicht
he does [*hi: das*]	he does not	he doesn't [*...dasnt*]	er tut nicht
she does	she does not	she doesn't	sie tut nicht
it does	it does not	it doesn't	es tut nicht
we do	we do not	we don't	wir tun nicht
you do	you do not	you don't	ihr tut nicht; Sie tun nicht
they do	they do not	they don't	sie tun nicht

5. To be or not to be...

In Absatz 2 sind wir auf das Verb **to be** eingegangen. **To be** ist das einzige Verb, das nicht mit **to do** verneint wird, sondern eine eigene verneinte Form besitzt. Hier gibt es unterschiedliche Möglichkeiten:

Der Form von **to be** folgt **not**:

I am not... “Ich bin nicht ...”

You are not... “Du bist nicht ...”

He is not... “Er ist nicht ...”

Wird die Kurzform des Verbs verneint, folgt **not** der verkürzten Form:

I’m not...

You’re not...

He’s not...

Weiterhin gibt es eine Kurzform für die Verbform + **not**, die allerdings *nicht* für die 1. Person Singular (**I** “ich”) gilt:

I’m not...

You aren’t.... [*ju: **a:**-rönt*]

He isn’t... [*hi: **is**önt*]

She isn’t...

It isn’t...

We aren’t...

You aren’t...

They aren’t....

Der Satz “Sie ist nicht beschäftigt” könnte also heißen:

1. **She is not busy.**
2. **She’s not busy.**
3. **She isn’t busy.**

6. Die 3. Person Singular

Im Präsens (Gegenwartsform) erhält das Verb in der 3. Person Singular immer ein **s** am Ende:

He/She buys... “Er/Sie kauft ...”

He/She works... “Er/Sie arbeitet ...”

Bedenken Sie, dass die 3. Person Singular von **to be** “**is**” und die 3. Person Singular von **to do “does”** lautet; diese Verben werden unregelmäßig konjugiert.

Na, wie waren die ersten Tage mit “Amerikanisch ohne Mühe”? Sie haben ja bereits eine ganze Menge gelernt! Amerikanisch ist eine leichte Sprache, das werden Sie auch in den folgenden Tagen und Wochen feststellen. Sie sollten jedoch jeden Tag gründlich die Aussprache üben. Die Regelmäßigkeit bringt den Erfolg! Und nun auf zur nächsten Etappe!

Eighth Lesson [*eitfß leßn*]

Let's Have **Lunch** ①

1 – **Hi** Jack, how **are** you? ②
2 – **Fine, Jim. Nice** to **see** you a**gain.** ③
3 – **How** are the **wife** and **kids**? ④
4 – **Great**, thanks. **Lit**tle **Bil**ly is **nine** al**read**y and **Ca**rol is **five.** ⑤
5 – Al**read**y! How **time flies**! ⑥
6 – **Hey, let's** have **lunch** one **day** next **week.**
7 – **Great idea**, Jim.

PRONUNCIATION

[***letß*** *häv* ***lansch*** **1** *hai dsch~äk, hao* ***a:r*** *ju:?* **2** ***fain****, dsch~im. naiß tu:* ***ßi:*** *ju: ö-****gän****.* **3** *hao a:r fsö* ***wuaif*** *änd* ***kids****?* **4** ***greit****,* ***fßänkß****. liddl* ***bil-****li is* ***nain*** *o:l-****re****-di änd* ***kä****-rol is* ***faiv****.* **5** *o:l-****re****-di!* ***hao taim flais****!* **6** *hei,* ***letß*** *häv* ***lansch*** *wuan* ***dei*** *nekßt* ***wui:k****.* **7** *greit ai-****di*** *e, dsch~im.*]

ANMERKUNGEN

① **Let's** ist die Kurzform von **Let us...** "Lass uns ..." und leitet eine Aufforderung oder einen Vorschlag ein. Nach **Let's** folgt immer ein Infinitiv ohne **to**. **Let's look for a job** "Lass uns nach einer Stelle suchen"; **Let's smoke a cigarette** "Lass uns eine Zigarette rauchen".

② **Hi** ist eine saloppe Grußformel in den USA. Sie gilt als vertraut, aber trotzdem nicht als unhöflich, weshalb sie auch von Personen benutzt werden kann, die sich nicht näher kennen. Man kann aber auch **hello** sagen.

Achte Lektion

Gehen wir zum Mittagessen (Lass uns haben Mittagessen)

1 - Hallo Jack, wie geht es dir (wie bist du)?
2 - Gut, Jim. Schön, dich wiederzusehen (zu sehen dich wieder).
3 - Wie geht's deiner Frau und den Kindern (Wie sind die Frau und Kinder)?
4 - Großartig, danke. [Der] kleine Billy ist schon neun, und Carol ist fünf.
5 - Schon! Wie [die] Zeit [ver]fliegt!
6 - He, lass uns [doch] nächste Woche an einem Tag zusammen mittagessen (lass uns haben Mittagessen ein Tag nächste Woche).
7 - Großartige Idee, Jim.

③ Fragt man Sie **How are you?** "Wie geht es dir/Ihnen?", so sollten Sie immer mit **fine**, niemals mit **good** antworten. Einige ähnliche Ausdrücke aus dieser Kategorie finden Sie in Lektion 14.

④ Merken Sie sich den Ausdruck **the wife and kids** "Frau und Kinder". In den USA werden Kinder oft als **the kids** (Singular: **kid** [*kid*]) bezeichnet. Die Grundbedeutung von **kid** ist "Zicklein".

⑤ Amerikanerinnen und Amerikaner neigen dazu, ihre Emotionen z. T. mit sehr emphatischen Adjektiven zu beschreiben. **Good** beispielsweise klingt zu schwach, man sagt eher **great** "großartig" oder auch **super** "super".

⑥ **How time flies!** ist ebenfalls ein solch emphatischer und bildhafter Ausdruck dafür, dass die Zeit rasch vergeht. **Flies** ist die 3. Person Singular des Verbs **to fly** [*tu: flai*] "fliegen".

1st EXERCISE: Do you understand?

❶ How are you? ❷ Nice to see you. ❸ How are the kids? ❹ Let's have lunch!

2nd EXERCISE: Find the right words!

❶ Schön, dich zu sehen.

Nice to . . . you.

❷ Wie geht es der Frau und den Kindern?

How are the . . . . and . . . . ?

❸ Lass uns mittagessen gehen.

. . . ' . have lunch.

❹ Wie die Zeit [ver]fliegt!

How time . . . . . !

❺ Gut, danke.

. . . . , thanks.

❻ Billy ist schon neun Jahre alt!

Billy . . nine . . . . !

Ninth Lesson [*nainfß leßn*]

Don't Worry, **Be Ha**ppy ①

1 – **Hur**ry up, **Ja**ne, **we**'re **late**! ②

PRONUNCIATION

[***dount wuö**-ri, bi: **hä**-pi* **1** *hö-ri **ap**, dsch~ein, wui:r **leit**!*]

SOLUTIONS OF 1st EXERCISE: Did you understand?

❶ Wie geht's (Wie bist du)? ❷ Schön, dich zu sehen. ❸ Wie geht es den Kindern (sind die Kinder)? ❹ Lass uns mittagessen gehen (Mittagessen haben)!

❶ see ❷ wife - kids ❸ Let's ❹ flies ❺ Fine ❻ is - already.

Betrachten Sie die Anmerkungen als einen "guten Freund", der versucht, Ihnen die Sprache auf liebevolle Weise näherzubringen.

Neunte Lektion

Mach dir keine Sorgen, sei froh

1 - Beeil dich, Jane, wir sind spät [dran]!

ANMERKUNGEN

① Sie kennen bereits die negative Befehlsform **don't (do not). Don't worry, be happy** ist auch der Titel eines bekannten Liedes. Für die affirmative Befehlsform benutzt man den Infinitiv des Verbs ohne **to**: **to hurry (up)** "sich beeilen" - **Hurry up!** "Beeil dich!", **to look for** "suchen" - **Look for the letter!** "Such nach dem Brief!" usw.

② **We're** ist eine beliebte Verkürzung, weil sie einer Unterhaltung einen lockeren Ton verleiht.

2 – **Don't wor**ry, dad, **we** have time. ③
3 – **But** the **plane lea**ves at **9** AM. ④
4 – It's **on**ly **7** n**ow**. **We** have **plen**ty of **time**. ⑤
5 – But **there** is **al**ways **traf**fic in the **mor**ning.
6 – **Dad, don't wor**ry, **it's Sun**day. There is **no traf**fic to**day**. **Be ha**ppy; **we're** on our **way** to **sun**ny **Flo**rida! ⑥

PRONUNCIATION

[**2** *dount* ***wuö**-ri, **däd**, wui: häv **taim**.* **3** *bat fsö **plein li:**vs ät **nain** ei **em**.* **4** *itß oun-li **ße**-vön **nao**. wui: häv **plen**-ti of taim.* **5** *bat fser is **o:l**-wueis **trä**-fik in fsö **mo:r**-ning.* **6** ***däd**, dount **wuö**-ri, itß **ßan**-dei. fser is **nou trä**-fik tu-**dei.** bi: **hä**-pi; wui:r on aor **wuei** tu: **ßa**-ni **flo**-ri-dö!*]

1st EXERCISE: Do you understand?

❶ Hurry up. ❷ The plane leaves at 9 a.m. ❸ Don't worry.
❹ Be happy!

2 - Mach dir keine Sorgen (Beunruhige dich nicht), Papi, wir haben Zeit.
3 - Aber das Flugzeug fliegt (verlässt) um 9 Uhr.
4 - Es ist jetzt erst 7 [Uhr]. Wir haben [noch] viel Zeit.
5 - Aber morgens (am Morgen) gibt es immer [viel] Verkehr.
6 - Papi, mach dir keine Sorgen, es ist Sonntag. Heute gibt es keinen (ist kein) Verkehr. Sei froh; wir sind unterwegs (auf unserem Weg) ins sonnige Florida!

ANMERKUNGEN

③ **Dad**, die Kurzform von **daddy** [*däd-di*] "Papi, Vati", wird von vielen Kindern und z. T. auch von Erwachsenen als Anrede für ihren Vater benutzt. Man hört auch **Pop** [*pap*] oder **Pa** [*pa:*]. Viele Erwachsene, vor allem Männer, sprechen von ihrem Vater als **my old man** [*mai ould män*] "mein alter Herr", jedoch nur, wenn Sie über ihren Vater sprechen, nicht als Anrede. Die Mutter wird meistens mit **mom** [*mam*], **ma** [*ma:*] oder **mommy** [***mam**-mi*] angeredet.

④ In anglophonen Ländern wird nicht die 24-Stunden-Einteilung verwendet, stattdessen wird der Uhrzeit **AM** bzw. **a.m.** (lateinisch: ante meridiem) nachgestellt, wenn es sich um einen Zeitpunkt zwischen Mitternacht und 12 Uhr mittags handelt, und **PM** bzw. **p.m.** (lat. post meridiem) für einen Zeitpunkt zwischen 12 Uhr mittags und Mitternacht. Eine Zeitangabe wie beispielsweise 18 Uhr gibt es in den USA nicht.

⑤ **Plenty of** ist eine umgangssprachliche Wendung, die "viel, eine Menge" ausdrückt. Ein Synonym ist **lots of** [***lotß**ov*]: **We have lots of time = We have plenty of time** "Wir haben viel Zeit".

⑥ Der Ausdruck **on our way / on your way** "unterwegs" kann im geografischen Kontext (**We are on our way to the post office** "Wir sind unterwegs zur Post"), aber auch im übertragenen Sinne benutzt werden, um anzudeuten, dass man einem Ziel nahe ist.

SOLUTIONS OF 1st EXERCISE: Did you understand?

❶ Beeil dich. ❷ Das Flugzeug fliegt (verlässt) um 9 Uhr. ❸ Mach dir keine Sorgen (Beunruhige dich nicht). ❺ Sei froh!

2nd EXERCISE: Find the right words!

❶ Wir sind spät [dran]!

We're . . . . !

❷ Wir haben viel Zeit.

We have . . . . time.

❸ Papi, mach dir keine Sorgen.

Dad, . . . ' . worry.

Tenth Lesson [*tenfß leßn*]

You **Must** Be **Kid**ding! ①②

1 – Did you **hear** the **lat**est? ③
2 – **No, tell** me, **Cla**ra.
3 – I don't **know** if it's **true**, but... ④

PRONUNCIATION

[*ju: **maßt** bi: **kid**-ding **1** did ju: **hi‿er** fsö **lei**-deßt? **2 nou, tel** mi:, **klä**-ra. **3** ai dount **nou** if itß **tru:**, **bat**...*]

ANMERKUNGEN

① Das Hilfsverb **must** "muss" (das keinen Infinitiv mit **to** hat) beschreibt eine Verpflichtung: **You must hurry up** "Du musst dich beeilen". **I must see you again** [*ai maßt **ßi:** ju: ö-**gen***] "Ich muss dich wiedersehen".

❹ Sei froh!

.. happy!

❺ Wir sind unterwegs ins sonnige Florida!

We ... on our way to ..... Florida!

SOLUTIONS OF 2nd EXERCISE: The missing words.

❶ late ❷ plenty of ❸ don't ❹ Be ❺ are - sunny

Zehnte Lektion

Du machst wohl Witze! (Du musst Witze machen!)

1 - Weißt du schon das Neueste (Hast du das Letzte gehört)?
2 - Nein, erzähl['s] mir, Clara.
3 - Ich weiß nicht, ob es wahr ist, aber ...

(2) Dieser Ausdruck, den Sie schon aus Lektion 2 kennen, beschreibt ein Gefühl der Ungläubigkeit oder Überraschung. Ein Synonym für **kidding** lautet **joking** [***dsch~ou**-king*]. Der Ausdruck **You must be kidding!** könnte auch mit "Sie wollen / Du willst mich wohl auf den Arm nehmen!?" oder "Das ist doch nicht dein/Ihr Ernst!" übersetzt werden.

(3) **The latest** sind die "neuesten Nachrichten", "das Neueste", egal, ob es die neuesten Weltnachrichten oder der Klatsch aus der Nachbarschaft ist. Eigentlich heißt der komplette Ausdruck **the latest news** (**news** [*nju:s*] "Nachrichten"), aber **news** wird gerne weggelassen.

(4) **It's true** (= **It is true**) "Es ist wahr", "Es ist die Wahrheit" ist das Gegenteil von **It's false** (= **It is false**) [*... fo:lß*] "Es ist nicht wahr", "Es ist falsch". Es gibt auch die Frage **True or false?** "Wahr oder falsch?".

4 – C'm**on**, **tell** me. You **must** tell me. I'm **dy**ing to **know**. ⑤⑥

5 – Oh, **all** right. **Mis**ter **Sim**pson is **go**ing out with **Miss Fer**guson. ⑦

6 – You **must** be **kid**ding! She's **twice** his **age**. ⑧

7 – And **twice** his **size**!

PRONUNCIATION

[***4 kö**-mon, **tel** mi:. ju: **maßt** tel mi:. aim **dai**-ing tu: **nou**. **5** ou, **o:l rait**. **miß**-tö **ßimp**-ßön is **gou**-ing **aot** wifs miß **fö:r**-gö-ßön. **6** ju: **maßt** bi: **kid**-ding! schi:s **twuaiß** his **eidsch**~. **7** änd **twuaiß** his **ßais**!*]

1st EXERCISE: Do you understand?

❶ Did you hear the latest? ❷ You must tell me. ❸ Oh, all right. ❹ You must be kidding. ❺ You must be joking.

4 - Nun komm schon, erzähl['s] mir. Du musst [es] mir erzählen. Ich sterbe vor Neugierde (Ich sterbe zu wissen).

5 - Ach, na gut. Herr Simpson geht mit Fräulein Ferguson aus.

6 - Du machst wohl Witze (Du musst Witze machen)! Sie ist doppelt so alt wie er (Sie ist zweimal sein Alter).

7 - Und doppelt so groß wie er (Und zweimal seine Größe)!

ANMERKUNGEN

(5) **C'mon** ist die Kurzform von **Come on**, was so viel wie "Na komm schon" bedeutet. Bei diesem Ausdruck schwingt leichte Ungeduld mit: **C'mon, hurry up!** "Nun komm schon, beeil dich!", **C'mon, let's smoke a cigarette!** "Na komm schon, lass uns eine Zigarette rauchen!".

(6) Auch beim Ausdruck **dying to...** bzw. **dying of...** haben wir es mit einer Übertreibung zu tun, ähnlich wie unser "Ich sterbe vor ....". Beispiele: **I'm dying of hunger** [*...hang-gör*] "Ich sterbe vor Hunger".

(7) Ein Synonym für **to go out** "ausgehen, ausführen" ist das Verb **to date** [*tu: deit*] "sich mit jemandem treffen".

(8) **Twice** bedeutet "doppelt", "einmal" heißt **once** [*wuanß*]. Während im britischen Englisch für "dreimal" **thrice** [*fßraiß*] gesagt wird, heißt es im amerikanischen Englisch **three times** [*fßri: taims*].

SOLUTIONS OF 1st EXERCISE: Did you understand?

❶ Weißt du schon das Neueste (Hast du das Letzte gehört)? ❷ Du musst [es] mir erzählen. ❸ Ach, na gut. ❹ Du machst wohl Witze. ❺ Du machst wohl Witze.

2nd EXERCISE: Find the right words!

❶ Weißt du schon das Neueste (das Letzte)?

Did you . . . . the latest?

❷ Ich sterbe vor Neugierde (Ich sterbe zu wissen).

I'm . . . . . to know.

❸ Du machst wohl Witze!

You . . . . be . . . . !

▶ Eleventh Lesson [*i-**le**-vönfß **leß**n*]

I **Got** to Get **out** of Here ①

1 – **Hey**, I **got** to get **out** of here. ②
2 – Why, **we** just **got** here **yes**terday. ③
3 – **I** know, **but** your **mo**ther is **driv**ing me **cra**zy. ④

PRONUNCIATION

[***ai gat** tu get **aot** of hi͜er **1** hei, ai **gat** tu get **aot** of hi͜er. **2** wuai, wui: dsch˜aßt **got** hi͜er **jeß**-tör-dei? **3** ai **nou**, bat jur **ma**-fsör is **drai**-ving mi: **krei**-si.*]

④ Sie ist doppelt so alt wie er (Sie ist zweimal sein Alter).

. . . ' . twice . . . age.

⑤ Und doppelt so groß (Und zweimal seine Größe)!

And . . . . . his size!

SOLUTIONS OF 2nd EXERCISE: The missing words.

❶ hear ❷ dying ❸ must - kidding ❹ She's - his ❺ twice

Elfte Lektion

Ich muss hier raus (Ich muss hinausgehen von hier)

1 - He, ich muss hier raus.
2 - Warum? Wir sind erst gestern (hier) angekommen.
3 - Ich weiß, aber deine Mutter macht mich verrückt.

ANMERKUNGEN

① Der umgangssprachliche Ausdruck **got to** hat die gleiche Bedeutung wie **must** [*maßt*] oder **to have** [*tu: häv*] "müssen".

② Um die Aufmerksamkeit der angesprochenen Person zu erregen, wird eine Aussage oft mit Ausrufen wie **Hey!** "He!", "Hör zu!" o. Ä. begonnen.

③ Das Verb **to get** heißt sowohl "werden" (mit Adjektiv) als auch "ankommen, erreichen". Seine Vergangenheitsform wird unregelmäßig gebildet; sie lautet **got**, manchmal auch **gotten** [*go*-*tön*]. Beispiel: **He's got very happy! / He's gotten very happy!** "Er ist sehr glücklich geworden!"

④ Das Adjektiv **crazy** bedeutet "verrückt, wahnsinnig, irre". **To drive** hat die Grundbedeutung "fahren", bedeutet im Zusammenhang mit **crazy** jedoch "machen": "verrückt machen".

4	– Al**read**y? Is it **real**ly that **bad**? ⑤
5	– **Yes**, it's **real**ly **that** bad.
6	– You **got** to be more **tol**erant with **her**.
7	– **Okay**, but **you got** to **tell** her to **stop** **i**roning my **sock**s!

PRONUNCIATION

[**4** *o:l-**re**-di? is it **ri** e-li fsät **bäd**?* **5** ***jeß**, itß **ri** e-li **fsät bäd**.* **6** *ju: **gad**-dö bi: mo:r **to**-lö-rönt wuifs hö:r.* **7** *ou-**kei**, bat **ju: gat** tu **tel** hö:r tu: **ßtop ai**-rö-ning mai **ßokß**!*]

1st EXERCISE: Do you understand?

❶ I got to get out of here. ❷ We have to get out of here. ❸ We just got here yesterday. ❹ Already? ❺ Is it really that bad?

2nd EXERCISE: Find the right words!

❶ Ist es wirklich so schlimm?

Is it . . . . . . that bad?

❷ Du musst toleranter mit ihr sein.

You . . . . . be more tolerant with her.

❸ Schon?

. . . . ?

❹ Du musst ihr sagen, dass Sie damit aufhören soll, meine Socken zu bügeln!

You got to . . . . her to . . . . ironing my . . . . . !

❺ Einverstanden (Okay).

. . . . .

4 - Schon? Ist es wirklich so schlimm?
5 - Ja, es ist wirklich so schlimm.
6 - Du musst toleranter mit ihr sein.
7 - Okay, aber du musst ihr sagen, dass sie damit aufhören soll, meine Socken zu bügeln!

ANMERKUNGEN

⑤ **Really** "wirklich" ist ein sehr häufiges Wort. Wird es alleine als Frage benutzt, drückt es Erstaunen oder Überraschung aus: **Really?** "Wirklich?", "Ist das wahr?".

SOLUTIONS OF 1st EXERCISE: Did you understand?

❶ Ich muss hier raus. ❷ Wir müssen hier raus. ❸ Wir sind erst gestern hier angekommen. ❹ Schon? ❺ Ist es wirklich so schlimm?

SOLUTIONS OF 2nd EXERCISE: The missing words.

❶ really ❷ got to ❸ Already ❹ tell - stop - socks ❺ Okay.

▶ Twelfth Lesson [*twuelvfß leßn*]

Can You Re**pair** My **Muf**fler? ①

1 – Ex**cuse** me, sir, **you** re**pair for**eign **cars**, **right**? ②③
2 – **Mis**ter, **we** can **fix an**ything. **What** do you **got**? ④⑤⑥
3 – **I** drive a ninety-**six Hon**da **Civ**ic. ⑦
4 – **What's** the **prob**lem?
5 – Can **you** fix **my muff**ler?

PRONUNCIATION

[***kän ju: ri-pär*** *mai* ***maf****-lör?* ***1*** *ikß-****kju:s*** *mi,* ***ßö:r****, ju: ri-****pär fo****-rön* ***ka:rs****, rait?* ***2 miß****-tö, wui: kän* ***fikß ä****-ni-fßing. wuot du: ju:* ***got****?* ***3 ai*** *draiv ö* ***nain****-ti-****ßikß hon****-da* ***ßi****-vik.* ***4*** *wuotß fsö* ***pro****-blöm?* ***5*** *kän* ***ju:*** *fikß mai* ***maf****-lör?*]

Zwölfte Lektion

Können Sie meinen Auspuff reparieren?

1 - Entschuldigen Sie, [mein] Herr, Sie reparieren ausländische Autos, richtig?
2 - [Mein] Herr, wir können alles reparieren. Was [für ein Auto] haben Sie (bekommen)?
3 - Ich fahre einen 96er Honda Civic.
4 - Wo liegt (Was ist) das Problem?
5 - Können Sie meinen Auspuff reparieren?

ANMERKUNGEN

① Das Verb **can** "können" (Hilfsverb; Infinitiv ohne **to**) drückt sowohl eine Fähigkeit oder Möglichkeit als auch eine Erlaubnis aus. **Can I go to the movies, Mom?** [***kän*** *ai* ***gou*** *tu: fsö* ***mu:****vi:s, mam?*] "Darf (Kann) ich ins Kino gehen, Mami?" (Erlaubnis). **Can you swim?** [***kän*** *ju:* ***ßwuim****?*] "Kannst du schwimmen?" (Fähigkeit).

② Die meisten Autos in den USA sind japanischer Bauart, man findet jedoch auch viele deutsche, schwedische, italienische und koreanische Marken.

③ **Right?** wird oft am Ende einer Frage angehängt: "..., richtig?", "..., nicht wahr?", "..., oder?".

④ Der Mechaniker spricht den Kunden mit dem relativ uneleganten **Mister** an, was erkennen lässt, dass der Sprecher nicht sehr gebildet ist. **Sir** wäre angemessener. **Mister** wird nur in Verbindung mit Familiennamen benutzt: **Mister Foster**.

⑤ **To fix** heißt ebenso wie **to repair** "(einen Motor, eine Maschine) reparieren", **to fix** ist jedoch allgemeiner und kann auch für andere Gegenstände verwendet werden.

⑥ Die Frage **What do you got?** soll heißen **What type of car do you have?**. Merken Sie sich auch, dass die Wörter **What do you...?** oft zu [***wuot****-schö*] zusammengezogen werden.

⑦ Wenn die Amerikaner von ihren Autos sprechen, nennen sie die Marke und das Baujahr. So ist ein Auto, das 1996 hergestellt wurde, ein 96er (**ninety-six**).

6 – I **told** you, we can **fix an**ything. **Bring**'er **in around** eight to**mor**row. ⑧⑨

7 – Can I **pick** up my **car** to**mor**row **night**? ⑩

8 – If it's **on**ly a **muf**fler, you can **have** 'er **back** by **noon**.

PRONUNCIATION

[**6** *ai **tould** ju:, **wui:** kän **fikß** **ä**-ni-fßing. bring ör in ö-raond **eit** tu-**mo**-rou.* **7** *kän ai **pik** ap mai **ka:r** tu-**mo**-rou **nait**?* **8** *if itß **oun**-li ö **maf**-lör, ju: kän **häv** ör bäk bai **nu:n**.*]

1st EXERCISE: Do you understand?

❶ Can you repair my muffler? ❷ We can fix anything. ❸ What's the problem? ❹ Can I pick up my car tomorrow night?

2nd EXERCISE: Find the right words!

❶ Sie reparieren ausländische Autos, nicht wahr?

You . . . . . . foreign cars, ... ?

❷ Bringen Sie ihn (sie) morgen gegen acht [Uhr] vorbei (herein).

Bring . . . in around eight . . . .

❸ [Mein] Herr.

. . . .

6 - Ich sagte Ihnen [bereits], wir können alles reparieren. Bringen Sie ihn (sie) morgen gegen acht [Uhr] vorbei (herein).
7 - Kann ich mein Auto morgen Abend (Nacht) wieder abholen?
8 - Wenn es nur der (ein) Auspuff ist, können Sie ihn (sie) gegen Mittag zurückbekommen (zurückhaben).

ANMERKUNGEN

(8) **Anything** "alles; jedes; egal, was". Beispiel: **I eat anything** "Ich esse alles". Merken Sie sich auch: **something** [*ßam-fßing*] "etwas", **everything** [*ev-ri-fßing*] "alles" und **nothing** [*na-fßing*] "nichts".

(9) Sobald es sich um motorisierte Fahrzeuge handelt, seien es Autos, Motorräder oder Schiffe, wird es sehr sentimental. Dies geht so weit, dass diesen Fahrzeugen ein weibliches Pronomen zugeordnet wird! In unserem Satz wird das Auto **her**, abgekürzt **'er**, genannt, anstelle von **it**, was normalerweise das Pronomen für Gegenstände ist.

(10) **Night** heißt natürlich "Nacht", wird aber auch für "Abend" benutzt.

SOLUTIONS OF 1st EXERCISE: Did you understand?

❶ Können Sie meinen Auspuff reparieren? ❷ Wir können alles reparieren. ❸ Wo liegt (Was ist) das Problem? ❹ Kann ich meinen Wagen morgen Abend (Nacht) abholen?

❹ Kannst du meine Socken stopfen (reparieren)?

. . . you . . . my . . . . . ?

❺ Sie können ihn (sie) gegen Mittag wieder abholen (zurückbekommen).

You . . . have 'er back by . . . . .

SOLUTIONS OF 2nd EXERCISE: The missing words.

❶ repair - right ❷ her - tomorrow ❸ Mister ❹ can - fix - socks ❺ can - noon.

▶ Thirteenth Lesson [*fßö:r-ti:nfß leßn*]

I **Real**ly **Should**n't, **but**... ①

1 – For des**sert** we have **home**-made **ap**ple pie. ②③

2 – **Yum, that** sounds de**li**cious.

3 – With a **big scoop** of va**nil**la-**fudge ice**-cream. ④

4 – That's **gre**at!

PRONUNCIATION

[*ai ri‿e-li* ***schud****nt,* ***bat****...* ***1*** *fo:r dö-****sö:rt*** *wui: häv* ***hou****-meid* ***äpl-pai****.* ***2 jam****,* ***fsät*** *ßaonds dö-****li****-schöß.* ***3*** *wuifs ö* ***big*** *ßku:p of vö-****nil****-ö fadsch~* ***aiß kri:m****.* ***4*** *fsätß* ***greit****!*]

Sprechen Sie die Sätze laut und deutlich nach und vergleichen Sie Ihre Aussprache kritisch mit der auf den Tonaufnahmen. Sie vermeiden so, sich eine falsche Aussprache anzugewöhnen.

Ich sollte wirklich nicht, aber ...

1 - Zum (Für) Nachtisch haben wir hausgemachten Apfelkuchen.
2 - Hmm, das klingt lecker.
3 - Mit einer dicken Kugel (Schaufel) Vanille-Karamell-Eis.
4 - Das ist toll!

ANMERKUNGEN

① **Should** und **shouldn't**, vergleichbar mit unserem "eigentlich sollen" bzw. "eigentlich nicht sollen", bezieht sich auf Handlungen, bei deren Ausführung man Bedenken oder Zweifel hat.

② In den USA wird alles verehrt, was **home-made** "hausgemacht" ist, denn dies erinnert an die Kinderzeit, als noch "wie bei Muttern" gekocht wurde, mit gesunder und naturbelassener Kost. In den letzten Jahren ist das Attribut **home-made** jedoch von vielen Restaurant- und Fast-Food-Ketten missbraucht worden ...

③ Das stereotypste Bild der **home-made**-Küche ist der berühmte **apple pie** "Apfelkuchen", der aus Mürbeteig zubereitet wird und mit (meist leicht säuerlichen) Äpfeln gefüllt ist. Der amerikanische Klassiker wird meistens mit einer Kugel Vanilleeis und etwas Schlagsahne serviert.

④ In den USA werden Kuchen und Torten gerne mit Speiseeis serviert; dies wird dann "**à la mode**" genannt. **Fudge** ist eine süße Masse auf Zucker- und Butterbasis mit Schokolade, die man pur oder erwärmt als Soße mit Eis (**hot fudge**) isst.

5 – Can **I of**fer you **sec**onds? ⑤
6 – Oh, **thank** you, but I **real**ly **should**n't. It's **so rich**.
7 – Oh come **on**! You **on**ly live **once**.
8 – Well, I **should**n't, but, **o**kay. **Mon**day I **start** my **di**et.

PRONUNCIATION

[**5** *kän ai **o**-fö ju: **ße**-könds?* **6** *ou, **fßänk** ju:, bat ai **ri̯e**-li **schud**nt. itß **ßou ritsch**.* **7** *ou **köm** on! ju: **oun**-li liv **wuanß**.* **8** *wuel, ai **schud**nt, bat, ou-**kei**. **man**-dei ai **ßta:rt** mai **dai**-öt.*]

1st EXERCISE: Do you understand?

❶ We have home-made apple pie. ❷ That's great! ❸ Can I offer you seconds? ❹ Well, I really shouldn't...

2nd EXERCISE: Find the right words!

❶ Hmm, das klingt lecker.

. . . , that sounds delicious.

❷ Oh, danke, aber ich sollte wirklich nicht.

Oh . . . . , but I . . . . . . shouldn't.

❸ [Am] Montag beginne ich mit meiner (meine) Diät.

Monday I . . . . . my . . . . .

5 - Möchtet ihr einen Nachschlag (Kann ich euch zweite Portionen anbieten)?
6 - Oh, danke, aber ich sollte wirklich nicht. Es ist so mächtig.
7 - Oh, komm. Man lebt (Du lebst) nur einmal.
8 - Naja, ich sollte nicht, aber, na gut. [Am] Montag beginne ich mit meiner (meine) Diät.

ANMERKUNGEN

⑤ **Seconds** bedeutet "zweite Portion", "Nachschlag". Die Singularform **second** hat die Bedeutung "Sekunde, Augenblick". Die Ordinalzahl (Ordnungszahl) **second** "zweiter, -e, -es" kennen Sie bereits aus Lektionsüberschriften: **Second Lesson** "Zweite Lektion".

SOLUTIONS OF 1st EXERCISE: Did you understand?

❶ Es gibt (wir haben) hausgemachten Apfelkuchen. ❷ Das ist großartig! ❸ Kann ich euch einen Nachschlag anbieten? ❹ Naja, ich sollte wirklich nicht ...

❹ Man lebt nur einmal.

You . . . . live . . . . .

❺ Das ist so mächtig.

It's so . . . . .

SOLUTIONS OF 2nd EXERCISE: The missing words.

❶ Yum ❷ thank you - really ❸ start - diet ❹ only - once ❺ rich.

▶ Fourteenth Lesson [*fo:r-ti:nfß leßn*]

Wiederholung und Anmerkungen

Wir wollen noch einmal etwas zurückgreifen und die Kenntnisse, die Sie sich in den letzten sechs Lektionen angeeignet haben, etwas vertiefen. Lesen Sie auch diese Lektion ganz locker durch, lernen Sie nichts auswendig!

1. Die Aussprache

Etwa während der ersten 20 Lektionen sollten Sie Ihr Augenmerk verstärkt auf die Aussprache legen. Sehen Sie sich möglichst oft die Liste der Laute in der Einführung an und sprechen Sie die Laute und Wörter deutlich, langsam und akzentuiert. Hören Sie sich auch so oft wie möglich die Aufnahmen an.
Denken Sie daran, das "r" immer zu "rollen", d. h. die Zunge stark nach oben zu biegen und den Laut weit hinten in der Kehle zu erzeugen.
Das Gleiche gilt für das "l"; es wird ebenfalls "weit hinten" in der Kehle gesprochen.
Dort, wo für das "a" in der Lautschrift ein "ä" angegeben ist, sollten Sie versuchen, diesen Laut zwischen einem ä und einem a zu sprechen.
Und der mit "ö" wiedergegebene Laut ist ein ganz kurzes, geschlossenes e (es sei denn, es steht ein Doppelpunkt dahinter, dann wird der Laut lang gesprochen).

2. Wie geht's?

In Lektion 8 haben wir **How are you?** kennengelernt, die gebräuchlichste höfliche Form der Frage nach dem Befinden einer anderen Person. Gleichbedeutende Ausdrücke sind **How do you do?** ([***hao*** *du: ju:* ***du:****?*] wörtlich: "Wie machen Sie? / Wie machst du?") oder **How's it going?** [***hao****s it* ***gou****-ing?*] "Wie geht es?". Auf alle Fragen kann man mit **Fine** "Gut" oder **I'm doing fine** "Mir geht's gut" (wörtlich: "Ich mache [gerade] gut") antworten.
In einer besonders familiären Atmosphäre hört man oft **How ya doin'?** [***hao*** *jö* ***du:****-in?*], was die Kurzform von **How are you doing?**

(wörtlich: “Wie machst du [gerade]?”) ist. Der Frage “Was gibt's Neues?” entspricht im Amerikanischen **What's up?** [*wuotß ap?*] (**up** “hinauf, herauf”) oder **What's happening?** ([*wuotß hä-pö-ning?*] wörtlich: “Was passiert [gerade]?”). Merken Sie sich auch **Howdy** [***hao**-di*], was in etwa “Hallo, Kumpel” oder “Hallo, mein Freund” bedeutet.

3. Eine Verpflichtung ausdrücken

Die klassische Methode ist die Verwendung der Verben **must** (keine Infinitivform mit **to**!) und **to have**.
Beispiele:

You must go to the post office now / You have to go to the post office now “Du musst jetzt zur Post gehen”.

Hinter **must** wird das Verb im Infinitiv ohne **to** verwendet.
Die “amerikanischste” Form ist jedoch die Formel **got to** [***gad**-dö* / ***gat** tu*], vor allem in der 1. Person Singular und Plural:

I got to run “Ich muss mich beeilen.” (**to run** [*ran*] “laufen”).

I got to take my daughter to Florida “Ich muss meine Tochter nach Florida bringen.”

We got to buy the muffler before Sunday “Wir müssen den Auspuff bis Sonntag kaufen.”

Lernen Sie diese Wendungen nicht auswendig; Sie werden sie noch an vielen Stellen wieder antreffen.

4. Die zusammengesetzten Substantive

Bei zusammengesetzten, d. h. aus zwei Elementen bestehenden Substantiven spielt das erste die Rolle eines Adjektivs. Aus diesem Grund bleibt dieses Element in der Regel unverändert, auch dann, wenn das zusammengesetzte Substantiv in den Plural gesetzt wird:

a film festival - **film festivals** [*ö **film feß**-ti-völ - film **feß**-ti-**völß***] “ein Filmfestival - Filmfestivals”.

Zusammengesetzte Substantive können getrennt (**post office** “Postamt”), mit Bindestrich (**motor-cyclist** “Motorradfahrer”) oder als ein Wort geschrieben werden.

5. Die Wochentage

Die Wochentage beginnen im Englischen alle mit einem Großbuchstaben. Sie kennen bereits **Sunday** "Sonntag" und **Monday** "Montag". Hier die komplette Liste:

Monday [*man-dei*]	Montag
Tuesday [*tju:s-dei*]	Dienstag
Wednesday [*wuens-dei*]	Mittwoch
Thursday [*fßö:rs-dei*]	Donnerstag
Friday [*frai-dei*]	Freitag
Saturday [*ßä-tör-dei*]	Samstag
Sunday [*ßan-dei*]	Sonntag

6. Die Uhrzeiten

In Lektion 9 haben wir die Uhrzeit eingeführt. Es gibt verschiedene Möglichkeiten, nach der Uhrzeit zu fragen:

Excuse me, do you have the time?
"Entschuldigen Sie, wissen Sie, wie spät es ist?" ("... haben Sie die Zeit?")
What time is it, please?
"Wie spät ist es, bitte?" ("Welche Zeit ist es, bitte?")
Can you tell what time it is, please?
"Können Sie mir bitte sagen, wie spät es ist?" ("Können Sie sagen, welche Zeit es ist, bitte?")

Die Antwort könnte lauten:
It's four o'clock.
"Es ist vier Uhr."
Hier nun noch einige Beispiele für Uhrzeiten:
9 Uhr = **Nine o'clock** [*nain-ö-klok*] oder, um genau zu sein: **Nine AM** [*nain-ei-äm*]
21 Uhr heißt auch **Nine o'clock**, aber **Nine PM** [*nain-pi:-äm*]

Im Amerikanischen wird bei der Angabe der Uhrzeit nicht wie bei uns die 24-Stunden-Einteilung, sondern die 12-Stunden-Einteilung verwendet. Der Uhrzeit wird je nachdem, ob es sich um einen Zeitpunkt zwischen Mitternacht und 12 Uhr mittags oder um einen Zeitpunkt zwischen 12 Uhr mittags und Mitternacht handelt, **AM** (oder **a.m.**, lateinisch ante meridiem) bzw. **PM** (oder **p.m.**, lateinisch post meridiem) hinzugefügt.

1 Uhr in der Nacht ist also **one o'clock a.m.** und 13 Uhr ist **one o'clock p.m.**

"Mittag" heißt **noon** [*nu:n*] oder **twelve noon** [*twuelv nu:n*] ("12 Uhr Mittag"), "Mitternacht" heißt **midnight** [***mid**-nait*].

Es ist nicht kompliziert; Sie müssen nur die Zahlen auf Englisch lernen. Als Hilfe und auch als kleine Übung können Sie die Seitenzahlen laut lesen. Sie finden hinter jeder Zahl in Klammern ihre Aussprache.

7. Die amerikanische Vorliebe für Eis

Ohne die genaue Statistik zu kennen, kann man wohl sagen, dass die Amerikanerinnen und Amerikaner zu den größten Speiseeiskonsumenten der Welt gehören. Hier für Sie eine Liste der gängigsten Eis-Sorten:

chocolate [***tscho**-klöt*]	Schokolade
vanilla [*vö-**nil**-lö*]	Vanille
strawberry [***ßtro:**-bö-ri*]	Erdbeer
coffee [***kof**-fi*]	Kaffee
pistachio [*piß-**tä**-schiou*]	Pistazie
maple walnut [***meipl wuol**-nat*]	Ahorn-Walnuss

Die Amerikanerinnen und Amerikaner genießen Eis das ganze Jahr über mit der gleichen Leidenschaft, sei es in einem **cone** [*koun*] "Hörnchen" oder in einem **cup** [*kap*] "Becher". Je nach Laune isst man das Eis einfach so oder man verfeinert es mit Schokoladenraspeln (**chocolate sprinkles** [*... ßpringkls*]), mit heißer Karamellsoße (**hot fudge** [*hot fadsch*]), mit Nüssen usw.

Ist es Ihnen nach 14 Lektionen "Amerikanisch ohne Mühe" etwas heiß geworden? Dann belohnen Sie sich mit einem Eis!

Fifteenth Lesson [*fif-ti:nfß leßn*]

Where Do You **Go** to S**chool**? ①

1 – **Where** do you **go** to **school**?

2 – **I** go to **Bos**ton Uni**ver**sity. And **you**?

3 – **Me**? **I** go to the Uni**ver**sity of Illi**noi**s at Chi**ca**go, but my **broth**er goes to Co**lum**bia Uni**ver**sity in New **York**. ②

4 – Oh **real**ly! My **best** friend from **high** school **goes** to Co**lum**bia.

PRONUNCIATION

[***wuer*** *du: ju: gou tu:* ***ßku:l****?* **1** ***wuer*** *du: ju: gou tu:* ***ßku:l****?* **2** ***ai*** *gou tu:* ***boß****-tön ju-ni-****vö:r****-ßi-ti. änd ju:?* **3** ***mi:****? ai gou tu: fsö ju-ni-****vö:r****-ßi-ti of il-li-****noi*** *ät tschi-****ka:****-gou, bat mai* ***bra****-fsör gous tu: kö-****lam****-bi-ö ju-ni-****vö:r****-ßi-ti in nu:* ***jo:rk****.* **4** *ou* ***ri****e-li! mai* ***beßt*** *frend from* ***hai*** *ßku:l gous tu: kö-****lam****-bi-ö.*]

Wo gehst du zur Schule [Universität]?

1 - Wo gehst du zur Schule?
2 - Ich gehe auf die Universität von Boston (Boston-Universität). Und du?
3 - Ich? Ich gehe auf die Universität von Illinois in Chicago, aber mein Bruder geht auf die Columbia-Universität in New York.
4 - Oh wirklich!? Mein bester Freund von [der] Oberschule geht auf die Columbia[-Universität].

ANMERKUNGEN

① Wird unter Erwachsenen die Frage **Where do you go to school?** gestellt, so ist mit **school** immer eine Oberschule (**high school** [***hai** ßku:l*]) oder eine Universität (**university**) gemeint.

② Ist das Wort **university** Bestandteil eines Eigennamens, so wird es mit großem **U** geschrieben und hinter den Namen gesetzt: **Boston University**, **Harvard University** [***ha:r**-vöd...*]. Ansonsten wird dem Wort **University** der Artikel **the** vorangestellt und der Name der Stadt oder des Bundesstaates wird angehängt: **the University of Chicago**, **the University of North Carolina** usw. In der Umgangssprache wird **university** häufig weggelassen. Man sagt **I go to Harvard** "Ich gehe nach Harvard (auf die Harvard-Universität)" oder **She goes to Stanford** [***ßtän**-fo:rd*] "Sie geht nach Stanford (auf die Stanford-Universität)".

5 – **What's** his **name**?

6 – **Ben Rich**ard**son**. **Do** you **know him**? ③

7 – **That's** in**cred**ible, **he's** my **broth**er's **room-**mate! ④

PRONUNCIATION

[*5 wuotß his* ***neim****? 6 ben* ***rit****-schöd-sön. du: ju:* ***nou*** *him? 7 fsätß in-****kre****-dö-bl, hi:s mai bra-fsörs* ***ru:****-meit!*]

1st EXERCISE: Do you understand?

❶ What's your room-mate's name? ❷ You're really my best friend! ❸ My brother works in New York. ❹ He knows you? That's incredible! ❺ His kids go to school.

2nd EXERCISE: Find the right words!

❶ Kennst du meinen Zimmergenossen?

.. you .... my ....-.... ?

❷ Der beste Freund meines Vaters lebt in Chicago.

.. ..'. .... friend .....
.. Chicago.

❸ Sie geht auf die Universität von Boston.

... . Boston University.

5 - Wie heißt er (Was ist sein Name)?
6 - Ben Richardson. Kennst du ihn?
7 - Das ist unglaublich, er ist der Zimmergenosse meines Bruders!

ANMERKUNGEN

③ In den USA fragt man oft **Do you know...?**, auch wenn die Chance, dass der oder die Gefragte die betreffende Person kennt, gering ist.

④ In den USA ist es üblich, dass die Universitätsstudierenden zu zweit, also jeweils mit einem **room-mate**, ein Zimmer bewohnen. Daher stammt auch das Verb **to room with** "mit jdm. zusammenleben / mit jdm. das Zimmer teilen".

SOLUTIONS OF 1st EXERCISE: Did you understand?

❶ Wie heißt dein Zimmergenosse (Was ist der Name deines Zimmergenossen)? ❷ Du bist wirklich mein bester Freund! ❸ Mein Bruder arbeitet in New York. ❹ Er kennt dich? Das ist unglaublich! ❺ Seine Kinder gehen zur Schule.

❹ Ich kenne Ben Richardson. Und du/Sie?

. . . . . Ben Richardson. . . . . . . ?

❺ Unglaublich!

. . . . !

SOLUTIONS OF 2nd EXERCISE: The missing words.

❶ Do - know - room-mate ❷ My father's best - lives in ❸ She goes to ❹ I know - And you ❺ Incredible.

Sixteenth Lesson [*ßikß-ti:nfß leßn*]

The **Bronx** Zoo ①②

1 **The stri**ped **ti**ger **lives** in the **larg**est cage at the **Bronx** Zoo. ③④

2 The **boys** and **girls** in the **fourth** grade are **visi**ting the **fa**mous zoo to**day**. ⑤

3 The **el**ephants are from **Ken**ya and the **snakes** are from **In**dia.

PRONUNCIATION

[***fsö brongkß su: 1*** *fsö* ***ßtraipt tai****-gör livs in fsö* ***la:****r-dsch~ößt* ***keidsch****~ ät fsö brongkß su:.* **2** *fsö* ***bois*** *änd* ***gö:rls*** *in fsö* ***fo:rfß greid*** *a:r* ***vi****-si-ting fsö* ***fei****-möß su: tu-****dei****.* **3** *fsi* ***e****-lö-föntß a:r from* ***ke****-nia änd fsö* ***ßneikß*** *a:r from* ***in****-diö.*]

Denken Sie auch daran, sich anhand der Seiten- und Lektionszahlen die Zahlen einzuprägen.

Sechzehnte Lektion

Der Zoo in der Bronx (Bronx Zoo)

1 Der gestreifte Tiger lebt im größten Käfig im Zoo der Bronx.
2 Die Jungen und Mädchen (in) der vierten Klasse besuchen heute den berühmten Zoo.
3 Die Elefanten kommen (sind) aus Kenia, und die Schlangen kommen (sind) aus Indien.

ANMERKUNGEN

① Der Zoo der Bronx ist einer der ältesten und berühmtesten Zoos der USA. Er befindet sich in einem Viertel der Bronx von New York etwas außerhalb der Stadt, weswegen er auch nicht von vielen Touristen besucht wird. Dabei ist er durchaus einen Umweg wert! Beachten Sie die Wortstellung bei **Bronx Zoo**, die ähnlich ist wie bei **Boston University** (Lektion 15).

② Es gibt zwei Varianten bei der Aussprache des Artikels **the**: Beginnt das nachfolgende Substantiv mit einem Vokal, wird **the** [*fsi:*] gesprochen (**the ice-cream** - [*fsi: **aiß**-kri:m*], **the oranges** - [*fsi: **o**-rön-dsch˜öß*]). Beginnt das nachfolgende Substantiv mit einem Konsonanten, wird **the** [*fse*] gesprochen: **the tiger**, **the size**, **the car**.

③ Adjektive stehen immer vor dem Substantiv. Die Kommasetzung bei Adjektiven ist im Englischen genauso wie im Deutschen: **The nice, small, home-made apple pie** "Der schöne, kleine, selbstgebackene Apfelkuchen". Das Adjektiv bleibt immer unverändert, auch, wenn das Substantiv im Plural steht: **the black bears** "die Schwarzbären".

④ Der Komparativ (1. Steigerungsstufe) eines Adjektivs wird mit der Endung **-er** und der Superlativ (höchste Steigerungsstufe) mit der Endung **-est** gebildet. Diese Regel gilt nur für ein- oder zweisilbige Adjektive und (ein- oder zweisilbige) Adjektive, die auf **-y** enden (wobei das **y** beim Anhängen der Endung zu **i** wird). Mehr dazu in Lektion 21.

⑤ Die Gegenwart kann auf zwei Arten ausgedrückt werden: Einfache Gegenwart: Sie wird für gewohnheitsmäßige und häufig wiederkehrende Handlungen in einem allgemeinen Kontext verwendet: **I visit, you visit, he/she/it visits, we visit, you visit, they visit** (**to visit** "besuchen"). Verlaufsform: **I am visiting, you are visiting, he/she/it is visiting** usw. bei Handlungen, die sich zum Zeitpunkt des Sprechens abspielen.

4 Mrs. **Good**man, the **fourth** grade **tea**cher, is from New **Jer**sey. ⑥

5 The **black** bears eat **hon**ey and the **seals** eat raw **fish**.

6 The **chil**dren **laugh** at the **mon**keys and the **mon**keys **laugh** at the **boys** and **girls** in Mrs. **Good**man's class. ⑦⑧

7 The **Bronx** Zoo is a **great** place!

PRONUNCIATION

[*4 miß-öß **gud**-män, fsö **fo:rfß** greid **ti:**-tschör, is from nju: **dschö˜:**-si. **5** fsö **bläk** bi‿ers i:t **han**-i änd fsö **ßi:ls** i:t ro: **fisch**. **6** fsö **tschil**-drön **la:f** ät fsö **mang**-ki:s änd fsö **mang**-ki:s **la:f** ät fsö bois änd gö:rls in miß-öß **gud**-mäns **kla:ß**. **7** fsö **brongkß su:** is ö **greit pleiß**!*]

1st EXERCISE: Do you understand?

❶ I don't eat raw fish. ❷ I'd like to visit the Bronx Zoo. ❸ My roommate's snake doesn't live in a cage. ❹ The teacher has striped socks. ❺ The famous, big, striped tiger lives in the largest cage.

2nd EXERCISE: Find the right words!

❶ Die Affen lachen über mich.

The . . . . me.

❷ Der Elefant ist doppelt so alt wie du (ist doppelt dein Alter).

The elephant . . . . your . . . .

❸ Sie sind aus New Jersey?

. . . you . . . . New Jersey?

4 Frau Goodman, die Lehrerin der vierten Klasse, ist aus New Jersey.

5 Die Schwarzbären essen Honig und die Seehunde essen rohen Fisch.

6 Die Kinder lachen über die Affen und die Affen lachen über die Jungen und Mädchen in Frau Goodmans Klasse.

7 Der Zoo der Bronx ist ein großartiger Ort!

ANMERKUNGEN

⑥ **Mrs.** ist die Kurzform von Missus [***miß**öß*] und wird für eine verheiratete Frau verwendet. Bei einer ledigen Dame sagt man **Miss**. Seit den 70er-Jahren benutzt man für beides die Kurzform **Ms.** [*mis*]. Die Anrede für einen Herrn lautet **Mr.** und lässt nicht erkennen, ob dieser verheiratet ist oder nicht.

⑦ **Children** ist der (unregelmäßige) Plural von **child** [*tschaild*] “Kind”.

⑧ Das Verb **to laugh at** (+ Objekt) heißt nicht nur “über jemanden lachen”, sondern auch “jemanden auslachen”.

SOLUTIONS OF 1st EXERCISE: Did you understand?

❶ Ich esse keinen (nicht) rohen Fisch. ❷ Ich würde gerne den Zoo in der Bronx besuchen. ❸ Die Schlange meines Zimmergenossen lebt nicht in einem Käfig. ❹ Der Lehrer trägt (hat) gestreifte Socken. ❺ Der berühmte, große, gestreifte Tiger lebt in dem größten Käfig.

❹ Nein, ich bin vom Zoo in der Bronx.

No, . ’. . . . . Bronx Zoo.

❺ Das ist großartig.

. . . . ’. . . . . . . !

SOLUTIONS OF 2nd EXERCISE: The missing words.

❶ monkeys laugh at ❷ is twice - age ❸ Are - from ❹ I’m from the ❺ That’s great.

Seventeenth Lesson [*ße-ven-**ti:nfß** **leßn***]

Where Are the **Rest** Rooms? ①

1 – Ex**cuse** me, **where** are the **rest** rooms, **please**?
2 – The **la**dies' room is **down** the hall, **sec**ond **door** on your **right**, and the **men's** room **is**... ②
3 – **That's** o**kay**, I **o**nly **need** the **wom**en's room. ③
4 – **Well**, it's **down** the **hall** on your **right**.
5 – **Thank** you. Can you **al**so **tell** me **where** I can **find** a **pay** phone? ④

PRONUNCIATION

[***wuer a:r fsö reßt** ru:ms? **1** ikß-**kju:s** mi, wuer a:r fsö **reßt** ru:ms, pli:s? **2** fsö **lei**-di:s ru:m is daon fsö **ho:l**, **ße**-könd do:r on jur **rait**, änd fsö **mens** ru:m is... **3** fsätß **ou**-kei, **ai** oun-li **ni:d** fsö **wui**-möns **ru:m**. **4** **wuel**, itß **daon** fsö ho:l on jur **rait**. **5** **fßänk** ju:. kän ju: **o:l**-ßou **tel** mi wuer ai kän **faind** ö **pei** foun?*]

Siebzehnte Lektion

Wo sind die Toiletten?

1 - Entschuldigen Sie (mich), wo sind die Toiletten, bitte?
2 - Die Damentoilette ist geradeaus durch die Halle, zweite Tür rechts (zweite Tür zu Ihrer Rechten), und die Herrentoilette ist ...
3 - Das ist in Ordnung, ich brauche nur die Damentoilette.
4 - Nun, geradeaus durch die Halle auf der rechten Seite.
5 - Danke (Ihnen). Können Sie mir auch sagen, wo ich einen Münzfernsprecher finde (finden kann)?

ANMERKUNGEN

① Wenn Sie in den USA eine öffentliche Toilette suchen, müssen Sie nach den **rest rooms** fragen. Herren fragen nach dem **men's room**, Damen nach dem **women's room** oder dem **ladies' room**. Auf den Toilettentüren findet man manchmal die Schilder **Gentlemen** "Herren" oder **Ladies** "Damen". In den Schulen heißen die Toiletten **boy's room** für die Jungen und **girl's room** für die Mädchen. Das Wort **toilet** [***toi***-*let*] existiert zwar im Amerikanischen, aber nur in einem nüchternen funktionellen Kontext.

② **Down** (Grundbedeutung "hinunter") kann viele verschiedene Bedeutungen haben. Hier bedeutet **down the hall**, dass man in der angegebenen Richtung geradeaus weitergehen muss. Ein häufiges Synonym für "geradeaus" ist **straight ahead** [***ßtreit*** *ö*-***häd***].

③ Der Begriff **okay** (auch **OK**) ist inzwischen von allen Völkern der Welt perfekt assimiliert worden. Er bedeutet so viel wie "In Ordnung", "Einverstanden" oder wird verwendet, wenn etwas zufriedenstellend ist oder akzeptiert wird: **It's okay** (**it's not bad**) "Das ist in Ordnung (ist nicht schlecht)".

④ Öffentliche Fernsprecher heißen **pay phones** (**to pay** [*pei*] "bezahlen") oder **phone booth** (**booth** [*bu:fß*] "Bude"). Die verschiedenen Münzen, die man in Münzfernsprecher werfen konnte bzw. kann, sind das 10-Cent-Stück (**dime** [*daim*]), das 25-Cent-Stück (**quarter** [***kuo:***-*tör*]) und das 50-Cent-Stück (**half dollar** [***ha:f do***-*lör*]).

6 – Sure **thing**. **Turn left** at the **wa**ter **foun**tain and con**tin**ue straight a**head**. It's **next** to the **gift** shop. ⑤⑥

7 – **Thanks**... but **first** the **bath**room! ⑦

PRONUNCIATION

[**6** *schu͜e fßing. tö:rn* ***left*** *ät fsö* ***wuo:****-tör faon-tön änd kon-****tin****-ju ßtreit ö-****hed****. itß* ***nekßt*** *tu: fsö* ***gift*** *schop.* ***7 fßänkß*** *... bat* ***fö:rßt*** *fsö* ***ba:fß****-ru:m.*]

ANMERKUNGEN

⑤ **Sure thing** ("Sichere Sache") und **Sure** "Selbstverständlich", "Gerne", "Aber sicher" sind als affirmative Antwort auf die verschiedensten Fragen sehr gebräuchlich.

1st EXERCISE: Do you understand?

❶ The rest rooms are down the hall. ❷ Turn right at the gift shop. ❸ Where can I find the black bears? ❹ It's next to the water fountain. ❺ Can you also tell me where I can find the men's room, please?

2nd EXERCISE: Find the right words!

❶ Befindet sich der Münzfernsprecher geradeaus durch die Halle?

Is the . . . . the hall?

❷ Ja, [die] zweite Tür links (auf Ihrer Linken).

Yes, ... your . . . . .

❸ Der Trinkbrunnen befindet sich neben dem Geschäft.

The . . . . is . . . . the shop.

6 - Selbstverständlich. Gehen Sie am Trinkbrunnen links und dann weiter geradeaus. Er befindet sich neben dem Geschenkeladen.

7 - Danke ... aber zuerst auf die Toilette (zuerst das Badezimmer)!

⑥ In den USA stehen an vielen öffentlichen Plätzen Trinkbrunnen. Es wird in der Regel Leitungswasser getrunken; Mineralwasser in Flaschen wurde erst in den 80er-Jahren eingeführt. In den letzten Jahren ist der Konsum von Mineralwasser jedoch stark gestiegen.

⑦ **Bathroom** ist der allgemeine Begriff für den Raum, in dem sich die Toiletten befinden. In älteren Häusern ist die Toilette in einem separaten Raum untergebracht, in neueren Häusern befindet sie sich mit im Badezimmer.

SOLUTIONS OF 1st EXERCISE: Did you understand?

❶ Die Toiletten sind geradeaus durch (hinunter) die Halle. ❷ Gehen Sie am Geschenkeladen rechts. ❸ Wo kann ich die Schwarzbären finden? ❹ Es befindet sich neben dem Trinkbrunnen. ❺ Können Sie mir auch sagen, wo ich die Herrentoilette finden kann, bitte?

❹ Rechts oder links? (Zur Rechten oder zur Linken?)

To the . . . . . or . . . . ?

❺ Immer geradeaus.

. . . .

SOLUTIONS OF 2nd EXERCISE: The missing words.

❶ pay phone down ❷ second door on - left ❸ water fountain - next to ❹ right - left ❺ Straight ahead.

Eighteenth Lesson [*ei-ti:nfß leßn*]

Why Are You **Cry**ing? ①

1 – **Why** are you **cry**ing?

2 – He's **lea**ving me! **Af**ter **ten** years of **mar**riage Steve's **mov**ing **out**! ②

3 – **Why** is he **leav**ing you, **Cin**dy?

4 – **Why** are you so **nos**ey, Jane? ③④

5 – **Why** are you so a**ggres**sive? I am **on**ly **try**ing to **help**.

6 – **Why** are you so judg**men**tal? ⑤

7 – Be**cause** I **care** about **you**.

8 – **Why** do you **care**?

9 – **Now** I **kno**w why **Ste**ve's **leav**ing you!

PRONUNCIATION

[***wuai*** *a:r ju:* ***krai****-ing?* **1** ***wuai*** *a:r ju:* ***krai****-ing?* **2** *hi:s* ***li:****-ving mi:! a:f-tör* ***ten*** *ji͜ers of* ***mä****-ri-ödsch˜ ßti:vs* ***mu:****-ving aot!* **3** ***wuai*** *is hi:* ***li:****-ving ju:,* ***ßin****-di?* **4** ***wuai*** *a:r ju: ßou* ***nou****-si,* ***dsch˜ein****?* **5** ***wuai*** *a:r ju: ßou ö-****gre****-ßiv? ai äm* ***oun****-li trai-ing tu:* ***help****.* **6** ***wuai*** *a:r ju:* ***ßou*** *dsch˜adsch˜-****men****-töl?* **7** *bi-ko:s ai* ***kär*** *ö-baot* ***ju:****.* **8** *wuai du: ju:* ***kär****?* **9** *nao ai* ***nou*** *wuai ßti:vs* ***li:****-ving ju:!*]

Achtzehnte Lektion

Warum weinst du?

1 - Warum weinst du?
2 - Er verlässt mich! Nach zehn Jahren Ehe zieht Steve aus!
3 - Warum verlässt er dich, Cindy?
4 - Warum bist du so neugierig, Jane?
5 - Warum bist du so aggressiv? Ich versuche nur, [dir] zu helfen.
6 - Warum bist du so kritisch?
7 - Weil ich mich um dich sorge.
8 - Warum sorgst du dich?
9 - Jetzt weiß ich, warum Steve dich verlässt!

ANMERKUNGEN

① **Why** ist eines der fünf "W", d. h. der fünf wichtigsten Fragen, die mit **W** beginnen und die z. B. von jedem guten Journalisten gestellt werden sollten: **Why** [*wuai*] "warum", **where** [*wuer*] "wo", **when** [*wuen*] "wann", **what** [*wuot*] "was" und **who** [*hu:*] "wer".

② Das Verb **to move out** bedeutet "ausziehen", das Gegenteil lautet **to move in** "einziehen".

③ In diesem speziellen Kontext bedeutet das Wörtchen **so**, gefolgt von einem Adjektiv, "so (sehr)". Steht es am Satzanfang, bedeutet es "Daher ...", "Deshalb ...", "Also ...".

④ Das Adjektiv **nosey** "neugierig" kommt von **nose** [*nous*] "Nase", da Neugierige ihre Nase in die Angelegenheiten anderer Leute stecken.

⑤ Die Schreibweise des britischen und des amerikanischen Englisch ist z. T. recht unterschiedlich. **Judgmental** ist hier die amerikanische Schreibweise, **judgemental** die britische. Mehr zu den verschiedenen Schreibweisen in Lektion 21.

1st EXERCISE: Do you understand?

❶ Why are you moving out? ❷ I'm not crying. ❸ Is Jane nosey? ❹ After ten years of marriage she's leaving him. ❺ I care about you.

2nd EXERCISE: Find the right words!

❶ Warum ist sie so groß?

Why is . . . . ?

❷ Er sorgt sich um mich.

He . . . . me.

❸ Ist Jane kritisch und aggressiv?

. . Jane . . . . and . . . . ?

Nineteenth Lesson [*nain-**ti:nfß** **leßn***]

When Is the **Next Bus** to **Hart**ford? ①②

1 – Ex**cuse** me sir, **when** is the **next bus** to **Hart**ford?

2 – The **next bus** is in **twen**ty **min**utes.

PRONUNCIATION

[***wuen** is fsö **nekßt** baß tu: **ha:rt**-föd? **1** ikß-**kju:s** mi:, ßö:r, **wuen** is fsö **nekßt** baß tu: **ha:rt**-föd? **2** fsö nekßt **baß** is in **twuen**-ti **mi**-nitß.*]

Wenn Sie an einem Tag einmal wenig Zeit zum Lernen haben, so reicht es schon, wenn Sie sich die Aufnahmen Ihrer aktuellen Lektion ein paarmal anhören. Wichtig ist, dass Sie die Sprache täglich im Ohr haben.

SOLUTIONS OF 1st EXERCISE: Did you understand?

❶ Warum ziehst du / ziehen Sie aus? ❷ Ich weine [gerade] nicht. ❸ Ist Jane neugierig? ❹ Nach zehn Jahren Ehe verlässt sie ihn. ❺ Ich sorge mich um dich.

❹ Sie ziehen aus.

. . . . moving . . . .

❺ Nein, sie weint [gerade] nicht.

No, . . . ' . not . . . .

SOLUTIONS OF 2nd EXERCISE: The missing words.

❶ she so big ❷ cares about ❸ Is - judgmental - aggressive ❹ They are - out ❺ she's - crying.

Neunzehnte Lektion

Wann geht (ist) der nächste Bus nach Hartford?

1 - Entschuldigen Sie, [mein] Herr, wann geht (ist) der nächste Bus nach Hartford?

2 - Der nächste Bus geht (ist) in 20 Minuten.

ANMERKUNGEN

① In den USA nimmt man für längere Reisen öfter den Bus anstatt der Bahn. Die amerikanischen Reisebusse sind sehr modern und gut ausgestattet; die meisten verfügen über eine Toilette und über einen kleinen Fernsehbildschirm für jeden Reisenden. Alle Transportunternehmen, sei es über die Straße oder über die Schiene, sind privatisiert. Die bekanntesten Busunternehmen sind **Greyhound**, **Trailways** und **Bonanza**.

② Hartford ist die Hauptstadt des Bundesstaates Connecticut an der Ostküste. Die Stadt ist Sitz zahlreicher Versicherungsgesellschaften.

3 – **When** is the **next one af**ter that? ③④

4 – At **eight** o'**clock**. It's the **last one** to**night**. ⑤

5 – **When** does the **eight** o'**clock** bus ar**rive** in **Hart**ford? ⑥

6 – At **mid**night, like it **says** on the **sched**ule, **pal**. ⑦

7 – When it **gets** into **Hart**ford, are there **u**sually **tax**is **wait**ing at the **bus de**pot? ⑧⑨

8 – You got **me**! **I** have **no idea.** I have **nev**er **been** to **Hart**ford. ⑩

PRONUNCIATION

[**3** ***wuen*** *is fsö* ***nekßt*** *wuan* ***a:f****-tör fsät?* **4** *ät* ***eit*** *ö* ***klok***. *itß fsö* ***la:ßt*** *wuan tu-****nait***. **5** ***wuen*** *das fsi:* ***eit*** *ö klok* ***baß*** *ö-****raiv*** *in* ***ha:rt****-föd?* **6** *ät* ***mid****-nait, laik it* ***ßäs*** *on fsö* ***ßke****-djul,* ***päl***. **7** *wuen it* ***getß*** *in-tu* ***ha:rt****-föd, a:r fser* ***ju:****-sch͂ö-li* ***täk****-ßis* ***wuei****-ting ät fsö* ***baß*** *di-pou?* **8** *ju:* ***got mi:***! *ai häv* ***nou*** *ai-****di͜e***. *ai häv ne-vör* ***bin*** *tu:* ***ha:rt****-föd.*]

ANMERKUNGEN

③ **Next** hat je nach Kontext die Bedeutung "nächster, -e, -es" oder "folgender, -e, -es".

④ **One** ist nicht nur die Ziffer "eins", sondern dient auch dazu, ein bereits zuvor erwähntes Substantiv wiederaufzugreifen, ohne es wiederholen zu müssen. Hier steht **... the next one after that** für **... the next bus after that**.

⑤ **O'clock** weist auf eine präzise Uhrzeit hin (hier der Acht-Uhr-Bus). Merken Sie sich auch **the five o'clock**, den bei den Briten so beliebten "Fünf-Uhr-Tee".

1st EXERCISE: Do you understand?

❶ The last bus is at midnight. ❷ The next bus is the last one.
❸ Are there taxis waiting at the bus station? ❹ Usually, yes.
❺ When does the next bus get into Hartford?

3 - Wann geht (ist) der nächste danach (nach dem)?
4 - Um acht Uhr. Es ist der letzte heute Abend (heute Nacht).
5 - Wann kommt der Acht-Uhr-Bus in Hartford an?
6 - Um Mitternacht, wie es im Fahrplan steht (wie es sagt im Fahrplan), [mein] Freund.
7 - Wenn der Bus in Hartford ankommt, warten dann normalerweise Taxis am Busbahnhof?
8 - Da bin ich überfragt (Sie haben mich gekriegt)! Ich habe keine Ahnung. Ich bin [noch] nie in Hartford gewesen.

⑥ **In** und **into** heißt beides "in". **In** wird bei Ortsangaben verwendet (wenn keine Bewegung stattfindet), **into** bei Vorgängen (wenn eine Bewegung stattfindet). **Into** wird daher oft mit Verben der Bewegung wie z. B. **to go** "gehen", **to come** "kommen" usw. verwendet.

⑦ **Pal** bedeutet "Kumpel, Kumpan", man kann so aber auch eine unbekannte Person ansprechen. Man hört auch die Ausdrücke **bud** [*bad*], **mac** [*mäk*] und **guy** [*gai*], die ebenfalls "Kumpel" bedeuten.

⑧ Sie wissen, dass das Pronomen **it** unbelebte Sachen oder Tiere bezeichnet. Hier bezieht es sich auf den Bus. Auf die Verwendung von weiblichen Pronomen für zum Beispiel Autos sind wir bereits in Lektion 12 eingegangen.

⑨ Der "Busbahnhof" heißt **bus station** [*ßtei-schön*], **bus depot** oder **bus terminal** [*baß tö:r-mi-nöl*]. In kleinen Städten auf dem Land werden die Bahnhöfe der Eisenbahn manchmal **depot** genannt.

⑩ **You got me!** oder einfach **Got me!** "Da bin ich überfragt!" ist eine umgangssprachliche Redewendung, die oft von einem ratlosen Schulterzucken begleitet wird.

SOLUTIONS OF 1st EXERCISE: Did you understand?

❶ Der letzte Bus fährt (ist) um Mitternacht. ❷ Der nächste Bus ist der letzte. ❸ Warten Taxis am Busbahnhof? ❹ Normalerweise ja. ❺ Wann kommt der nächste Bus in Hartford an?

2nd EXERCISE: Find the right words!

1 Er ist nie in New York gewesen.

He has . . . . New York.

2 Dort warten Taxis (Dort sind Taxis wartend).

. . . . taxis . . . .

3 Da bin ich überfragt.

You . . . . . .

4 Der/die/das nächste.

The . . . .

5 Heute Abend fährt (ist) der letzte Bus um zehn Uhr.

. . . ., the . . . . bus is . . ten . ' . . . . . .

Twentieth Lesson [*twuenti-öfß leßn*]

How to Make Great Brownies ①②

1 – **How** do you **make** such **good brownies, Bob**? ③

PRONUNCIATION

[***hao tu: meik greit brao**-ni:s* **1** ***hao** du: ju: **meik** ßatsch gud **brao**-ni:s, bob?*]

ANMERKUNGEN

① **Brownie** ist ein typisch amerikanischer Schokoladenkuchen, der in kleinen Rechtecken serviert wird. Der Teig ist schwer, süß und weich und häufig mit **fudge** "Karamell" (vgl. Lektion 13) und Nüssen gefüllt. Achtung: In Großbritannien sind **Brownies** Pfadfindermädchen im Alter zwischen sieben und elf Jahren!

SOLUTIONS OF 2nd EXERCISE: The missing words.

❶ never been to ❷ There are - waiting ❸ got me ❹ next one ❺ Tonight - last - at - o'clock.

Zwanzigste Lektion

Wie man tolle Brownies macht (Wie machen tolle Brownies)

1 - Wie machst du so (solch) gute Brownies, Bob?

② **Great** ist eines der am häufigsten benutzten Adjektive, um "großartig", "toll", "super" usw. auszudrücken.

③ **How** "Wie" steht am Beginn einer Frage, wenn man erfahren möchte, wie eine Sache funktioniert. Mit **How to...** werden z. B. Bedienungsanleitungen u. Ä. eingeleitet.

2 – **Do** you **real**ly want to **know** how I **bake** my de**li**cious fudge **brown**ies? ④

3 – **Yes**, Bob, **how** do your **brown**ies come **out** so **moist**?

4 – I don't **think** you **real**ly want to **know** how. ⑤

5 – Then, **why** are your **brown**ies so **good**?

6 – **Well**, if you **real**ly **want** to know...

7 – Yes...

8 – I **buy** them in the **bak**ery **sec**tion of the Star **Mar**ket for **six**ty-**nine cents** a **piece**! ⑥⑦

PRONUNCIATION

[**2** *du: ju:* ***ri‿e****-li wuont tu:* ***nou*** *hao ai beik mai dö-****li****-schöß fadsch~* ***brao****-ni:s?* **3** ***jeß****, bob,* ***hao*** *du: jur* ***brao****-ni:s* ***kam*** *aot ßou* ***moißt****?* **4** *ai dount* ***fßink*** *ju:* ***ri‿e****-li wuont tu:* ***nou*** *hao.* **5** *fsen,* ***wuai*** *a:r jur* ***brao****-ni:s ßou* ***gud****?* **6** *wuel, if ju:* ***ri‿e****-li wuont tu:* ***nou****...* **7** ***jeß****...* **8** *ai* ***bai*** *fsem in fsö* ***bei****-kö-ri* ***ßek****-tschön of fsö* ***ßta:r ma:r****-köt fo:r* ***ßikß****-ti-****nain ßentß*** *ö* ***pi:ß****!*]

2 - Willst du wirklich wissen, wie ich meine leckeren Karamell-Brownies backe?
3 - Ja, Bob, wie kommt es, dass deine Brownies so locker werden (feucht herauskommen)?
4 - Ich glaube (denke) nicht, dass du [es] wirklich wissen willst (willst zu wissen wie).
5 - Warum sind dann deine Brownies so gut?
6 - Naja, wenn du es wirklich wissen willst ...
7 - Ja ...
8 - Ich kaufe sie in der Bäckerei-Abteilung des Star-Markts für 69 Cent das (ein) Stück!

ANMERKUNGEN

④ **To cook** heißt "kochen". **To bake** "backen" verwendet man für Kuchen und alle Speisen, die in einem Ofen mit Unterhitze zubereitet werden. Man sagt **to broil** [*broil*] oder **to grill** "grillen" für alles, was im Ofen mit Oberhitze gegart wird. Für Speisen, die in einer Pfanne, z. B. in Öl, "fritiert" werden, sagt man **to fry** [*frai*]. Bei Pommes frites wiederum, die gänzlich in Öl getaucht und gebacken werden, sagt man **to deep-fry** (**deep** [*di:p*] "tief").

⑤ Das Wort **really** "wirklich" ist in all seinen Anwendungsformen sehr beliebt. Es dient sowohl als Frage (**Really?** "Wirklich?", "Tatsächlich?") als auch zur Bekräftigung einer Aussage: **She is really good in school** "Sie ist wirklich gut in der Schule".

⑥ Heutzutage gibt es in den USA immer weniger spezialisierte Bäckerei- oder Konditoreifachgeschäfte. Brot und Kuchen werden meist in Supermärkten gekauft, von denen viele ihre eigenen Öfen haben, in denen das Brot an Ort und Stelle gebacken wird. Die Preise hier sind korrekt, aber die Qualität der Erzeugnisse ist oft nicht mit der in einem Fachgeschäft vergleichbar.

⑦ **Star Market** ist eine bedeutende Supermarktkette im Bundesstaat Massachusetts. Andere Supermarktketten sind **Stop-n-Shop** [***ßtop**-n-**schop***], **A&P** [***ei** änd **pi:***], **Safeway** [***ßeif**-wuei*], **K-Mart** [***kei**-ma:rt*] und **Target** [***ta:r**-göt*].

1st EXERCISE: Do you understand?

❶ How do you make such good brownies? ❷ I don't think you really want to know. ❸ I buy them in the bakery. ❹ I buy them for sixty-nine cents a piece. ❺ Really?

2nd EXERCISE: Find the right words!

❶ Wie machst du so gute Brownies, Betty?

. . . do you . . . . such good . . . . , Betty?

❷ Ich glaube nicht, dass du es wirklich wissen willst.

I don't . . . . . you . . . . . . want to . . . . .

❸ 69 Cent das (ein) Stück!

Sixty-nine cents . . . . . . !

❹ Ich kaufe sie in der Bäckerei-Abteilung.

I . . . them in the . . . . section.

▶ Twenty first Lesson [*twuenti-fö:rßt leßn*]

Wiederholung und Anmerkungen

1. Komparativ und Superlativ

In Lektion 16 sind wir kurz auf diese beiden Steigerungsformen eingegangen. Hier nun noch einmal einige ausführlichere Erläuterungen:

A. Einsilbige Adjektive und zweisilbige Adjektive, die auf -**er** oder -**y** enden, werden wie folgt gesteigert:

Komparativ: Stamm des Adjektivs + **-er** (+ **than**)
Superlativ: Stamm des Adjektivs + **-est**

SOLUTIONS OF 1st EXERCISE: Did you understand?

❶ Wie machst du so gute Brownies? ❷ Ich glaube (denke) nicht, dass du [es] wirklich wissen willst. ❸ Ich kaufe sie in der Bäckerei. ❹ Ich kaufe sie für 69 Cent das Stück. ❺ Wirklich?

❻ So gut, so weich (feucht).

So . . . . , . . moist.

SOLUTIONS OF 2nd EXERCISE: The missing words.

❶ How - make - brownies ❷ think - really - know ❸ a piece ❹ buy - bakery ❺ good - so.

> Damit das Lernen nicht zu trocken wird, wird in den Wiederholungslektionen teilweise auch auf einige landeskundliche Besonderheiten der USA eingegangen.

Einundzwanzigste Lektion

Bei den auf **-y** endenden Adjektiven wird das **y** beim Anhängen der Endung zu **i**.

Beispiele:

great - greater (than) - the greatest "großartig - großartiger (als) - am großartigsten, der/die/das großartigste"

happy - happier (than) - the happiest "glücklich - glücklicher (als) - am glücklichsten, der/die/das glücklichste"

Enden Adjektive auf **-e**, wird statt **-er** bzw. **-est** nur **-r** bzw. **-st** angehängt.

Beispiel: **large - larger (than) - the largest** "groß - größer (als) - am größten, der/die/das größte"

Bei Adjektiven, die auf einen einzelnen Konsonanten enden, dem wiederum ein einzelner Vokal vorangeht, wird der Konsonant beim Anhängen der Endungen **-er** bzw. **-est** verdoppelt.
Beispiel: **fat - fatter (than) - the fattest** "fett - fetter (als) - am fettesten, der/die/das Fetteste".

B. Mehrsilbige Adjektive, d. h. Adjektive, die aus mindestens drei Silben bestehen, und die meisten zweisilbigen Adjektive, die auf **-ful** oder **-re** enden, werden mit **more** (Komparativ) und **most** (Superlativ) gesteigert.
Beispiele:
delicious - more delicious (than) - the most delicious "lecker - leckerer (als) - am leckersten, der/die/das Leckerste"
tolerant - more tolerant (than) - the most tolerant "tolerant - toleranter (als) - am tolerantesten, der/die/das Toleranteste"
respectful - more respectful (than) - the most respectful "respektvoll - respektvoller (als) - am respektvollsten, der/die/das Respektvollste"

Bestimmte Adjektive haben unregelmäßige Steigerungsformen:
bad - worse (than) - the worst "schlecht - schlechter (als) - am schlechtesten, der/die/das Schlechteste"
far - farther/further (than) - the farthest/the furthest "weit - weiter (als) - am weitesten, der/die/das Weiteste"
good/well - better (than) - the best "gut - besser (als) - am besten, der/die/das Beste"
little - less (than) - the least "wenig - weniger (als) - am wenigsten, der/die/das Wenigste".

2. Wegfall des bestimmten Artikels

The black bears eat honey and the seals eat raw fish.
Erinnern Sie sich an diesen Satz aus Lektion 16? Vor ein Substantiv wird kein Artikel gesetzt, wenn es sich (wie oben bei **honey** und **raw fish**) bei diesem um eine unbestimmte Menge, eine Sammelbezeichnung oder auch um einen abstrakten Begriff handelt:
Children like brownies "Kinder mögen Brownies" (Die Zahl der Kinder ist unbekannt.)
Taxis are waiting "Taxis warten" (Man weiß nicht, wie viele Taxis warten.)
Time flies "[Die] Zeit [ver]fliegt" (Die Zeit im Allgemeinen als abstrakter Begriff.)

Um zu unserem Satz mit den Bären und den Seehunden zurückzukommen, so sehen Sie, dass der Artikel **the** vor ein Substantiv gesetzt wird, wenn es sich bei diesem um eine spezielle, genau bezeichnete Sache (oder eine Person, ein Tier usw.) handelt, hier die Tiere im Zoo der Bronx. Will man ausdrücken, dass Bären im Allgemeinen Honig und Seehunde im Allgemeinen rohen Fisch essen, so müsste man sagen: **Black bears eat honey and seals eat raw fish**.

3. Die Unterschiede zwischen britischem und amerikanischem Englisch

Natürlich lernen Sie in diesem Kurs amerikanisches Englisch, aber wir wollen trotzdem zur Information auf einige fundamentale Unterschiede zwischen dem amerikanischen und dem britischen Englisch eingehen.

Es gibt eine Reihe von Dingen, für die im amerikanischen und im britischen Englisch jeweils unterschiedliche Bezeichnungen verwendet werden. Hier eine kleine Auswahl:

Amerikanisch	Britisch	Deutsche Bedeutung
apartment [*ö-**pa:rt**-mönt*]	flat [*flät*]	Wohnung, Appartement
cab [*käb*]	taxi [***täk**-ßi*]	Taxi
can [*kän*]	tin [*tin*]	Konserve
candy [***kän**-di*]	sweets [*ßwui:tß*]	Süßigkeiten
elevator [***e**-le-vei-dör*]	lift [*lift*]	Aufzug
fall [*fo:l*]	autumn [***o:**-töm*]	Herbst
faucet, tap [***fo:**-ßet, täp*]	tap	Wasserhahn
first floor [***fö:rßt** flo:r*]	ground floor [***graond** flo:r*]	Erdgeschoss
gas [*gäß*]	petrol [*pe-tröl*]	Benzin
intersection [*in-tör-**ßek**-tschön*]	crossroads [***kroß**-rouds*]	Kreuzung
mad [*mäd*]	angry [***äng**-gri*]	wütend
mean [*mi:n*]	nasty [***na:ß**-ti*]	böse
movie [***mu:**-vi*]	film	Film
one way [***wuan** wuei*] (ticket)	single (ticket) [***ßingl** ti-köt*]	einfache Fahrkarte
pants [*päntß*]	trousers [***trao**-sörß*]	Hose
round trip [***raond** trip*] (ticket)	return (ticket) [*ri-**tö:rn** ti-köt*]	Hin- und Rückfahrkarte

sidewalk [***ßaid**-wuo:k*]	pavement [***peiv**-mönt*]	Gehsteig
sneakers [***ßni:**-körs*]	tennis shoes [***te**-niß **schu:s***]	Tennisschuhe
truck [*trak*]	lorry [***lo**-ri*]	LKW

Die folgende Liste enthält einige Begriffe, die im britischen und im amerikanischen Englisch zwar gleich ausgesprochen (bis auf die unterschiedliche Aussprache des **t** in der Wortmitte, das im Amerikanischen wie **d** gesprochen wird), jedoch unterschiedlich geschrieben werden:

Amerikanisch	**Britisches Englisch**	**Deutsche Bedeutung**
catalog [***kä**-dö-log*]	catalogue [***kä**-tö-log*]	Katalog
center [***ßen**-ör*]	centre [***ßen**-tör*]	Zentrum
check [*tschek*]	cheque	Scheck
color [***ka**-lör*]	colour	Farbe
defense [*di-**fenß***]	defence	Verteidigung
dialog [***dai**-ö-log*]	dialogue	Dialog
pajamas [*pö-**dscha:**-maß*]	pyjamas	Schlafanzug
program [***prou**-gräm*]	programme	Programm
specialty [***ßpe**-schöl-ti*]	speciality	Spezialität
theater [***fßi**-ö-dör*]	theatre [***fßi**-ö-tör*]	Theater
traveler [***trä**-vö-lör*]	traveller	Reisender

4. Das Geld

a) Münzen

Hier eine Liste der in den USA im Umlauf befindlichen Münzen, die alle, wie Sie sehen, noch einen zweiten Namen haben:

1 cent = **One penny**. Dies ist eine kleine Kupfermünze mit dem Bild Abraham Lincolns (16. Präsident der USA).

5 cents = **One nickel**. Bei dieser Münze aus Nickel ist auf der einen Seite Thomas Jefferson (3. Präsident der USA) abgebildet.

10 cents = **One dime** [*daim*]. Eine Münze mit einer Kupfer-Nickel-Legierung, die auf der einen Seite Theodore (Teddy) Roosevelt (26. Präsident der USA) zeigt.

25 cents = **One quarter** [*kuo:-tör*]. Diese Münze, auf der der Kopf von George Washington (1. Präsident der USA) zu sehen ist, besteht ebenfalls aus einer Kupfer-Nickel-Legierung.

Die 50-Cent-Münzen sind selten geworden, seit sie 1964 als Gedenkmünzen für J. F. Kennedy in Umlauf gebracht wurden. Sie sind als Sammlerstücke höchst begehrt und daher fast völlig vom Markt verschwunden. Die aus Silber bestehende 1-Dollar-Münze gibt es nicht mehr. Anfang der 70er-Jahre wurde ein kleineres Geldstück in Umlauf gebracht, das den Kopf von Susan B. Anthony, einer führenden Feministin des 19. Jahrhunderts, zeigt.

b) Scheine
Der Schein mit dem kleinsten Wert ist der 1-Dollar-Schein mit dem Bild von George Washington. Als nächstes folgt der 2-Dollar-Schein mit dem Konterfei von Thomas Jefferson. Dieser Schein wird von vielen Amerikanerinnen und Amerikanern gesammelt und ist daher selten geworden.

Der 5-Dollar-Schein zeigt Abraham Lincoln, der 10-Dollar-Schein Alexander Hamilton, den ersten Finanzminister der USA. Den 20-Dollar-Schein schmückt der Kopf von Andrew Jackson (7. Präsident der USA). Auf dem 50-Dollar-Schein ist Ulysse S. Grant (18. Präsident der USA) abgebildet und der kürzlich aktualisierte 100-Dollar-Schein zeigt Benjamin Franklin.

Alle höherwertigen Geldscheine bekommen die normalen Verbraucherinnen und Verbraucher in der Regel ohnehin kaum zu sehen - wir wollen hier nicht darauf eingehen.

5. Das amerikanische Schulsystem

In den USA beginnt die Schulpflicht mit fünf Jahren, und zwar mit dem **grade K** [*greid kei*] "Grad K" oder **kindergarten**. Die Grundschule (**school**) dauert sechs Jahre (**grade 1 to 6**). Anschließend geht man auf die **high school**. Diese gliedert sich in die **Junior High (school)** [***dsch~u**-njör **hai** ßku:l*] und die **Senior High (school)** [***ßi:**-njör **hai** ßku:l*]. Die **high school** wird mit dem **high school diploma** [*di-**plou**-ma*] abgeschlossen.

Twenty-second Lesson [*twuenti-ße-könd leßn*]

Yes, No, or Maybe? ①

1 – **Are** you **hun**gry? ②
2 – **Yes,** I'm **starv**ing. ③
3 – **Are** you **thir**sty?
4 – **Yes**, I'm **dy**ing of **thir**st.
5 – **Are** you **ti**red?
6 – **No,** I'm as **fresh** as a **dai**sy**, fit** as a **fid**dle! ④

PRONUNCIATION

[*__jeß__, __nou__ o:r __mei__-bi:? __1__ a:r ju: __hang__-gri? __2 jeß__, aim __ßta:r__-ving. __3__ a:r ju: __fßö:rß__-ti? __4 jeß__, aim __dai__-ing of __fßö:rßt__. __5__ a:r ju: __tai__-öd? __6__ nou, aim äs __fresch__ äs ö __dei__-si, __fit__ äs ö __fidl__!*]

Zweiundzwanzigste Lektion

Ja, nein oder vielleicht?

1 - Bist du / Sind Sie hungrig?
2 - Ja, ich bin [total] ausgehungert.
3 - Bist du / Sind Sie durstig?
4 - Ja, ich sterbe vor Durst.
5 - Bist du / Sind Sie müde?
6 - Nein, ich bin frisch wie der junge Morgen (frisch wie ein Gänseblümchen) und gut in Form (fit wie eine Fiedel).

ANMERKUNGEN

① Die Frage **Yes or No?** ist eine Aufforderung an eine andere Person, kurz und knapp auf eine gestellte Frage zu antworten.

② Mit den Adjektiven "hungrig", "durstig" oder "müde" wird das Verb **to be** "sein" verwendet werden. Beispiel: **She is hungry** "Sie ist hungrig / hat Hunger". **The tiger is thirsty** "Der Tiger ist durstig / hat Durst". **My daughter is tired** "Meine Tochter ist müde".

③ Die amerikanische Lebensart basiert auf dem Prinzip des Komforts und des physischen Wohlbefindens, und beides kann sehr schnell beeinträchtigt sein, was dann durch Sätze wie **I'm dying of thirst** "Ich sterbe vor Durst", **I'm starving to death** "Ich bin am Verhungern" und **I'm dead tired** "Ich bin todmüde" ausgedrückt wird. Ausdruck jeder Form von Unwohlsein sind auch Sätze wie **(I think) I'm going to die!** "(Ich glaube,) ich sterbe!"

④ Gerne werden Klischees und Metaphern in die alltägliche Sprache eingeflochten. So soll in diesem Satz das Bild des Gänseblümchens Frische symbolisieren, das Bild der Fiedel Lebendigkeit und Kraft. In diese Kategorie gehören auch Ausdrücke wie z. B. **as strong as an ox** "stark wie ein Ochse".

7 – **Are** you **tel**ling the **tru**th?

8 – **May**be.

9 – **Are** you **tel**ling the **tru**th?

10 – I **take** the **5th**! ⑤

PRONUNCIATION

[**7** *a:r ju:* ***tel**-ling fsö **tru:fß**?* **8** ***mei**-bi:.* **9** *a:r ju:* ***tel**-ling fsö **tru:fß**?*
10 *ai **teik** fsö **fiffß**!*]

1st EXERCISE

❶ How are you? ❷ I'm as fresh as a daisy! ❸ And how are the kids? ❹ They're dying of thirst. ❺ You're not telling the truth.

2nd EXERCISE

❶ Bist du / Sind Sie / Seid ihr hungrig?

. . . you . . . . . . ?

❷ Bist du / Sind Sie / Seid ihr durstig?

. . . you . . . . ?

❸ Bist du / Sind Sie / Seid ihr müde?

Are you . . . . . ?

❹ Sagt er die Wahrheit?

. . he . . . . the . . . . . ?

❺ Ich bin gut in Form (fit wie eine Fiedel)!

I . . fit as a . . . . . . !

7 - Sagst du / Sagen Sie die Wahrheit?
8 - Vielleicht.
9 - Sagst du / Sagen Sie die Wahrheit?
10 - Ich berufe mich auf den fünften Verfassungszusatz (Ich nehme den Fünften)!

ANMERKUNGEN

⑤ **To plead** [*pli:d*] ("sich berufen auf") oder **to take the 5th amendment** [***teik*** *fsö* ***fifß*** *ö-**mend**-mönt*] bezieht sich auf den 5. Zusatz zur amerikanischen Verfassung, der besagt, dass eine angeklagte Person das Recht hat, die Aussage zu einer Sache zu verweigern, wenn sie damit rechnen muss, dass diese Aussage sie juristisch belasten könnte.

SOLUTIONS OF 1st EXERCISE

❶ Wie geht es dir/Ihnen? ❷ Ich bin so frisch wie der junge Morgen (wie ein Gänseblümchen)! ❸ Und wie geht es den Kindern? ❹ Sie sterben vor Durst / sind am Verdursten. ❺ Du sagst / Sie sagen nicht die Wahrheit.

SOLUTIONS OF 2nd EXERCISE

❶ Are - hungry ❷ Are - thirsty ❸ tired ❹ Is - telling - truth ❺ am - fiddle.

Twenty-third Lesson [*twuenti-fßö:rd leßn*]

It's a **Nice Day, Is**n't It? ①②

1 – **It's** a **nice day**, **is**n't it?

2 – **Ye**ah, **it's beau**tiful to**day,** ex**cept** for those **clouds.** ③

3 – A **per**fect day for **golf.** ④

4 – But **it's** sup**pos**ed to **rain** in the **af**ternoon. ⑤

5 – It's **not go**ing to **rain** be**fore five** P**M**, **is** it? ⑥

PRONUNCIATION

[*itß ö* ***naiß dei, is****nt it?* **1** *itß ö* ***naiß dei, is****nt it?* **2** ***jea,*** *itß* ***bju:****-ti-ful tu-****dei****, ik-****ßept*** *fo:r fsous* ***klaods.*** **3** *ö* ***pö:r****-fökt* ***dei*** *fo:r* ***golf.*** **4** *bat itß ßö-****pou****sd tu:* ***rein*** *in fsi: a:f-tör-****nu:n.*** **5** *itß not* ***gou****-ing tu:* ***rein*** *bi-fo:r* ***faiv*** *pi:* ***em, is*** *it?*]

ANMERKUNGEN

① **Have a nice day!** ist die Standardformel, mit der man sich von einer anderen Person verabschiedet, unabhängig davon, ob man mit ihr befreundet ist oder ob sie einem unbekannt ist.

② Fragesätze können mit sogenannten **tags** [*tägs*] (hier **..., isn't it?**) beendet werden, von denen es verschiedene Varianten gibt (**is it?, isn't it?, do you?, don't you?** usw.), die sich in der Konjugation nach dem Verb des Fragesatzes richten und die alle in etwa die Bedeutung des deutschen "..., nicht wahr?", "..., oder?" haben. Ist die Frage affirmativ formuliert, wird der **tag** verneint, ist sie negativ formuliert, ist der **tag** affirmativ. Einige Beispiele: **You are hungry, aren't you?** "Du bist hungrig, nicht wahr?". **This is a foreign car, isn't it?** "Dies ist ein ausländisches Auto, nicht wahr?".

Das (Es) ist ein schöner Tag, nicht wahr (ist nicht es)?

1 - Das (Es) ist ein schöner Tag, nicht wahr (ist nicht es)?
2 - Ja, es ist schön heute, wenn man von diesen Wolken absieht (außer für diese Wolken).
3 - Ein perfekter Tag für Golf.
4 - Aber es soll am Nachmittag regnen (es wird angenommen zu regnen im Nachmittag).
5 - Es wird nicht vor 17 Uhr regnen, oder (ist es)?

③ Statt **Yes** "Ja" wird gerne das saloppe **Yeah** gebraucht.

④ Golf ist in den Vereinigten Staaten ein besonders populärer Sport. Es gibt unzählige öffentliche Golfplätze sowie private Golf-Clubs, die ihre Mitglieder sorgfältig aussuchen. Diese wiederum zahlen Unsummen dafür, zu diesen Auserwählten zu gehören. Es gibt auch heute noch einige sehr elitäre Clubs, die nur solche Personen aufnehmen, die in Geschlecht, Hautfarbe und Konfession den Vorstellungen des Clubs entsprechen, obwohl ein solches Vorgehen per Gesetz verboten ist.

⑤ **To be supposed to** ist eine sehr geläufige Wendung, mit der ausgedrückt wird, dass ein bestimmtes Ereignis eintreten oder erwartet wird oder bestimmte Dinge vorhergesagt werden, auch wenn dies dann schließlich doch nicht eintrifft. Im Deutschen wird dies am besten mit "sollte" oder "sollte eigentlich" wiedergegeben: **He's supposed to send the letter tomorrow** "Er soll den Brief (eigentlich) morgen schicken" (aber er tut es vielleicht nicht). **I'm supposed to have lunch with Bill** "Ich soll (eigentlich) mit Bill zu mittag essen" (aber ich tue es vielleicht nicht).

⑥ Mit der Konstruktion **going to** (**to go** "gehen") wird die nahe Zukunft ausgedrückt. Das in der Zukunft stattfindende Ereignis wird hinter **going to** genannt. Beispiele: **I'm going to look for a job** "Ich werde nach einer Stelle suchen". **She is going to smoke a cigarette** "Sie wird eine Zigarette rauchen".

6 – You don't **trust** the **weatherman, do** you? ⑦

7 – **Not** when we're supp**os**ed to **play golf**.

8 – **Let's take** our **chan**ces. ⑧

9 – And **bring** an um**brell**a!

PRONUNCIATION

[**6** *ju: dount **traßt** fsö **wue**-fsör-män, **du:** ju:?* **7** ***not** wuen wui:r ßö-**pou**sd tu: plei **golf**.* **8** *letß **teik** aor **tschan**-ßis.* **9** *änd **bring** ön am-**brel**-lö!*]

1st EXERCISE

❶ It's going to rain. ❷ They're supposed to bring an umbrella. ❸ Let's play golf this afternoon! ❹ Do you trust him? ❺ It's not raining, is it?

2nd EXERCISE

❶ Du bringst einen Schirm mit, nicht wahr?

You . . . . umbrella, ... ' . . . . ?

❷ Du bist / Sie sind / ihr seid nicht hungrig, oder?

You aren't . . . . . . , ... ?

❸ Es ist schön heute, nicht wahr?

. . ' . beautiful . . . . . , . . . ' . . . ?

❹ Sie (3. Person Plural) vertrauen mir nicht, nicht wahr?

They don't . . . . . me, . . they?

❺ Ich soll (eigentlich) nicht Golf spielen, oder?

I'm not . . . . to play golf, . . . ?

6 - Du vertraust dem Meteorologen (Wettermann) nicht, nicht wahr?
7 - Nicht, wenn wir Golf spielen wollen (sollen).
8 - Lass uns das Risiko eingehen (unsere Chancen nehmen).
9 - Und [lass uns] einen Schirm mitnehmen!

ANMERKUNGEN

⑦ Der **weatherman** macht in den USA die Wettervorhersage. Dort macht man sich ebenso wie bei uns über nicht zutreffende Wettervorhersagen lustig.

⑧ **Chance** kann die Bedeutung "Zufall" oder "Möglichkeit, Gelegenheit" haben.

SOLUTIONS OF 1st EXERCISE

❶ Es wird regnen. ❷ Sie sollen (eigentlich) einen Schirm mitbringen. ❸ Lass uns heute Nachmittag Golf spielen! ❹ Vertraust du ihm? ❺ Es regnet nicht, oder?

SOLUTIONS OF 2nd EXERCISE

❶ are bringing an - aren't you ❷ hungry - are you ❸ It's - today - isn't it ❹ trust - do ❺ supposed - am I.

Twenty-fourth Lesson [*twuenti-fo:rfß leßn*]

So Do **I**! ①

1 – **Bill** has a **house** in the **coun**try. ②
2 – So do **I**.
3 – **Bill** drives a **Har**ley-**Da**vidson **mo**tor**cy**cle. ③
4 – So do **I**.
5 – **Bill** speaks **French, Rus**sian, and **Ital**ian **flu**ently. ④

PRONUNCIATION

[***ßou** du: **ai**! **1 bil** häs ö **haoß** in fsö **kan**-tri. **2 ßou** du: **ai**. **3 bil** draivs ö **ha:r**-li **dei**-vid-ßön **mou**-dör-ßaikl. **4 ßou** du: **ai**. **5 bil** ßpi:kß **frensch**, **ra**-schön änd i-**tä**-liön **flu:**-önt-li.*]

Vierundzwanzigste Lektion

Ich auch (So tue ich)!

1 - Bill hat ein Haus auf dem Land.
2 - Ich auch (So tue ich).
3 - Bill fährt ein Harley-Davidson-Motorrad.
4 - Ich auch.
5 - Bill spricht fließend Französisch, Russisch und Italienisch.

ANMERKUNGEN

① **So do I** ist der geläufige Ausdruck für "ich auch". Ein Synonym hierfür lautet **Me too**, das Sie bereits aus Lektion 2, Satz 3, kennen.

② Das Wort **country** hat zwei Bedeutungen: "Land" im Sinne von "Nation" und, was in unserem Satz gemeint ist, "Land" im Sinne von "Landschaft" bzw. als Gegensatz zur Stadt. Beispiele: **My daughter likes the country** "Meine Tochter liebt das Land" (= ist gerne draußen auf dem Land). **Germany** [***dsch˜ö:r***-*mö-ni*] **is a nice country** "Deutschland ist ein hübsches Land". Achtung: "auf dem Land" heißt ***in*** **the country**.

③ Die berühmten und schnellen Motorräder der Marke **Harley-Davidson** wurden in den 60er-Jahren durch den Film "Easy Rider" [***i:***-*si* ***rai***-*dör*] bekannt.

④ Namen von Sprachen werden oft unregelmäßig gebildet (siehe dazu Lektion 28). Während, wie Sie bemerkt haben, die meisten Wörter klein geschrieben werden, beginnen Ländernamen, Sprachen- und Nationalitätsbezeichnungen immer mit einem Großbuchstaben. Manchmal wird ein- und dasselbe Wort für eine Nationalität, eine Sprache und das mit dem jeweiligen Land verbundene Adjektiv benutzt. Beispiel: **The German** "der/die Deutsche", **they speak German** "sie sprechen Deutsch", **I like German bakery** "Ich mag deutsche Backwaren".

6	– So do **I**.
7	– **Bill makes** a **lot** of **mon**ey. ⑤
8	– So do **I**.
9	– **Bill** wants to **mar**ry me.
10	– Con**gratu**l**a**tions!

PRONUNCIATION

[**6** ***ßou*** *du:* ***ai***. **7** ***bil*** *meikß ö* ***lo****d of* ***man****-i.* **8** ***ßou*** *du:* ***ai***. **9** ***bil*** *wuontß tu:* ***mä****-ri mi:.* **10** *kong-****grä****-tju-****lei****-schönß!*]

1st EXERCISE

❶ Bill has a house. ❷ Bill and I speak Russian and Italian. ❸ Bill makes a lot of money. ❹ Congratulations. ❺ So do I.

2nd EXERCISE

❶ Jack hat ein Haus auf dem Land.

Jack . . . a . . . . . in the country.

❷ Bill spricht fließend Englisch.

Bill . . . . . . English . . . .

❸ Ich auch.

. . . . . .

❹ Bill verdient viel Geld.

Bill makes . . . . of . . . . . .

❺ Danke [dir]!

. . . . !

6 - Ich auch.
7 - Bill verdient (macht) viel Geld.
8 - Ich auch.
9 - Bill will mich heiraten.
10 - Herzlichen Glückwunsch (Gratulationen)!

ANMERKUNGEN

⑤ Für "Geld verdienen" sagt man entweder **to make money** ("Geld machen") oder **to earn money** (**to earn** [*ö:rn*] "verdienen"). Fragt man eine andere Person, wie viel Geld sie verdient, so lautet die Frage **What do you make?** oder **How much do you make?**

SOLUTIONS OF 1st EXERCISE

❶ Bill hat ein Haus. ❷ Bill und ich sprechen Russisch und Italienisch. ❸ Bill verdient (macht) viel Geld. ❹ Herzlichen Glückwunsch (Gratulationen). ❺ Ich auch (So tue ich).

SOLUTIONS OF 2nd EXERCISE

❶ has - house ❷ speaks - fluently ❸ So do I ❹ a lot - money ❺ Thank you.

Zum Lernen gehört – leider – auch das Vergessen. Um dem Vergessen vorzubeugen, gibt es einen sicheren Weg: das Wiederholen. Dabei gilt: 1. Lieber regelmäßig wiederholen als sporadisch. 2. Besser in kleinen Einheiten wiederholen als in großen "Brocken". 3. Bleiben Sie flexibel! Ein paar Karteikärtchen passen in jede Tasche, und bei geeigneter Gelegenheit können Sie sie hervorholen. 4. Überfrachten Sie Ihr Gedächtnis nicht. Was Sie schon können, brauchen Sie nicht ständig zu wiederholen.

Twenty-fifth Lesson [*twuenti-fiffß leßn*]

Summer Va**ca**tion

1 – Where do **you** guys spend your **sum**mer va**ca**tion each **year**? ①②③

2 – **We** spend **two** weeks in the **Grand** **Can**yon in Ari**zo**na. ④

3 – **So** do **I**. **Why** the **Grand Can**yon? **Why** not **Yel**low**stone** or Yo**se**mite? ⑤

4 – We **love** the **south**west, **plus** we **have** a **ranch hou**se in Ari**zo**na. ⑥⑦

PRONUNCIATION

[***ßa**-mör vö-**kei**-schön **1 wuer** du: ju: gais ßpend jur **ßa**-mör vö-**kei**-schön i:tsch ji‿er? **2** wui: ßpend tu: **wui:kß** in fsö gränd **kän**-jön in ä-ri-**sou**-na. **3 ßou** du: **ai**. **wuai** fsö gränd **kän**-jön? **wuai** not **je**-lou-ßtoun o:r ju-**ße**-mi-di? **4** wui: **lav** fsö ßaofß-**wueßt**, **plaß** wui: häv ö **ränsch** haoß in ä-ri-**sou**-na.*]

ANMERKUNGEN

① Das umgangssprachliche **guys** ist im Allgemeinen eine saloppe Anrede für eine Gruppe von Männern, jedoch auch für eine Gruppe von Freunden oder Verwandten beiderlei Geschlechts.

② Das Verb **to spend** hat zwei Bedeutungen: 1. "verbringen" (Zeit), 2. "ausgeben" (Geld). Beispiele: **I always spend Christmas with my family** "Ich verbringe Weihnachten immer mit meiner Familie". **She spends a lot of money** "Sie gibt viel Geld aus".

Fünfundzwanzigste Lektion

Sommerurlaub

1 - Wo verbringt ihr (ihr Jungs) jedes Jahr euren Sommerurlaub?

2 - Wir verbringen zwei Wochen im Grand Canyon in Arizona.

3 - Ich auch. Warum der Grand Canyon? Warum nicht Yellowstone oder Yosemite?

4 - Wir lieben den Südwesten, außerdem haben wir eine Ranch in Arizona.

③ Im amerikanischen Englisch wird von "Urlaub" als **vacation** gesprochen, während im britischen Englisch eher **holiday** [*ho-li-dei*] gesagt wird. In den USA bedeutet **holiday** "Feiertag". **Religious** [*rö-**li**-dsch˜öß*] **holidays** sind kirchliche Feiertage, **bank** [*bänk*] **holidays** sind gesetzliche Feiertage, an denen wie bei uns Geschäfte, Büros usw. geschlossen sind. Mehr dazu in Lektion 28.

④ In den USA ist bezahlter Urlaub kein Recht wie in Europa, sondern ein Privileg. Die meisten Arbeitskräfte haben im Schnitt zwei oder drei Wochen bezahlten Urlaub im Jahr.

⑤ Es gibt zahlreiche von den staatlichen Behörden geschützte und verwaltete Nationalparks (**US National Parks**). Die bekanntesten und beliebtesten sind der **Grand Canyon**, der **Redwood Forest National Park**, der **Everglades National Park**, der **Grand Teton National Park**, der **Badlands National Park**, der **Yosemite National Park** und schließlich der berühmte **Yellowstone National Park**, die Heimat der berühmten Comic-Figur **Yogi Bear**.

⑥ **To love** "lieben". **I love you** "Ich liebe dich". **I love brownies** "Ich liebe (esse unheimlich gerne) Brownies". Anders das schwächere **to like** "mögen, gerne haben": **I like you** "Ich mag dich".

⑦ Eine **ranch** ist die typische Behausung im Westen und Südwesten der Vereinigten Staaten. Sie ist ebenerdig angelegt und hat keinen Keller und kein Untergeschoss.

5 – **So** do **we**!

6 – **How** do you **get down** there **each year**?

7 – **We drive**. If my **hus**band **is driv**ing**,** it's **on**ly a **day's dri**ve from **Den**ver. ⑧

PRONUNCIATION

[***5 ßou*** *du:* ***wui:****!* ***6*** *hao du: ju: get* ***daon*** *fser i:tsch ji‿er?* ***7*** *wui: draiv. if mai* ***has****-bönd is drai-ving, itß* ***oun****-li ö deis* ***draiv*** *from* ***den****-vör.*]

1st EXERCISE

❶ Where does your brother spend his summer vacation? ❷ We have a house in Italy. ❸ It's a day's drive from our ranch. ❹ My brother's bear spends his vacation in a National Park. ❺ So does my snake.

2nd EXERCISE

❶ Wir verbringen zwei Wochen im Grand Canyon.

.. .. two ..... in the Grand Canyon.

❷ Warum nicht Yellowstone?

Why not .... ?

❸ Wir lieben den Nordosten.

We .... the northeast.

❹ Wenn mein Mann fährt, ist es nur eine Tagesreise.

If my .... is ...., it's only a ...'. journey.

❺ Wir auch!

.. do .. !

5 - Wir auch!
6 - Wie kommt ihr jedes Jahr dort hinunter?
7 - Wir fahren [mit dem Auto]. Wenn mein Mann fährt, ist es nur eine Tagesreise von Denver.

ANMERKUNGEN

⑧ **A day's drive** (wörtlich "eine Fahrt eines Tages") ist ein Genitiv, gekennzeichnet durch das mit Apostroph angehängte **s**. Ein Synonym für **drive** ist **journey** [*dsch~ö:r-ni*] "Reise". Vergleichen Sie mit dem Genitiv **my brother 's room-mate** "der Zimmergenosse meines Bruders" aus Lektion 15.

SOLUTIONS OF 1st EXERCISE

❶ Wo verbringt dein Bruder seinen Sommerurlaub? ❷ Wir haben ein Haus in Italien. ❸ Es ist eine Tagesreise von unserer Ranch [entfernt]. ❹ Der Bär meines Bruders verbringt seinen Urlaub in einem Nationalpark. ❺ Meine Schlange auch.

SOLUTIONS OF 2nd EXERCISE

❶ We spend - weeks ❷ Yellowstone ❸ love ❹ husband - driving - day's ❺ So - we.

Twenty-sixth Lesson [*twuenti-ßikfß leßn*]

How **Old** Is Your **Dog**?

1 – Ex**cuse** me**,** how **old** is your **dog**?
2 – He's **se**ven. ①
3 – **That's for**ty-**nine** in **dog** years.
4 – How **old** are **you**?
5 – **I'm for**ty-**nine** in **pe**ople years. ②
6 – **Ha ha**, **ve**ry **fun**ny. ③
7 – How **old** do you **think** I am?
8 – **I** don't know, **thir**ty-**five**, **may**be.
9 – **No**, **I'm se**ven in **dog** years!

PRONUNCIATION

*[**hao ould** is jur **dog**? **1** ikß-**kju:s** mi:, hao **ould** is jur **dog**? **2** hi:s **ß**e-vön. **3 fsätß** fo:r-ti-**nain** in **dog** ji‿ers. **4** hao **ould** a:r **ju:**? **5 aim** fo:r-ti-**nain** in **pi:**-pl ji‿ers. **6** ha: ha:, **ve**-ri **fan**-ni. **7** hao **ould** du: ju: **fßink** ai äm? **8** ai dount **nou**, fßö:r-ti-**faiv**, **mei**-bi:. **9 nou**, aim **ße**-vön in **dog** ji‿ers.]*

Sechsundzwanzigste Lektion

Wie alt ist dein/Ihr Hund?

1 - Entschuldige/n Sie (mich), wie alt ist dein/Ihr Hund?
2 - Er ist sieben [Jahre alt].
3 - Das sind (ist) 49 [Jahre] in Hundejahren.
4 - Wie alt bist du / sind Sie?
5 - Ich bin 49 [Jahre alt] in Menschenjahren.
6 - Ha, ha, sehr lustig.
7 - Wie alt, denkst du / denken Sie, bin ich?
8 - Ich weiß nicht, 35 vielleicht.
9 - Nein, ich bin sieben [Jahre alt] in Hundejahren!

ANMERKUNGEN

① Bei einer Altersangabe kann nach der Zahl **... years old** "... Jahre alt" wegfallen. **I'm twenty** "ich bin 20" reicht völlig aus.

② **People** heißt "Menschen, Personen, Leute" (d. h. **people** erhält kein Plural-**s**!). **People say that...** "Die Leute sagen, dass ...". Eine weitere Bedeutung von **people** ist "Volk". In diesem Fall (und nur in diesem!) lautet der Plural **the peoples** "die Völker".

③ Der Ausdruck **very funny** "sehr lustig" wird oft ironisch gebraucht, wenn also das zuvor Gesagte überhaupt nicht lustig ist.

1st EXERCISE

❶ How old is your daughter? ❷ She's seven. ❸ How old are you? ❹ I don't know.

2nd EXERCISE

❶ Entschuldige/n Sie, wie alt ist dein/Ihr Hund?

Excuse me, how . . . is your . . . ?

❷ Wie alt bist du / sind Sie?

. . . old . . . . . . ?

❸ Sehr lustig.

Very . . . . . .

Twenty-seventh Lesson [*twuenti-ße-vönfß leßn*]

How **Much** Do You **Weigh**? ①

1 – How **much** do you **weigh** these **days**, **dad**? ②

PRONUNCIATION

[*hao **matsch** du: ju: **wuei**? **1** hao matsch du: ju: **wuei** fsi:s deis, **däd**?*

SOLUTIONS OF 1st EXERCISE

❶ Wie alt ist deine/Ihre Tochter? ❷ Sie ist sieben [Jahre alt]. ❸ Wie alt bist du / sind Sie? ❹ Ich weiß [es] nicht.

❹ Wie alt denkst du / denken Sie bin ich?

How old do you . . . . . I . . ?

❺ Ich bin sieben Jahre alt in Hundejahren.

I . . . . years old in dog . . . . . .

SOLUTIONS OF 2nd EXERCISE

❶ old - dog ❷ How - are you ❸ funny ❹ think - am ❺ am seven - years.

Siebenundzwanzigste Lektion

Wie viel wiegst du / wiegen Sie?

1 - Wie viel wiegst du im Moment (diese Tage), Papi?

ANMERKUNGEN

① **How much...** und **How many...** heißt beides "wie viel", **much** wird für eine nicht zählbare/abstrakte Menge benutzt, **many** für zählbare Dinge. Beispiele: **How much water is in the ocean?** [... ***ou***-*schön*] "Wie viel Wasser ist im Ozean"? **How much free time do you have?** "Wie viel Freizeit hast du?". **How many kids are in the class? – Twenty-six.** "Wie viele Kinder sind in der Klasse? – 26." Obwohl Kilos oder Pfunde zählbar sind, benutzt man hier **How much...**

② Der amerikanische Ausdruck für ungesundes Essen ist **junk food** [***dsch˜ank*** *fu:d*]), gesunde Ernährung bezeichnet man als **health food** [***helfß*** *fu:d*].

2 – Oh, a**round** 150 (a **hun**dred and **fif**ty) **pounds**, **give** or **take** a **few**. (3)
3 – C'**mon**. You **must** weigh **more** than **that**.
4 – **No**, **real**ly, I **on**ly weigh 150 (a **hun**dred and **fif**ty) or **may**be 160 (a **hun**dred and **six**ty), 170 (a **hun**dred and **seven**ty) at the **most**. (4)
5 – **How** much does your **broth**er **Stan**ley **weigh**?
6 – **That wal**rus**,** he **weighs o**ver 200 (**two hun**dred) **eas**ily. (5)
7 – And he's **youn**ger than you**, right**? (6)
8 – **Yes,** but **much fat**ter. (7)

PRONUNCIATION

[**2** *ou, ö-raond ö* ***han****-dröd änd* ***fif****-ti* ***paonds****,* ***giv*** *o:r* ***teik*** *ö* ***fju:****.* **3** *kö-****mo:n****. ju: maßt wuei* ***mo:r*** *fsän* ***fsät****.* **4** ***nou****,* ***ri****‿e-li, ai* ***oun****-li wuei ö* ***han****-dröd änd* ***fif****-ti o:r* ***mei****-bi: ö* ***han****-dröd änd* ***ßikß****-ti, ö* ***han****-dröd änd* ***ße****-vön-ti ät fsö* ***moußt****.* **5** *hao* ***matsch*** *das jur* ***bra****-fsör* ***ßtän****-lei wuei?* **6** *fsät* ***wuol****-raß, hi:* ***wueis*** *ou-vör tu:* ***han****-dröd* ***i:****-si-li.* **7** *änd hi:s* ***jang****-gör fsän ju:,* ***rait****?* **8** ***jeß****, bat* ***matsch fä****-tör.*]

2 - Oh, um die 150 Pfund, mehr oder weniger (gib oder nimm ein paar).
3 - [Na,] komm schon. Du musst mehr wiegen (als das).
4 - Nein, wirklich, ich wiege nur 150 oder vielleicht 160, höchstens 170.
5 - Wie viel wiegt dein Bruder Stanley?
6 - Dieses Walross, er wiegt bestimmt (leicht) über 200 [Pfund].
7 - Und er ist jünger als du, richtig?
8 - Ja, aber viel fetter.

ANMERKUNGEN

③ Das amerikanische Gewichtssystem basiert auf dem "Pfund" (**pound**), das etwas weniger als 500 Gramm entspricht und 16 **ounces** [***aon***-*ßis*] "Unzen" hat, was ca. 28 Gramm entspricht. Ein Kilo sind 2,2 **pounds**, eine Tonne, **a [short] ton**, sind 2000 **pounds**, oder 907,185 kg. Bei Kochrezepten wird "Pfund" **lb** abgekürzt: **Take 2 lb of sugar...** "Nehmen Sie zwei Pfund Zucker ...".

④ **At the most** bedeutet "höchstens", das Gegenteil lautet **at the least** [*ät fsö* ***li:ßt***] "mindestens, wenigstens".

⑤ Das Amerikanische benutzt oft Methaphern mit Tieren, um ein bestimmtes physisches oder intellektuelles Merkmal einer Person herauszustellen: **fat as a pig** [***fät*** *äs ö* ***pig***] "fett wie ein Schwein", **big as a cow** [***big*** *äs ö* ***kao***] "groß wie eine Kuh", **strong as a bull** [***ßtrong*** *äs ö* ***bul***] "stark wie ein Bulle".

⑥ **Right** wird hier am Satzende angehängt, um "richtig?", "nicht wahr?" auszudrücken. Die Grundbedeutung von **right** ist "rechts": **Turn right at the water fountain** "Gehen Sie (Wenden Sie sich) an der Trinkquelle nach rechts". Es kann auch "recht (haben)" bedeuten: **The teacher was right** "Der Lehrer hatte (war) recht". Das Substantiv **right** heißt "Recht": **All people have the right to vote** [*tu: vout*] "Alle Menschen haben das Recht zu wählen".

⑦ Erinnern Sie sich noch daran, wie man Adjektive steigert (Komparativ/Superlativ)? Nein? Dann sehen Sie noch einmal in Lektion 21, Absatz 1 nach.

1st EXERCISE

❶ How much do you weigh? ❷ You must weigh more than that. ❸ He weighs over 200. ❹ He's younger than you. ❺ She's older than Stanley.

2nd EXERCISE

❶ Ich wiege nur 150 Pfund.

I . . . . . only 150 pounds.

❷ Wie viel wiegt dein Bruder?

How . . . . does your . . . . weigh?

❸ Er ist jünger als ich.

He is . . . . than . . .

❹ Das Schwein muss mehr wiegen als der Hund.

The . . . must weigh . . . .
the . . . .

Twenty-eighth Lesson [twu*en*ti-*eitfß leßn*]

Wiederholung und Anmerkungen

Sind Sie bereit für ein paar Wiederholungen?
Na, dann los. Heute wird es nicht schwierig.

1. Die "tags"

Die **tags**, die eigentlich **question tags** [***kwueß***-*tschön tägs*] heißen, entsprechen unserem deutschen "nicht wahr?", "oder?". Eine affirmativ gestellte Frage erhält einen negativen **question tag**, eine negativ gestellte Frage einen affirmativen **question tag**. Jeder **tag** greift das Hilfsverb, das Pronomen und die Zeit des jeweiligen Fragesatzes auf.

SOLUTIONS OF 1st EXERCISE

❶ Wie viel wiegst du / wiegen Sie? ❷ Du musst / Sie müssen mehr wiegen (als das). ❸ Er wiegt über 200 [Pfund]. ❹ Er ist jünger als du/Sie. ❺ Sie ist älter als Stanley.

❺ Fetter.

. . . .

SOLUTIONS OF 2nd EXERCISE

❶ weigh ❷ much - brother ❸ younger - me ❹ pig - more than - dog ❺ Fatter.

In der nächsten Lektion gibt es wieder ein bisschen mehr "Theorie". Sie haben vielleicht den Eindruck, dass bestimmte Dinge in den Lektionen nicht ausreichend erläutert werden. Das ist ein Merkmal der Assimil-Methode: Sie sollen in den Lektionen in erster Linie Aussprache und Hörverständnis trainieren und nicht zu viel mit Grammatik belastet werden. Für die Grammatik sind die Wiederholungslektionen da. Hier wird vertieft und anhand von Beispielen illustriert, was Sie bereits gelernt haben.

Achtundzwanzigste Lektion

Beispiele:

She's happy, isn't she? "Sie ist glücklich, nicht wahr (ist sie nicht)?"

You can't swim, can you? "Du kannst nicht schwimmen, nicht wahr (kannst du)?"

They were late, weren't they? "Sie waren spät (dran), nicht wahr (waren sie nicht)?"

Einige Besonderheiten:

Nach einem Satz, der ein Vollverb (und nicht wie oben ein Hilfsverb) enthält, wird der **question tag** mit einer Form von **to do** (**do/does/did**) gebildet:

They love the southwest, don't they? "Sie lieben den Südwesten, nicht wahr (tun sie nicht)?"
Bears like honey, don't they? "Bären lieben Honig, nicht wahr (tun sie nicht)?"
He eats a lot, doesn't he? "Er isst viel, nicht wahr (tut er nicht)?"
They liked the movie, didn't they? "Sie mochten den Film, nicht wahr (taten sie nicht)?"

I'm im Fragesatz wird im **question tag** zu **aren't I**, und **I'm not** wird zu **am I**:
I'm late, aren't I? "Ich bin spät [dran], nicht wahr (bin ich nicht)?"
I'm not late, am I? "Ich bin nicht spät [dran], nicht wahr (bin ich)?"

2. (Person) + auch

Um "(Person) + auch" auszudrücken, verwendet man die Formel **So** + Hilfsverb + Objekt (= Person). Das Hilfsverb entspricht dem des vorhergehenden Satzes:
I'm tired. - So do I. "Ich bin müde. - Ich auch (So tue ich)."
In einem familiäreren Kontext kann man auch **Me too** "Ich auch" sagen. Ein weiteres Beispiel:
They have cooked dinner. - So has my sister. "Sie haben das Abendessen gekocht. - Meine Schwester auch (So hat meine Schwester)."
Wie bei den **question tags** verwendet man im 2. Satz **do/does/did**, wenn der Hauptsatz ein Vollverb enthält:
John works in Idaho. - So does Jane. "John arbeitet in Idaho. - Jane auch (So tut Jane)."
She came home late. - So did he. "Sie kam spät nach Hause. - Er auch (So tat er)."

3. (Person) + auch nicht

Bei dieser Gelegenheit wollen wir Ihnen auch gleich zeigen, wie man die negative Form bildet, nämlich einfach durch Ersetzen von **so** durch **neither** [***ni:***-*fsör*] (Grundbedeutung "keiner, keine, keins"):
I don't eat Brownies. - Neither do I. "Ich esse keine Brownies. - Ich auch nicht."
Bill never plays golf. - Neither does Jim. "Bill spielt nie Golf. - Jim auch nicht."

4. Länder, Sprachen und Nationalitäten

In Lektion 24 haben wir uns bereits mit Sprachenbezeichnungen beschäftigt. Sie kennen schon **French** "Französisch", **Russian** "Russisch" und **Italian** "Italienisch". In der folgenden Liste stellen wir Ihnen die Namen einiger Länder, Sprachen und Nationalitäten vor – natürlich auf Amerikanisch! Beachten Sie, dass Länder-, Sprachen- und Nationalitätsbezeichnungen immer mit einem Großbuchstaben beginnen. Was die 3. Spalte betrifft, so gibt es nur wenige Fälle, in denen sich die weibliche Form von der männlichen unterscheidet.

Land	**Adjektiv**	**Nationalität**
Austria [***o:ß**-tri-ö*]	Austrian [***o:ß**-tri-ön*]	an Austrian
Australia [*o:ß-**trei**-li-ö*]	Australian [*o:ß-**trei**-li-ön*]	an Australian
Belgium [***bel**-dsch˜öm*]	Belgian [***bel**-dsch˜ön*]	a Belgian
Britain [***bri**-tön*]	British [***bri**-tisch*]	a Briton [***bri**-tön*]
Canada [***kä**-nä-dö*]	Canadian [*kö-**nei**-di-ön*]	a Canadian
China [***tschai**-nö*]	Chinese [*tschai-**ni:s***]	a Chinese
Denmark [***den**-ma:rk*]	Danish [***dei**-nisch*]	a Dane
England [***ing**-länd*]	English [***ing**-lisch*]	an Englishman/-woman [*män, wuu-mön*]
France [*fra:nß*]	French [*frensch*]	a Frenchman/-woman
Germany	German [***dsch˜ö:r**-mön*]	a German
Greece [*gri:ß*]	Greek [*gri:k*]	a Greek
The Netherlands [*fsö **ne**-fsör-länds*]	Dutch [*datsch*]	a Dutchman/ -woman
Hungary [***hang**-gö-ri*]	Hungarian [*hang-**gä**-ri‿en*]	a Hungarian
India [***in**-di‿e*]	Indian [***in**-di‿en*]	an Indian
Ireland [***ai‿e**-länd*]	Irish [***ai**-risch*]	an Irishman/-woman
Israel [***is**-rö-il*]	Israeli [*is-rö-**i:**-li*]	an Israeli
Italy [***i**-tö-li*]	Italian [*i-**tä**-li‿en*]	an Italian
Japan [*dsch˜ö-**pän***]	Japanese [*dsch˜ä-pö-**ni:s***]	a Japanese
Mexico [***mek**-ßi-kou*]	Mexican [***mek**-ßi-kön*]	a Mexican
Morocco [*mö-**ro**-kou*]	Moroccan [*mö-**ro**-kön*]	a Moroccan
Norway [***no:r**-wuei*]	Norwegian [*no:r-**wui:**-dsch˜ön*]	a Norwegian
Poland [***pou**-lönd*]	Polish [***pou**-lisch*]	a Pole [*poul*]
Portugal [***po:r**-tju-gl*]	Portuguese [*po:r-tju-**gi:s***]	a Portuguese
Russia [***ra**-schö*]	Russian [***ra**-schön*]	a Russian

Scotland [***ßkot**-lönd*]	Scottish [***ßko**-disch*]	a Scot
Spain [*ßpein*]	Spanish [***ßpä**-nisch*]	a Spaniard [***ßpän**i‿ed*]
Sweden [***ßwui:**-dön*]	Swedish [***ßwui:**-disch*]	a Swede
Switzerland [***ßwuit**-ßör-länd*]	Swiss [*ßwuiß*]	a Swiss
Turkey [***tö:r**-ki*]	Turkish [***tö:r**-kisch*]	a Turk
the USA [*fsö **ju:-eß-ei***]	American [*ö-**me**-ri-kön*]	an American

Diese Liste ist natürlich nicht komplett, aber sie enthält eine Auswahl an Länder- und Nationalitätsbezeichnungen.

Haben Sie auch bemerkt, dass der unbestimmte Artikel **a** “ein, eine” zu **an** wird, wenn das nachfolgende Substantiv mit einem Vokal beginnt?

Spricht man von einem Volk als Ganzem, so verwendet man den Namen im Plural und setzt ihm den Artikel **the** voran: **the Swedes** “die Schweden”, **the Germans** “die Deutschen”, **the Italians** “die Italiener” usw.

Ausnahmen:
1. Die Völkernamen, die auf **-ese** [*-i:s*] enden; ihnen wird kein **s** angehängt: **the Japanese** “die Japaner”, **the Chinese** “die Chinesen” usw.
2. Für die folgenden Nationalitätsbezeichnungen gibt es Sonderformen: **the French**, **the British** (oder **the British people**), **the English**, **the Spanish**, **the Dutch**, **the Irish**, **the Swiss**.

Einige Salatsoßen (**salad dressings** [***ßä**-led **dre**-ßings*]) tragen in den USA die Namen von Ländern: **Italian dressing** “Italienische Soße” ist eine klassische Öl-Essig-Soße, **French dressing** “Französische Soße” ist eine süßliche, orangefarbene Soße und **Russian dressing** “Russische Soße”, auch unter dem Namen **Thousand islands dressing** [***fßao**-sönd **ai**-lönds*] “Tausend-Inseln-Soße” bekannt, ist eine Mischung aus Mayonnaise und Ketchup. Ebenfalls sehr beliebt ist **blue cheese dressing** “Blauschimmelkäse-Soße”. Das **house dressing** “die hauseigene Soße” ähnelt weitgehend dem **Italian dressing**.

5. Die Einstellung zum Geld

Anders als in Deutschland ist es in den USA kein Tabu, über die eigene Finanzsituation zu sprechen. Geld ist ein beliebtes und häufiges Gesprächsthema. Unter den freiberuflich Tätigen wird über das Jahreseinkommen (**annual income** [*än-juöl in-kam*]) gesprochen, unter den Verwaltungsangestellten über das wöchentliche Einkommen (**weekly salary** [*wi:k-li ßä-lö-ri*]) und bei den Arbeiterinnen bzw. Arbeitern über den Stundenlohn (**hourly wages** [*aor-li wuei-dsch~is*]). Angestellte werden als **white collar workers** (**collar** "Kragen") bezeichnet, Arbeiter/-innen als **blue collar workers** ("blauer Kragen" = Blaumann). In den USA werden die Angestellten und Arbeiter/-innen nicht wie bei uns am Monatsende entlohnt, sondern wöchentlich oder zweiwöchentlich, üblicherweise mit einem Scheck. Die Praxis von Überweisungen ist nicht sehr verbreitet. Beachten Sie, dass man anstelle von **a lot of money** auch **lots of money** sagen kann.

6. Die Altersangabe

In Lektion 26 haben Sie gelernt, dass Sie das Alter einer Person angeben, indem Sie die entsprechende Form von **to be + years old** verwenden, wobei **years old** auch wegfallen kann. Kennt man nur das ungefähre Alter der Person, kann man sagen: **She is in her thirties** ("Sie ist in ihren Dreißigern"), d. h., sie ist zwischen 30 und 40, oder **He is in his fifties** ("Er ist in seinen Fünfzigern"), d. h., er ist zwischen 50 und 60 Jahre alt. Dies kann man noch etwas präzisieren, indem man vor der Altersangabe **early** [*ö:r-li*] "früh", **mid-** "Mitte" oder **late** [*leit*] "spät" hinzufügt: **He is in his early thirties** "Er ist Anfang 30", **My brother is in his mid-sixties** "Mein Bruder ist Mitte 60", **She is in her late twenties** "Sie ist Ende 20". Sie können mit dem Wort **year** auch ein Adjektiv bilden: **a seven-year-old boy** "ein siebenjähriger Junge", a forty-year-old man "ein vierzigjähriger Mann" usw.

7. Die amerikanischen Feiertage

Die folgende Liste ist eine Aufstellung aller **legal holidays** "gesetzliche Feiertage" und **religious holidays** "religiöse Feiertage" in den USA. Außerdem enthält sie eine Reihe von Gedenktagen, die von bestimmten Bevölkerungsgruppen gefeiert werden, an denen jedoch die Geschäfte und Büros geöffnet sind.

1. Januar: **New Year's Day** [*nju: ji͜ers dei*] (Neujahr)

3. Montag im Januar: **Martin Luther King jun. Day** [*ma:r-tin lu:-fßör king dsch˜u:n-ji͜er*]. Gedenktag zu Ehren von Martin Luther King.

2. Februar: **Groundhog's Day** [*graond-hogs dei*] "Murmeltiertag". Dieser Tag bestimmt, wie lange der Winter dauert. Wenn das Murmeltier an diesem Tag seinen Schatten sieht, kehrt es in seinen Bau zurück, was bedeutet, dass der Winter weitere sechs Wochen andauert. Diese Begebenheit wird auf humorvolle Weise in dem berühmten amerikanischen Film "Und täglich grüßt das Murmeltier" beschrieben.

14. Februar: **Valentine's Day** [*vä-lön-tains dei*] "St. Valentins-Tag". An diesem Tag werden die Personen, die man gerne hat, mit einer Karte oder einem netten Gruß bedacht.

19. Februar: **President's Day** [*pre-si-döntß dei*]. Gedenktag zu Ehren Abraham Lincolns (geb. am 14. Februar) und George Washingtons (geb. am 22. Februar).

17. März: **Saint Patrick's Day** [*ßönt pä-trikß dei*]. Ein Feiertag der Iren, an dem sie sich in Grün kleiden und die Pubs aufsuchen.

Freitag vor Ostern: **Good Friday** [*gud frai-dei*] "Karfreitag".

1. April: **April Fool's Day** [*ei-pril fu:ls dei*]. Wie bei uns ist dies der Tag, an dem man andere mal so richtig "auf den Arm nehmen" (in den April schicken) kann.

Ostern: **Easter Sunday** [*i:ß-tör ßan-dei*] "Ostersonntag" und **Easter Monday** [*i:ß-tör man-dei*] "Ostermontag".

2. Sonntag im Mai: **Mother's Day** [*ma-fsörs dei*] "Muttertag".

Letzter Montag im Mai: **Memorial Day** [*mö-mo:-ri-öl dei*]. Ein Trauertag zum Gedenken an die Gefallenen der Kriege.

3. Sonntag im Juni: **Father's Day** [*fa:-fsörs dei*] "Vatertag".

4. Juli: **Independence Day** [*in-di-***pen***-dönß* ***dei***] oder **Fourth of July** [***fo:rfß*** *of dsch˜u:-****lai***]. Nationalfeiertag.

1. Montag im September: **Labor Day** [***lei****-bör dei*] "Tag der Arbeit".

2. Montag im Oktober: **Columbus Day** [*kö-***lam***-böß dei*]. Gedenktag anlässlich der Entdeckung Amerikas durch Christoph Columbus.

31. Oktober: **Halloween** [*hä-lou-***wui:n**]. An diesem aus den keltischen Ländern stammenden Festtag schnitzt jede Familie einen Kürbis in Form eines Kopfes, der dann vor die Tür gestellt wird. Alle Kinder verkleiden sich, gehen von Tür zu Tür und fragen nach Süßigkeiten.

1. Dienstag nach dem 1. Montag im November: **Election Day** [*i-***lek***-tschön* ***dei***] "Wahltag". An diesem Tag werden die verschiedensten Wahlen abgehalten.

11. November: **Veterans' Day** [**ve***-tö-röns* ***dei***] "Tag der Veteranen". Amerikanischer Gedenktag anlässlich des Kriegsendes 1918 und 1945.

4. Donnerstag im November: **Thanksgiving** [***fßänkß****-****gi****-ving*] "Erntedankfest". Man lädt Freunde und Verwandte zu einem Essen, traditionell mit Truthahn, Mais, Kürbis- und Apfelkuchen, ein.

25. Dezember: **Christmas Day** [***kriß****-möß* ***dei***] "Weihnachten". In den USA wird Weihnachten am Morgen des 25. Dezember gefeiert.

▶ Twenty-ninth Lesson [*twuenti-nainfß leßn*]

Where Were **You**? ①

1 – I was **home** last night. **Where** were **you**? ②

2 – I was **with** my **pa**rents.

3 – **But** I **cal**led you there. ③

4 – **What** time **did** you **call**? ④⑤

5 – What **time** did I **call**? **Well**, I **cal**led at, um, **ten** to **ten**. ⑥

6 – Oh, **that** ex**plains** it. **We** were still at the **rest**aurant. ⑦⑧

PRONUNCIATION

[***wuer** wuö:r **ju:**? **1** ai wuo:s **houm** la:ßt nait. **wuer** wuö:r **ju:**? **2** ai wuo:s wuifs mai **pä**-röntß. **3** bat ai **ko:ld** ju: fse:r. **4** wuot **taim** did ju: **ko:l**? **5** wuot **taim** did ai **ko:l**? wuel, ai **ko:ld** ät, höm, **ten** tu: **ten**. **6** ou, **fsät** ikß-pleins it. wui: wuö:r **ßtil** ät fsö **reß**-tö-rönt.*]

ANMERKUNGEN

① Die Bildung der Vergangenheit ist ganz einfach, selbst die wenigen unregelmäßigen Verbformen werden Sie nach und nach lernen. Beginnen wir mit **to be**; hier lauten die Formen **I was** [*ai wo:s*] "ich war", **you were** [*ju: wuö:r*] "du warst / Sie waren", **he/she/it was** "er/sie/es war", **we were** "wir waren", **you were** "ihr wart" und **they were** "sie waren".

② **Home** "Zuhause, zu Hause, Heimat" kennen Sie bereits aus **home-made** "hausgemacht". "Nach Hause" heißt auch **home**: **Go home!** "Geh nach Hause!".

Neunundzwanzigste Lektion

Wo warst du / waren Sie?

1 - Ich war gestern Abend (letzte Nacht) zu Hause. Wo warst du?
2 - Ich war bei (mit) meinen Eltern.
3 - Aber ich habe dich dort angerufen.
4 - Wann (welche Zeit) hast du angerufen?
5 - Wann ich angerufen habe? Na ja, ich habe um, hm, zehn vor zehn angerufen.
6 - Oh, das erklärt alles (es). Wir waren noch im Restaurant.

(3) Bei den regelmäßigen Verben wird in der Vergangenheit einfach nur **-ed** an das Verb angehängt; dies gilt für alle Personen, Singular und Plural! So wird aus **to call** "(an)rufen": **I called, you called, he/she/it called, we called, you called, they called.**

(4) Kommt in einer Frage nur ein Vollverb vor, muss diese mit **to do** "tun, machen" (+ Infinitiv) umschrieben werden: **Do you live here? – Yes, I do.** "Lebst du / Leben Sie hier? – Ja (tue ich)." **Did she send the letter? – Yes, she did.** "Hat sie den Brief geschickt (Schickte sie den Brief)? – Ja, (das tat sie)".

(5) "Wie viel Uhr" und "um wie viel Uhr (wann)" heißt beides **what time** (ohne Präposition!). **What time are you leaving?** "Um wie viel Uhr gehst (verlässt) du?"

(6) Die Amerikanerinnen und Amerikaner versuchen, mit einem eingeschobenen **um** "hm" Zeit zum Überlegen zu gewinnen, wenn sie beim Sprechen "hängen bleiben". Oft hört man auch **you know** [*ja nou*] "..., nicht wahr, ..."

(7) Denken Sie daran, dass das Pronomen **it** "es" für unbelebte und abstrakte Dinge verwendet wird.

(8) Die Präposition **at** heißt "in, an, auf", je nach Kontext, z. B. **at the restaurant** "im Restaurant", **at the bus depot** "am Busbahnhof", auch **at midnight** "um (an) Mitternacht". Beachten Sie aber, dass hier **home** und **what time** keine Präposition erhalten!

7 – **Why did**n't you **call**? ⑨
8 – I for**got** your **telephone num**ber. ⑩

PRONUNCIATION

[*7* ***wuai*** *didnt ju:* ***ko:l****? 8 ai fö-****got*** *jur* ***te****-lö-foun* ***nam****-bör.*]

1st EXERCISE

❶ Where were you? ❷ What time did you call? ❸ I was with my friends. ❹ Excuse me, I forgot your first name.

2nd EXERCISE

❶ Ich war gestern Abend (letzte Nacht) zu Hause.

I was . . . . last . . . . . .

❷ Wo warst du / waren Sie?

Where . . . . you?

❸ Das erklärt alles (es).

That . . . . it.

❹ Sie war noch im Restaurant.

She . . . . at the restaurant.

❺ Ich habe deine/Ihre Adresse vergessen (... vergaß ...).

I . . . . . . your address.

❻ Wo warst du / waren Sie?

. . . . you?

7 - Warum hast du nicht angerufen (tatest nicht du anrufen)?
8 - Ich habe (vergaß) deine Telefonnummer vergessen.

ANMERKUNGEN

(9) Die negative Form von **did** (Vergangenheit von **to do**) lautet **did not** bzw. verkürzt **didn't**.

(10) **To forget** gehört, was die Bildung der Vergangenheit angeht, zu den unregelmäßigen Verben: **I forgot, you forgot, he/she/it forgot** usw.

SOLUTIONS OF 1st EXERCISE

❶ Wo warst du / waren Sie? ❷ Um wie viel Uhr (welche Zeit) hast du / haben Sie angerufen? ❸ Ich war bei (mit) meinen Freunden. ❹ Entschuldige/-n Sie, ich habe deinen/Ihren Vornamen (ersten Namen) vergessen.

SOLUTIONS OF 2nd EXERCISE

❶ home - night ❷ were ❸ explains ❹ was still ❺ forgot ❻ Where were

▶ Thirtieth Lesson *[**fßö:r**-di:öfß **leßn**]*

They **Went** Away ①

1 – **Da**vid and **Ka**ren **went** to **Flor**ida for **two** weeks last **win**ter.

2 – **So**? ②

3 – **We o**nly **went** to At**lan**tic **Cit**y for the **week**end to **vis**it your **sis**ter.

4 – **You** en**joyed** it, **though**? **Did**n't **you**? ③④

5 – **John** and **Lisa went** to **Par**is and **Rome** last **sum**mer.

6 – **You** went to Montre**al** with the **kids** at **Eas**ter, **don't** for**get**.

7 – **I did**n't for**get**, but you **went** to **San** Fran**cis**co for a **week** in **A**pril.

8 – **That** was on **bus**iness. ⑤

PRONUNCIATION

*[fsei **wuent**-ö-**wuei** **1 dei**-vid änd **kä**-rön wuent tu: **flo**-ri-dö fo:r tu: wui:kß la:ßt wuin-tör. **2 ßou**? **3 wui:** oun-li **wuent** tu: ät-län-tik **ßi**-ti fo:r fsö **wui:k**-end tu: **vi**-sit jur **ßiß**-tör. **4** ju: in-**dsch˜oid** it, fsou? **didnt** ju:? **5 dsch˜on** änd **li:**-ßa wuent tu: **pä**-riß änd **roum** la:ßt **ßam**-mör. **6 ju:** wuent tu: **mon**-tri-öl wifs fsö **kids** ät **i:ß**-tör, dount fö-get. **7** ai **did**nt fö-**get**, bat **ju:** wuent tu: ßän frän-**ßiß**-kou fo:r ö **wui:k** in **ei**-pril. **8 fsät** wo:s on **bis**-nöß.]*

ANMERKUNGEN

① Die Vergangenheitsform von **to go** ist unregelmäßig, lautet jedoch in allen Personen **went** und ist deshalb einfach im Gedächtnis zu behalten: **I went** “ich ging”, **you went** “du gingst / Sie gingen”, **he/she/it went** “er/sie/es ging”, **we went** “wir gingen”, **you went** “ihr gingt”, **they went** “sie gingen”. **To go away** sagt man, wenn von einer längeren Reise die Rede ist.

Sie sind (gingen) weg

1 - David und Karen sind (gingen) im letzten Winter für zwei Wochen nach Florida gefahren.
2 - Tatsächlich?
3 - Wir sind (gingen) nur für das Wochenende nach Atlantic City gefahren, um deine Schwester zu besuchen.
4 - Aber es hat dir doch gefallen? Nicht wahr?
5 - John und Lisa sind (gingen) letzten Sommer nach Paris und Rom gefahren.
6 - Du bist (gingst) mit den Kindern letztes Ostern nach Montreal gefahren, vergiss [das] nicht.
7 - Ich habe [es] nicht vergessen, aber du bist (gingst) im April für eine Woche nach San Francisco gefahren.
8 - Das war geschäftlich (auf Geschäft).

② Das Wörtchen **so** kennen Sie bereits. Hier heißt **So?** "Ach ja?", "Tatsächlich?". Es wird gerne an den Beginn eines Satzes gestellt: **So, did you like the film?** "Also, hat dir der Film gefallen?"

③ **To enjoy** "gefallen, gut finden, genießen" ist eines der regelmäßigen Verben, deren Vergangenheit mit **-ed** gebildet wird: **I enjoyed**, **you enjoyed**, **he/she/it enjoyed**, usw. Mit **Enjoy!** wünscht man einer anderen Person je nach Kontext "Guten Appetit!", "Gute Reise!", "Viel Spaß!", "Einen schönen Abend!" usw.

④ **Though** [*fsou*] heißt "obwohl" und kann in dieser Bedeutung sowohl am Satzanfang als auch in der Satzmitte vorkommen. (**Though he's always late, he never has any problem** "Obwohl er immer zu spät [dran] ist, hat er niemals irgendwelche Probleme". **We loved the film though it was very long** "Der Film gefiel uns, obwohl er sehr lang war".) **Though** (nachgestellt) heißt auch "doch": **You eat raw fish, though!** "Du isst doch rohen Fisch!"

⑤ **(To be away) on business** "geschäftlich (unterwegs sein)". Achtung: **to be in business** bedeutet "sich handelseinig sein".

9 – I'm **sure** some **wives went**. ⑥⑦

PRONUNCIATION

[**9** *aim* ***schu:r*** *ßam* ***wuaivs*** *wuent.*]

ANMERKUNGEN

⑥ Der Plural von **wife** "Ehefrau" ist unregelmäßig: **wives**. Dies gilt für alle Substantive, die auf **-f** oder **-fe** enden! Beispiele: **roof** "Dach" - **rooves** "Dächer", **life** "Leben" - **lives** "Leben" (Plural).

1st EXERCISE

❶ They went to Florida last winter. ❷ We went to California. ❸ I went to Rome. ❹ I didn't forget. ❺ She says they never went to Germany.

2nd EXERCISE

❶ Wir sind nur für drei Tage nach Boston gefahren, um deinen Bruder zu besuchen.

We only . . . . to Boston for three . . . . to visit your . . . .

❷ Vergiss nicht, Brownies zu kaufen.

Don't . . . . buy brownies.

❸ Das war geschäftlich.

. . . . was on . . . .

❹ Dir hat Rom gefallen, nicht wahr?

You . . . . Rome, ... ' . you?

❺ John und Lisa sagen, dass sie letzten Sommer deine Schwester besucht haben.

John and Lisa say . . . . sister . . . . summer.

9 - Ich bin sicher, dass einige Ehefrauen hingefahren sind (gingen).

⑦ Die Konjunktion **that** ist sehr formell und wird oft weggelassen: **He thinks (that) you're my sister** "Er denkt, du bist meine Schwester (dass du meine Schwester bist)". **They say (that) they lost all their money** "Sie sagen, sie hätten all ihr Geld verloren (dass sie all ihr Geld verloren hätten).

SOLUTIONS OF 1st EXERCISE

❶ Sie sind letzten Winter nach Florida gefahren (gegangen). ❷ Wir sind nach Kalifornien gefahren (gegangen). ❸ Ich bin nach Rom gefahren (gegangen). ❹ Ich habe [es] nicht vergessen. ❺ Sie sagt, sie seien niemals nach Deutschland gefahren (..., dass sie niemals ...)

Vielleicht helfen Ihnen unsere kleinen humorigen Illustrationen, bestimmte Redewendungen oder Sätze besser im Gedächtnis zu behalten?!

SOLUTIONS OF 2nd EXERCISE

❶ went - days - brother ❷ forget to ❸ That - business ❹ enjoyed - didn't ❺ they visited your - last

Thirty-first Lesson *[fßö:r-di-fö:rßt leßn]*

What Did You **See?**

1 – **Where** did you **go** on **Sun**day? ①
2 – I **took** my **aunt** to the **park**, and we **saw Mar**ty al**one** on a **bench**. ②
3 – **Well, I saw** an old **film**. ③④
4 – **What did** you **see**?
5 – I **want**ed to **see** ***Gone*** *with the* ***Wind***, but **Mar**ty said he **saw** it **six tim**es.
6 – **So what** did you **end** up **do**ing? ⑤

PRONUNCIATION

[***wuot*** *did ju:* ***ßi:****?* ***1 wuer*** *did ju:* ***gou*** *on* ***ßan****-dei?* **2** *ai tuk mai* ***änt*** *tu: fsö* ***pa:rk****, änd wui: ßo:* ***ma:r****-di ö-****loun*** *on ö* ***bensch****.* ***3 wuel, ai*** *ßo: ön ould* ***film****.* ***4 wuot*** *did ju:* ***ßi:****?* ***5*** *ai* ***wuon****-tid tu:* ***ßi: gon*** *wifs fsö* ***wuind****, bat* ***ma:r****-di ßäd hi:* ***ßo:*** *it ßikß* ***taims****.* ***6*** *ßou* ***wuot*** *did ju:* ***end*** *ap* ***du:****-ing?*]

ANMERKUNGEN

① Die Wochentage (große Anfangsbuchstaben!): **Sunday** [***ßan****-dei*] “Sonntag”, **Monday** [***man****-dei*] “Montag”, **Tuesday** [***tju:s****-dei*] “Dienstag”, **Wednesday** [***wuens****-dei*] “Mittwoch”, **Thursday** [***fßö:rs****-dei*] “Donnerstag”, **Friday** [***frai****-dei*] “Freitag”, **Saturday** [***ßä****-tör-dei*] “Samstag”. Für das deutsche “am” (Montag usw.) verwendet man die Präposition **on. I always play tennis on Sunday** “Am Sonntag / Sonntags spiele ich immer Tennis”. **I saw the film on Tuesday** “Ich habe den Film am Dienstag gesehen”. Eine Liste der Monatsnamen finden Sie in Lektion 35.

Was hast du / haben Sie gesehen?

1 - Wo bist du am Sonntag gewesen (hingegangen)?
2 - Ich habe meine Tante in den Park mitgenommen und wir haben Marty alleine auf einer Bank [sitzen] sehen.
3 - Also, ich habe einen alten Film angesehen.
4 - Was hast du gesehen?
5 - Ich wollte *Vom Winde verweht* ansehen, aber Marty sagte, er hätte ihn sechs Mal gesehen.
6 - Was hast du also schließlich gemacht (geendet zu tun)?

② **Took** ist die unregelmäßige Vergangenheit von **to take** "nehmen" (wenn eine Person genannt wird, "mitnehmen"). **Every day I take my daughter to school** "Ich nehme meine Tochter jeden Tag zur Schule mit".

③ **Well** kann, wie Sie bereits gesehen haben, Adverb sein (**well done** "gut gemacht"). Es kann jedoch, wenn es einen Satz einleitet, auch "na ja, also" usw. heißen.

④ Für "Film" gibt es die Ausdrücke **film** und **movie**. Film bezeichnet eher eine kleinere Filmproduktion, während mit **movie** große kommerzielle Kassenschlager gemeint sind. "Ins Kino gehen" heißt **to go to the movies**.

⑤ Das regelmäßige Verb **to end** kommt von **end** "Ende, Schluss". **To end up** wird im Deutschen meistens mit "schließlich, am Ende, letztendlich", manchmal mit "landen" übersetzt: **He ended up in prison** [... *in **pri**-sön*] "Er ist (schließlich) im Gefängnis gelandet". **At the restaurant, I always end up eating the same thing** [... *ßeim fßing*] "Im Restaurant esse ich letztendlich immer dasselbe".

7 – I **end**ed up **see**ing ***Gone*** *with the* ***Wind*** al**one**. ⑥

8 – And **Mar**ty **end**ed up a**lone** in the **park**.

PRONUNCIATION

[***7*** *ai* ***en****-did ap* ***ßi:****-ing* ***gon*** *wifs fsö* ***wuind*** *ö-****loun****.* ***8*** *änd* ***ma:r****-di* ***en****-did ap ö-****loun*** *in fsö* ***pa:rk****.*]

1st EXERCISE

❶ He ended up seeing that movie ten times. ❷ On Tuesday, I took Bob to the park. ❸ We ended up sitting on a bench for two hours. ❹ Frankly, my dear, I couldn't give a damn. ❺ Did you see my aunt last Wednesday?

2nd EXERCISE

❶ Ich wollte mit dir ins Restaurant gehen.

I . . . . go . . the restaurant . . . .

❷ Am Ende isst sie immer Fisch.

She . . . . . . ends . . . . fish.

❸ Hat er dich ins Kino mitgenommen?

. . . he . . . . you . . the . . . . . . ?

❹ Sie gehen jeden Donnerstag ins Kino

. . . . every . . . .

7 - Schließlich habe ich mir *Vom Winde verweht* alleine angesehen (... geendet zu sehen ...).
8 - Und Marty ist (endete) schließlich allein im Park gewesen.

ANMERKUNGEN

⑥ **Gone with the wind** "Vom Winde verweht" ist der Titel eines berühmten Films nach einem Roman von Margaret Mitchell, der 1939 mit Clark Gable und Vivien Leigh in den Hauptrollen gedreht wurde. Von Clark Gable, der im Film Rhett Butler spielt, stammt wahrscheinlich einer der berühmtesten Aussprüche der Filmgeschichte, denn er sagt am Ende des Films zu Scarlett (Vivien Leigh) **"Frankly, my dear, I don't give a damn"** ("Ehrlich gesagt, meine Liebe, das ist mir egal!")

SOLUTIONS OF 1st EXERCISE

❶ Schließlich hat er sich diesen Film zehn Mal angesehen. ❷ Am Dienstag habe ich Bob in den Park mitgenommen. ❸ Schließlich haben wir zwei Stunden lang auf einer Bank gesessen. ❹ Ehrlich gesagt, meine Liebe, das kann mir völlig egal sein. ❺ Hast du letzten Mittwoch meine Tante gesehen?

SOLUTIONS OF 2nd EXERCISE

❶ wanted to - to - with you ❷ always - up eating ❸ Did - take - to - movies ❹ They go to the movies - Thursday.

▶ Thirty-second Lesson [*fßö:r-di-ße-könd leßn*]

Wasn't **That** Your **Un**cle **Bob**? ①

1 – **Was**n't **that** your **Un**cle **Bob** who **just drove by**? ②

2 – **Where**?

3 – In that **blue Lex**us con**ver**tible? ③

4 – **No, that was**n't him. **He** flew to Seattle on **bus**iness on **Fri**day. ④

5 – **Was**n't that your **fath**er's **blue Lex**us?

6 – **No**, it **was**n't. My **fath**er **sold** his **car** last year.

7 – I **real**ly thought it was **Bob** in your **fath**er's **car**. ⑤

8 – You **drank** too much at the **Christ**mas **par**ty, **Pe**ter.

PRONUNCIATION

[*__wuo:__snt __fsät__ jur __ang__kl __bo:b__? __1 wuo:__snt __fsät__ jur __ang__kl __bo:b__ hu: __dsch‿aßt__ drouv __bai__? __2 wue:r__? __3__ in fsät __blu: lek__-ßöß kön-__vö:r__-döbl? __4 nou__, fsät __wuo:__snt him. hi: __flu:__ tu: ßi-__ödl__ on __bis__-nöß on __frai__-dei. __5__ wuo:snt fsät jur __fa:__-fsörs blu: __lek__-ßöß? __6 nou__, it __wuo:__snt. mai __fa:__-fsör __ßould__ his ka:r la:ßt __ji‿e__. __7__ ai __ri‿e__-li __fßo:t__ it wuo:s __bo:b__ in jur __fa:__-fsörs __ka:r__. __8__ ju: __dränk__ tu: matsch ät fsö __kriß__-möß pa:r-ti, __pi:__-dör.*]

ANMERKUNGEN

① Bei Objekten in unmittelbarer Nähe sagt man **this** ("dieser, -e, -es"; Plural **these** [*fsi:s*]), für weiter entfernte Objekte **that** (Plural **those** [*fsous*]): **This hat in my hand** "dieser Hut in meiner Hand" - **that car I saw on television** "dieses Auto, das ich im Fernsehen gesehen habe"; **these books on the table** "diese Bücher auf dem Tisch", **those clothes in the shop window** "diese Kleidung im Schaufenster".

Zweiunddreißigste Lektion

War das nicht dein Onkel Bob?

1 - War das nicht dein Onkel Bob, der gerade vorbeigefahren ist?
2 - Wo?
3 - In diesem blauen Lexus-Cabriolet?
4 - Nein, das war er nicht. Er ist am Freitag geschäftlich nach Seattle geflogen.
5 - War das nicht der blaue Lexus von deinem Vater?
6 - Nein, war es nicht. Mein Vater hat seinen Wagen letztes Jahr verkauft.
7 - Ich dachte wirklich, es sei Bob im Wagen deines Vaters gewesen.
8 - Du hast auf der Weihnachtsfeier zu viel getrunken, Peter.

② Die Negativform von **was** ist **was not** oder **wasn't**, was häufiger gebraucht wird.

③ Lexus ist eine Anfang der 80er-Jahre auf den Markt gekommene Automarke, die von Toyota gebaut wird und die besonders von jungen, dynamischen Führungskräften im modernen Amerika gefahren wird.

④ Seattle liegt im Bundesstaat Washington und ist bekannt für seine florierende Industrie und Hochtechnologie und seine lebendige Kulturszene. Hier und in der Nachbarstadt Redmont ist der weltgrößte Informatikkonzern, Microsoft, angesiedelt, und auch sein Gründer, Bill Gates, der reichste Mann der Vereinigten Staaten, hat hier sein privates Domizil.

⑤ **Thought** ist die Vergangenheit von **to think** "denken". **Thought** kann nicht nur Verb (**I thought of you yesterday** "Ich habe gestern an dich gedacht"), sondern auch Substantiv sein: **What a nice thought!** "Was für ein netter Gedanke!".

1st EXERCISE

❶ Wasn't that the car you sold last Friday? ❷ He really thought it was his uncle. ❸ They flew to Florida for the weekend. ❹ Bob just drove by in his aunt's blue car. ❺ Was it Bob? - No, it wasn't.

2nd EXERCISE

❶ Wir haben zu viel getrunken.

We . . . . much.

❷ Ist das Auto deines Vaters ein Cabriolet?

Is your . . . . . .'. car a . . . . ?

❸ Nein, das war sie nicht.

No, ... wasn't . . . .

❹ Bob ist nach New York geflogen und Marty ist nach Seattle gefahren.

Bob . . . . . . New York and Marty . . . . Seattle.

▶ Thirty-third Lesson [*fßö:r-di-fßö:rd leßn*]

Ron Had a **Pet Snake** in His **Bed**room ①

1 – Do **you** have a **pet**? ②

PRONUNCIATION

[***ro:n*** *häd ö pet* ***ßneik*** *in his* ***bed****-ru:m* **1** *du:* ***ju:*** *häv ö* ***pet****?*]

SOLUTIONS OF 1st EXERCISE

❶ War das nicht das Auto, das du letzten Freitag verkauft hast? ❷ Er dachte wirklich, es sei sein Onkel. ❸ Sie sind über das (für das) Wochenende nach Florida geflogen. ❹ Bob ist gerade in dem blauen Auto seiner Tante vorbeigefahren. ❺ War es Bob? - Nein, er war es nicht (es war nicht).

SOLUTIONS OF 2nd EXERCISE

❶ drank too ❷ father's - convertible ❸ that - her ❹ flew to - drove to

Dreiunddreißigste Lektion

Ron hatte eine Hausschlange in seinem Schlafzimmer

1 - Hast du ein Haustier?

ANMERKUNGEN

① **Bed** heißt "Bett", **bedroom** ist das "Schlafzimmer".

② **Pet** heißt "Haustier". **Pet** vor einer Tierbezeichnung heißt "Haus-"; so ist **pet snake** eine "Hausschlange". In US-amerikanischen Haushalten sind deutlich mehr exotische Haustiere anzutreffen als in deutschen.

2 – **Not now**, but I **once own**ed a **dog** when **I was** a **child**. ③

3 – We **had** a **bea**gle when we **liv**ed in **Kan**sas.

4 – **We** had **three** cats when we **liv**ed in Man**hat**tan. ④

5 – My **broth**er **Ron** kept a pet **snake** in his **dorm** room at **UCLA**. ⑤

6 – My **grand**moth**er used** to keep a **gray squir**rel in her **clos**et. ⑥

7 – What **hap**pened to it?

8 – **Jim**my? The **neigh**bors com**plain**ed.

PRONUNCIATION

[**2** *not* ***nao****, bat ai* ***wuanß*** *ound ö* ***dog*** *wuen ai wuo:s ö* ***tschaild****.* **3** *wui: häd ö* ***bi:****gl wuen wui:* ***livd*** *in* ***kän****-söß.* **4** *wui: häd fßri:* ***kätß*** *wuen wui:* ***livd*** *in män-****hä****-tön.* **5** *mai bra-fsör* ***ro:n*** *kept ö* ***pet*** *ßneik in his* ***do:rm*** *ru:m ät* ***ju:****-ßi: el-****ei****.* **6** *mai* ***gränd****-ma-fsör* ***ju:sd*** *tu: ki:p ö grei* ***ßkuö:rl*** *in hö:r* ***klou****-söt.* **7** *wuot* ***häp****-önd tu: it?* **8** ***dsch˜i****-mi? fsö* ***nei****-börs köm-****pleind****.*]

1st EXERCISE

❶ What happened to your alligator? ❷ I took him to the Everglades because the neighbors complained. ❸ What happened? ❹ I used to keep him in the bathroom, but once he escaped. ❺ They found him in their swimming pool.

2 - Jetzt nicht, aber ich hatte (besaß) einmal einen Hund, als ich ein Kind war.
3 - Wir hatten einen Beagle, als wir in Kansas lebten.
4 - Wir hatten drei Katzen, als wir in Manhattan lebten.
5 - Mein Bruder Ron hatte eine Hausschlange in seinem Schlafraum an der UCLA.
6 - Meine Großmutter hielt [früher] (pflegte zu halten) ein graues Eichhörnchen in ihrem Schrank.
7 - Was ist mit ihm passiert?
8 - [Mit] Jimmy? Die Nachbarn haben sich beschwert.

ANMERKUNGEN

③ **Once** heißt "einmal", auch im Sinne von "damals": **Did you meet the President? - Yes, but only once.** "Haben Sie den Präsidenten getroffen? - Ja, aber nur einmal." - **I knew him once.** "Ich habe ihn einmal (damals) gekannt". Viele Märchen beginnen mit **Once upon a time ...** "Es war einmal ..."

④ New York besteht aus den Stadtvierteln (**district** oder **borough**) **Manhattan**, **the Bronx**, **Brooklyn**, **Queens** und **Staten Island**. Spricht man von New York, so meint man meistens Manhattan, eine langgestreckte Insel, die holländische Seeleute der Legende nach einer indigenen Bevölkerungsgruppe zu Beginn des 17. Jh.s für 24 Dollar abkauften!

⑤ **UCLA** ist das Akronym für das kalifornische **University College of Los Angeles**.

⑥ **Used to** + Infinitiv entspricht dem veralteten "pflegen zu tun" und wird verwendet, wenn von einer Gewohnheit oder einer wiederkehrenden Handlung in der Vergangenheit gesprochen wird. Beispiele: **I used to play tennis. Not now, I'm too old.** "Ich habe (früher) Tennis gespielt. Jetzt [tue ich es] nicht [mehr], ich bin zu alt".

SOLUTIONS OF 1st EXERCISE

❶ Was ist mit deinem Alligator passiert? ❷ Ich habe ihn in die Everglades* gebracht, da die Nachbarn sich beschwert haben. ❸ Was ist passiert? ❺ Ich habe ihn im Badezimmer gehalten, aber einmal ist er weggelaufen. ❻ Sie haben ihn in ihrem Schwimmbecken gefunden.

* *Sumpfgebiet und Nationalpark in Florida*

2nd EXERCISE

❶ Als wir in Texas lebten, aßen wir [regelmäßig] in diesem Restaurant.

We . . . . in that restaurant . . . .

we . . . . . in Texas.

❷ Als sie ein Kind war, besaß sie einmal eine Katze.

She . . . . a cat when she was

. . . .

▶ Thirty-fourth Lesson [*fßö:r-di-**fo:rfß** leßn*]

They **Just Left** the **Par**ty ①

1 – Hel**lo**, are Mr. (**mis**ter) and Mrs. (**mis**sus) **Rob**inson **still** at the **par**ty? **This** is their son, **Lar**ry. ②③

PRONUNCIATION

[*fsei dsch~aßt **left** fsö **pa:r**-di **1 hel**-ou, a:r **miß**-tör änd **mi**-ßis **ro**-bin-ßön **ßtil** ät fsö **pa:r**-di? **fßiß** is fser **ßan**, **lä**-ri.*]

❸ Am Ende hat meine Großmutter Rons Eichhörnchen gehalten.

My . . . .   keeping

. . . ' .   squirrel.

❹ Es war einmal ...

. . . .

SOLUTIONS OF 2nd EXERCISE

❶ used to eat - when - lived ❷ once owned - a child ❸ grandmother ended up - Ron's ❹ Once upon a time.

Vierunddreißigste Lektion

Sie haben die Party gerade verlassen

1 - Hallo, sind Herr und Frau Robinson noch auf der Party? Hier (Dies) ist ihr Sohn, Larry.

ANMERKUNGEN

① **Just** "gerade, eben erst" direkt vor einem Verb in der Vergangenheit weist darauf hin, dass die Handlung erst vor kurzem stattgefunden hat. **They just got married** "Sie haben erst vor kurzem geheiratet". Steht **just** vor einem Verb der Gegenwart, bedeutet es "nur": **I just want an applepie** "Ich möchte nur einen Apfelkuchen".

② Die Possessivpronomen lauten **my** "mein, meine", **your** "dein, deine / Ihr, Ihre", **his/her/its** "sein, seine, ihr, ihre", **our** "unser, unsere", **your** "euer, eure", **their** "ihr, ihre". Sie bleiben für alle Objekte, auch im Singular und Plural, immer unveränderlich: **my book, my books** "mein Buch, meine Bücher".

③ **Still** mit einem affirmativen Verb bedeutet "noch": **It's only seven o'clock. The bank is still closed.** "Es ist erst sieben Uhr. Die Bank ist noch geschlossen". In Verbindung mit einem negativen Verb bedeutet **still** "noch nicht": **Sally still can't swim** "Sally kann immer noch nicht schwimmen".

2 – Hold **on**, **ple**ase. I **just** saw them **dan**cing a few **min**utes a**go**. ④⑤

3 – **Thank** you, Mr. (**mis**ter) **Har**rison.

4 – I'm **sor**ry, **Lar**ry, **but** I **look**ed **ev**ery**where**. I **think** they **just left**. ⑥

5 – Oh **well**, **too** bad. Did **Kath**y **Mil**ler **leave** too? ⑦

6 – **Yes**, **she** left an **hour** a**go**.

7 – Ex**cuse** me, but **who**'s **still** at the **par**ty?

8 – **Well**, **ac**tually, **no** one but **me**. **Ev**en my **wife** pre**fer**red the **neigh**bor's **par**ty. ⑧

PRONUNCIATION

[**2** *hould* ***on**, pli:s. ai* ***dsch˜aßt** ßo: fsem* ***dän**-ßing ö fju:* ***mi**-nitß ö-gou.* **3** ***fßänk** ju:, miß-tör* ***hä**-ri-ßön.* **4** *aim* ***ßo:**-ri,* ***lä**-ri, bat ai* ***luk**d* ***ev**-ri-wue:r. ai* ***fßink** fsei dsch˜aßt* ***left**.* **5** *ou wuel,* ***tu:** bäd. did* ***kä**-fßi* ***mil**-lör li:v* ***tu:**?* **6** ***jeß, schi:** left ön* ***aur** ö-gou.* **7** *ikß-**kju:s** mi:, bat* ***hu:s** ßtil* ***ät** fsö pa:r-di?* **8** ***wuel, äk**-tschö-li,* ***nou** wuan bat* ***mi:**.* ***i:**-vön mai* ***wuaif** pri-fö:rd fsö* ***nei**-börs pa:r-di.*]

Lesen Sie die Sätze auch immer laut? Sie sollen lernen, Amerikanisch zu sprechen, nicht nur zu lesen!

1st EXERCISE

❶ Hold on, please. ❷ He just saw them. ❸ They left a few minutes ago. ❹ They just left. ❺ His wife left the party two hours ago, but he's still dancing.

2 - Bleib dran, bitte. Ich habe sie gerade vor einigen Minuten tanzen sehen.
3 - Danke, Herr Harrison.
4 - Es tut mir leid, Larry, aber ich habe überall nachgesehen. Ich glaube, sie sind gerade gegangen.
5 - Oh, na ja, zu dumm. Ist Kathy Miller auch gegangen (verlassen)?
6 - Ja, sie ist vor einer Stunde gegangen.
7 - Entschuldigen Sie, aber wer ist noch auf der Party?
8 - Na ja, eigentlich niemand außer mir (niemand aber ich). Sogar meine Frau hat die Party des Nachbarn vorgezogen.

ANMERKUNGEN

④ **Ago** "vor" steht nach der Zeitdauer, auf die es sich bezieht: **two days ago** "vor zwei Tagen", **twenty years ago** "vor 20 Jahren".

⑤ Soll die anrufende Person am Telefon warten, so sagt man **Hold on** oder **Hang on**, **Hold the line a second, please**, **Wait a minute, please** oder **Wait a second, please**.

⑥ **Left** ist die unregelmäßige Vergangenheit des Verbs **to leave** "verlassen, weggehen". **My brother left this morning** "Mein Bruder ist heute Morgen gegangen". **Left** bedeutet auch "links": **Turn left at the end of the street** "Biegen Sie am Ende der Straße links ab".

⑦ **Too** bedeutet "zu (sehr)": **He's too young** "Er ist zu jung"; und "auch"; es wird in diesem Fall nachgestellt: **Does he love her too?** "Liebt er sie auch?"

⑧ **Actually** bedeutet "eigentlich" und sollte nicht verwechselt werden mit "aktuell": **current** [***kö:**-rönt*].

SOLUTIONS OF 1st EXERCISE

❶ Bleiben Sie dran, bitte. ❷ Er hat sie gerade gesehen. ❸ Sie sind vor ein paar Minuten gegangen. ❹ Sie sind gerade gegangen. ❺ Seine Frau hat die Party vor zwei Stunden verlassen, aber er tanzt noch.

2nd EXERCISE

1. Ihr Haus ist größer als seines.

   . . . house is bigger . . . .

2. Es tut mir leid.

   I'm . . . . . .

3. Eigentlich haben wir vor einer Woche gerade ein Auto gekauft.

   . . . . we . . . . bought a car one . . . .

Thirty-fifth Lesson [*fßö:r-di-**fiffß leßn***]

Wiederholung und Anmerkungen

Diese Wiederholungslektion ist relativ umfangreich, denn Sie haben in den letzten Lektionen eine Menge neuer Dinge kennengelernt. Hier sollen Ihre Kenntnisse anhand zahlreicher Beispiele vertieft werden. Lernen Sie jedoch nicht auswendig!

1. Die Vergangenheit (regelmäßige Verben)

Die Vergangenheit wird auf Deutsch meistens mit der zusammengesetzten Vergangenheit, gelegentlich auch mit der einfachen Vergangenheit wiedergegeben.

A. Affirmative Sätze

Die Endung lautet für alle Personen **-ed** (Ausnahme: unregelmäßige Verben):

to look "sehen, schauen" – **I looked** "Ich sah / habe gesehen".
to jump "springen" – **we jumped** "Wir sprangen / sind gesprungen".

Bei Verben, die auf **-e** enden, wird nur **-d** angehängt:

to live "leben" – **she lived** "Sie lebte / hat gelebt".

Endet ein Verb auf einen Konsonanten + **y**, so wird das **y** zu einem **i**, und man hängt **-ed** an:

to cry "weinen" – **they cried** "sie weinten / haben geweint".

❹ Die Tochter meiner Freundin / meines Freundes hat noch immer ihr Hauseichhörnchen.

.. ..'. daughter ..... has ...

... squirrel.

SOLUTIONS OF 2nd EXERCISE

❶ Her - than his ❷ sorry ❸ Actually - just - week ago ❹ My friend's - still - her pet

Fünfunddreißigste Lektion

Endet das Verb auf einen Vokal + **y**, so bleibt es unverändert und erhält die Endung **-ed**:

to play "spielen" – **he played** "Er spielte / hat gespielt".

B. Fragesätze

Man verwendet die Form **did** + Subjekt + unkonjugiertes Verb:

Did she call? "Hat sie angerufen?"

Did your brother smoke? "Hat dein Bruder geraucht?"

C. Verneinte Sätze

Hier lautet die Formel Subjekt + **did not** + unkonjugiertes Verb:

She did not call "Sie hat nicht angerufen".

My brother did not smoke "Mein Bruder hat nicht geraucht".

D. Verneinte Fragesätze

Der Satzbau folgt der Formel **did** + Negation (fast immer die Kurzform) + Subjekt + unkonjugiertes Verb:

Didn't she call? "Hat sie nicht angerufen?"

Didn't he smoke? "Hat er nicht geraucht?"

2. Die Vergangenheit (unregelmäßige Verben)

Wie in vielen Sprachen sind auch im Amerikanischen die gebräuchlichsten Verben unregelmäßig. Die Formen sind für alle Personen gleich, mit Ausnahme von **to be**.

Infinitiv	**Vergangenheit**	**Bedeutung d. Infinitivs**
(to) be	1. + 3. Pers. Sing.: was; alle anderen Pers.: were	sein
(to) begin	began	beginnen, anfangen
(to) bite	bit	beißen
(to) break	broke [*brouk*]	brechen
(to) bring	brought [*bro:t*]	bringen
(to) buy	bought [*bo:t*]	kaufen
(to) come	came	kommen
(to) cost	cost	kosten
(to) cut	cut	schneiden
(to) do	did	machen
(to) drink	drank	trinken
(to) drive	drove [*drouv*]	fahren
(to) eat	ate [*eit*]	essen
(to) give	gave [*geiv*]	geben
(to) go	went [*wuent*]	gehen
(to) have	had [*häd*]	haben
(to) know	knew [*nju:*]	kennen
(to) make	made [*meid*]	machen
(to) pay	paid [*peid*]	bezahlen
(to) say	said [*säd*]	sagen
(to) see	saw [*so:*]	sehen
(to) take	took [*tuk*]	nehmen
(to) think	thought [*fßo:t*]	denken

Die oben genannten Verbformen werden nur in affirmativen Sätzen verwendet:

He ate two eggs “Er aß zwei Eier”.

He went to America “Er fuhr (ging) nach Amerika”.

Was he late? “War er spät dran?”

They were hungry “Sie waren hungrig”.

In allen anderen Verwendungsformen, d. h. in Fragen und in verneinten Sätzen, wird der Satz mit **to do** umschrieben (Ausnahme: **to be** “sein”):

Did he eat two eggs? “Hat er zwei Eier gegessen?”

He didn’t eat two eggs “Er hat nicht (keine) zwei Eier gegessen”

Did he go to America? “Fuhr (Ging) er nach Amerika?”

He didn’t go to America “Er fuhr (ging) nicht nach Amerika”.

Eine ausführlichere Liste der unregelmäßigen Verben finden Sie im grammatikalischen Anhang.

3. Used to

Wie bereits in Lektion 33 erklärt, wird **used to** + Verb verwendet, um Handlungen oder Ereignisse zu beschreiben, die gewohnheits- bzw. regelmäßig in der Vergangenheit stattgefunden haben, die jedoch zum Zeitpunkt des Sprechens beendet sind. Im Deutschen wird dies meistens mit der einfachen Vergangenheit und einer Zeitangabe wie z.B. "früher" oder "damals" wiedergegeben.

My grandmother used to keep a squirrel in her closet.
"Meine Großmutter hielt sich [früher] ein Eichhörnchen in ihrem Schrank".
She used to live in New York. Now she lives in Boston.
"Sie lebte [damals] in New York. Heute lebt sie in Boston."

Achtung: Enthält der Satz einen Hinweis auf eine Zeit**dauer**, kann **used to** nicht verwendet werden, sondern es muss die einfache Vergangenheit benutzt werden:

My grandmother kept a squirrel in her closet for two weeks.
"Meine Großmutter hielt sich zwei Wochen lang ein Eichhörnchen in ihrem Schrank".

4. This und that

Die Verwendung der Demonstrativpronomen **this** und **that** "dieser, diese, dieses" ist nicht schwer. Befindet sich der bezeichnete Gegenstand in der Nähe, benutzt man **this**, befindet er sich weiter weg, benutzt man **that**. Bei Vergleichen (wie im folgenden Beispielsatz) kann man **this** und **that** auch mit "dieser" und "jener (dort)" übersetzen:

This car is newer than that one.
"Dieser Wagen ist neuer als jener."
I love these shoes, but I hate those.
"Ich mag diese Schuhe, aber ich hasse jene."

Der Plural von **this** lautet **these**, der Plural von **that** lautet **those**. Merken Sie sich in diesem Zusammenhang: **these days** (ohne Präposition!) "in der letzten Zeit, in den letzten Tagen" und **in those days** (mit Präposition!) "damals, zu dieser Zeit":

The cat sleeps a lot these days.
"In den letzten Tagen schläft die Katze viel."
In those days she used to read the newspapers every day.
"Zu dieser Zeit pflegte sie jeden Tag die Zeitung zu lesen."

5. Die Namen der Monate und Jahreszeiten

January [***dsch˜än**-ju-ö-ri*]	Januar
February [***fe**-bru:-ö-ri*]	Februar
March [*ma:rtsch*]	März
April [***ei**-pril*]	April
May [*mei*]	Mai
June [***dsch˜u:**n*]	Juni
July [*dsch˜u:-**lai***]	Juli
August [***o:**-göst*]	August
September [*ßep-**tem**-bör*]	September
October [*ok-**tou**-bör*]	Oktober
November [*nou-**vem**-bör*]	November
December [*di-**ßem**-bör*]	Dezember
spring [*ßpring*]	Frühling
summer [***ßa**-mör*]	Sommer
fall [*fo:l*]	Herbst
winter [***wuin**-tör*]	Winter

Die Monatsnamen beginnen wie die Namen der Wochentage immer mit einem Großbuchstaben. Bei Wochentagen wird "am" mit **on** übersetzt:

My mother arrived on Tuesday "Meine Mutter kam am Dienstag an".
See you on Friday! "Bis Freitag! (Sehe dich am Freitag)".
The shop is closed on Mondays "Das Geschäft ist am Montag (an Montagen) geschlossen".
We arrived on July 7th (lies: **July the seventh**) "Wie kamen am 7. Juli an".

Für "im" + Monatsname wird **in** benutzt:
In January, in February, ... "Im Januar, im Februar" usw.

6. Die Familienmitglieder

mother "Mutter"; **mother-in-law** [*__ma__-fsör-in-__lo:__*] "Schwiegermutter"; **stepmother** [*__ßtep__-ma-fsör*] "Stiefmutter".

father "Vater"; **father-in-law** [*__fa:__-fsör-in-__lo:__*] "Schwiegervater"; **stepfather** [*__ßtep__-fa:-fsör*] "Stiefvater".

Weibl. Familienmitglieder	Männliche Familienmitglieder
sister [*__ßiß__-tör*] "Schwester"	**brother** "Bruder"
sister-in-law "Schwägerin"	**brother-in-law** "Schwager"
half sister [*__ha:f ßiß__-tör*] "Halbschwester"	**half brother** "Halbbruder"
aunt [*änt*] "Tante"	**uncle** [*__ang__-kl*] "Onkel"
cousin [*__ka__-sin*] "Cousine"	**cousin** [*__ka__-sin*] "Cousin"
grandmother "Großmutter"	**grandfather** "Großvater"
niece [*ni:ß*] "Nichte"	**nephew** [*__nef__-ju:*] "Neffe"

7. Die Vornamen

Wir wollen diese Lektion mit etwas Entspannendem ausklingen lassen, einer kleinen Liste mit typischen amerikanischen Vornamen, jeder mit seiner Kurzform:

Männernamen

Allen	Al
Charles	Charley/Chuck
David	Dave
Francis	Frank
John	Jack
Joseph	Joe
Lawrence	Larry
Michael	Mike
Peter	Pete
Richard	Rich/Rick
Robert	Rob/Bob/Bobby
Steven	Steve
William	Bill/Billy

Frauennamen

Barbara	Barb
Debra	Deb/Debbie
Elizabeth	Beth/Becky
Frances	Fran
Jacqueline	Jackie
Jennifer	Jenny
Margaret	Meg/Maggie
Nancy	Nan
Patricia	Pat/Patty
Sandra	Sandy
Teresa	Terry

▶ Thirty-sixth Lesson [*fßö:r-di-ßikßfß leßn*]

Re**ly** on Your**self** ①

1 – I **tell** my**self** all the **time** that it **does**n't **pay** to **work** for **some**one else. ②③

2 – Look at **Jack**ie **Brown**, **she** works for her**self**, and is a **lot hap**pier.

3 – **Per**sonally, I **won**der if **wor**king for **some**one **else** is not **ea**sier. ④

4 – My **cous**in **Je**remy says it's **al**ways **bet**ter to re**ly** on your**self**.

5 – But **how** can one re**ly** on one**self** when the e**con**omy is so **bad**? ⑤

PRONUNCIATION

[*ri-**lai** on jur-**ßelf** **1** ai **tel** mai-ßelf **o:l** fsö **taim** fsät it **das**nt **pei** tu: **wuö:rk** fo:r ßam-wuan **elß**. **2** **luk** ät **dsch˜ä**-ki **braon**, **schi:** wuö:rkß fo:r hör-**ßelf**, änd is ö **lot** **hä**-pi͜er. **3** **pö:r**-ßö-nö-li, **ai** wuan-dör if **wuö:r**-king fo:r ßam-wuan **elß** is not **i:**-si͜er. **4** **mai** ka-sin **dsch˜e**-rö-mi ßäs itß **o:l**-wueis bet-tör tu: ri-**lai** on jur-**ßelf**. **5** bat **hao** kän wuan ri-**lai** on wuan-**ßelf** wuen fsi: i-**ko**-no-mi is ßou **bäd**?*]

Verlass dich auf dich selbst

1 - Ich sage mir (selbst) immer (alle Zeit), dass es sich nicht auszahlt (zahlt), für jemand anderen zu arbeiten.
2 - Sieh dir Jackie Brown an, sie ist selbstständig (arbeitet für sich selbst) und ist viel glücklicher.
3 - Ich persönlich frage mich, ob es nicht leichter ist, für jemand anderen zu arbeiten.
4 - Mein Cousin Jeremy sagt, dass es immer besser ist, sich auf sich (dich) selbst zu verlassen.
5 - Aber wie kann man sich auf sich selbst verlassen, wenn es wirtschaftlich so schlecht läuft (wenn die Wirtschaft so schlecht ist)?

ANMERKUNGEN

① Die Reflexivpronomen enden im Singular auf **-f** und im Plural auf **-ves** (**myself** "mich selbst" - **ourselves** "uns selbst"). (Ausführliche Liste in Lektion 42.) Es gibt bestimmte umgangssprachliche Wendungen mit Reflexivpronomen: **Help yourself** "Bedien dich", **Make yourself at home** "Fühl dich wie zu Hause", **Behave yourself** "Benimm dich".

② Es gibt zahlreiche Wendungen mit dem Wörtchen **time** "Zeit": **all the time** "immer, die ganze Zeit", **at the same time** "zur gleichen Zeit, gleichzeitig", **it's time** (+ Verb) "Es ist Zeit" (etwas zu tun), **time will tell** "[die] Zeit wird [es] zeigen (erzählen)", **time is money** "Zeit ist Geld", **time flies** "[die] Zeit [ver]fliegt".

③ **It doesn't pay to...** "es zahlt sich nicht aus, es lohnt sich nicht". **It doesn't pay to hurry** "Es lohnt sich nicht, sich zu beeilen".

④ Möchte ein Sprecher seine persönliche Ansicht darlegen, beginnt er den Satz mit **Personally...**, allerdings vorwiegend in der gesprochenen Sprache. Beachten Sie, dass **to wonder** nicht "sich wundern", sondern "sich fragen" heißt. (Dies nennt man einen "falschen Freund".)

⑤ **One** bezieht sich auf eine allgemeingültige bzw. unpersönliche Handlung: **One shouldn't smoke in public** "Man sollte nicht in der Öffentlichkeit rauchen / in der Öffentlichkeit sollte nicht geraucht werden". Weitere Einzelheiten zum Gebrauch von **one** finden Sie in Lektion 42.

LEKTION 36

6 – **Well**, **Jer**emy is **al**ways **say**ing that to **work** for one**self** is to **know one**self.

7 – **Hon**ey, what does your **sweet lit**tle **Jer**emy **do** for a **liv**ing? ⑥⑦

8 – **Jer**emy? **Well**, he **runs** his own **fune**ral **par**lor.

9 – That's **fun**! ⑧

PRONUNCIATION

[**6 wuel, dsch˜e**-rö-mi *is* **o:l**-*wueis* **ßei**-*ing fsät tu:* **wuö:rk** *fo:r wuan-***ßelf** *is tu:* **nou** *wuan-ßelf.* **7 ha**-*ni, wuot das jur* **ßwui:t** *lidl* **dsch˜e**-*rö-mi* **du:** *fo:r ö* **li**-*ving?* **8 dsch˜e**-*rö-mi?* **wuel**, *hi: rans his oun* **fju:**-*nö-röl pa:r-lör.* **9 fsätß** *fan!*]

1st EXERCISE

❶ I work for myself, but I'm not happy. ❷ She works for Jackie Brown, in his funeral parlor. ❸ I wonder if it pays to work for someone else. ❹ They rely on themselves. ❺ It's better to rely on oneself.

2nd EXERCISE

❶ Bedient euch! (Plural)

. . . . !

❷ Sie sollte sich nicht auf ihn verlassen.

She . . . . '. rely . . . . . .

❸ Sie betreibt eine Bank.

She . . . . a bank.

❹ Was tust du, um dir den Lebensunterhalt zu verdienen?

What . . . . for . . . . ?

6 - Na ja, Jeremy sagt immer, für sich selbst zu arbeiten bedeutet (ist), sich selbst zu kennen.
7 - Liebste, was tut dein süßer kleiner Jeremy, um seinen Lebensunterhalt zu verdienen (für ein Leben)?
8 - Jeremy? Na ja, er betreibt sein eigenes Bestattungsinstitut.
9 - Wie lustig (Das ist Spaß)!

ANMERKUNGEN

(6) **Honey** heißt eigentlich "Honig", ist jedoch hier ein Kosename. Andere Kosenamen sind **sweetie** "Süßer, Süße", **sugar** "Süßer, Süße", **darling** "Liebling", **doll** "Puppe" und **cutie** [*kju:-di*] "Süße".

(7) **For a living** ist eine feststehende Wendung: "um den Lebensunterhalt zu verdienen". Man hört auch oft **to earn**: **How does she earn a living?** "Wie verdient sie sich ihren Lebensunterhalt?" **It's hard to earn a living today** "Es ist schwer, sich heute seinen Lebensunterhalt zu verdienen".

(8) **Fun** ist hier selbstverständlich ironisch gemeint. Die amerikanische Sprache ist stark mit sarkastischen Ausdrücken durchsetzt. So wird **great**, **wonderful** und **nice** häufig in humoristischen und ironischen Zusammenhängen verwendet.

SOLUTIONS OF 1st EXERCISE

❶ Ich arbeite selbstständig (für mich selbst), aber ich bin nicht glücklich. ❷ Sie arbeitet für Jackie Brown, in seinem Bestattungsinstitut. ❸ Ich frage mich, ob es sich auszahlt, für jemand anderen zu arbeiten. ❹ Sie verlassen sich auf sich selbst. ❺ Es ist besser, sich auf sich selbst zu verlassen.

SOLUTIONS OF 2nd EXERCISE

❶ Help yourselves! ❷ shouldn't - on him ❸ runs ❹ do you do - a living.

Lerntipp: *Haben Sie Schwierigkeiten mit einem bestimmten Grammatikthema? Können Sie sich etwas partout nicht merken? Markieren Sie sich die Stelle am Buchrand mit einem Farbstift und lernen Sie wie gewohnt weiter. Mit der Zeit wird das Problem bestimmt noch diverse Male erklärt, und so werden Sie, wenn Sie hin und wieder zu der markierten Stelle zurückkehren, feststellen, dass sich die Schwierigkeit inzwischen "in Luft aufgelöst hat" oder dass Sie sie aufgrund der inzwischen erfolgten Wiederholung verstanden haben.*

Thirty-seventh Lesson [*fßö:r-di-ße-venfß leßn*]

I'm Going to Buy a House ①

1 – I'm **go**ing to **rent** an **apart**ment in Man**hat**tan. ②③

2 – We're **go**ing to buy a **cot**tage by a **lake** in **Maine**. ④

3 – We **bought** a **Time**-Share **vil**la in Lake **Ta**hoe. ⑤⑥

4 – That's **beau**tiful. We **stay**ed at the Lake **Ta**hoe **Hil**ton three **years ago**. ⑦⑧

PRONUNCIATION

[*aim **gou**-ing tu: **bai** ö **haos** **1** aim **gou**-ing tu: **rent** ö-n ö-**pa:rt**-mönt in män-**hä**-tön.* **2** *wui:r **gou**-ing tu: **bai** ö **ko:**-tötsch bai ö **leik** in **mein**.* **3** *wui: **bo:t** ö **taim**-schär **vil**-lö in leik **ta:**-hou.* **4** *fsätß **bju:**-ti-ful. wui: **ßteid** ät fsö **leik** **ta:**-hou **hil**-tön fßri: **ji͜ers** ö-**gou**.*]

ANMERKUNGEN

① Das Futur kann auf zwei Arten gebildet werden: mit dem Hilfsverb **will** + Infinitiv ohne **to**: **I will tell you the truth** "Ich werde dir die Wahrheit sagen" und mit **to be** + **going to** + Verb: **She is going to buy a car next week** "Sie wird nächste Woche ein Auto kaufen". Wann die einzelnen Formen benutzt werden, wird in Lektion 42 beschrieben.

Ich werde ein Haus kaufen

1 - Ich werde eine Wohnung in Manhattan mieten.
2 - Wir werden ein Häuschen an einem See in Maine kaufen.
3 - Wir haben eine Time-Share-Villa am (in) Tahoe-See gekauft.
4 - Das ist schön. Wir waren (blieben) vor drei Jahren im Hilton (am) Lake Tahoe.

② Der amerikanische Ausdruck für "Wohnung" ist **apartment**, der britische ist **flat**. Achtung: ein **one-bedroom apartment** ist eine "2-Zimmer-Wohnung", ein **two-bedroom apartment** ist eine "3-Zimmer-Wohnung".

③ **To rent** bedeutet "mieten", **rent** heißt "Miete". **She rents a two-bedroom apartment in Manhattan, but she doesn't pay a high rent** "Sie hat eine 3-Zimmer-Wohnung in Manhattan gemietet, aber sie bezahlt nicht viel (keine hohe) Miete".

④ Ein **cottage** ist ein kleines Haus auf dem Land oder im Wald, oft an einem See oder einem Fluss. Viele Amerikanerinnen und Amerikaner besitzen Zweitwohnungen oder Häuser außerhalb der Stadt.

⑤ **Bought** ist die unregelmäßige einfache Vergangenheitsform des Verbs **to buy** "kaufen". Sie kennen es bereits aus der Liste in Lektion 35.

⑥ Bei dem in den USA sehr beliebten **time sharing** kaufen oder mieten mehrere Freunde, Verwandte usw. ein Haus oder eine Wohnung auf dem Land, wobei jede Person bzw. jede Familie diese Unterkunft für eine bestimmte Zeit im Jahr nutzen kann. Man zahlt nur für die jeweilige Aufenthaltsdauer, wodurch **time sharing** zu einer preiswerten und flexiblen Urlaubsmöglichkeit wird.

⑦ Das Substantiv zum Adjektiv **beautiful** lautet **beauty** [*bju:-ti*] "Schönheit".

⑧ **Stayed** ist die regelmäßige Vergangenheit von **to stay** "bleiben, wohnen". Denken Sie daran, dass bei Verben, die auf Konsonant + **y** enden, dieses in der Vergangenheit zu **i** wird und dann **-ed** angehängt wird: **I carry books – I carried books** "Ich trage Bücher – Ich trug Bücher".

5 – We're **go**ing to Man**hat**tan next **Fri**day to **see** a play on **Broad**way.

6 – I'm **go**ing to start "**apart**ment **hun**ting" this **week**end. ⑨

7 – **Hur**ry up, we **need** a place to **stay** in New **York**.

8 – **Okay**, but **watch** out, I'm **go**ing to **vis**it you in **Maine**! ⑩⑪

PRONUNCIATION

[*5 wui:r* ***gou****-ing tu: män-****hä****-tön nekßt* ***frai****-dei tu:* ***ßi:*** *ö* ***plei*** *on* ***bro:d****-wuei.* **6** *aim* ***gou****-ing tu: ßtart ö-****pa:rt****-mönt* ***han****-ting fsiß* ***wui:k****-end.* **7** ***hö****-ri* ***ap****, wui:* ***ni:d*** *ö* ***pleiß*** *tu:* ***ßtei*** *in nu:* ***jo:rk****.* **8** *ou-****kei****, bat* ***wuotsch*** *aot, aim* ***gou****-ing tu:* ***vi****-sit ju: in* ***mein****.*]

1st EXERCISE

❶ Watch out, they're going to visit you! ❷ I just bought a two-bedroom apartment in Seattle. ❸ Is she going to stay in her aunt's villa? ❹ We are going to stay in New York. ❺ He rented that beautiful villa five years ago.

2nd EXERCISE

❶ Fährst (Gehst) du nächsten Sommer nach Florida?

Are you . . . . Florida . . . . summer?

❷ Ich werde eines Tages nach Indien gehen.

I . . . . India one day.

❸ Ich werde dieses Wochenende nach Manhattan fahren (gehen).

.'. . . . . . to Manhattan . . . . week-end.

❹ Ich wohne (bleibe) bei dir.

I'm . . . . with . . . .

5 - Wir fahren (gehen) nächsten Freitag nach Manhattan, um uns ein Theaterstück am Broadway anzusehen.
6 - Ich werde dieses Wochenende mit der Wohnungssuche (Wohnungs-Jagd) beginnen.
7 - Beeil dich, wir brauchen einen Platz zum Wohnen (zu bleiben) in New York.
8 - In Ordnung, aber pass auf, ich werde dich in Maine besuchen!

ANMERKUNGEN

⑨ Sucht man in den USA eine Mietwohnung, so spricht man von **apartment hunting** (**to hunt** "jagen"). Desgleichen sagt man **house-hunting**, wenn man ein Haus zu mieten sucht.

⑩ "Achtung!" kann **Watch out!**, **Mind!** [*maind*], **Pay attention!** [*pei ö-**ten**-schön*], **Be careful!** [*bi: **kär**-ful*], **Take care!** [*teik **kär***] und **Beware!** [*bi-**wuär***] heißen.

⑪ Der Bundesstaat Maine (Hauptstadt Augusta), bekannt für seine Steilküsten und seine schmackhaften Hummer, liegt im NO der Vereinigten Staaten und grenzt an Kanada. Es ist eine der ländlichsten Gegenden Amerikas mit großen Waldgebieten.

SOLUTIONS OF 1st EXERCISE

❶ Pass auf, sie werden dich besuchen! ❷ Ich habe gerade eine 3-Zimmer-Wohnung in Seattle gekauft. ❸ Wird sie in der Villa ihrer Tante wohnen (bleiben)? ❹ Wir werden in New York leben (bleiben). ❺ Er hat diese schöne Villa vor fünf Jahren gemietet.

SOLUTIONS OF 2nd EXERCISE

❶ going to - next ❷ will go to ❸ I'm going - this ❹ staying - you.

▶ Thirty-eighth Lesson [*fßö:r-di-eitfß leßn*]

When I'm **Six**ty I'll Re**tire** ①

1 – How **long** have you **work**ed for **Ford**? ②
2 – **Thir**ty-**two years**!
3 – **Wow**! **When** will you re**tire**? ③④
4 – I'll re**tire** when I am **six**ty, in two years. How a**bout you**? ⑤
5 – I'll **tell** you to**mor**row.
6 – Why will you **tell** me to**mor**row?
7 – I'm **go**ing to **ask** my **boss** for a **ra**ise. If he **says no**, I will **quit**. ⑥⑦
8 – I'll **pray** for you!

PRONUNCIATION

[*wuen aim* ***ßikß****-ti ail ri-****tair 1*** *hao* ***long*** *häv ju:* ***wö:rkd*** *fo:r* ***fo:rd****?* ***2 fßö:r****-ti-****tu: ji͜ers****!* ***3 wuao****!* ***wuen*** *wuil ju: ri-****tair****?* ***4 ail*** *ri-****tair*** *wuen aim* ***ßikß****-ti, in* ***tu: ji͜ers****.* ***hao*** *ö-****baot ju:****?* ***5 ail*** *tel ju: tu-****mo****-rou.* ***6 wuai*** *wuil ju: tel mi tu-****mo****-rou?* ***7*** *aim* ***gou****-ing tu:* ***a:ßk*** *mai* ***boß*** *fo:r ö* ***reis****. if hi: ßäs* ***nou****, ai wuil* ***kuit****.* ***8*** *ail* ***prei*** *fo:r ju:!*]

Wenn ich 60 bin, werde ich in Pension gehen

1 - Wie lange hast du für Ford gearbeitet?
2 - 32 Jahre!
3 - Donnerwetter! Wann wirst du in Pension gehen?
4 - Ich werde in Pension gehen, wenn ich 60 bin, in zwei Jahren. Was ist mit dir?
5 - Ich werde [es] dir morgen sagen.
6 - Warum wirst du [es] mir morgen sagen?
7 - Ich werde meinen Chef um eine [Gehalts-]Erhöhung bitten. Wenn er nein sagt, werde ich gehen.
8 - Ich werde für dich beten!

ANMERKUNGEN

① Die Bildung der Zukunft mit **will** (Lektion 37) ist sehr einfach, da sie in allen Personen gleich bleibt. In der Umgangssprache wird meistens die Kurzform verwendet: **I will (I'll), you will (you'll), he/she/it will (he'll/she'll/it'll), we will (we'll), you will (you'll), they will (they'll)**.

② **How long...** "Wie lange ..." leitet eine Frage nach einer Zeitdauer ein: **How long did you stay in Florida?** "Wie lange seid ihr in Florida geblieben?", **How long is the flight to Miami?** "Wie lange dauert (ist) der Flug nach Miami?"

③ **Wow** ist ein Ausruf des Erstaunens: "Donnerwetter!, Na, so was!"

④ "In Pension / in Rente / in den Ruhestand gehen" heißt einfach **to retire** (wörtlich: "sich zurückziehen").

⑤ Das Renteneintrittsalter liegt je nach Geburtsjahr bei 65 oder 67 Jahren. Oft müssen die Arbeitnehmer/-innen jedoch noch wesentlich länger arbeiten. Es gibt aber auch den "Frühruhestand" (**early retirement**); der/die Beschäftigte erhält dann eine Abfindung, scherzhaft **golden handshake**, wörtlich "goldener Handschlag", genannt.

⑥ Mit **boss** wird der oder die nächste Vorgesetzte bezeichnet.

⑦ **To quit** bedeutet "aufgeben, aufhören mit, verlassen", hier ist "kündigen" gemeint.

1st EXERCISE

❶ I'll go to the cinema every day when I retire. ❷ When will you retire? ❸ When I'm eighty-five. ❹ Wow! I'm retiring tomorrow... ❺ My boss just gave me a golden handshake.

2nd EXERCISE

❶ Wie lange sind sie in Chicago geblieben?

. . . . did . . . . stay . . Chicago?

❷ Du solltest um eine [Gehalts-]Erhöhung bitten.

You . . . . . . ask . . . a . . . . . .

❸ Ich werde dich heute Nachmittag anrufen.

I . . . . you this . . . .

▶ Thirty-ninth Lesson [*fßö:r-di-nainfß* ***leßn***]

Will **Rocky** **Win** the **Fight**? ①

1 – Mrs. (**mis**sus) **Tru**man, **you**'re a **for**tune-**tel**ler, **will** I get **mar**ried soon? ②

PRONUNCIATION

[*wuil* ***ro****-ki* ***wuin*** *fsö* ***fait****?* ***1 mi****-ßöß* ***tru:****-män,* ***jur*** *ö* ***fo:r****-tschön* ***tel****-lör, wuil* ***ai*** *get* ***mä****-rid ßu:n?*]

SOLUTIONS OF 1st EXERCISE

❶ Wenn ich in Pension bin, werde ich jeden Tag ins Kino gehen. ❷ Wann wirst du in Pension gehen? ❸ Wenn ich 85 bin. ❹ Donnerwetter! Ich werde morgen in Rente gehen ... ❺ Mein Chef hat mir soeben eine Abfindung gezahlt (einen goldenen Handschlag gegeben).

❹ Was ist mit dir?

. . . . you?

SOLUTIONS OF 2nd EXERCISE

❶ How long - they - in ❷ should - for - raise ❸ will call - afternoon ❹ How about

Neununddreißigste Lektion

Wird Rocky den Kampf gewinnen?

1 - Frau Truman, Sie sind Wahrsagerin, werde ich bald heiraten (verheiratet werden)?

ANMERKUNGEN

① Das Gegenteil von **to win** "gewinnen" ist **to lose** [*tu: lu:s*] "verlieren", nicht zu verwechseln mit dem Adjektiv **loose** [*lu:s*] "lose, frei". Ein "Verlierer" ist ein **loser** [***lu:**-sör*] (siehe auch Lektion 42).

② Hier wird **will** benutzt, da es sich um ein Ereignis in der Zukunft handelt. In den USA liebt man es, "in die Glaskugel zu sehen", d. h. sich die Zukunft voraussagen zu lassen.

2 – Young **man, you** will **find** an **eligib**le **can**didate with**in** the **next three mon**ths.

3 – But **will** she say **yes**?

4 – **She will** say **yes** if she is the **right wo**man. ③

5 – **But**...

6 – **That** will be **twen**ty **dol**lars, young **man**.

7 – Mrs. (**mis**sus) **Tru**man, I'm **kin**d of **broke**. **Tell** me, will **Roc**ky **win** to**mor**row **night's prize**-fight? I have **pla**ced a **twen**ty **dol**lar **bet**. ④⑤⑥

8 – **What** are the **odds**? ⑦

9 – **Twen**ty-**five** to **one**.

10 – I will **tell** you on **Wed**nesday at our **next se**ance!

PRONUNCIATION

*[**2** jang män, **ju:** wuil **faind** ön **e**-li-dsch~ibl **kän**-di-deit wifs-**in** fsö **nekßt** fßri: **manfßß**. **3** bat **wuil** schi: **ßei jeß**? **4** schi: **wuil ßei jeß** if schi:s fsö **rait wuu**-mön. **5** bat... **6 fsät wuil** bi: twu**e**-ni **do**-lörs, jang män. **7 mi**-ßöß **tru:**-män, aim **kaind** of **brouk**. **tel** mi:, wuil **ro**-ki **wuin** tu-**mo**-rou **naitß praiß fait**? ai häv **pleißd** ö **twue**-ni **do**-lör **bet**. **8 wuot** a:r fsi: **ods**? **9** twu**e**-ni-**faiv** tu: **wuan**. **10 ai** wu**il tel** ju: on **wuens**-dei ät aor **nekßt ßei**-önß.]*

2 - Junger Mann, Sie werden in den nächsten drei Monaten eine geeignete Kandidatin finden.
3 - Aber wird sie ja sagen?
4 - Sie wird ja sagen, wenn sie die richtige Frau ist.
5 - Aber ...
6 - Das macht (Das werden sein) 20 Dollar, junger Mann.
7 - Frau Truman, ich bin irgendwie pleite. Sagen Sie mir, wird Rocky den Preiskampf morgen Abend (Nacht) gewinnen? Ich habe 20 Dollar gewettet.
8 - Wie stehen (Was sind) die Chancen?
9 - 25 zu 1.
10 - Ich werde [es] Ihnen am Mittwoch bei unserer nächsten [spiritistischen] Sitzung sagen!

ANMERKUNGEN

③ **Right** kennen Sie bereits. **The right choice** "die richtige Wahl" oder **the right one** "der richtige Mann", "der ideale Mann", bei der Partnersuche von den Frauen gerne als **Mr. Right** bezeichnet.

④ **Kind of...** oder **sort of...** entspricht unserem deutschen "irgendwie" und drückt Unsicherheit bzw. Unbestimmtheit aus: **I'm kind of hungry** "Ich habe irgendwie Hunger". **She's kind of pretty** "Sie ist irgendwie hübsch".

⑤ **Broke** "pleite". Weitere Synonyme sind **busted** [***baß**-tid*], **flat** [*flät*], **tight** [*tait*]. Das Gegenteil ist **to be loaded** [*tu: bi: **lou**-did*] "viel Geld haben".

⑥ **To place at bet** oder **a wager** "auf etw. wetten" (im Sport, Pferderennen, ...). Auf der Pferderennbahn wettet man auf ein Pferd **to win** "Siegwette", **place** oder **show**, "Platzwette", d. h. ob es als Erstes, als Erstes oder Zweites oder als eines der ersten drei Pferde ins Ziel geht.

⑦ **The odds** bezieht sich auf die Gewinnchancen bei einem Boxkampf, einem Pferderennen usw., die in der Regel in Prozent ausgedrückt werden. **Twenty-five to one** bedeutet, dass 25 Personen, die auf Rockys Niederlage wetten, eine Person gegenübersteht, die auf seinen Sieg wettet.

1st EXERCISE

❶ The fortune-teller is broke. ❷ She placed a fifty dollar bet on a loser. ❸ Tell me, will Rocky get married soon? ❹ That will be thirty-three dollars. ❺ I'll pay you at our next seance.

2nd EXERCISE

❶ Er hat die richtige Wahl getroffen (gemacht).

He made . . . .

❷ Sie wird [es] ihm am Samstag sagen.

She . . . .

❸ Ich habe irgendwie Durst.

I'm . . . . thirsty.

▶ Fortieth Lesson [*fo:r-di-efß leßn*]

We'Ve **Been** Prepa**r**ing for This **sin**ce **Ju**ne ①②

1 – Are you **read**y for the **ex**am?

PRONUNCIATION

[***wui:v*** *bi:n pri-***pä***-ring fo:r* ***fsiß*** *ßinß* ***dschu:n*** **1** *a:r ju:* ***re****-di fo:r fsi: ig-***säm***?*]

SOLUTIONS OF 1st EXERCISE

❶ Der Wahrsager ist pleite. ❷ Sie hat 50 Dollar auf einen Verlierer gewettet. ❸ Sag mir / Sagen Sie mir, wird Rocky bald heiraten (verheiratet werden)? ❹ Das macht (wird sein) 33 Dollar. ❺ Ich werde Sie bei unserer nächsten Sitzung bezahlen.

❹ Und er ist irgendwie müde.

And . . ’. . . . .

SOLUTIONS OF 2nd EXERCISE

❶ the right choice ❷ will tell him on Saturday ❸ kind of ❹ he's kind of tired.

Lerntipp: *Kennzeichnen Sie schwierige Redewendungen oder Ausdrücke mit einem Textmarker und blättern Sie von Zeit zu Zeit zu diesen Stellen zurück. Oder schreiben Sie Wörter, die Sie sich schlecht merken können, ein paarmal auf ein Blatt Papier.*

Vierzigste Lektion

Wir bereiten uns seit Juni darauf vor

1 - Seid ihr bereit für das Examen?

ANMERKUNGEN

① Die Konstruktion **to have** + **to be** + Verb mit **-ing**-Endung ist das **Present Perfect**. Es weist darauf hin, dass die Handlung in der Vergangenheit begonnen hat und zum Zeitpunkt des Sprechens noch andauert: **I've been waiting for the postman** "Ich warte auf den Postboten" (das Warten dauert schon länger an).

② **Since** "seit" leitet eine Zeitangabe ein und unterstreicht die längere Fortdauer einer Handlung: **I've been studying the dialogues for two hours** "Ich lerne die Dialoge seit zwei Stunden".

2 – As **read**y as **ev**er. **We**'ve been **stud**ying since **noon**. ③

3 – **Noon**! I **thought** you **said** that **you**'ve **been** re**view**ing since **June**! **Have** you been **read**ing **chap**ters **one** through **four**teen? ④⑤

4 – **We**'ve been **mem**ori**z**ing the vo**cab**u**lar**y list **like** you **told** us.

5 – **Have** you been **list**ening to the cas**set**tes **reg**ularly?

6 – **I** have been **play**ing them **o**ver and **o**ver in my **car** this **morn**ing, and **Tom** has been **learn**ing the **dialog**ues by **heart**. ⑥

7 – **I** have been **prep**ping you for **this** im**por**tant **day** for **mon**ths. To**day you** will be **a**ble to **tast**e the **fruits** of your **la**bor, I **hope**. ⑦

8 – We **like fruit**, but **I** have been **think**ing **more** ab**out cheese**burgers and a **lar**ge coke **af**ter the ex**am**. ⑧

PRONUNCIATION

*[**2** äs **re**-di äs **e**-vör. wui:v bi:n **ßta**-di-ing ßinß **nu:n. 3 nu:n**! ai **fßo:t** ju: **ßäd** fsät **ju:v** bi:n ri-**vju:**-ing ßinß **dsch˜u:n**! **häv** ju: bi:n **ri:**-ding **tschäp**-törs **wuan** fßru: **fo:r**-ti:n? **4** wui:v bi:n **me**-mo-rai-sing fsö vö-**käb**-ju-**lä**-ri lißt **laik** ju: **tould** aß. **5** häv ju: bi:n **li**-ßö-ning tu: fsö kö-**ßetß re**-gju-lör-li? **6** ai häv bi:n **plei**-ing fsem **ou**-vör änd **ou**-vör in mai **ka:r** fsiß **mo:r**-ning, änd **tam** häs bi:n **lö:r**-ning fsö **dai**-ö-logs bai **ha:rt**. **7** ai häv bi:n **pre**-ping ju: fo:r **fsiß** im-**po:r**-tönt **dei** fo:r **manfßß**. tu-**dei** ju: wuil bi: **eibl** tu: **teißt** fsö **fru:tß** of jur **lei**-bör, **ai houp**. **8** wui: **laik fru:t**, bat **ai** häv bi:n **fßing**-king **mo:r** ö-baot **tschi:s**-bö:r-görs änd ö **la:rdsch˜ kouk a:f**-tör fsi: ig-**säm**.]*

2 - So bereit wie [noch] nie. Wir lernen (studieren) seit Mittag.

3 - Mittag! Ich dachte, ihr sagtet, dass ihr seit Juni wiederholt! Habt ihr Kapitel 1 bis 14 gelesen?

4 - Wir haben uns die Vokabelliste eingeprägt, wie Sie [es] uns sagten.

5 - Habt ihr euch regelmäßig die Kassetten angehört?

6 - Ich habe sie heute Morgen in meinem Auto immer wieder abgespielt und Tom hat die Dialoge auswendig gelernt.

7 - Ich habe euch monatelang auf diesen wichtigen Tag vorbereitet. Heute werdet ihr [von] den Früchten eurer Arbeit kosten können, hoffe ich.

8 - Wir lieben Früchte, aber ich hatte eher an Cheeseburger und eine große Cola nach dem Examen gedacht.

ANMERKUNGEN

③ **As ... as ...** "So ... wie ..." beschreibt einen Vergleich: **I'm as hungry as a bear** "Ich bin hungrig wie ein Bär". Die Struktur gilt auch für negative Vergleiche: **It's not as cold in Florida as it is in New York** "In Florida ist es nicht so kalt wie in New York".

④ **Noon** "Mittag", **midnight** "Mitternacht". Die Angaben **12 AM** (ante meridiem = vormittags) und **12 PM** (post meridiem = nachmittags) werden nicht verwendet.

⑤ "Bis" heißt eigentlich **to** (**from noon to midnight** "von Mittag bis Mitternacht"), aber man sagt meistens **through** "bis": **from noon through midnight**.

⑥ **Over and over** "immer wieder". Synonyme sind **again and again** und **time and time again**.

⑦ **Prep** ist die Kurzform für **to prepare** "vorbereiten". Beachten Sie, dass **labor** die amerikanische und **labour** die britische Schreibweise ist. Zu den Unterschieden in der Schreibweise siehe Lektion 21.

⑧ **To think about** "nachdenken über, denken an". **What are you thinking about?** "Worüber denkst du gerade nach?"

1st EXERCISE

❶ They've been playing in the garden since nine AM. ❷ Have you been working all night? ❸ I have been thinking about you. ❹ Are they ready? ❺ As ready as ever.

2nd EXERCISE

❶ Wir haben uns die Kassetten regelmäßig angehört.

We' . . . . . . listening . . the cassettes regularly.

❷ Von Mittag bis Mitternacht.

From . . . . to . . . .

❸ Ich hoffe, er mag Cheeseburger.

I . . . . . . likes cheeseburgers.

❹ Du wirst morgen schlafen können.

You' . . . . to sleep tomorrow.

▶ Forty-first Lesson [*fo:r-di-fö:rßt leßn*]

Can I Take Your Order? ①

1 – **Hi**, my **name's Kar**en, and **I'm** your **wait**ress to**night**.

2 – **Hi**.

PRONUNCIATION

[*kän ai teik jur o:r-dör? 1 hai, mai neims kä-rön, änd aim jur wuei-tröß tu-nait. 2 hai.*]

SOLUTIONS OF 1st EXERCISE

❶ Sie spielen seit 9 Uhr [morgens] im Garten. ❷ Hast du die ganze Nacht gearbeitet? ❸ Ich habe über dich nachgedacht. ❹ Sind sie fertig? ❺ So fertig wie nie.

SOLUTIONS OF 2nd EXERCISE

❶ ve been - to ❷ noon - midnight ❸ hope - he ❹ 'll be able

Einundvierzigste Lektion

Kann ich Ihre Bestellung aufnehmen?

1 - Hallo, ich bin (mein Name ist) Karen und ich bin heute Abend Ihre Kellnerin.

2 - Hallo.

ANMERKUNGEN

① In den USA wird es sehr geschätzt, wenn die Kellnerinnen (**waitresses**) und Kellner (**waiters**) in den Restaurants freundlich sind und der Service gut ist. Trinkgelder (ca. 15-20 % des Rechnungsbetrags) sind sehr willkommen, da die Gehälter des Bedienungspersonals sehr niedrig sind. Alle Kellner/-innen tragen Schilder mit dem Vornamen; überhaupt ist es üblich, das Personal in Restaurants, Banken usw. mit dem Vornamen anzureden.

3 – **Can** I **take** your **or**der? ②
4 – Can you **bring** us some **wa**ter **first**? ③
5 – **Sure**. Can I **tell** you to**night's spec**ials?
6 – **Sure**, o**kay**, **great**.
7 – We have **fresh lem**on-**bas**ted **sword**fish from **Flor**ida, which comes with **crab-stuf**fed zuc**chini** and a **bak**ed po**ta**to and **tos**sed **sal**ad with our **own** house **dres**sing, **ras**pberry vinai**grette**.
8 – That **sounds great**. **I'll** have the **fish**.
9 – **An**ything to drink **oth**er than the **wat**er? ④
10 – **Yeah**, can **I** have a large **cran**berry **juice** with **lime** and **not** too much **ice**? ⑤

PRONUNCIATION

*[**3 kän** ai **teik** jur **o:r**-dör? **4** kän ju: **bring** aß ßam **wuo:**-dör **fö:rßt**? **5 schu:r**. kän ai **tel** ju: tu-**naitß ßpe**-schöls? **6 schu:r**, **ou**-kei, **greit**. **7** wui: häv **fresch le**-mön-**beiß**-tid **ßwuo:rd**-fisch from **flo**-rö-dö, wuitsch kams wuifs **kräb-ßtafd** dsu-**ki:**-ni änd ö **beikd** pou-**tei**-dou änd **toßd ßä**-löd wuifs aor **oun** haos **dreß**-ing, **ras**-bö-ri vi-ne-**gret**. **8** fsät **ßaonds greit**. **ail** häv fsö **fisch**. **9 ä**-ni-fßing tu: **drink a**-fsör fsän fsö **wuo:**-dör? **10 jea**, kän **ai** häv ö la:rdsch~ **krän**-bö-ri **dsch~u:ß** wuifs **laim** änd **not** tu: matsch **aiß**?]*

3 - Kann ich Ihre Bestellung aufnehmen?
4 - Können Sie uns zuerst etwas Wasser bringen?
5 - Selbstverständlich. Kann ich Ihnen (die Besonderheiten des heutigen Abends) sagen, was es heute Abend als Spezialität gibt?
6 - Natürlich, gut, super.
7 - Wir haben frischen, mit Zitrone begossenen Schwertfisch aus Florida, dazu (der kommt mit) mit Krabben gefüllte Zucchini und eine gebackene Kartoffel und angemachten Salat mit unserer hauseigenen Salatsoße, Himbeer-Vinaigrette.
8 - Das klingt großartig, ich werde den Fisch nehmen (haben).
9 - Etwas anderes zu trinken als (das) Wasser?
10 - Ja, kann ich einen großen Preiselbeersaft mit Limone und nicht zu viel Eis haben?

ANMERKUNGEN

(2) **Can I take your order?** ist meistens die erste Frage der Bedienung. Oder: **Are you ready to order?** "Sind Sie bereit, zu bestellen?" oder **Do you need a few more minutes?** "Brauchen Sie noch ein paar Minuten [Zeit]?"

(3) In allen Restaurants bekommt man automatisch (auch im Winter) ein Glas Eiswasser, das ständig aufgefüllt wird, da es - außer in Nobel- oder europäischen Restaurants - nicht üblich ist, Mineralwasserflaschen auf den Tisch zu stellen.

(4) Die meisten Restaurants schenken Bier und Wein aus; man findet jedoch auch häufig Restaurants, die keine Schanklizenz haben und bei denen man sich seine alkoholischen Getränke selbst mitbringen muss. In vielen Restaurants gibt es Alkohol erst ab Mittag oder 13 Uhr. Beim Mittagessen wird in der Regel kein Wein getrunken, beim Abendessen schon eher.

(5) Preiselbeersaft wird entweder pur oder als Cocktail (**Long Island Ice Tea**, **Sea Breeze**) getrunken. Preiselbeersoße wird oft an **Thanksgiving** ("Erntedankfest") mit Putenfleisch gereicht.

1st EXERCISE

❶ Can you tell me tonight's specials? ❷ I'll have two baked potatoes with stuffed zucchini. ❸ Does the fish come with salad? ❹ Sure, and with home-made raspberry vinaigrette. ❺ Can I have a large cranberry juice without lime and lots of ice?

2nd EXERCISE

❶ Unsere Kellnerin kommt [gerade].

Our . . . . is . . . .

❷ Sie bringt uns [gerade] etwas Wasser.

She's . . . . some water.

❸ Sie essen [gerade] frischen Schwertfisch.

They are . . . .

Forty-second Lesson [*fo:r-ti-ße-könd leßn*]

Wiederholung und Anmerkungen

1. Das Futur

In Lektion 37 haben Sie gelernt, dass es zwei Arten gibt, das Futur zu bilden:

A. mit **will** + Infinitiv ohne **to**
Diese Konstruktion wird im Allgemeinen verwendet, wenn eine Absicht, aber kein Plan für eine Handlung vorhanden ist oder wenn ein Zeitpunkt in der fernen Zukunft gemeint ist:

I will find a job in advertising "Ich werde eine Stelle in der Werbung finden".

I will go to Chicago some day "Eines Tages werde ich nach Chicago gehen".

They will be back soon "Sie werden bald zurück sein".

SOLUTIONS OF 1st EXERCISE

❶ Können Sie mir sagen, was heute Abend die Spezialität ist? ❷ Ich nehme (werde haben) zwei gebackene Kartoffeln mit gefüllten Zucchini. ❸ Wird der Fisch mit Salat serviert (Kommt der Fisch mit Salat)? ❹ Selbstverständlich, und mit hausgemachter Himbeer-Vinaigrette. ❺ Kann ich einen großen Preiselbeersaft ohne Limone und mit viel Eis haben?

❹ Der Kellner wird Ihre Bestellung aufnehmen.

The . . . . . . is . . . . . to . . . . your . . . . . .

SOLUTIONS OF 2nd EXERCISE

❶ waitress - coming ❷ bringing us ❸ eating fresh swordfish ❹ waiter - going - take - order.

Zweiundvierzigste Lektion

Will + Infinitiv ohne **to** kann jedoch auch verwendet werden, wenn für die angekündigte Handlung bzw. das Ereignis ein spezieller Zeitpunkt in der Zukunft definiert wird:

I'll be there at seven thirty "Ich werde um halb acht da sein".

B. mit **to be** + **going to** + Verb.

Bei **to be** + **going to** + Verb liegt nicht nur eine Absicht, sondern auch ein Plan vor. Außerdem bezieht sich diese Konstruktion auf Ereignisse, die zu einem festgelegten Zeitpunkt in der nahen Zukunft stattfinden:

We are moving out. We are going to live in New York. "Wir ziehen aus. Wir werden in New York leben."

It's going to rain. "Es wird regnen".

She's going to see him tomorrow "Sie wird ihn morgen sehen".

Ereignisse in der Zukunft können auch durch die Verlaufsform des Präsens ausgedrückt werden, wenn durch eine Zeitangabe oder durch den Kontext der Bezug zur Zukunft erkennbar ist:

I'm leaving for Chicago tomorrow. "Ich fahre morgen nach Chicago = Ich werde morgen nach Chicago fahren".
She's getting married on Saturday "Sie heiratet am Samstag = Sie wird am Samstag heiraten (verheiratet werden)".

2. Die Verlaufsformen

A. Die Verlaufsform der Gegenwart

Sie wird gebildet, indem der Infinitivform des Verbs die Endung **-ing** angehängt wird. Sie beschreibt eine Handlung bzw. ein Ereignis, die bzw. das im Moment des Sprechens stattfindet:
I'm singing "Ich singe [gerade]".
It's raining "Es regnet [gerade]".

B. Die Verlaufsform der Zukunft

Sie wird mit dem Hilfsverb **will** + **be** + Infinitivform des Verbs mit der Endung **-ing** gebildet. Sie beschreibt eine Handlung, die sich in der Zukunft abspielen wird und die in den meisten Fällen einen längeren Zeitraum in Anspruch nimmt.
At seven o'clock, she'll be cooking dinner. "Um sieben Uhr wird sie dabei sein, das Abendessen zu kochen".
On Saturday morning I'll be thinking of you "Ich werde am Samstagmorgen an dich denken".

Die Verlaufsform des Futurs kann das einfache Futur ersetzen, wenn man einer Aussage einen weniger kategorischen Ton verleihen will, oder um eine Frage höflicher zu formulieren:
I won't be going "Ich werde nicht gehen" klingt weniger kategorisch als **I won't go**, was eine entschiedene Weigerung ausdrückt.
Will you be going to the supermarket? klingt höflicher als **Will you go to the supermarket?**, was gleichzeitig eine Aufforderung ausdrückt.

C. Die Verlaufsform der Vergangenheit

Sie wird mit **was** + Infinitivform des Verbs mit der Endung **-ing** gebildet. Sie beschreibt eine (länger andauernde) Handlung, die sich in der Vergangenheit abgespielt hat.
It was raining "Es regnete".

3. Some und any

Some "[irgend]ein, -eine, [irgend]welche, etwas, ein bisschen" und **any** [irgend]ein, -eine, [irgend]welche, kein, keine" sind Ihnen schon an verschiedenen Stellen begegnet. Wie sie im Einzelnen übersetzt werden, hängt stark vom jeweiligen Kontext ab. Wir wollen Ihnen hier einige Faustregeln an die Hand geben, wann **some** und **any** benutzt werden.

Some wird grundsätzlich in affirmativen Sätzen verwendet und suggeriert, dass die Menge, von der die Rede ist, eher klein bzw. nicht genau zu bestimmen ist:

Could I have some milk, please? "Könnte ich etwas / ein bisschen Milch haben, bitte?" bzw. "Könnte ich Milch haben, bitte?".
We would like some hot tea "Wir hätten gerne (würden mögen) etwas / ein bisschen heißen Tee" bzw. "Wir hätten gerne heißen Tee".

Wird **some** in einer Frage benutzt, so bedeutet dies, dass eine affirmative Antwort erwartet wird:

Have you got some milk, please? "Haben Sie etwas / ein bisschen Milch, bitte?"

Any taucht dagegen in negativen Aussagen und in Fragesätzen auf:
She doesn't have any friends "Sie hat keine Freunde".
Have you got any money? "Haben Sie (irgendwelches) Geld?"
Don't you have any bread? "Haben Sie kein Brot?"
He doesn't have any "Er hat keinen/keine".

In Fragen sind **some** und **any** manchmal austauschbar:
Have they got some/any money? "Haben Sie (irgendwelches) Geld?"

4. Die Reflexivpronomen

Sie wurden kurz in Lektion 36 angesprochen. Reflexivpronomen werden als Objekte eines Verbs in Sätzen verwendet, in denen Subjekt und Objekt identisch sind:

I cut myself "Ich habe mich geschnitten".
It's not always easy to amuse oneself on holiday "Es ist nicht immer leicht, sich im Urlaub zu amüsieren".

Hier die komplette Liste für alle Personen:

I	**myself**	mich (selbst)
you	**yourself**	dich (selbst) / Sie (selbst)
he	**himself**	ihn (selbst)
she	**herself**	sie (selbst)
it	**itself**	es (selbst)
(unbestimmt)	**oneself**	sich (selbst)
we	**ourselves**	wir (selbst)
you	**yourselves**	ihr (selbst)
they	**themselves**	sie (selbst)

5. One "man"

In Lektion 36 haben wir das Pronomen **one** im Sinne von "man" kennengelernt. Es bezieht sich in der Regel auf eine allgemeingültige oder unpersönliche Handlung:

One can lose a lot of money at the casino "Man kann im Casino viel Geld verlieren".

Viele Amerikanischsprechende ersetzen **one**, das sie zu formell finden, durch **you**, das auch "man" bedeutet:

You can lose a lot of money at the casino. "Man kann im Casino viel Geld verlieren".

Manchmal werden sogar zwei verschiedene unpersönliche Pronomen in einem Satz benutzt:

You can learn a foreign language when one stays at home (wörtlich: "Man kann eine fremde Sprache lernen, wenn man zu Hause bleibt").

You sollte verwendet werden, wenn "man" im Sinne von "jeder, jede Person" ausgedrückt werden soll.

6. Das Present Perfect

Wie Sie in Lektion 40 gesehen haben, wird das **Present Perfect** mit der jeweiligen Form von **to have** + **to be** + einem Verb in der Verlaufsform (d. h. **-ing** am Ende) gebildet. Die beschriebene Handlung hat in der Vergangenheit begonnen und dauert zum Zeitpunkt des Sprechens noch an. Oft wird in solchen Sätzen eine Zeitdauer genannt, d. h., es wird gesagt, wie lange die genannte Handlung schon andauert:

The children have been playing all day in the park "Die Kinder spielen schon den ganzen Tag im Park" (Sie spielen noch dort).

In solchen Sätzen findet man häufig das Wörtchen **since** “seit”:

I have been waiting for you since noon “Ich warte seit Mittag auf dich” (Das Warten dauert noch an).

7. Die Religion in den Vereinigten Staaten

Die Religion ist im alltäglichen Leben in den USA sehr präsent. Die größte religiöse Gruppe ist die der Protestanten mit ihren zahlreichen Untergruppierungen (Baptisten, Methodisten, Lutheraner usw.). Dann folgen die Katholiken. Viele der damals nach Amerika ausgewanderten Europäer/-innen suchten einen Ort, an dem sie ihre Religion frei ausüben konnten. Dieses Grundrecht garantiert die amerikanische Verfassung. Hieraus resultiert die heutige Vielfalt an religiösen Gruppen, zu denen neben vielen anderen auch die Mormonen, die Adventisten des 7. Tages, die Zeugen Jehovas und nicht zu vergessen die Muslime, die Buddhisten, die Hindus, die Bahai und selbstverständlich auch die zahlreichen Sekten gehören.

Die Menschen üben ihre Religion nicht nur an den verschiedenen Kultstätten aus. Medien wie Fernsehen und Radio übertragen Sendungen von z. T. ultrakonservativen Predigern, denen geradezu ein überwältigender Erfolg beschieden ist.

8. Thanksgiving

Thanksgiving ist einer der bedeutendsten gesetzlichen Feiertage in den USA; das Datum ist jedes Jahr der letzte Donnerstag im November. Man gedenkt der ersten Ernte der aus Europa auf der **Mayflower** im Jahre 1621 eingetroffenen Pilgerväter. Man lädt Freunde und Verwandte zu einem Festessen mit Truthahn (**turkey**), Preiselbeerkonfitüre (**cranberries**) und Süßkartoffeln (**sweet potatoes**) ein, die manchmal mit **Marshmallows** (“süßer Speck, Mäusespeck”) überbacken sind. Zum Nachtisch genießt man Apfelkuchen (**apple pie**), Pecannusskuchen (**pecan pie**) oder Kürbiskuchen (**pumpkin pie**).

Forty-third Lesson *[**fo:r**-di-**fsö:rd leßn**]*

Hold on, **Plea**se! ①

1 – **Hi**. Is **Ju**lie there, **plea**se? ②

2 – **Par**don, I **did**n't **hear** you. The **TV** was **on**. ③

3 – Can **I speak** with **Ju**lie, please?

4 – **Who**'s **cal**ling, **plea**se?

5 – **This** is **Jim Haz**el**ton** from **Jul**ie's gui**tar** class. ④

6 – I'm **sor**ry, **Jim**, but she's not **here right** now.

7 – **Oh**. Do you know **when** she'll be **back**?

8 – She **should** be **here** a**round four**. Can I **take** a **mes**sage?

9 – **Sure**. Can you **tell** her that **Jim call**ed?

PRONUNCIATION

*[**hould** on, **pli:s**! **1 hai**, is **dsch~u:**-li fser **pli:s**? **2 pa:r**-dön, ai **did**nt **hi:r** ju:. fsö **ti:-vi:** wuo:s **on**. **3** kän **ai ßpi:k** wuifs **dsch~u:**-li pli:s? **4 hu:s ko:**-ling, **pli:s**? **5 fsiß** is **dsch~im hei**-söl-**tön** from **dsch~u:**-lis gö-**ta:r** klä:ß. **6** aim **ßo**-ri **dsch~im** bat schi:s not **hi:r rait** nao. **7 ou**. du: ju: nou **wuen** schi:l bi: **bäk**? **8** schi: **schud** bi: **hi:r** ö-**raond fo:r**. kän ai **teik** ö **meß**-idsch~? **9 schu:r**. kän ju: **tel** hör fsät **dsch~im ko:ld**?]*

Dreiundvierzigste Lektion

Bleiben Sie dran, bitte!

1 - Hallo. Ist Julie da, bitte?
2 - Entschuldigung, ich habe Sie nicht verstanden (gehört). Das Fernsehen war an.
3 - Kann ich bitte mit Julie sprechen?
4 - Wer spricht dort (Wer ruft an) bitte?
5 - Hier ist Jim Hazelton aus Julies Gitarrenunterricht (Gitarrenklasse).
6 - Es tut mir leid, Jim, aber sie ist gerade nicht hier.
7 - Oh. Wissen Sie, wann Sie zurück sein wird?
8 - Sie sollte gegen (herum) vier [wieder] hier sein. Willst du eine Nachricht hinterlassen (Kann ich eine Nachricht nehmen)?
9 - Natürlich. Können Sie ihr sagen, dass Jim angerufen hat?

ANMERKUNGEN

① **Hold on** oder **Hang on** "Bleiben Sie dran / Legen Sie nicht auf". In den USA, wo Telefonieren sehr beliebt ist, gibt es eine Vielzahl von Ausdrücken mit dieser Bedeutung: **Don't hang up**, **Hold a second**, **Don't go away**, **Don't move**.

② Möchte man am Telefon eine andere Person sprechen, so kann man sagen: **Is ... there, please?** "Ist ... da, bitte?" oder **May I please speak with ... ?** "Kann ich bitte mit ... sprechen?"

③ Der Fernseher, **the TV**, ist der Mittelpunkt in jedem amerikanischen Haushalt (oft gibt es sogar drei oder vier Fernseher!). Die Amerikaner/-innen sehen im Durchschnitt sechs Stunden am Tag fern, davon 2 1/2 Stunden Werbung! Neben den großen Fernsehgesellschaften **CBS**, **ABC** und **NBC** gibt es noch Hunderte kleinerer, regionaler Fernsehsender.

④ Die Namen der meisten Musikinstrumente werden Sie ohne Übersetzung verstehen: **bass** [*bäß*], **cello** [***tsche****-lou*] **flute** [*flu:t*], **piano** [*pi-****ä****-nou*], **saxophone** [***ßäk****-ßö-foun*], **trumpet** [***tram****-pöt*], **violin** [***vai****-ö-lin*], ...

10 – Sure **thing**. **Jim**, hold **on** a **sec**ond, **I** have a**noth**er **call**. ⑤

11 – I'll **hang on**.

PRONUNCIATION

[***10*** *schu:r* ***fßing****.* ***dsch~im****, hould* ***on*** *ö* ***ße****-könd,* ***ai*** *häv ö-****na****-fsör* ***ko:l****.* ***11*** *ail* ***häng on****.*]

1st EXERCISE

❶ May I please speak with Jim? ❷ Hold on a second. ❸ She should be here, but she isn't. ❹ Can you take a message? ❺ Sure thing, but hold on, I have another call.

2nd EXERCISE

❶ Jim ist gerade nicht hier.

Jim isn't . . . .

❷ Er wird gegen (herum) vier zurück sein.

He'. . . . . four.

❸ Wer spricht dort (Wer ruft an)?

. . . '. . . . . ?

❹ Hier ist (dies ist) Julies Schwester.

. . . . . . Julie's . . . .

10 - Selbstverständlich. Jim, bleib einen Moment (eine Sekunde) dran, ich habe einen anderen Anruf.
11 - Ich bleibe dran.

ANMERKUNGEN

(5) **Sure thing** ist eine umgangssprachliche Wendung. **Thing** "Ding" hat dabei keine eigene Bedeutung. Andere Möglichkeiten, um Einverständnis auszudrücken, sind **Right you are** "Ganz richtig", **Will do** "Das geht", **Okey-doke** [*ou-ki-**douk***] "OK".

SOLUTIONS OF 1st EXERCISE

❶ Kann ich bitte mit Jim sprechen? ❷ Bleiben Sie einen Moment (eine Sekunde) dran. ❸ Sie sollte [eigentlich] hier sein, aber sie ist [es] nicht. ❹ Kann ich eine Nachricht hinterlassen (Können Sie eine Nachricht nehmen)? ❺ Selbstverständlich, aber bleiben Sie dran, ich habe einen anderen Anruf.

SOLUTIONS OF 2nd EXERCISE

❶ here right now ❷ ll be back around ❸ Who's calling ❹ This is - sister.

Forty-fourth Lesson [*fo:r-di-fo:rfß leßn*]

Sorry about That!

1 – **Sorry** a**bout that**. Do you **want** her to **call** you **back**? ①

2 – **That**'d be **great**. ②

3 – Does she **have** your **num**ber?

4 – **Yes**, but I'll **give** it to **you** a**gain**, **just** in **case**… ③

5 – Hold **on**, I'll **get** a **pen**. I'll be **right back**. ④⑤

6 – O**kay**, I'll **hold**. ⑥

7 – **Good**, don't **go** a**way**.

8 – **Don't wor**ry. I'm **not mov**ing.

PRONUNCIATION

[*ßo:-ri ö-**baot fsät** **1 ßo:**-ri ö-**baot fsät**. du: ju: **wuont** hö:r tu: **ko:l** ju: **bäk**? **2 fsät**-öd bi: **greit**, **3** das schi: **häv** jur **nam**-bör? **4 jeß**, bat ail **giv** it tu: **ju:** ö-**gän**, **dsch˜aßt** in **keiß**... **5** hould **on**, ail **get** ö **pen**. ail bi: **rait bäk**. **6** ou-**kei**, ail **hould**. **7 gud**, dount **gou** ö-**wuei**. **8 dount wuö**-ri. aim **not mu:**-ving.*]

ANMERKUNGEN

① Während es im amerikanischen Englisch heißt **I call you back** oder **I'll give you a buzz** [*bas*], heißt es im britischen Englisch **I'll ring you (up)**. Für "besetzt" sagt man in den USA **busy**, in GB **the line is engaged** [*... ön-**geid**sch˜d*]. Letzteres würde in den USA nicht verstanden!

② Während im amerikanischen Englisch häufig **great** gebraucht wird, werden im britischen Englisch eher die Ausdrücke **grand** [*gränd*] oder **brilliant** [***bril**-jönt*] benutzt.

Vierundvierzigste Lektion

Das tut mir leid

1 - Das tut mir leid (leidtun über das). Möchtest du, dass sie dich zurückruft?
2 - Das wäre toll.
3 - Hat sie deine Nummer?
4 - Ja, aber ich werde sie Ihnen noch einmal geben, nur für den Fall ...
5 - Bleib dran, ich hole einen Stift. Ich bin gleich wieder da.
6 - In Ordnung, ich bleibe dran.
7 - Gut, leg nicht auf (geh nicht weg).
8 - Keine Sorge, ich bleibe dran (ich bewege mich nicht).

③ Vor bzw. hinter dem Ausdruck **in case** steht immer das Präsens oder das Futur. **In case it rains, I'll take an umbrella with me** "Ich werde einen Schirm mitnehmen, für den Fall, dass es regnet".

④ Wie bereits erwähnt, kann **to get** neben seiner Grundbedeutung "erhalten, bekommen" sehr unterschiedliche Bedeutungen haben: **to get on/off the phone** "den Hörer abnehmen/auflegen", **to get on/off the train** "in den Zug einsteigen / aus dem Zug aussteigen", **to get over something** "über etw. hinwegkommen", **to get cold** "sich erkälten", **to get wet** "nass werden". **Did you get it?** "Hast du es verstanden?"

⑤ Ein wenig Vokabular rund um den Schreibtisch: **fountain** [***faon***-*tön*] **pen / cartridge** [***ka:r***-*tridsch~*] **pen** "Füller", **pencil** [***pen***-*söl*] "Bleistift", **ball pen** "Kugelschreiber", **eraser** [*i*-***rei***-*sör*] "Radiergummi", **pencil-sharpener** "Anspitzer", **scissors** [***ßi***-*sörs*] "Schere", **stapler** [***ßtei***-*plör*] "Tacker", **paper clips** "Büroklammern", **envelope** [***en***-*vö-loup*] "Umschlag", **scrap paper** [***ßkräp pei***-*pör*] "Schmierpapier", **recycled paper** [*ri*-***ßai***-*kld* ***pei***-*pör*] "Recyclingpapier".

⑥ Beachten Sie, dass im Ausdruck **Hold on** das Verb **to hold** "halten" vorkommt: Man "hält" den Telefonhörer, d. h., man legt nicht auf. "Auflegen" = **to hang up** ("aufhängen") stammt noch aus der Zeit, als der Telefonhörer an einem Wandapparat aufgehängt wurde.

1st EXERCISE

❶ Can you get me a pen, please? ❷ Okay, I'll be right back. ❸ He says she has his number. ❹ Give it to me, just in case. ❺ Please tell Julie to call me back.

2nd EXERCISE

❶ Das tut mir leid (leidtun über das).

Sorry ....

❷ Ich werde ihr sagen, dass sie dich zurückrufen soll.

I'll .... to .... you ..... .

❸ Leg bitte nicht auf (Geh bitte nicht weg).

Please don't .. ..

❹ Ich bleibe dran (bewege mich nicht).

I'm ... .

Forty-fifth Lesson [*fo:r-di-fiffß leßn*]

"This Is 911" ①

1 – **This** is **911**. **Please hold.**

PRONUNCIATION

[***fsiß*** *is* ***nain*** *wuan wuan* **1** ***fsiß*** *is* ***nain*** *wuan wuan.* ***pli:s hould.***]

SOLUTIONS OF 1st EXERCISE

❶ Kannst du mir bitte einen Stift holen? ❷ Gut, ich bin gleich zurück. ❸ Er sagt, sie habe seine Nummer. ❹ Gib sie mir, nur für den Fall. ❺ Bitte sag Julie, sie soll mich zurückrufen.

SOLUTIONS OF 2nd EXERCISE

❶ about that ❷ tell her - call - back ❸ go away ❹ not moving.

Fünfundvierzigste Lektion

"Hier (dies) ist 9 1 1"

1 - Hier ist 9 1 1. Bitte bleiben Sie dran.

ANMERKUNGEN

① 911 ist die nationale gebührenfreie Notrufnummer. Ein dort eingehender Anruf wird notiert und die Information wird elektronisch an die Polizei, die Feuerwehr oder den Rettungsdienst weitergeleitet. Während die Kriminalitätsrate z. B. in Washington D. C. sehr hoch ist, konnte sie in New York seit dem Beginn der 90er-Jahre stark gesenkt werden.

2 – **Hurry up**, **some**one is **shoot**ing at me! ②③

3 – **O**kay, **wher**e's the **man** with the **gun** now, sir? ④

4 – He's **park**ed in a **blue Chev**y at the **cor**ner of **Bak**er and **Main** Street. ⑤⑥

5 – Did you **see what** he's **wear**ing?

6 – A **black leath**er **jack**et and a **blue** Ha**wai**ian shirt with **birds** on it.

7 – Can you **see the lic**ense plate **num**ber of the **car**? ⑦

8 – **No, hur**ry, he's **get**ting **out** of his **car**.

9 – **Don't pan**ic, a po**lice car** is **on** its way!

PRONUNCIATION

[**2 hö**-*ri* **ap**, **ßam**-*wuan is* **schu:**-*ting ät mi:!* **3 ou**-*kei,* **wuer***s fsö* **män** *wuifs fsö* **gan** *nao, sö:r?* **4** *hi:s* **pa:r***kd in ö* **blu: sche**-*vi ät fsö* **ko:r**-*nör of* **bei**-*kör änd* **mein** *ßtri:t.* **5** *did ju:* **ßi: wuot** *hi:s* **wue**-*ring?* **6** *ö* **bläk le**-*fsör* **dschä**~-*köt änd ö* **blu:** *hö-***wuai**-*ön schö:rt wuifs* **bö:rds** *on it.* **7** *kän ju:* **ßi:** *fsö* **lai**-*ßönß pleit* **nam**-*bör of fsö* **ka:r***?* **8 nou, hö**-*ri, hi:s* **get**-*ting* **aot** *of his* **ka:r**. **9 dount pä**-*nik, ö pö-***li:ß ka:r** *is* **on** *itß wuei!*]

2 - Beeilen Sie sich, jemand schießt auf mich!
3 - In Ordnung, wo ist der Mann mit der Waffe jetzt?
4 - Er parkt in einem blauen Chevy an der Ecke Baker-/ Hauptstraße.
5 - Haben Sie gesehen, was er trägt?
6 - Eine schwarze Lederjacke und ein blaues Hawaii-Hemd mit Vögeln darauf (auf ihm).
7 - Können Sie das Nummernschild seines Autos sehen?
8 - Nein, schnell (beeilen), er steigt aus seinem Auto aus.
9 - Keine Panik, ein Streifenwagen (Polizeiauto) ist unterwegs (auf seinem Weg)!

ANMERKUNGEN

(2) **Someone** "jemand".

(3) **In a hurry** "in Eile". **Hurry (up)** "beeil dich / beeilen Sie sich". Eine weitere Redewendung mit **up** ist das extrem rüde **Shut up!** "Halt die Schnauze" (**to shut** [*schat*] "schließen").

(4) **Gun** heißt allgemein "Schusswaffe", aber auch "Gewehr". Die Lobby der Schusswaffenbesitzer **NRA** (**National Rifle Association**) und die Hersteller von Schusswaffen verteidigen das Recht der amerikanischen Bevölkerung zum Tragen von Waffen (**to bear** [*beör*] **arms**).

(5) Einige Farben: **black** "schwarz", **blue** "blau", **brown** "braun", **green** "grün", **orange** "orange", **purple** "violett", **red** "rot", **white** "weiß", **yellow** "gelb". **Light** ist "hell" und **dark** ist "dunkel".

(6) Chevy ist der Kurzname für den von General Motors hergestellten Chevrolet. GM fertigt auch die Modelle Oldsmobile, Pontiac und Buick. Der Chevy ist ein beliebter und für die Mittelschicht erschwinglicher Wagen. Andere Autohersteller der USA sind Chrysler und Ford.

(7) **License plate** "Nummernschild". Jeder Bundesstaat hat sein eigenes Nummernschild mit spezieller Farbe, speziellem Emblem und vor allem Motto. **New Hampshire** z. B., bekannt für seinen Individualismus, hat das Motto **Live free or die** "Lebe frei oder stirb", **Florida**: **The Sunshine State** "Der Sonnen(schein)-Staat" und **Illinois**: **The Land of Lincoln**.

1st EXERCISE

❶ Don't panic, your green leather jacket is in the red Chevy. ❷ Can you see the birds on his shirt? ❸ Someone is getting out of my car! ❹ Hurry, he's going to shoot at you! ❺ What was she wearing last Sunday?

2nd EXERCISE

❶ Trägst du mein Hemd?

. . . you . . . . my . . . . . ?

❷ Hast du sie gesehen?

. . . you see . . . ?

❸ Mein Wagen ist an der Ecke Baker-/Hauptstraße geparkt.

My car . . . . at the . . . . Baker and Main Street.

Forty-sixth Lesson [*fo:r-di-ßikfß leßn*]

How Did It **Hap**pen? ①

1 – **Mom**my, **I** have a **big prob**lem.

PRONUNCIATION

[***hao** did it **häp**n? **1 ma**-mi, **ai** häv ö **big pro**-blem.*]

SOLUTIONS OF 1st EXERCISE

❶ Keine Panik, deine grüne Lederjacke ist in dem roten Chevy. ❷ Kannst du die Vögel auf seinem Hemd sehen? ❸ Jemand steigt aus meinem Auto aus! ❹ Schnell (beeilen), er wird auf dich schießen! ❺ Was hat sie letzten Sonntag getragen?

❹ Wo ist dein gelbes Hemd?

. . . . .'. your . . . . . . shirt?

SOLUTIONS OF 2nd EXERCISE

❶ Are - wearing - shirt ❷ Did - her ❸ is parked - corner of ❹ Where's - yellow

Noch ein paar Lektionen und Sie haben schon die Hälfte des Kurses passiv durchgearbeitet. Rüsten Sie sich schon mal für die "Zweite Welle" (ab Lektion 50). Dann beginnt die "Aktive Phase" ... und Sie dürfen selbst Sätze auf Amerikanisch formulieren!

Sechsundvierzigste Lektion

Wie ist das (es) passiert?

1 - Mami, ich habe ein großes Problem.

ANMERKUNGEN

① **To happen** "geschehen, passieren" kann unterschiedlich verwendet werden: **What's happening?** im Sinne von **What's new?** "Was gibt es Neues?"; **Did it happen?** "Ist es passiert?". Eine andere Bedeutung: **I happen to be the president of this company** "Zufällig bin ich der Präsident dieser Firma"; **It happens to be my birthday** "Zufällig ist dies mein Geburtstag". **Happening** war in den 60er-Jahren ein beliebter Ausdruck für ein gesellschaftliches oder kulturelles Ereignis.

2 – **What's** the **mat**ter, dear? ②
3 – **Some**thing broke. ③④
4 – What **broke**, Jill?
5 – Your **fav**orite **vase** fell **off** the **ta**ble and **smash**ed **in**to a **mil**lion **pie**ces. ⑤⑥⑦
6 – Oh **no, not** the **pink**, **flow**ery **one.** ⑧
7 – I'm **sor**ry, **mom**my. ⑨
8 – **Jill, how** did it **hap**pen?
9 – I **can't tell you**.

PRONUNCIATION

[**2** ***wuotß*** *fsö* ***mät****-tör, di:r?* **3** ***ßam****-fßing brouk.* **4** *wuot* ***brouk****, dsch~il?* **5** *jur* ***fei****-vö-rit* ***weis*** *fel* ***of*** *fsö* ***teibl*** *änd* ***ßmäsch****d* ***in****-tu ö* ***mil****-jön* ***pi:****-ßis.* **6** *ou* ***nou, not*** *fsö pink* ***flao****-ö-ri* ***wuan****.* **7** *aim* ***ßo****-ri,* ***ma****-mi.* **8** ***dsch~il, hao*** *did it* ***häp****n?* **9** *ai* ***kä:nt tel ju:****.*]

ANMERKUNGEN

② **Matter** "Angelegenheit; Sache; Frage". **It's a matter of life and death** [... ***laif*** *änd* ***defß***] "Es ist eine Frage von / Es geht um Leben und Tod". **Is something the matter?** "Ist etwas los?". **Gray matter** bezeichnet die "grauen Zellen". Als Verb: **It doesn't matter** "Es ist nicht wichtig / Es macht nichts".

2 - Was ist passiert (Was ist die Sache), Liebes?
3 - Etwas ist kaputtgegangen (Etwas zerbrach).
4 - Was ist kaputtgegangen, Jill?
5 - Deine Lieblingsvase ist vom Tisch gefallen und in tausend (Millionen) Teile zerschmettert.
6 - Oh nein, nicht die rosafarbene geblümte.
7 - Es tut mir leid, Mami.
8 - Jill, wie ist das (es) passiert?
9 - Ich kann [es] dir nicht sagen.

③ **Something** "etwas", **anything** "irgendetwas", **someone** "jemand", **anyone** "irgendjemand", **everything** "alles", **everyone** "jeder", **nothing** "nichts", **no one** "niemand". Mehr dazu in Lektion 49.

④ **Broke** ist die unregelmäßige Vergangenheit des Verbs **to break** "brechen". Sie kennen **broke** bereits als Adjektiv in der Bedeutung "pleite".

⑤ Kleine Wiederholung: Die regelmäßige Vergangenheit wird durch Anhängen von **-ed** an den Infinitiv des Verbs gebildet: **I walked** "ich spazierte"; **it smashed** "es zerschmetterte"; **she played** "sie spielte".

⑥ **Million** ist hier natürlich eine Übertreibung, man hört jedoch oft: **There are a million reasons why I will get married** "Es gibt 1000 Gründe, warum ich heiraten werde". **This place is a million miles from nowhere** "Dieser Ort ist 1000 Meilen von Nirgendwo entfernt" (= liegt am Ende der Welt).

⑦ **Favorite** "Lieblings-" ist ein Adjektiv und kommt normalerweise nicht alleine vor. Meistens folgt danach ein Substantiv. **My favorite dish** [*... disch*] "mein Lieblingsgericht", **his favorite sport** "seine Lieblingssportart".

⑧ Aus vielen (aber nicht allen!) Substantiven kann durch Anhängen von **-y** ein Adjektiv gemacht werden. Erfinden Sie aber nicht wahllos Wörter, die nicht existieren; sehen Sie lieber im Wörterbuch nach! Adjektive werden durch Anhängen von **-ly** zu Adverbien: **great - greatly**, **beautiful - beautifully** usw.

⑨ Einige Wendungen mit dem vielseitigen **sorry**: **I'm sorry / Sorry about that** "Es tut mir leid"; **Say you're sorry** "Sag, dass es dir leidtut"; **It's a sorry state of affairs** "Das ist eine unglückliche Situation"; **Better safe than sorry** (wörtl. "lieber sicher als leidtun") bedeutet, dass man durch Vorsicht Dinge vermeiden sollte, die einem leidtun könnten.

1st EXERCISE

❶ It's a matter of life and death. ❷ Did my vase break? - Yes, it broke. ❸ The big problem is that the vase smashed into a million pieces. ❹ I can't tell you what happened. ❺ The pink flowery one was her mother's favorite.

2nd EXERCISE

❶ Es ist zufällig ihr Lieblingshemd.

It . . . . to . . her . . . . shirt.

❷ Was ist los (Was ist die Sache)?

What's . . . . ?

❸ Hallo, was gibt's Neues (was passiert)?

Hi, what's . . . . ?

▶ Forty-seventh Lesson [*fo:r-di-ße-venfß leßn*]

I **Mis**sed the **Train**

1 – **How** come you're **two** hours **late**? ①
2 – I **mis**sed my **train** by **five min**utes. ②

PRONUNCIATION

[*ai* ***mißd*** *fsö* ***trein*** **1** ***hao*** *kam jur* ***tu:*** *aors* ***leit****?* **2** *ai* ***mißd*** *mai* ***trein*** *bai* ***faiv mi****-nitß.*]

SOLUTIONS OF 1st EXERCISE

❶ Es geht um (Es ist eine Frage von) Leben und Tod. ❷ Ist meine Vase zerbrochen? – Ja, sie ist zerbrochen. ❸ Das große Problem ist, dass die Vase in 1000 Teile zerschmettert ist. ❹ Ich kann dir nicht sagen, was passiert ist. ❺ Die rosafarbene geblümte war die Lieblings [-...] ihrer Mutter.

❹ Ist jemand pleite? - Nein, etwas ist zerbrochen.

Is .... broke? - No, ... broke!

SOLUTIONS OF 2nd EXERCISE

❶ happens - be - favorite ❷ the matter ❸ happening ❹ someone - something

Siebenundvierzigste Lektion

Ich habe den Zug verpasst

1 - Wie kommt [es, dass] du zwei Stunden [zu] spät kommst (bist)?

2 - Ich habe meinen Zug um fünf Minuten verpasst.

ANMERKUNGEN

① **How come...?** (ohne das **s** für die 3. Person Sing.!) "Wie kommt es, dass ...?" ist ein Synonym für **why**: **How come you'r late? – Why are you late?**

② **To miss** hat zwei Bedeutungen. Hier ist es "verpassen" (Zug, Flugzeug; Ziel; Gelegenheit). Vergleichen Sie mit dem nächsten Satz.

3 – And **we miss**ed **you.** We were **short** of **wai**ters to**day** at **lunch.** ③④

4 – It **won't hap**pen a**gain, I prom**ise.

5 – Re**mem**ber, **late**ness is **un**ac**cept**able at Ho**tel** New **Hamp**shire. ⑤

6 – You don't **have** to re**mind me**, **Mis**ter **Swen**son, **I** know. ⑥

7 **By** the **way**, can **I** have **next Thurs**day **off**? ⑦⑧⑨

8 – Get **your bow**tie on **first**. We'll **talk** a**bout** it **lat**er. ⑩

PRONUNCIATION

[**3** *änd* ***wui: mißd ju:****. wui: wuö:r* ***scho:rt*** *of* ***wuei****-törs tu-****dei*** *ät* ***lansch****.* **4** *it* ***wuount häp****n ö-****gän****, ai* ***pro****-miß.* **5** *ri-****mem****-bör,* ***leit****-nöß is* ***an****-ik-****ßep****-tö-bl ät* ***hou****-tel nu:* ***hämp****-schör.* **6** *ju: dount* ***häv*** *tu: ri-****maind mi:****,* ***miß****-tör* ***ßwuen****-sön,* ***ai*** *nou.* **7** *bai fsö* ***wuei****, kän* ***ai*** *häv* ***nekßt fßö:rs****-dei* ***of****?* **8** *get jur* ***bou****-tai* ***fö:rßt****. wui:l* ***to:k*** *ö-baot it* ***lei****-tör.*]

ANMERKUNGEN

③ Hier hat **to miss** eine andere Bedeutung: "vermissen, fehlen": **I miss you** "Du fehlst mir", **Do you miss me?** "Vermisst du mich?".

④ **To be short of** ist ein anderer Ausdruck für **not to have enough of** "nicht genug ... haben, knapp sein mit ...". Das Substantiv ("Mangel") heißt **shortage** [***scho:r****-tödsch*~].

3 - Und wir haben dich vermisst. Wir waren heute beim Mittagessen knapp (kurz) an Kellnern.

4 - Es wird nicht wieder vorkommen (geschehen), ich verspreche [es].

5 - Denk daran, Verspätungen können im Hotel New Hampshire nicht akzeptiert werden (sind nicht akzeptabel).

6 - Sie brauchen mich nicht [daran] zu erinnern, Herr Swenson, ich weiß [es].

7 Übrigens, kann ich nächsten Donnerstag frei haben?

8 - Zieh zuerst deine Fliege an. Wir werden später darüber sprechen.

⑤ Ist etwas **unacceptable**, so ist es **not allowed** "nicht erlaubt" oder **forbidden** "verboten", wobei Letzteres sehr formell klingt. Die Negativform eines Adjektivs wird durch Voranstellen der Vorsilbe **un-** (manchmal auch **in-** oder **im-**) gebildet. Beispiele finden Sie in Lektion 49.

⑥ **To remind** und **to remember** wird oft verwechselt. **To remind somebody to do something** "jemanden daran erinnern, etwas zu tun" oder **to remind somebody of something** "jemanden an etwas erinnern", aber **to remember** "sich erinnern an". **I remember last Christmas** "Ich erinnere mich an das letzte Weihnachtsfest".

⑦ **By the way** "Übrigens ..., Apropos ..." leitet eine Ergänzung zu einem Gespräch bzw. einen Themenwechsel ein: **By the way, what are you doing tonight?** "Ach übrigens, was machst du denn heute Abend?". **By the way, have you ever been to Rome?** "Apropos, bist du eigentlich schon in Rom gewesen?".

⑧ Manche Verben führen die Präposition **off**, wie hier **to take off**, was 1. "sich freinehmen", 2. "ablegen" (Kleidung) und 3. "abheben" (Flugzeug) heißen kann.

⑨ Erinnern Sie sich noch an die Wochentage? **Monday, Tuesday, Wednesday, Thursday, Friday, Saturday, Sunday**.

⑩ **Late** "spät", **later** "später", **to be late** "sich verspäten". Das Gegenteil ist **early** "früh".

1st EXERCISE

❶ How come you missed the train? ❷ Will it happen again? ❸ Do you miss him? ❹ You're late again; it's unacceptable! ❺ Can we talk about it later?

2nd EXERCISE

❶ Übrigens: Ihr Zug hat Verspätung.

. . . . , your train . . . .

❷ Wir sind heute knapp (kurz) an Kellnern.

We are . . . . waiters today.

❸ Bitte erinnere mich daran, dass ich meine Fliege hole.

Please . . . . to . . . my . . . .

Forty-eighth Lesson [*fo:r-di-eitfß leßn*]

Mister **(Mr) Robertson** Has the **Act**ual **Pric**es

1 – I'd **like** to **buy** a **mo**dem for my **PC**. ①
2 – What **speed** would you **like**? ②
3 – The **fast**est **one** you **have**. I **plan** to **surf** the **Web** on the **In**ter**net**. ③

PRONUNCIATION

[***miß**-tör **ro**-bör-**tßön** häs fsi: **äk**-tschu-öl **prai**-ßis **1** aid **laik** tu: **bai** ö **mou**-dem fo:r mai **pi:-ßi:**. **2** wuot **ßpi:d** wuud ju: **laik**? **3** fsö **fa:ß**-teßt **wuan** ju: **häv**. ai **plän** tu: **ßö:rf** fsö **wueb** on fsi: **in**-tör-net.*]

SOLUTIONS OF 1st EXERCISE

❶ Wie kommt es, dass du den Zug verpasst hast? ❷ Wird es wieder passieren? ❸ Vermisst du ihn? ❹ Du bist schon wieder zu spät; das kann nicht akzeptiert werden! ❺ Können wir später darüber sprechen?

❹ Erinnerst du dich an sie?

Do you .... ?

SOLUTIONS OF 2nd EXERCISE

❶ By the way - is late ❷ short of ❸ remind me - get - bowtie ❹ remember her.

Achtundvierzigste Lektion

Herr Robertson hat die genauen Preise

1 - Ich würde gerne ein Modem für meinen PC kaufen.
2 - Wie schnell soll es sein (Welche Geschwindigkeit hätten Sie gerne)?
3 - Das schnellste, das Sie haben. Ich habe vor, (das Netz) im Internet zu surfen.

ANMERKUNGEN

① Ein Modem ist ein Gerät, das an einen Computer (**PC = Personal Computer**) angeschlossen wird, und mit dem über die Telefonleitung Daten mit anderen Modems bzw. Computern ausgetauscht werden können.

② **Would** "würde" ist ein Konditional (Bedingungsform). Mehr dazu in Lektion 49.

③ Mit Web "Netz" ist das **Internet** oder auch **World Wide Web (WWW)** gemeint. Man hört auch gelegentlich den Ausdruck **information highway** "Datenautobahn".

4 – **Ac**tually, we **just** got a **new ship**ment this **morn**ing. ④⑤

5 – **Great,** how much **are** they?

6 – Hang **on** a **sec**ond, I'll **check**.

7 – No **prob**lem.

8 – **Sor**ry a**bout** that, but **they**'re **not mark**ed yet, and **Mr**. **Rob**ert**son,** our **store man**a**ger,** has the **ac**tual **pric**es, but he just **step**ped **out**. ⑥

9 – When **do** you ex**pect** him **back**? ⑦

10 – **Ac**tually, you're **in luck, here** he **comes now**. **Hap**py **surf**ing. ⑧⑨

PRONUNCIATION

[*4* ***äk****-tschu-ö-li, wui:* ***dschaßt*** *got ö* ***nu: schip****-mönt fsiß* ***mo:r****-ning.* ***5 greit****, hao matsch* ***a:r*** *fsei?* ***6*** *häng* ***on*** *ö* ***ße****-könd, ail* ***tschek****.* ***7*** *nou* ***pro****-blöm.* ***8 ßo****-ri ö-****baot*** *fsät, bat* ***fseir*** *not* ***ma:r****kd jet, änd* ***miß****-tör* ***ro****-bör-tßön, aor* ***ßto:r mä****-nö-dsch~ör,* ***häs*** *fsi:* ***äk****-tschu-öl* ***prai****-ßis, bat* ***hi:*** *dsch~aßt* ***ßtepd*** *aot.* ***9*** *wuen* ***du:*** *ju: ikß-****pekt*** *him* ***bäk****?* ***10 äk****-tschu-ö-li, jur in* ***lak, hi:r*** *hi:* ***kams nao, hä****-pi* ***ßö:r****-fing.*]

4 - Wir haben zufällig gerade heute Morgen eine neue Lieferung bekommen.
5 - Super, wie viel kosten (sind) sie?
6 - Bleiben Sie eine Sekunde dran, ich werde nachsehen.
7 - Kein Problem.
8 - Tut mir leid, aber sie sind noch nicht ausgezeichnet, und Herr Robertson, unser Geschäftsleiter, hat die genauen Preise, aber er ist soeben hinausgegangen.
9 - Wann erwarten Sie ihn zurück?
10 - Da haben Sie [aber] Glück (sie sind im Glück), er kommt gerade (hier). Viel Spaß beim Surfen (Fröhliches Surfen).

ANMERKUNGEN

④ Wie Sie wissen, sind die Bedeutungen von **actually** je nach Kontext sehr unterschiedlich. **Actual** heißt "eigentlich, tatsächlich" (als Adjektiv!), aber auch "exakt, genau" (vgl. Titel). Achtung: "aktuell" heißt **current** [*kö-rönt*].

⑤ In **shipment** "Lieferung", für das es das Synonym **delivery** [*dö-**li**-vö-ri*] gibt, steckt das Wort **ship** "Schiff", obwohl sich der Begriff auch auf andere Transportmittel bezieht (Bahn, Flugzeug, ...).

⑥ **To mark** "markieren, auszeichnen". **Mark-up** ist die "Handelsspanne", die der Händler auf die Produkte aufschlägt. **To mark down** bedeutet, ein Produkt im Preis zu reduzieren. Ein falsch ausgezeichnetes Produkt ist **mismarked**.

⑦ **To expect** "etwas oder jemanden erwarten". **She's expecting a baby** "Sie erwartet ein Baby"; **I expect you back at seven** "Ich erwarte dich um 7 Uhr zurück".

⑧ "Glück haben" heißt **to be in luck, to be lucky** oder **to have luck**. Das Gegenteil lautet **to be out of luck** oder **to be unlucky**.

⑨ Der Ausdruck **surfing** bezieht sich darauf, dass man, fast wie auf Wellen, sich quer durch das **internet** von einer Internetseite zur nächsten bewegt.

1st EXERCISE

❶ How much is the fastest modem you have? ❷ When do you expect her back? ❸ Actually, here she comes. ❹ Can you check the price of that car? ❺ I plan to surf the web.

2nd EXERCISE

❶ Sie geht gerade hinaus.

She's . . . .

❷ Ich werde in einigen Minuten zurück sein.

I'll . . . . . . in . . . . minutes.

❸ Hier bin ich!

Here . . . !

▶ Forty-ninth Lesson [*fo:r-di-nainfß leßn*]

Wiederholung und Anmerkungen

1. To get (Vergangenheit got/gotten)

Dieses kleine unscheinbare Verb ist an unterschiedlichen Stellen aufgetaucht und hat Sie vielleicht etwas verwirrt. Wir wollen nun ein wenig Ordnung in die Sache bringen und Ihnen zeigen, wie **to get** angewendet wird, denn **to get** kann je nach grammatischer Konstruktion unterschiedliche Bedeutungen haben.

A. Get + direktes Objekt "etwas erhalten, bekommen, holen":
Did you get my letter? "Hast du meinen Brief erhalten?"
You have to get a new apartment "Du musst eine neue Wohnung haben (bekommen)".
Can I get you something to drink? "Kann ich dir etwas zu trinken holen?"

B. Get + Adjektiv "... werden":
He's getting old "Er wird alt".

SOLUTIONS OF 1st EXERCISE

❶ Wie viel kostet (ist) das schnellste Modem, das Sie haben? ❷ Wann erwarten Sie sie zurück? ❸ Zufällig kommt sie hier gerade. ❹ Können Sie den Preis dieses Wagens überprüfen? ❺ Ich habe vor, im Internet (das Netz) zu surfen.

❹ Sie haben soeben eine neue Lieferung erhalten.

They .... a new shipment.

SOLUTIONS OF 2nd EXERCISE

❶ stepping out ❷ be back - a few ❸ I am ❹ just got

Neunundvierzigste Lektion

I'm getting hungry "Ich werde hungrig = Ich bekomme langsam Hunger".

Weitere Beispiele: **to get well** "gut (= gesund) werden"; **to get dark** "dunkel werden"; **to get cold** "kalt werden"; **to get wet** "nass werden".

C. Get + richtungsanzeigende Präposition

to get out / out of	Bewegung nach außen
to get in	Bewegung nach innen
to get down	Bewegung nach unten
to get up	Bewegung nach oben
to get to	Bewegung zu einem Ort

D. Get + Partizip Perfekt, übersetzt

a) durch ein transitives Verb oder

b) durch eine Passivform:

to get married "heiraten, sich trauen"; **to get divorced** "sich scheiden lassen"; **to get dressed** "sich anziehen"; **to get washed** "sich waschen".

Did you get invited to the wedding? "Bist du auf die Hochzeit eingeladen worden?".
The killer finally got arrested "Der Mörder wurde schließlich verhaftet".

Diese Aufstellung können Sie bei Bedarf immer wieder heranziehen. Das Wichtigste ist: **Don't get discouraged!** "Lassen Sie sich nicht entmutigen!" ("Werden Sie nicht entmutigt!")

2. Der Imperativ (Befehlsform)

Im Singular wird die Befehlsform mit dem Infinitiv des Verbs ohne **to** gebildet:
Eat your soup! "Iss deine Suppe!" **Look!** "Sieh!"

In der verneinten Form wird **do not** oder **don't** vorangestellt:
Don't drink that water! "Trink / Trinken Sie dieses Wasser nicht!"

Auch für die 1. Person Plural gibt es eine Befehlsform, die meistens durch "Lass uns ..." ausgedrückt wird. Sie lautet sowohl in der affirmativen als auch in der negativen Form **Let us** oder **Let's**:
Let's go to the restaurant tonight "Lass uns heute Abend ins Restaurant gehen".
Let's not go to the movies "Lass uns nicht ins Kino gehen".

Always "immer" und **never** "niemals" stehen immer *vor* dem Imperativ:
Always say hello to the neighbors "Sag immer den Nachbarn guten Tag".
Never smile at a crocodile "Lächle niemals ein Krokodil an".

3. Das Konditional der Gegenwart

Das Konditional wird bei Handlungen oder Ereignissen verwendet, die unter einer bestimmten Bedingung möglich sind bzw. eintreten. Es gibt verschiedene Formen:
would ("würden") + Infinitiv ohne **to** (für alle Personen gleich):
We would be glad to see her "Wir würden uns freuen (wären froh), sie zu sehen".

We would like to see him "Wir würden ihn gerne sehen".
She would'nt (= would not) be surprised! "Sie wäre nicht überrascht!"

Should ("sollten") + Infinitiv ohne **to** (für alle Personen gleich):
You should go to the cinema "Du solltest / Ihr solltet ins Kino gehen".
They should listen more carefully "Sie sollten aufmerksamer zuhören".
She shouldn't (= should not) buy that dress "Sie sollte dieses Kleid nicht kaufen".

Could ("könnten") + Infinitiv ohne **to** (für alle Personen gleich):
We could go to the beach tomorrow "Wir könnten morgen an den Strand gehen".
Could you pass me the cigarettes, please? "Könntest du mir die Zigaretten reichen, bitte?"

Das Konditional wird oft mit **If...** eingeleitet, gefolgt von einem Verb in der Vergangenheit:
If you bought him a present, he would be very happy "Wenn du ihm ein Geschenk kaufen würdest, wäre er sehr glücklich".

Beachten Sie, dass Sie für **would** die Kurzform verwenden können:
I would (= I'd) like a cup of coffee, please "Ich würde gerne eine Tasse Kaffee haben, bitte (... hätte gerne ...)".

4. Unpersönliche Pronomen

In Lektion 46 haben Sie die unpersönlichen Pronomen **something**, **anything**, **someone**, **anyone**, **everything**, **everyone**, **nothing**, **no one** kennengelernt. Diese Pronomen werden häufig gebraucht, jedoch häufig auch nicht regelkonform, da allgemeine Unsicherheit besteht, ob das Verb in der 3. Person Singular oder in der 3. Person Plural stehen muss.

Something happens when I touch this button "Wenn ich diesen Knopf berühre, geschieht etwas".

Hier steht **something** sinngemäß für **one thing**; daher steht das Verb im Singular.

Anything kann eine Sache unter vielen bezeichnen. **Someone** bezieht sich auf eine einzelne Person, während **anyone** eine Person unter mehreren anderen bezeichnet. **Everything** meint “alles” im Sinne einer Gesamtheit von Dingen bzw. eines Sammelbegriffes; daher muss das Verb im Singular stehen:

Everything about the house is problematic “Alles im Haus ist problematisch”.

Das Gleiche gilt für **everyone**, das eine Gesamtheit bzw. Gruppe von Personen bezeichnet:

Everyone here is unemployed “Hier sind alle (= ist jeder) arbeitslos”.
Everyone who is over 18 years old has the right to vote “Alle (Jeder), die (der) älter als 18 sind (ist), dürfen (darf) wählen”.

Nothing bedeutet “nichts”; das Verb steht im Singular.

5. Die Negativform bei Adjektiven

Normalerweise wird die Negativform von Adjektiven mit Hilfe der Vorsilbe **un-** gebildet, in Ausnahmefällen wird auch **in-** oder **im-** vorangestellt. Welche Form richtig ist, müssen Sie einfach lernen; es gibt keine logische Regel. Hier eine kurze Liste ausgewählter Adjektive und ihrer Negativformen:

acceptable/unacceptable	akzeptabel/inakzeptabel
altered/unaltered	verändert/unverändert
believable/unbelievable	glaubhaft/unglaublich
certain/uncertain	sicher/unsicher
happy/unhappy	glücklich/unglücklich
known/unknown	bekannt/unbekannt

Formen mit **in-** bzw. **im-**:

attentive/inattentive	aufmerksam/unaufmerksam
calculable/incalculable	berechenbar/unberechenbar
mature/immature	reif/unreif
possible/impossible	möglich/unmöglich
personal/impersonal	persönlich/unpersönlich
probable/improbable	wahrscheinlich/unwahrscheinlich
tolerant/intolerant	tolerant/intolerant

Ist Ihnen aufgefallen, welche enormen Fortschritte Sie in den letzten Wochen gemacht haben? Wenn nicht, dann werden Sie dies spätestens bei der nächsten Lektion feststellen, denn jetzt beginnt die "Aktive Phase" bzw. die "Zweite Welle" Ihres Studiums.

That's all for today, folks!

Nun beginnen Sie mit der "Aktiven Phase" – oder "Zweiten Welle" – Ihres Amerikanischstudiums. Was das bedeutet? Ganz einfach: Ab jetzt finden Sie am Ende jeder Lektion die Angabe: "Zweite Welle:" und dann die Nummer einer Lektion, die Sie nun "aktiv" wiederholen sollen. Nachdem Sie also wie gewohnt eine Lektion studiert haben, gehen Sie zurück zu der angegebenen Lektion, lesen diese kurz durch und versuchen dann, den deutschen Text auf der rechten Buchseite mündlich im Amerikanischen zu formulieren. Seien Sie nicht schüchtern, sprechen Sie laut und artikulieren Sie deutlich. Üben Sie die Aussprache bestimmter Laute, falls nötig, mehrmals hintereinander. Diese kleine Zusatzaufgabe wird Ihnen mühelos gelingen, denn Sie haben im Laufe der bisherigen 49 Lektionen schon eine Menge gelernt, und bei der "Zweiten Welle" werden Sie feststellen, wie viel Amerikanisch Sie schon können!

Fiftieth Lesson

Aerobics ①

1 – **Are** you **read**y? **O**kay, **let's go**.

2 **Clap** your **hands o**ver your **head**. **One**, **two**, **three**, **four**. **Five**, **six**, **seven**, **eight**. **One** more **time**. **One**, **two**...

3 Now, **rai**se your **shoul**ders ... **up** and **down**. **First** the **right shoul**der and **then** the **left**. A**gain**, **right shoul**der up, **right shoul**der down. Now **left shoul**der up, now **left shoul**der down. **Good**. ②

4 **Point** your **chin** in the **air** and then **point** it **down** to the **ground**. Re**peat** that **four** times. **Chin** up, **chin** down.

5 **Raise** your **arms** a**bove** your head, and **ro**tate them to the **left**. Now **drop** your **arms** to your **sides**, and now **raise** them a**gain**. Now **ro**tate them to the **right** and **back** to the **left**. **Ro**tate to the **right**, now **back** to the **left**. **Good**.

6 **Bring** your **right** knee to your **chest,** and **place** it **back** on the **ground**. Now the **same** thing with your **left** knee. Now the **right** one a**gain**. **Left**. **Right**. **Left**...

PRONUNCIATION

[*ö-**rou**-bikß* **2** ***kläp*** ... **3** ... ***schoul**-dörs* ... **4** ***point*** ... ***tschin*** ... *ri-**pi:t***.... **5** ***reis*** ... ***drop*** ... ***ßaids*** ... ***rou**-teit*... **6** *ni:* ... ***tscheßt***...]

Fünfzigste Lektion

Aerobic

1 - Seid ihr fertig? Gut, dann los (lasst uns gehen).

2 Klatscht über dem (eurem) Kopf in die (eure) Hände. Eins, zwei, drei, vier. Fünf, sechs, sieben, acht. Noch einmal. Eins, zwei ...

3 Nun hebt die (eure) Schultern ... rauf und runter. Zuerst die rechte Schulter und dann die linke. Noch einmal (wieder), rechte Schulter rauf, rechte Schulter runter. Nun [die] linke Schulter rauf, nun [die] linke Schulter runter. Gut.

4 Zeigt mit dem (eurem) Kinn noch oben (in die Luft) und dann zeigt mit ihm nach unten (zum Boden). Wiederholt das vier Mal. Kinn nach oben, Kinn nach unten.

5 Hebt die (eure) Arme über den (euren) Kopf und dreht sie nach links. Nun lasst die (eure) Arme wieder herunterfallen (zu euren Seiten), und nun hebt sie wieder. Dreht sie nun nach rechts und zurück nach links. Nach rechts drehen, nun zurück nach links. Gut.

6 Hebt (Bringt) das (euer) rechte Knie zur (zu eurer) Brust und stellt das Bein wieder auf den Boden. Nun das Gleiche mit dem (eurem) linken Knie. Jetzt wieder das rechte. Links, rechts, links ...

ANMERKUNGEN

① Die in den 70er-Jahren in den USA aufgekommene Fitness-Welle mit Aerobic, Joggen usw. ist schon vor langer Zeit auch nach Europa herübergeschwappt. Leitfigur dieser Welle war Jane Fonda, die in Videos, Fernsehsendungen und Büchern für das Fitness-Training warb.

② In der gesamten Lektion können Sie feststellen, dass im Amerikanischen vor einem Körperteil (siehe Liste in Lektion 56) immer das jeweilige Possessivpronomen steht, was im Deutschen normalerweise nicht üblich ist: **your hands** "die Hände", **your head** "der Kopf", **your shoulders** "die Schultern" usw.

7 Take **deep breath**es. **In**hale. **Ex**hale. **In**hale. **Ex**hale. **In**hale. **Ex**hale. ③

8 **Rest**. It's **time** for a **juice** break; you de**serve** it!

PRONUNCIATION

[*7 ...di:p* ***brefßß*** *...* ***in****-heil ...* ***ekß****-heil* ***8*** *...* ***dsch~u:ß*** *breik ... di-****sö:rv*** *...*]

ANMERKUNGEN

③ Beachten Sie, dass **breath** [*brefß*] der "Atem" bzw. der "Atemzug" ist, während das Verb "atmen" **to breathe** [*bri:fs*] heißt.

1st EXERCISE

❶ If you're ready, let's go. ❷ First raise your right knee and then your left. ❸ Good. Right and left. Bring your feet over your head, Mrs. Brown. ❹ Okay everybody, take deep breathes. ❺ And rest. Time for a break.

2nd EXERCISE

❶ Er kann das (sein) Kinn mit den (seinen) Knien berühren.

He can touch . . . . with . . . .

❷ Was ist das Geräusch einer klatschenden Hand?

What's the sound of one . . . . clapping?

❸ Seine Arme sind dicker (größer) als meine Beine.

His . . . . are . . . . . . than . . . .

❹ Ihr verdient eine Pause.

You . . . .

❺ Ist er hinaufgegangen? - Nein, er ist heruntergegangen.

Did he . . . . ? - No, he . . . .

7 Atmet tief ein und aus (Nehmt tiefe Atemzüge). Einatmen. Ausatmen. Einatmen. Ausatmen. Einatmen. Ausatmen.

8 Ausruhen. Es ist Zeit für eine Saftpause; ihr habt es verdient (verdient es)!

Wie Sie sehen, finden Sie nun nicht mehr die kompletten Sätze der Lektion in vereinfachter Lautschrift vor, sondern nur noch einzelne Wörter oder Ausdrücke, die Sie noch nicht kennen oder deren Aussprache schwierig oder ungewöhnlich ist. Hören Sie sich weiterhin oft die Aufnahmen an, trainieren Sie die Aussprache und schlagen Sie auch ruhig noch hin und wieder die Liste der Laute am Ende des Buches auf.

SOLUTIONS OF 1st EXERCISE

❶ Wenn ihr fertig sein, dann los (lasst uns gehen). ❷ Hebt zuerst das rechte (euer rechtes) Knie und dann das linke (euer linkes). ❸ Gut. Rechts und links. Heben (Bringen) Sie die (Ihre) Füße über den (Ihren) Kopf, Frau Brown. ❹ In Ordnung (jeder), atmet tief durch (nehmt tiefe Atemzüge). ❺ Und ausruhen. Zeit für eine Pause.

SOLUTIONS OF 2nd EXERCISE

❶ his chin - his knees ❷ hand ❸ arms - bigger - my legs ❹ deserve a break ❺ go up - went down.

Zweite Welle: Aktivieren Sie heute die Lektion 1!

Fifty-first Lesson

A Visit with a Realtor ①

1 – **This** is the **kit**chen. **No**tice the **walk**-in **pan**try **and the built**-in **cup**boards. ②③

2 – **That's ve**ry **prac**tical. We **love** the **oak ca**binets. ④

3 – And **o**ver here is the **din**ing room**. No**tice the **par**quet **floors** and the **French** doors. ⑤⑥

4 – **Lov**ely.

5 – **Up**stairs, on the **sec**ond **floor**, there are **three bed**rooms and **two full bath**rooms with a **guest** room. The **mas**ter **bed**room has a **walk**-in **clos**et and a ja**cuz**zi in the **bath**room. ⑦

6 – What **lux**ury! Let's **see** it.

PRONUNCIATION

*[... **ri**-öl-tör **1** ... **kit**-schön ... **pän**-tri ... **bil**tin **kab**-böds **2** ... **präk**-ti-köl ... **ouk kä**-bi-nötß **3** ... **pa:r**-kei **flo:rs** ... **5** ... **ba:fß**-ru:ms ... **klo**-söt ... dsch˜ö-**ku:**-si **6** ... **lak**-schö˜-ri ...]*

ANMERKUNGEN

① "Immobilien- oder Grundstücksmakler", **realtor** oder **estate agent**, werden auf Kommissionsbasis bezahlt. Ihre Geschäftspraktiken sind eher aggressiv, denn die Konkurrenz ist enorm. Die größte Immobilienfirma ist **Century 21**, deren Beschäftigte alle eine goldfarbene Jacke tragen.

② Die amerikanischen Küchen sind oft viel geräumiger als die europäischen. Das Gleiche gilt für die Kühlschränke, in denen nicht nur Lebensmittel, sondern auch Konserven, mehrere Liter fassende Getränkekartons usw. aufbewahrt werden. Die Amerikaner/-innen kaufen seltener ein als die Europäer/-innen, jedoch in wesentlich größeren Mengen.

Ein Besuch mit einem Immobilienmakler

1 - Dies ist die Küche. Beachten Sie die begehbare Speisekammer und die eingebauten Schränke.

2 - Das ist sehr praktisch. Wir lieben (die) Eichenschränke.

3 - Und hier drüben (über hier) ist das Esszimmer. Beachten Sie den Parkettboden (die Parkettböden) und die Fenstertüren (französischen Türen).

4 - Hübsch.

5 - Oben, im ersten (zweiten) Stock, gibt es drei Schlafzimmer und zwei komplette Badezimmer mit einem Gästezimmer. Das Hauptschlafzimmer verfügt über einen (hat einen) begehbaren Kleiderschrank und einen Whirlpool im Badezimmer.

6 - Was [für ein] Luxus! Sehen wir es uns an.

③ Einige Elemente der Kücheneinrichtung: **blender** “Mixer”, **coffee-maker** “Kaffeemaschine”, **electric can opener** “elektrischer Dosenöffner”, **dishwasher** “Geschirrspülmaschine”, **kitchen drawer** “Küchenschublade”, **kitchen sink** “Spüle”, **kitchen table** “Küchentisch”, **oven** [***a***-*vön*] “Ofen”, **stove** [*ßtav*] “Herd”, **toaster** “Toaster”.

④ Eichenholz (**oak**) ist das in den Häusern am meisten verwendete Holz (**wood** [*wud*]), sowohl für Möbel als auch für Böden usw. Andere Holzarten sind **maple** [***meip****l*] “Ahorn”, **birch** [*bö:rtsch*] “Birke”, **elm** “Ulme”, **mahagoni** [*mö-**hä**-gö-ni*] und **walnut** [***wuol****-nat*] “Walnuss”.

⑤ **French doors** befinden sich in der Regel zwischen Ess- und Wohnzimmer. **French windows** sind Fenster, die sich nach innen und nach außen öffnen lassen.

⑥ **Over here** bzw. **over there** impliziert eine Bewegung, während **here** “hier” und **there** “dort” statisch sind.

⑦ Achtung: In den USA heißt das Erdgeschoss **first floor** oder **ground floor**, der erste Stock **second floor** usw. Das “Dachgeschoss” heißt **attic** [***ät****-tik*].

7 – **Down**stairs is a large **den** or **fam**ily room, **laun**dry fa**cil**ities, and a **two**-car **gar**age. ⑧⑨

8 – **May**be you should **tell** us the **price first.**

9 – **First**, let's **fin**ish the **tour**. ⑩

PRONUNCIATION

[*7 ... **lo:n**-dri ... gö-**ra:sch**~*]

1st EXERCISE

❶ Are the bedrooms upstairs? ❷ The kitchen is very practical. ❸ The guest room on the third floor has a walk-in closet. ❹ Maybe you should see the bathroom first. ❺ The tour isn't finished; let's see the attic.

2nd EXERCISE

❶ Was [für ein] Luxus!

. . . .   !

❷ Die Gäste lieben unseren Whirlpool.

The . . . . . . love . . . jacuzzi.

❸ Hast du die Ahornschränke bemerkt?

. . . you . . . . . . the . . . . . cupboards?

❹ Beenden wir den Rundgang!

. . . '. finish the . . . . !

7 - Unten (Die Treppe hinunter) gibt es ein großes Zimmer oder einen Familienraum, eine Waschküche (Wäscheeinrichtungen) und eine Doppelgarage.

8 - Vielleicht sollten Sie uns zuerst den Preis nennen.

9 - Lassen Sie uns zunächst den Rundgang beenden.

ANMERKUNGEN

⑧ **Upstairs** "oben" und **downstairs** "unten" enthalten beide einen richtungsangebenden Bestandteil (**up/down**) und das Wort **stairs** "Treppe".

⑨ **Laundry** "Wäsche", **to do the laundry** "die Wäsche waschen". "Waschmittel" heißt **washing detergent** [*di-**tö:r**-dsch˜önt*].

⑩ **First** heißt nicht nur "erster, erste, erstes", sondern auch "zuerst".

SOLUTIONS OF 1st EXERCISE

❶ Sind die Schlafzimmer oben (die Treppe hinauf)? ❷ Die Küche ist sehr praktisch. ❸ Das Gästezimmer im zweiten Stock hat einen begehbaren Kleiderschrank. ❹ Vielleicht sollten Sie zuerst das Badezimmer sehen. ❺ Der Rundgang ist nicht beendet; sehen wir uns das Dachgeschoss an.

SOLUTIONS OF 2nd EXERCISE

❶ What luxury ❷ guests - our ❸ Did - notice - maple ❹ Let's - tour.

Zweite Welle: Aktivieren Sie heute die Lektion 2!

▶ Fifty-second Lesson

When I Was Young ①

1 – When **I** was **young** I **us**ed to **vis**it my **grandpar**ents on their **farm** in **up**state New **York**. ②

2 I **lov**ed **go**ing there be**cause** their **house** was on a **lake**, and we **us**ed to **feed** the **ducks** and **swans**. ②

3 **Gran**dma **us**ed to **bake whole** wheat **bread**, and we would **al**ways **get** to eat **whole lo**aves when they were **still** warm. ④

4 **Gran**dpa **taught** me **how** to **mil**k **cows**. ⑤

5 My **cous**in **Ben**ny and **I** would get a **kick** out of **scar**ing the **chic**kens. ⑥

PRONUNCIATION

[... *jang* ***1*** ... ***ap****-ßteit* ... ***2*** ... ***dakß*** ... ***ßwuons 3*** ... ***lou****vs* ... ***4*** ... ***to:t*** ... ***kaos*** ... ***5*** ... ***tschi****-köns*]

ANMERKUNGEN

① **To be young/old** "jung/alt sein". "Die Jungen / die Jugendlichen" heißt **the young**. Nach dem gleichen Prinzip: **the dead** "die Toten", **the sick** "die Kranken", **the blind** "die Blinden", **the poor** "die Armen".

Zweiundfünfzigste Lektion

Als ich jung war

1 - Als ich jung war, besuchte ich [immer] (pflegte zu besuchen) meine Großeltern auf ihrer Farm im Norden von (des Staates) New York.

2 Ich bin dort sehr gerne hingefahren (liebte es, ...), denn ihr Haus befand sich an (auf) einem See und wir fütterten [immer] die Enten und Schwäne.

3 Großmama backte [immer] Vollkornbrot und wir bekamen immer ganze Laibe zu essen, wenn sie noch warm waren.

4 Großpapa brachte mir bei, wie man Kühe melkt.

5 Meinem Cousin Benny und mir machte es Spaß, die Hühner zu erschrecken.

② **Used to** + Verb (vgl. Lektion 35) beschreibt eine gewohnheitsmäßige bzw. regelmäßig wiederholte Handlung in der Vergangenheit, im Deutschen verdeutlicht durch Zeitangaben wie "damals", "früher" usw. oder "immer": **Jim used to milk the cows every morning, but now he has a milking machine** "Jim hat damals jeden Morgen die Kühe gemolken, aber jetzt hat er eine Melkmaschine".

③ Ein paar Vokabeln rund um das Wasser: **lake** "See", **pond** "Teich", **sea** "Meer", **river** "Fluss", **brook** "Bach", **stream** "Strom".

④ Verwechseln Sie nicht **whole** "ganz, komplett" mit **hole** "Loch". Die Aussprache ist identisch! In Lektion 56 erfahren Sie etwas über das amerikanische Brot.

⑤ **Taught** ist die unregelmäßige Vergangenheit des Verbs **to teach** [*tu: **ti:tsch***] "lehren, unterrichten, beibringen".

⑥ **To get a kick out of** "Spaß an etw. haben". Beachten Sie auch die Art und Weise, wie hier die Vergangenheit gebildet wird. Mehr dazu in Lektion 56.

6 I re**mem**ber the day **Gran**dma and **Gran**dpa's black **lab**rador, **Wil**lie, gave **birth** to a **lit**ter of **six** **pup**pies. The **runt** of the **lit**ter, a **skin**ny one with a **white** spot on his head, was my **fav**orite. ⑦

PRONUNCIATION

[***6** ... **lid**dör ... **rant** ... **ßkin**-ni*]

1st EXERCISE

❶ His grandparents used to live on a farm. ❷ They would always feed the ducks and milk the cows. ❸ Grandma taught me how to bake bread. ❹ The skinny puppy was his favorite. ❺ Their house was on a lake, and I loved going there.

2nd EXERCISE

❶ Ich erinnere mich an den Tag, an dem du die Hühner erschreckt hast.

I . . . . you . . . . . . the chicken.

❷ Du hast die Milch immer getrunken, wenn sie noch warm war.

You . . . . drink the milk when it was . . . .

❸ Sie fütterten [immer] die Enten.

They . . . . the ducks.

❹ Als ich jung war, lebte ich in New York.

When I . . . . , I . . . . in New York.

6 Ich erinnere [mich an] den Tag, [an dem] der schwarze Labrador von Großmama und Großpapa, Willie, (einen Wurf von) sechs Welpen geboren hat. Der Kleinste aus dem Wurf, ein Magerer mit einem weißen Fleck auf dem Kopf, war mein Liebling.

ANMERKUNGEN

⑦ **Puppy** "Welpe", **kitten** "Kätzchen". Merken Sie sich auch: **pack of wolves** [... *wuulvs*] "Wolfsrudel", **horde of mosquitos** "Mückenschwarm", **gaggle of geese** [*gä-gl of* ***gi:s***] "Gänseschar", **flock of sheep** [... *schi:p*] "Schafherde".

SOLUTIONS OF 1st EXERCISE

❶ Seine Großeltern lebten auf einer Farm. ❷ Sie fütterten immer die Enten und molken die Kühe. ❸ Großmama brachte mir bei, wie man Brot backt. ❹ Der magere Welpe war sein Liebling. ❺ Ihr Haus befand sich an (auf) einem See und ich fuhr sehr gerne dorthin.

SOLUTIONS OF 2nd EXERCISE

❶ remember the day - scared ❷ would always - still warm ❸ used to feed ❹ was young - used to live

Zweite Welle: Aktivieren Sie heute die Lektion 3!

Fifty-third Lesson

What a Mix! ①

1 – **Hi**, **where** are you **from**?
2 – **We**'re from Al**ber**ta, **Can**ada.
3 – **Ah**, Cana**d**ians, **huh**? I **thought** you were **I**rish or **Scot**tish. ②③
4 – **No**, but my **fath**er was **born** in **Ire**land, and my **wife**'s **fam**ily **com**es from **Scot**land. ④
5 – I'm A**mer**ican, but my **grand**father on my **moth**er's **side** was **Po**lish, and **his** wife was **Ger**man. ⑤
6 – From **Po**land, **eh**? My **broth**er's **first** wife **was** a **Pole**. And his **cur**rent **wife** is half **Swiss**, half **Welsh**. ⑥
7 – **What** a **mix**! All that's **mis**sing in the **fam**ily is an A**pache**. ⑦

PRONUNCIATION

[*3 ... kö-**nei**-di-öns ... 5 ... **pou**-lisch ... 6 ... **kö**-rönt ... ßwuiß ... 7 ... ö-**pat**-schi ...*]

ANMERKUNGEN

① Nach **What a...** bzw. **Such a...** steht das Substantiv im Singular: **What a nice painting!** "Was für ein schönes Bild!"; **Such a terrible story!** "So eine furchtbare Geschichte!". Ist das Substantiv nicht zählbar, wird der Artikel (**a** oder **an**) weggelassen: **What luxury!** (aus Lektion 51).

② Während die Amerikaner/-innen oft an eine Frage **huh?** anhängen, benutzen die Kanadier/-innen meistens **eh?**.

③ **I thought you were Irish or Scottish.** Beachten Sie zum einen die Verbalkonstruktion "Ich dachte, sie wären ...", zum anderen die Nationalitätsbezeichnung. Unsere heutige Lektion ist eine kleine Ergänzung zu der Liste der Nationalitäten in Lektion 28.

Dreiundfünfzigste Lektion

Was [für] eine Mischung!

1 - Hallo, woher kommen (sind) Sie?
2 - Wir sind aus Alberta, Kanada.
3 - Ah, Kanadier, was? Ich dachte, Sie wären Iren (irisch) oder Schotten (schottisch)?
4 - Nein, aber mein Vater wurde in Irland geboren und die Familie meiner Frau kommt aus Schottland.
5 - Ich bin Amerikaner (amerikanisch), aber mein Großvater mütterlicherseits war Pole (polnisch) und seine Frau war Deutsche (deutsch).
6 - Aus Polen, was? Die erste Frau meines Bruders war eine Polin. Und seine derzeitige Frau ist halb Schweizerin, halb Waliserin.
7 - Was [für] eine Mischung! Alles, was in der Familie fehlt, ist ein Apache.

④ Das Amerikanische benutzt die Passivkonstruktion **to be born** für "geboren werden": **I was born, you were born, ...** In der Zukunft würde man sagen: **Her baby will be born in July** "Ihr Baby wird im Juli geboren werden".

⑤ **On my mother's side** "mütterlicherseits", **on my father's side** "väterlicherseits". Wir haben den Genitiv bereits besprochen und werden ihn in Lektion 56 etwas vertiefen.

⑥ Hier sehen Sie das bereits in Anmerkung 2 erwähnte **eh?** der Anglokanadier.

⑦ Die indigenen Bevölkerungsgruppen Nordamerikas gehörten zu Stämmen, die aus Asien stammten und die aufgrund des geschichtlich nur allzu bekannten Irrtums Christoph Columbus' "Indianer" genannt wurden. Sie sind heute durch politische, rassistische und wirtschaftliche Unterdrückung stark dezimiert. Man nennt sie **native Americans**. Zu den bekanntesten Stämmen gehören die Apachen, die Sioux, die Navajos, die Hopi, die Irokesen, die Mohikaner, die Inuit und die Cherokee.

8 – **Wait** a **min**ute, my **cous**in in **Sioux** Falls, **South** Da**ko**ta **married** a **man** who is part **Nav**ajo, and they **gave** their kid the **nick**name "**Run**ning **Wild**." ⑧

PRONUNCIATION

[*8 ... **ßu: fo:ls** ... **na**-va-hou ... **wuaild***]

1st EXERCISE

❶ Where is your brother-in-law from? ❷ I'm from America, but my parents were born in Ireland. ❸ My aunt's husband comes from Canada. ❹ My sister wants to marry an Italian because she thinks they're romantic. ❺ Ah, what an excellent dinner!

2nd EXERCISE

❶ Meine Nichte ist halb Schweizerin.

My . . . . . is . . . .

❷ Sein Großvater väterlicherseits war ein gebürtiger Amerikaner.

His . . . . on his . . . . . . '. . . . . was a native American.

❸ Sie wurde in Polen geboren.

She . . . . in Poland.

❹ Was für ein lustiger Spitzname!

. . . . . funny . . . . !

[8] - Warten Sie einen Moment (eine Minute), meine Cousine in Sioux Falls, Süd-Dakota, hat einen Mann geheiratet, der teilweise Navajo ist, und sie haben ihrem Kind den Spitznamen "Der herumtobt" gegeben.

ANMERKUNGEN

(8) **To run wild** "frei herumlaufen" (Pferde, Hunde), "herumtoben" (Kinder). Die **-ing**-Form in **running** kennzeichnet eine Verlaufsform, der ein Adjektiv folgt. Mehr dazu in Lektion 56.

SOLUTIONS OF 1st EXERCISE

❶ Woher kommt (ist) dein Schwager? ❷ Ich bin aus Amerika, aber meine Eltern wurden in Irland geboren. ❸ Der Mann meiner Tante kommt aus Kanada. ❹ Meine Schwester möchte einen Italiener heiraten, weil sie denkt, dass sie romantisch sind. ❺ Ah, was für ein ausgezeichnetes Abendessen!

SOLUTIONS OF 2nd EXERCISE

❶ niece - half Swiss ❷ grandfather - father's side ❸ was born ❹ What a - nickname.

Zweite Welle: Aktivieren Sie heute die Lektion 4!

▶ Fifty-fourth Lesson

Under the Weather ①

1 – **Har**ry is **un**der the **weath**er. He **went** to **work**, but he **was**n't **feel**ing well.

2 – He's had the **flu three** times this **win**ter. And **now** his **si**nus con**di**tion is **kick**ing up a**gain**. ②③④

3 – It's been a **tough year**. The **kids** both had the **mea**sles, and then I **broke** my **wrist** when I **slip**ped on the **ice**. It's **bet**ter now, but it **hurt** for weeks. ⑤⑥⑦

4 We **need** a **week** in **Flori**da, but **Har**ry **does**n't get **any time** off **work** un**til Mar**ch, and we **can't** af**ford** to take an **un**paid va**ca**tion. ⑧

PRONUNCIATION

[... ***wue**-fsör* **2** ... ***flu:*** ... ***ßai**-nöß* ... **3** ... ***taf*** ... ***mi:**-sölß* ... ***rißt*** ... ***ßlip**d* ... ***hö:rt*** ... **4** ... ***an**-peid vö-**kei**-schön*]

ANMERKUNGEN

① **Weather** "Wetter", **to be under the weather** "nicht auf dem Posten sein". Verwechseln Sie dies nicht mit der Konjunktion **whether** "ob".

② Die vier Jahreszeiten sind **winter**, **spring**, **summer**, **fall** (oder **autumn**). Noch präziser kann man sagen: **late spring** "Spätfrühling", **early fall** "früher Herbst", **mid-winter** "mitten im Winter".

③ **Condition** heißt nicht nur "Bedingung", sondern auch "Zustand" und "Leiden". **To be in good/bad condition** "in einem guten/schlechten Zustand sein". **He has a heart condition** "Er hat ein Herzleiden".

Nicht ganz auf dem Posten

1 - Harry ist nicht ganz auf dem Posten. Er ist zur Arbeit gegangen, aber er hat sich nicht gut gefühlt.

2 - Er hat diesen Winter dreimal die Grippe gehabt. Und jetzt beginnt sein Nebenhöhlenleiden wieder.

3 - Es war ein hartes Jahr. Die Kinder hatten beide die Masern und dann habe ich mir das Handgelenk gebrochen, als ich auf dem Eis ausgerutscht bin. Es ist jetzt besser, aber es hat wochenlang wehgetan.

4 Wir brauchen ein Woche in Florida, aber Harry bekommt bis März auf der Arbeit nicht frei und wir können es uns nicht leisten, unbezahlten Urlaub zu nehmen.

④ **To kick up** "plötzlich auftreten". **To kick off** "den Ball anstoßen" (beim Fußball), aber auch "beginnen": **Let's kick off the meeting at ten** "Lass uns um zehn mit der Versammlung beginnen". Achtung: **kick-back** heißt "Schmiergeld".

⑤ Beachten Sie Schreibweise und Aussprache von **tough** [*taf*] "hart, zäh", **though** [*fsou*] "obwohl" und **thought** [*fßo:t*] "Gedanke".

⑥ Einige andere Kinderkrankheiten: **mumps** "Mumps", **chicken pox** "Windpocken", **German measles** "Röteln".

⑦ Die Dauer einer Handlung wird mit **for** ausgedrückt: **It rained for weeks** "Es hat wochenlang geregnet". **During** beschreibt, wann eine Handlung stattfindet: **I'll go swimming during the week** "Ich werde in der Woche schwimmen gehen".

⑧ **Time off** "freie Zeit, freie Tage". **Time out** ist die "Spielunterbrechung" beim Sport. Wird das Spiel wieder fortgesetzt, sagt man **time in**.

5 We'll just **have** to **tough** it **out** and **drink** lots of **orange juice.** ⑨

6 – **Hopefully,** it'll **stop snowing** soon. ⑩

1st EXERCISE

❶ He still feels under the weather. ❷ I'm not sure whether it's the flu or the measles. ❸ My back hurt for weeks after the accident. ❹ We would like to spend a week on vacation. ❺ Do you think it's going to rain tomorrow?

2nd EXERCISE

❶ Als ich auf dem Eis ausrutschte, brach ich mir das Bein.

I broke . . . . . when I . . . . the ice.

❷ Er kann sich kein Auto leisten.

He . . . '. . . . .

❸ Es schneite zehn Tage lang (für zehn Tage).

It . . . . ten days.

❹ Meine Schwiegermutter hatte ein hartes Jahr.

My . . . . . . - . . - . . . had a . . . .

5 Wir müssen es einfach durchstehen und viel Orangensaft trinken.

6 - Hoffentlich wird es bald aufhören zu schneien.

ANMERKUNGEN

⑨ **To tough it out** "etw. durchstehen". **To toughen** [*tafön*] "zäh machen, abhärten".

⑩ Die Verben auf **-ing** ersetzen nach bestimmten Verben den Infinitiv mit **to**. Eine Liste dieser Verben finden Sie in Lektion 56.

SOLUTIONS OF 1st EXERCISE

❶ Er fühlt sich noch immer nicht auf dem Posten. ❷ Ich bin nicht sicher, ob es die Grippe ist oder ob es die Masern sind. ❸ Mein Rücken hat nach dem Unfall wochenlang wehgetan. ❹ Wir würden gerne eine Woche (auf) Urlaub machen (verbringen). ❺ Denkst du, dass es morgen regnen wird?

SOLUTIONS OF 2nd EXERCISE

❶ my leg - slipped on ❷ can't afford a car ❸ snowed for ❹ mother-in-law - tough year.

Nun, wie klappt es mit der "Zweiten Welle"? Jetzt, am Beginn dieser Phase, fällt Ihnen das Formulieren der ersten Lektionen auf Amerikanisch bestimmt ganz leicht, denn Sie greifen nun auf Kenntnisse zurück, die Sie sich schon vor langer Zeit angeeignet haben und die sich mittlerweile verfestigt haben.

Zweite Welle: Aktivieren Sie heute die Lektion 5!

▶ Fifty-fifth Lesson

Future Parents

1 – But Dr. (**doc**tor) **Scott**, we've been **try**ing for **o**ver two **years** to con**ceive**. ①②

2 – I **know that**, **Car**ol, but **have** you been **try**ing at the **right ti**mes? **You** know your **cy**cle **bet**ter than **any**one else. ③

3 – **Well**, I've been **tak**ing my **tem**perature **ev**ery **morn**ing, and when **nec**essary Bob has been **leav**ing for work a bit **lat**er than **u**sual. **Is**n't that **so**, **Bob**by? ④⑤

4 – Well, Dr. (**doc**tor) **Scott**, you could **say** that on the **whole** I've been **play**ing my part. ⑥⑦

5 – I've been a fer**til**ity **spec**ialist for **o**ver 20 (**twen**ty) years, and my **rec**ord has been on the **whole pret**ty **good**. My ad**vice** is to **keep try**ing. There's **no rea**son for **this** not to work. ⑧⑨

PRONUNCIATION

[***fju:***-*tschör* ***pä***-*röntß* ***1*** ... *kön-**ßi:v*** ... ***2*** ... ***ßai****-kl* ... ***3*** ... ***tem****-prö-tschör* ... ***5*** ... *fö:r-**ti**-li-di* ***ßpe****-schö-lißt* ...]

ANMERKUNGEN

① Die Form **have been** + Verb auf **-ing** heißt **Present Perfect** und beschreibt eine Handlung, die in der Vergangenheit begonnen hat und die zum Zeitpunkt des Sprechens noch andauert: **I've been studying all year** "Ich habe das ganze Jahr studiert" (und studiere immer noch). Mehr dazu in Lektion 56.

② **Over** heißt auf eine Menge oder eine Zeitdauer bezogen "über, mehr als", wird aber auch in Zusammensetzungen wie **to overheat** "überheizen", **to overfeed** "überfüttern" usw. verwendet. **Overtime** sind "Überstunden".

③ Die Possessivpronomen **my**, **your**, **his** usw. kennen Sie bereits. Die Possessivpronomen **mine**, **yours**, **his**, **hers**, **ours**, **yours**, **theirs** werden nachgestellt: **This car is mine** "Dieses Auto gehört mir", **a friend of ours** "ein Freund von uns, einer unserer Freunde".

Zukünftige Eltern

1 - Aber Dr. Scott, wir versuchen seit mehr als zwei Jahren, ein Baby zu bekommen (zu empfangen).

2 - Ich weiß das, Carol, aber haben Sie es zur richtigen Zeit (den richtigen Zeiten) versucht? Sie kennen Ihren Zyklus besser als irgendjemand anders.

3 - Na ja, ich habe jeden Morgen meine Temperatur gemessen (genommen), und wenn es nötig war, ist Bob ein bisschen später als gewöhnlich zur Arbeit gegangen. Ist es nicht so, Bobby?

4 - Nun, Dr. Scott, man könnte sagen (Sie könnten sagen), dass ich im Großen und Ganzen meinen Beitrag geleistet (meine Rolle gespielt) habe.

5 - Ich bin seit über 20 Jahren ein Fortpflanzungs-Spezialist und meine Resultate sind im Großen und Ganzen relativ (hübsch) gut. Ich rate Ihnen (mein Rat ist), es weiter zu versuchen. Es gibt keinen Grund, warum es nicht funktionieren sollte.

④ **Each** "jeder, -e, -es", **every** "alle". **Each and every** wird zur Verstärkung benutzt: **Each and every day I think of you** "Ich denke jeden Tag an dich".

⑤ Die verneinte Form von **Is that so?** lautet **Isn't that so?**

⑥ Im Amerikanischen wird für "man" meistens **you** benutzt, manchmal auch **one**. **You** ist allgemeiner, bei **one** denkt man an eine bestimmte Gruppe von Personen.

⑦ Ein Synonym für **on the whole** "im Großen und Ganzen" lautet **by and large**.

⑧ **Pretty** "hübsch" wird in der Umgangssprache für "ganz" oder "relativ" benutzt. **He's a pretty good player** "Er ist ein relativ guter Spieler".

⑨ **Advice** [*öd-**vaiß***] ist ein "Rat, Tipp" und schreibt sich mit **c**, während **advise** [*öd-**vais***] ein Verb ist und sich mit **s** schreibt. Beachten Sie die unterschiedliche Aussprache!

6 – We've been **eat**ing those al**fal**fa sprouts like you **told** us, **doc**tor, and **Bob** has been **tak**ing those **gar**lic **tab**lets. ⑩

7 – You'll con**ceive**, **mark** my **word**.

8 – **Let's** go **ho**me, dear.

PRONUNCIATION

[**6** ... *ßpraotß* ... ***ga:r**-lik* ...]

1st EXERCISE

❶ I've been trying to call you since yesterday. ❷ Do you think your dog will bite me? ❸ On the whole I feel pretty good. ❹ I've been on a diet for over one month, but these overalls are still too small!

2nd EXERCISE

❶ Wir nehmen seit drei Monaten Knoblauch-Tabletten.

We've . . . . garlic tablets . . . three months.

❷ Seine Ergebnisse waren relativ (hübsch) gut.

His . . . . were . . . . . . good.

❸ Sie kennt ihn besser als irgendjemand anders.

She knows . . . . anyone else.

❹ Essen wir weiter.

. . . ' . . . .

6 - Wir haben diese Luzerne-Sprossen gegessen, wie Sie uns gesagt haben, Doktor, und Bob hat diese Knoblauch-Tabletten genommen.
7 - Sie werden [ein Baby] bekommen (empfangen), glauben Sie mir (markieren Sie mein Wort).
8 - Lass uns nach Hause gehen, Liebling.

SOLUTIONS OF 1st EXERCISE

❶ Ich habe seit gestern versucht, dich anzurufen. ❷ Denken Sie, dass Ihr Hund mich beißen wird? ❸ Im Großen und Ganzen fühle ich mich relativ (hübsch) gut. ❹ Ich bin seit mehr als einem Monat auf Diät, aber dieser Overall ist noch immer zu klein!

SOLUTIONS OF 2nd EXERCISE

❶ been taking - for ❷ results - pretty ❸ him better than ❹ Let's keep eating.

Zweite Welle: Aktivieren Sie heute die Lektion 6!

▶ Fifty-sixth Lesson

Wiederholung und Anmerkungen

1. Das Present Perfect

Man benutzt das **Present Perfect**, wenn eine Handlung in der Vergangenheit begonnen hat und zum Zeitpunkt des Sprechens noch andauert (vgl. L. 54). Die verwendete Form setzt sich zusammen aus der jeweiligen Form von **to have** und dem Partizip Perfekt des Verbs. Diese Form ist eine Mischung aus Vergangenheit und Gegenwart. Die Verbindung zur Gegenwart ist relativ stark:

John Smith has written a number of short stories "J. S. hat einige Romane geschrieben" bedeutet, dass John Smith noch am Leben ist und noch immer Romane schreibt.

Das **Present Perfect** wird oft mit Zeitangaben wie **lately**, **recently** "in der letzten Zeit" oder **yet** "noch nicht" benutzt:

There have been a lot of changes recently "Es hat in der letzten Zeit eine Menge Veränderungen gegeben" (und diese dauern noch an).
He hasn't finished yet "Er ist noch nicht fertig" (mit dem, was er seit geraumer Zeit tut).

Häufig wird im Satz auch die Dauer der Handlung erwähnt, d. h., es ist eine Zeitangabe enthalten:

Jack has been traveling in Asia since July "Jack reist seit Juli in Asien herum" (bedeutet, dass er schon länger auf der Reise und noch immer nicht zurückgekehrt ist).
He has lived here all his life "Er hat sein ganzes Leben hier gewohnt" (und wohnt noch hier).
They have been in the army for a long time "Sie sind seit langer Zeit in der Armee" (und sind es immer noch).

2. Das Imperfekt - Wiederholung

In Lektion 35 haben Sie bereits die Imperfekt-Form **used to** kennengelernt. In Lektion 52 wurde eine weitere Imperfekt-Form, **would**, eingeführt. Beide Formen beziehen sich auf wiederholt ausgeführte oder gewohnheitsmäßige Handlungen, die an einem bestimmten Zeitpunkt in der Vergangenheit stattgefunden haben:

When you were a child, you used to go / would go swimming once a week "Als du ein Kind warst, gingst du einmal in der Woche schwimmen".

Allerdings kann nur **used to** verwendet werden, wenn von einem länger andauernden Zustand in der Vergangenheit die Rede ist:

When you were a child, you used to hate cabbage "Als du ein Kind warst, mochtest du keinen Kohl".

Wenn Sie im Zweifel sind, so sollten Sie **used to** benutzen.

3. Der Genitiv

Dieser Fall (Wes-Fall) beschreibt die Zugehörigkeit eines "Besitztums" zu einem "Besitzer" und wird durch Anhängen eines Apostroph-**s** gebildet. Handelt es sich bei dem Substantiv, das den Besitzer darstellt, um einen Singular oder um einen Eigennamen, so wird nur **'s** angefügt:

the doctor's house "das Haus des Doktors".
Angela's brownies "Angelas Brownies".

Das Gleiche gilt, wenn das Substantiv (der Besitzer) ein unregelmäßig gebildeter Plural ist:

the children's books "die Bücher der Kinder" (**children** ist der unregelmäßige Plural von **child** "Kind")
the women's problems "die Probleme der Frauen" (**women** ist der unregelmäßige Plural von **woman** "Frau")

Ist das Substantiv (der Besitzer) ein regelmäßiger Plural, so wird an das vorhandene "s" einfach ein Apostroph (') angefügt:

my parents' books "die Bücher meiner Eltern"
the elephants' cage "der Käfig der Elefanten".

Der Genitiv wird nur dann auf die oben beschriebene Weise gebildet, wenn es sich bei dem "Besitzer" um ein Lebewesen, eine

Gruppe oder eine Gemeinschaft (hierunter fallen z. B. auch Städte oder Staaten) handelt:

My mother's car "das Auto meiner Mutter"
The bear's honey "der Honig des Bären"
The company's offices "die Büroräume der Gesellschaft"
Everyone's favorite drink "jedermanns Lieblingsgetränk"
Madrid's famous museum "das berühmte Museum von Madrid".

Ist der Besitzer eine "Sache", so wird der Genitiv mit dem Wörtchen **of** gebildet (hier ist die Wortstellung mit dem Deutschen identisch):

The windows of the house "die Fenster des Hauses"
The end of the film "das Ende des Films".

Man findet den Genitiv auch in verschiedenen Ausdrücken, die mit einem Datum oder einem Zeitraum in Verbindung stehen:

a three weeks' journey "eine dreiwöchige Reise"
today's paper "die heutige Zeitung".

In bestimmten Fällen kann man auch einen "unvollständigen Genitiv" verwenden:

Whose car is this? - It's Bob's. "Wessen Wagen ist das? - Es ist Bobs [Wagen]".

In den folgenden Sätzen sind die Wörter **house** bzw. **shop** nur indirekt enthalten:

Are you going to Angela's [house] tonight? "Gehst du heute Abend zu Angela[s Haus]?"
She went to the butcher's [shop] "Sie ging zum Metzger[eiladen]".

4. Verben mit der Endung -ing

Es gibt im Deutschen zwei Möglichkeiten, die **-ing**-Form von Verben wiederzugeben: mit dem Infinitiv oder dem substantivierten Infinitiv:

She loves swimming "Sie liebt es, zu schwimmen" oder "Sie liebt Schwimmen".
Waiting can be boring "(Das) Warten kann langweilig sein" oder "Zu warten kann langweilig sein".
They spent all their time traveling "Sie verbrachten ihre gesamte Zeit mit Reisen / damit, zu reisen".

Nach bestimmten Verben, von denen einige im Folgenden genannt werden, darf nicht der Infinitiv mit **to** benutzt werden, sondern die Form mit **-ing** ist zwingend:

to avoid “vermeiden”:
  You can’t avoid seeing her “Du kannst es nicht vermeiden, sie zu sehen”.
to consider “sich etwas vorstellen”:
  Could you consider moving to New York? “Könntest du dir vorstellen, nach New York zu ziehen?”
to stop “aufhören”:
  She says she will stop smoking “Sie sagt, dass sie mit dem Rauchen aufhören wird”.
Auch folgende Verben erhalten die **-ing**-Form:
  to dislike “nicht mögen”
  to enjoy “genießen, gerne haben”
  to feel like “Lust haben auf”
  to finish “beenden, abschließen”
  to give up “aufgeben”
  to imagine “sich etwas vorstellen”
  to keep (on) “weitermachen”
  to mind “sich gestört fühlen”
  to suggest “vorschlagen”

Auf bestimmte Verben kann sowohl der Infinitiv mit **to** als auch eine **-ing**-Form folgen:
  to begin “beginnen”
  to start “anfangen”
  to continue “fortsetzen”
  to like “mögen”
  to love “lieben”
  to hate “hassen”
  to prefer “vorziehen”
  to stop “aufhören”

Beispiele:
  She likes going to the beach / She likes to go to the beach “Sie geht gerne an den Strand”.
  Will she continue to bake bread? / Will she continue baking bread? “Wird sie weiterhin Brot backen?”

Die **-ing**-Form wird nach allen Präpositionen (**at, about, after, before, by, for, from, in, of, on, with, without, ...**) benutzt:

They talked about moving to Miami "Sie sprachen darüber, nach Miami zu ziehen".
Close the door before opening the window "Schließ die Tür, bevor du das Fenster öffnest".

Darüber hinaus wird die **-ing**-Form auch für Handlungen benutzt, die sich über einen längeren Zeitraum erstrecken (vgl. Lektion 42).

Nach den Konstruktionen **would like**, **would love**, **would hate** und **would prefer** muss immer der Infinitiv mit **to** stehen:

She would like to go to the beach "Sie würde gerne an den Strand gehen".
We would hate to see him leave "Wir würden es nicht gerne sehen, dass er uns verlässt".

5. Amerikanische Häuser

Es gibt mehrere Arten von Häusern: **split-level** [***ßplit**-le-vel*] bedeutet "zweigeschossig", ein **ranch house** besteht nur aus dem Erdgeschoss und hat kein Untergeschoss, Häuser im **colonial**-Stil [*kö-**lou**-ni-öl*] sind der alten angloamerikanischen Ästhetik und Funktionalität nachempfunden, **modern** [***mo**-dörn*] ist die Bezeichnung für ein modernes, zeitgenössisches Haus. Die Häuser in der Stadt, **townhouses** [***taon**-haoß*], sind meistens schmal und hoch und befinden sich hauptsächlich in den alten Städten an der Ostküste: Boston, New York, Philadelphia, Baltimore usw. **Townhouses** mit einer steilen Außentreppe, die bis zum Bürgersteig hinunterreicht, werden auch **brownstones** genannt, nach dem rotbraunen Sandstein, aus dem sie traditionell gebaut werden.

Weiterhin findet man in typisch amerikanischen Häusern die **front hall** "Eingang(shalle)", **basement** [***beis**-mönt*] oder **cellar** [***ßel**-lör*] "Keller", **attic** [***ät**-tik*] "Dachgeschoss, Dachboden", **front yard** [... *ja:rd*] "Vorgarten, Vorplatz", **back yard** "Hintergarten" und **driveway** "Garageneinfahrt".

6. Die menschliche Anatomie

Hier eine kleine Liste der wichtigsten Körperteile:

arm	Arm
cheek [*tschi:k*]	Wange
chin [*tschin*]	Kinn
ear	Ohr
elbow [***el**-bou*]	Ellenbogen
eye	Auge
eyebrow [***ai**-brao*]	Augenbraue
eyelash [***ai**-läsch*]	Wimper
finger [***fing**-gör*]	Finger
foot (Pl.: feet) [*fut/fi:t*]	Fuß (Füße)
hand	Hand
knee [*ni:*]	Knie
lip	Lippe
mouth [*maofß*]	Mund
nouse [*nous*]	Nase
shoulder [***schoul**-dör*]	Schulter
toe [*tou*]	Zeh
tongue [*tang*]	Zunge
tooth (Pl.: teeth) [*tu:fß/ti:fß*]	Zahn (Zähne)
wrist [*rißt*]	Handgelenk

7. Das Brot

Sowohl in den traditionellen Bäckereien, die leider immer mehr verschwinden, als auch in den Supermärkten Amerikas findet man eine Vielzahl von Brotsorten. Viele Brotsorten wurden von den Eingewanderten aus Osteuropa eingeführt, und wenn Sie einmal in Amerika sind, sollten sie dieses Brot unbedingt kosten.

Wenn Sie ein Sandwich bestellen, so müssen Sie zuerst wählen, ob Sie ungetoastetes oder getoastetes (**toasted/untoasted**) Brot möchten. Das klassische Brot ist das **white bread** "Weißbrot" (die bekannteste Marke ist **Wonder Bread**). Es ist noch heller als unser Weißbrot, sehr weich und bleibt, selbst wenn man es eine Woche lang an der Luft liegen lässt, frisch (was zugegebenermaßen ein bisschen suspekt ist!) Weitere Brotsorten, die wie das Weißbrot stets in Scheiben verkauft werden, sind beispielsweise **whole wheat** “Weizenvollkornbrot”, **rye bread** “Roggenbrot”, das etwas dunkler ist und oft Kümmel enthält, und das **pumpernickel**, ein sehr dunkles und festes Brot. Sehr beliebt sind in den USA auch die **bagels** [*beigls*], ein hartes, ringförmiges Hefegebäck, das ursprünglich von den europäischen Juden über New York eingeführt wurde, wo es eine große jüdische Bevölkerungsgruppe gibt und sich das städtische Wasser anscheinend besonders gut zur Herstellung von Brot eignet. Die **Bagels** gibt es in den unterschiedlichsten Variationen, von “**nature**” bis zu **garlic** [***ga:r**-lik*] “Knoblauch” und **onion** [***on**-jön*] “Zwiebel”. Man isst sie gewöhnlich mit **cream cheese**, einer Art Frischkäse, und **lox** “Räucherlachs”: **bagles and lox**.

8. Gemüse

Wir wollen unsere Lektion mit einer kleinen Liste der gängigsten Gemüsesorten abschließen:

broccoli [***bro**-kö-li*]	Brokkoli
Brussel sprouts [***bra**-ßöl **ßpraotß***]	Rosenkohl

Fifty-seventh Lesson

Of Mice and Men ①

1 – **San**dy, I **hate** to **tell** you, but there’s a **mouse** in the **kitch**en. ②③

PRONUNCIATION

[... ***maiß*** ... ***men*** ***1*** ... ***maoß***...]

ANMERKUNGEN

① Der Titel dieser Lektion ist der Titel des gleichnamigen Romans von John Steinbeck, einem der berühmtesten amerikanischen Schriftsteller des 20. Jahrhunderts.

cabbage [*kä-bötsch*]	Kohl
carrot [*kä-röt*]	Karotte
cauliflower [*ko:-li-flao-ör*]	Blumenkohl
corn [*ko:rn*]	Mais
cucumber [*kju:-kam-bör*]	Gurke
eggplant [*eg-pla:nt*]	Aubergine
green pea [*gri:n pi:*]	grüne Erbse
lettuce [*le-töß*]	Kopfsalat
onion [*on-jön*]	Zwiebel
parsley [*pa:rß-li*]	Petersilie
potato [*pö-tei-dou*]	Kartoffel
red beet [*red bi:t*]	rote Beete
spinach [*ßpi-nök*]	Spinat
squash [*ßkuosch*]	Kürbis
string beans [*ßtring bi:ns*]	grüne Bohnen
tomato [*tö-ma:-tou*]	Tomate
turnip [*tö:r-nip*]	Steckrübe

Zweite Welle: Aktivieren Sie heute die Lektion 7!

Siebenundfünfzigste Lektion

Von Mäusen und Männern

1 - Sandy, ich sage es dir nicht gerne, aber da ist eine Maus in der Küche.

② **To hate** heißt zwar "hassen", hat aber im Amerikanischen nicht diese strenge Bedeutung, sondern bedeutet einfach "nicht gerne mögen". Es drückt auch Bedauern aus: **I hate to remind you...** "Ich erinnere dich nur ungerne daran, aber ...". (Siehe auch Lektion 63.)

③ Der Plural von **mouse** "Maus" ist **mice** "Mäuse". Bei **sheep** "Schaf(e)" und **fish** "Fisch(e)" sind Singular- und Pluralform identisch.

2 – I **know**. There are **mice** in this a**part**ment. Don't **wor**ry, they're **harm**less. I **o**nly bought **two**. ④⑤

3 – **What**! I **told** you be**fore** we were **mar**ried that I **did**n't want either **pets** or **chil**dren!

4 – **You're be**ing a **child**! **Grow** up al**read**y! It's **o**nly a **mouse**. ⑥

5 – Of **all** the **wom**en I **could** have **mar**ried, why did I **pick** a do**mes**tic **zoo**keeper? ⑦

6 – O**kay**, **you** win, I'll re**turn** the **bo**a and the i**guan**a to the **pet** store, but the **mice** stay.

PRONUNCIATION

[**2** ... ***ha:rm**-löß ... bo:t ...* **3** ... ***ai**-fsör ...* **5** ... *dö-**meß**-tik **su:**-ki:-pör*
6 ... *i-**gua:**-nö ...*]

1st EXERCISE

❶ I hate to think what will happen to him if she leaves. ❷ There's always a book by John Steinbeck on lists of great American literature. ❸ They're going to read a poem by Walt Whitman in class. ❹ Take that hat off and grow up! ❺ Don't worry, these cacti aren't prickly.

2 - Ich weiß. Es gibt Mäuse in dieser Wohnung. Mach dir keine Sorgen, sie sind harmlos. Ich habe nur zwei gekauft.
3 - Was! Ich sagte dir, bevor wir heirateten, dass ich weder Haustiere noch Kinder will!
4 - Du bist ein Kind! Werd (schon) erwachsen! Es ist nur eine Maus.
5 - Warum habe ich mir unter all den Frauen, die ich hätte heiraten können, eine Hauszoowärterin ausgesucht?
6 - In Ordnung, du hast gewonnen (gewinnst), ich bringe (werde zurückbringen) die Boa und den Leguan zurück in die Zoohandlung, aber die Mäuse bleiben.

ANMERKUNGEN

④ **They're** “sie sind” (Kurzform) wird genauso ausgesprochen wie **there** “dort” und das Possessivpronomen **their** “ihr/-e”.

⑤ Beispiele für unregelmäßige Pluralformen sind **child** “Kind” - **children** “Kinder”; **man** “Mann” - **men** “Männer”; **woman** [***wuu**-mön*] “Frau” - **women** [***wui**-mön*] “Frauen”. Weitere Beispiele finden Sie in Lektion 63.

⑥ **To grow** heißt “wachsen”, **to grow up** “erwachsen werden”. Analog dazu ist ein **grown-up** ein “Erwachsener”.

⑦ **Domestic** hat die unterschiedlichsten Bedeutungen: “häuslich, familiär, Haushalts-, intern”. Ein **domestic flight** ist ein “Inlandsflug”, **domestic waste** ist “Hausmüll”, **domestic trade** “Binnenhandel”.

SOLUTIONS OF 1st EXERCISE

❶ Ich möchte nicht daran denken, was mit ihm passiert, wenn sie geht. ❷ Es gibt immer ein Buch von John Steinbeck auf den Listen großer amerikanischer Literatur. ❸ Sie werden im Unterricht ein Gedicht von Walt Whitman lesen. ❹ Nimm diesen Hut ab und werde erwachsen! ❺ Keine Sorge, diese Kakteen sind nicht stachelig.

2nd EXERCISE

1 Ich dachte immer, Mary hätte mehrere Schafe.

I always . . . . Mary had several . . . . .

2 Seit wir gewandert sind, tun mir meine Füße weh.

. . . . . . have been hurting me . . . . . we were hiking.

Fifty-eighth Lesson

Set the Table, Billy

1 – Set the **ta**ble, **Bil**ly. Your **fath**er will be **home** soon. ①

2 – Should I put **out** the **good** plates, mom? And the **fan**cy **sil**verware? ②③④

3 – Yes, and the **crys**tal wine **glas**ses that were your **grand**parents'. Your **fath**er and I are **ce**le**brat**ing our tenth **wed**ding anni**vers**ary to**night**. ⑤

4 – I **know**, mom. You **told** me al**ready**. Can I have **wi**ne or **beer** to**night** too?

5 – Just a sip be**cause** it's a **spe**cial oc**cas**ion.

PRONUNCIATION

[... *teibl*... **2** ... *pleitß* ... ***fän***-*ßi* ... ***ßil***-*vör-wuär* **3** ... ***kriß***-*töl* ... ***wue***-*ding än-ö-**vö:r**-ßö-ri* ... **5** ... ***ßip*** ... *ö-**kei**-sch˜ön*]

❸ Die Zeugen sahen zwei Männer und eine Frau.

The witnesses saw two ... and . ...

❹ Mami, glauben Erwachsene an den Weihnachtsmann?

Mommy, do .....-... believe in Santa Claus?

SOLUTIONS OF 2nd EXERCISE

❶ thought - sheep ❷ My feet - since ❸ men - a woman ❹ grown-ups

Zweite Welle: Eighth Lesson

Achtundfünfzigste Lektion

Deck den Tisch, Billy

1 - Deck den Tisch, Billy. Dein Vater wird bald zu Hause sein.
2 - Soll ich die schönen Teller rausstellen, Mami? Und das feine Besteck?
3 - Ja, und die Kristallweingläser, die deinen Großeltern gehört haben. Dein Vater und ich feiern heute Abend unseren zehnten Hochzeitstag.
4 - Ich weiß, Mami. Du hast [es] mir schon gesagt. Kann ich heute Abend auch Wein oder Bier haben?
5 - Nur einen Schluck, weil es eine besondere Gelegenheit ist.

ANMERKUNGEN

① Zum Decken des Tisches gehören nicht nur Teller, Besteck, Gläser usw., sondern neben Salz und Pfeffer auch Ketchup und Senf!

② Beachten Sie, dass **should I ...** hier "Soll ich ..." heißt.

③ **Good** heißt in diesem Zusammenhang nicht "gut", sondern "schön".

④ Die **silverware**, das "Besteck", ist nicht unbedingt immer aus Silber ...

⑤ **Wedding anniversary** oder einfach **anniversary** ist der "Hochzeitstag". **To celebrate** "feiern, begehen". Der "Geburtstag" heißt immer **birthday**.

6	– What's for **din**ner by the way? ⑥
7	– Your father's **fav**orite, **egg**plant **parm**esan, **gar**lic bread, **cole** slaw, and **cheese**cake with **fresh cher**ries for des**sert**. ⑦
8	– I guess it **pays** to be **mar**ried ten years! ⑧⑨

PRONUNCIATION

[*7 ... **eg**-pla:nt **pa:r**-mi-sän ... **koul**-ßlo: ... di-**sö:rt** **8** ... geß ...*]

1st EXERCISE

❶ Can you set the table for dinner? ❷ Her parents celebrated their 25th wedding anniversary on Wednesday. ❸ By the way, what did you make for dessert? ❹ He wears his fancy suit on special occasions. ❺ It never pays to mix wine and beer.

2nd EXERCISE

❶ Ihr Hochzeitstag und der Geburtstag ihrer Tochter werden am selben Tag gefeiert werden.

Their wedding . . . . and their . . . .'. . . . . will . . celebrated the . . . . day.

6 - Was gibt es übrigens zum Abendessen?
7 - Das Lieblingsgericht deines Vaters, Auberginen mit Parmesankäse, Knoblauchbrot, Krautsalat und zum Nachtisch Käsekuchen mit frischen Kirschen.
8 - Ich nehme an, es lohnt sich, zehn Jahre verheiratet zu sein!

ANMERKUNGEN

⑥ **What's for dinner?** ist eine andere Variante für **What are we having/ eating for dinner?** Merken Sie sich auch **breakfast** [***bräk**-fößt*] "Frühstück".

⑦ **Garlic bread** ist ein geschnittenes Weißbrot, das mit Knoblauchbutter bestrichen und warm serviert wird. **Cheesecake** ist ein typisches New Yorker Dessert, ein süßer Kuchen aus fester Käsecreme mit einer dicken Schicht Kirschen oder Erdbeeren darüber.

⑧ **I guess...** hört man oft in der Umgangssprache; es hat den Sinn "Ich nehme an, ..." oder "Ich habe den Eindruck, ...".

⑨ **It pays** heißt eigentlich "Es zahlt sich aus", hier ist aber eher "es lohnt sich" im Sinne von "Es ist gut ..." gemeint.

SOLUTIONS OF 1st EXERCISE

❶ Kannst du den Tisch für das Abendessen decken? ❷ Ihre Eltern haben am Mittwoch ihren 25. Hochzeitstag gefeiert. ❸ Was hast du übrigens zum Nachtisch gemacht? ❹ Er trägt bei besonderen Gelegenheiten seinen feinen Anzug. ❺ Es ist nicht gut, Wein und Bier zu mischen.

❷ Was gibt es (ist) zum Frühstück?

What's . . . . ?

❸ Bill deckt [gerade] den Tisch.

Bill . . . . the table.

❹ Gehört (Ist) dieses Glas ihr?

.. this glass .... ?

❺ Lohnt es sich?

.... ?

▶ Fifty-ninth Lesson

Politics

1 – There are **nu**merous **ben**efits to our **elec**tion-year **plat**form and **new so**cial **pro**gram. ①②

2 – Such as? ③

3 – **Well**, for ex**am**ple, if you **or**der a new car be**fore** the end of the **fis**cal year you'll have the **chan**ce to **ben**efit from a large var**i**ety of tax **re**bates de**pen**ding on your **in**come and your tax **brack**et – **if** we're e**lec**ted in No**vem**ber... ④⑤⑥

PRONUNCIATION

[*po-lö-tikß* **1** ... ***be**-nö-fitß* ... ***plät**-fo:rm* ... ***ßou**-schöl* ... **3** ... ***fiß**-köl* ***ji͜er***... *vö-**rai**-ö-ti* ... *täkß **ri:**-beit* ... *täkß **brä**-köt*]

SOLUTIONS OF 2nd EXERCISE

❶ anniversary - daughter's birthday - be - same ❷ for breakfast ❸ is setting ❹ Is - hers ❺ Does it pay.

Zweite Welle: Ninth Lesson

Neunundfünfzigste Lektion

Politik

1 - Es gibt zahlreiche Vorteile auf der [diesjährigen] Wahlkampf- (Wahljahr) Bühne und in unserem neuen Sozialprogramm.

2 - Zum Beispiel?

3 - Nun ja, wenn du zum Beispiel vor dem Ende des Geschäftsjahres einen neuen Wagen bestellst, hast du die Möglichkeit, je nach deinem Einkommen und deiner Steuerklasse von einer großen Vielzahl an Steuererstattungen zu profitieren – falls wir im November gewählt werden ...

ANMERKUNGEN

① **There are** "da sind" ist der Plural von **there is** "da ist".

② **Benefit** "Vorteil, Nutzen, Vorzug", aber auch "Beihilfe". Das Verb **to benefit** heißt "nützen, zugute kommen, profitieren von".

③ **Such as**, wörtlich "so wie", heißt "zum Beispiel".

④ **Order** "Bestellung", **to order** "bestellen". Weitere Bedeutungen von **order** sind "Reihenfolge" und "Ordnung".

⑤ **Depending on** "je nach ..." kommt vom Verb **to depend** "abhängen von".

⑥ Der 15. April ist in den USA ein sehr unbeliebter Tag, denn an diesem Tag werden die Steuern gezahlt, deren Höhe von den Steuerzahlern und -zahlerinnen selbst nach offiziellen Richtlinien berechnet wird! Nur ein geringer Anteil der Steuererklärungen wird vom **IRS (Internal Revenue** [**re**-*vö-nju*] **Service)**, der etwa unserem Finanzamt entspricht, nachgeprüft.

4 – In my ex**per**ience, there is no **ev**idence that this **pol**icy works; these de**duc**tions tend **o**nly to **ben**efit the rich. ⑦

5 – That kind of **think**ing **does**n't **fig**ure **in**to our **na**tional **po**licy of **e**qual distri**bu**tion of ad**van**tages to **tax**payers. No, it's not in the figures! ⑧⑨

6 – **That**'s what the **oth**er **par**ty claims. ⑩

7 – The Re**pub**licans? ⑪

8 – No, the **Dem**ocrats.

9 – **That**'s us!

PRONUNCIATION

[*4 ... ikß-**pi:**-ri-önß ... **e**-vi-dönß ... di-**dak**-tschönß ...* **5** *...* ***po**-lö-ßi ...* ***i:**-kuöl ...* **6** *... kleims* **7** *... ri-**pab**-li-köns* **8** *... **de**-mo-krätß*]

ANMERKUNGEN

⑦ Vorsicht mit **policy** und **politics**: **Politics** ist die eigentliche "Politik" als Wissenschaft (der "Politiker" ist ein **politician** [*po-lö-**ti**-schön*]). **Policy** ist die "Politik" als Handlungs- bzw. Vorgehensweise. Außerdem ist **policy** die "(Versicherungs-)Police", der "Versicherungsschein".

1st EXERCISE

❶ There are numerous Democrats in our family. ❷ There is no evidence that he did it. ❸ Your figures don't figure on his report. ❹ The taxpayers will elect him depending on what he says tomorrow.

2nd EXERCISE

❶ Kannst du ein Stück (eine Scheibe) Pizza bestellen?

Can you . . . . . a . . . . . of . . . . . ?

4 - Nach (In) meiner Erfahrung gibt es keinen Beweis, dass diese Vorgehensweise funktioniert; diese Abzüge kommen meistens nur den Reichen zugute (neigen dazu, nur den Reichen ...)

5 - Diese Denkweise kommt in unserer nationalen Politik der gleichen Verteilung von Vorteilen an die Steuerzahler nicht vor. Nein, das kommt nicht in Betracht!

6 - Das ist es, was die Gegenpartei (andere Partei) fordert.

7 - Die Republikaner?

8 - Nein, die Demokraten.

9 - Das sind wir!

⑧ **Figure** hat unterschiedliche Bedeutungen: **These figures are not right** "Diese Zahlen sind nicht richtig"; **A fine figure of a man** "eine stattliche Erscheinung"; **She has a good figure** "Sie hat eine gute Figur". **To figure out** "ausrechnen" und "verstehen".

⑨ Die **taxpayers** "Steuerzahler/-zahlerinnen", deren Abgaben den **public fund** "die öffentlichen Mittel" bilden, wachen über die **spending policies** "die Ausgabenpolitik" der Politiker/-innen.

⑩ **To claim** "fordern, beanspruchen, Anspruch erheben auf". Das Substantiv **claim** bedeutet "Anspruch, Anrecht".

⑪ In den USA stehen sich zwei Parteien gegenüber, die als liberal und fortschrittlich geltenden **Democrats** und die konservativen **Republicans**.

SOLUTIONS OF 1st EXERCISE

❶ Es gibt zahlreiche Demokraten in unserer Familie. ❷ Es gibt keinen Beweis, dass er es getan hat. ❸ Deine Zahlen erscheinen nicht in seinem Bericht. ❹ Die Steuerzahler werden ihn wählen, je nachdem, was er morgen sagt.

❷ Ich habe meinen Versicherungsschein verloren.

I . . . . my insurance . . . .

❸ Sie hat ein hübsches Gesicht.

She has a pretty . . . . .

❹ Steuerzahler lieben Steuerabzüge.

. . . . like . . . .

❺ Das kommt nicht in Betracht!

It's not . . . . !

Sixtieth Lesson

Pizza, Deli, or Chinese? ①

1 – Let's go **out** to eat. It's **Sat**urday **ni**ght. ②
2 – **What** do you **feel** like **hav**ing? **Piz**za? **Deli** **san**dwiches? **Chi**nese? ③
3 – We had **sli**ces of **piz**za at **Ray's** for **lun**ch, re**mem**ber? ④

PRONUNCIATION

*[**pit**-ßö, **de**-li, o:r tschai-**ni:s** **3** ... **ßlai**-ßis ...]*

SOLUTIONS OF 2nd EXERCISE

❶ order - slice - pizza ❷ lost - policy ❸ face ❹ Taxpayers - tax deductions ❺ in the figures.

Zweite Welle: Tenth Lesson

Sechzigste Lektion

Pizza, Delikatessen oder Chinesisch?

1 - Lass uns zum Essen ausgehen. Es ist Samstagabend.

2 - Worauf hast du Lust (Was fühlst du wie zu haben)? Pizza? Feinkostsandwiches? Chinesisch?

3 - Wir hatten bei Ray Pizza(scheiben) zum Mittagessen, erinnerst du dich?

ANMERKUNGEN

① In dem Einwanderungsland USA sind die Küchen der Welt zu finden. Die **delis** (Kurzform für **delicatessen**) sind eine Mischung aus Feinkostgeschäft und Schnellimbiss. Ursprünglich wurde in den **delis** die Küche jüdischer Einwanderer aus Osteuropa angeboten.

② Das Verb **to go** taucht mit zahlreichen Präpositionen auf. Einige Beispiele: **to go out** "ausgehen"; **to go out of town** "die Stadt verlassen"; **to go out of one's mind** "etwas vergessen"; **to go ahead with** "mit etwas weitermachen"; **to go in turns** "sich abwechseln"; **to go on a trip** "auf eine Reise gehen".

③ Die Konstruktion **to feel like** bedeutet einfach "Lust haben auf". **I feel like eating ice-cream** "Ich habe Lust, Eis zu essen".

④ Beachten Sie bitte, dass immer von einer **slice of pizza** "Scheibe Pizza" gesprochen wird, wenn eine Pizza oder ein Stück Pizza gemeint ist.

4 – We could **stay** home, **or**der out from **Szech**uan **Sam's** and **rent** a **vid**eo. ⑤

5 – **Nah**, let's get fa**la**fels to **go** and eat in **Cen**tral **Park**. I **love watch**ing all the **cra**zy **pe**ople in the **sum**mer. ⑥⑦

6 – O**kay**, and **then** we can **get** some **fro**zen **yo**gurt and a ***caffè latte*** on the **way ho**me. ⑧

7 – And the ***Sun**day **Ti**mes*. ⑨

8 – What's on **ca**ble to**night**? **An**y good **mov**ies? ⑩

9 – **Woo**dy **Al**len's **first** film, "**Take** the **Mon**ey and **Run**," is on **HBO**. ⑪

10 – We've **seen** it **six ti**mes.

11 – **Sev**en, but **who's count**ing!

PRONUNCIATION

*[4 ... **ße**-tschuan **ßäms** ... **rent** ö **vi**-dö-o **5** ...fö-**la:**-föl ... **ßen**-tröl **pa:rk** ... **krei**-si... **6** ... **frou**-sön **jou**-gört ... **kä**-fei **lat**-tö ... **8** ... **keib**l ... **mu:**-vi:s **9** ... **eit**sch **bi: ou 11** ... **kaon**-ting]*

ANMERKUNGEN

⑤ **To order out** oder **to take out food** "Essen (zum Mitnehmen) bestellen". (Im britischen Englisch heißt es **to take away**.) **To go** heißt einfach "zum Mitnehmen".

⑥ Falafel ist eine Spezialität aus dem Mittleren Osten. Es handelt sich hierbei um frittierte Bällchen aus Kichererbsenmus – lecker!

1st EXERCISE

❶ Let's go out for lunch. ❷ What do you feel like seeing? ❸ I love ordering take-out food. ❹ We've seen it eleven times. ❺ To go?

4 - Wir könnten [zu] Hause bleiben, [etwas] bei Szechuan Sam bestellen und ein Video ausleihen.
5 - Nee, lass uns Falafel holen und im Central Park essen. Ich liebe [es], im Sommer die ganzen verrückten Leute zu beobachten.
6 - In Ordnung, und dann können wir uns auf dem Heimweg etwas Eisjoghurt und einen Caffè Latte holen.
7 - Und die *Sunday Times*.
8 - Was ist heute Abend im Kabelfernsehen? Irgendwelche guten Filme?
9 - Auf HBO läuft Woody Allens erster Film, "Woody, der Unglücksrabe".
10 - Wir haben ihn sechs Mal gesehen.
11 - Sieben [Mal], aber wer zählt [das schon]!?

⑦ Der **Central Park** in New York ist ein riesiger Park für jede beliebige Freizeitbeschäftigung. Im Sommer gibt es Jazz- oder Rock-Konzerte und andere Veranstaltungen.

⑧ **Frozen yogurt** war in den 70er-Jahren, als das **health consciousness** "Gesundheitsbewusstsein" zunahm, sehr beliebt, da es kalorienärmer als Eis ist. Heutzutage stehen Kaffeespezialitäten wie **caffè latte**, **iced coffee**, **frappuccino** und **flavored coffee** hoch im Kurs.

⑨ Die **Sunday Times** ist die Sonntagsausgabe der renommierten **New York Times**, die ungeheuer umfangreich ist und die man bereits ab Samstagabend bekommt.

⑩ In den 80er-Jahren boomte das Kabelfernsehen. Heute flimmern für eine relativ niedrige Kabelgebühr rund um die Uhr alle Arten von Sendungen über den Bildschirm. In einigen Regionen kann man bis zu 500 Programme empfangen.

⑪ **HBO "Home Box Office"** ist ein sehr beliebtes Kabelprogramm, das besonders viele Spielfilme anbietet. Es funktioniert nach dem Prinzip **pay per view** [***pei** pör **vju:***], d. h., man bezahlt nur die Zeit, die man fernsieht.

SOLUTIONS OF 1st EXERCISE

❶ Lass uns zum Essen ausgehen. ❷ Was würdest du dir gerne ansehen? ❸ Ich liebe es, Essen zum Mitnehmen zu bestellen. ❹ Wir haben ihn elf Mal gesehen. ❺ Zum Mitnehmen?

2nd EXERCISE

1. Wir könnten am Pool bleiben.

We could . . . . at the pool.

2. In Ordnung, und dann können wir etwas Pizza holen.

. . . . , and then we can . . . . pizza.

3. Ich sterbe vor Hunger! Lass uns (etwas) chinesisches Essen bestellen.

I'm . . . . ! . . . '. order . . . . Chinese . . . . .

4. Bobs erstes Buch.

. . . '. . . . . . book.

Sixty-first Lesson

Hidden Paradise ①

1 – Ex**cuse** me, can you **rec**om**mend** a **ho**tel at an af**ford**able price in a safe **a**rea near the beach? ②③

2 – It just so **hap**pens that I know an **ex**cellent **lit**tle **mo**tel with quaint rooms with a **sea**front view. ④⑤

PRONUNCIATION

*[**hid**-dn **pä**-rö-dais **1** ... ö-**fo:r**-döbl ... **ßeif** **ä**-ri-ö ... **bi:**tsch*
***2** ... **ek**-ßö-lönt ... **mou**-tel ... **kuei**nt ... **ßi:**-front **vju:**]*

ANMERKUNGEN

① Hier das Partizip **hidden**, das vom Verb **to hide** "verbergen, verstecken" kommt. Weitere Partizipien, die auf **-en** enden, finden Sie in Lektion 63.

② Das Preis-Leistungs-Verhältnis spielt in den USA eine große Rolle. Bevor es ans Bezahlen geht, fragt man sich immer **Is it worth it?** "Ist es sein Geld wert?".

❺ Worauf hast du Lust (Wonach fühlst du dich)?

What do you .... ?

SOLUTIONS OF 2nd EXERCISE

❶ stay ❷ Okay - get some ❸ dying of hunger - Let's - some - food ❹ Bob's first ❺ feel like.

Zögern Sie nicht, auch vergangene Lektionen hin und wieder noch einmal durchzuarbeiten. Dies gilt besonders für die Wiederholungslektionen.

Zweite Welle: Eleventh Lesson

Einundsechzigste Lektion

Verborgenes Paradies

1 - Entschuldigen Sie, können Sie [mir] ein Hotel mit erschwinglichen Preisen in einer sicheren Gegend in Strandnähe empfehlen?

2 - Zufällig (Es geschieht gerade so) kenne ich ein hervorragendes kleines Motel mit gemütlichen Zimmern und Blick aufs Meer.

③ **Safe area** "sichere Gegend". Die Amerikanerinnen und Amerikaner haben aufgrund der hohen Kriminalitätsrate in den meisten Großstädten und auch in den Vororten ein sehr hohes Sicherheitsbedürfnis.

④ **It just so happens that** ist eine Variante von **It just happens that** und bedeutet einfach "Zufällig ..."

⑤ Ein **motel** ist ein **motor hotel**, d.h. ein Hotel, das sich in unmittelbarer Nähe einer Straße oder einer Autobahn befindet und von daher gut zu erreichen ist. Man kann sein Auto direkt vor dem Eingang zu seinem Zimmer parken.

3	– That sounds **per**fect. Do you **know** how **much** they **get** a night? ⑥⑦
4	– A**bout fif**ty bucks for a **dou**ble with a de**li**cious **bu**ffet **break**fast in**clu**ded. Eggs, **ba**con, grits, **muff**ins, fresh **squee**zed **or**ange juice, and **coff**ee. ⑧⑨⑩
5	– How's the **ser**vice?
6	– The em**ploy**ees are **ver**y **frien**dly and the **man**ager is one of the most ac**commo**da**ting** guys I know. ⑪
7	– How do I find it?
8	– **Fol**low me. I **hap**pen to be the proud **ow**ner of **Hid**den **Para**dise **Mo**tel. ⑫

PRONUNCIATION

[*4 ... **fif**-ti **bakß** ... **bu**-fei ... **bei**-kön ... **ßkui:**sd... **6** ... em-ploa-**ji:s** ... **frend**-li ... ö-**ko**-mo-dei-ting **gai**s ... **8** ... praod **ou**-nör ...*]

1st EXERCISE

❶ That hotel is very affordable; you should go there. ❷ It has quaint rooms, and the employees are very friendly. ❸ It just so happens that my sister works there. ❹ Is it located in a safe area? ❺ Yes, and it's near the beach.

3 - Das klingt super. Wissen Sie, wie viel es pro Nacht kostet (wieviel sie pro Nacht bekommen)?

4 - Ungefähr 50 Dollar für ein Doppelzimmer mit einem leckeren Frühstücksbüfett inklusive. Eier, Schinken, Haferschrot, Muffins, frischer ausgepresster Orangensaft und Kaffee.

5 - Wie ist der Service?

6 - Die Angestellten sind sehr freundlich und der Geschäftsführer ist einer der zuvorkommendsten Leute, die ich kenne.

7 - Wie finde ich dorthin (es)?

8 - Folgen Sie mir. Ich bin zufällig der stolze Besitzer des Motels "Verborgenes Paradies".

ANMERKUNGEN

⑥ Beachten Sie die Wendung **How much do they get?** "Wie viel kostet es?".

⑦ Sie wissen schon, dass **a** für "pro" benutzt wird: **Three weeks of vacation a year** "drei Wochen Urlaub pro Jahr"; **How much does he pay you an hour?** "Wie viel bezahlt er dir pro Stunde?".

⑧ **Buck** ist ein umgangssprachlicher Ausdruck für "Dollar". Im amerikanischen Englisch spricht man auch von **making a lot of bucks** für "viel Geld verdienen" (viele Dollar machen). Große Geldmengen werden auch als **megabucks** oder **beaucoup bucks** bezeichnet.

⑨ **Grits** sind eine Vollkornspezialität aus dem Süden der USA, die man zum Frühstück mit geschmolzener Butter und Salz oder mit Zucker und Zimt isst. **Muffins** sind kleine Kuchen aus Biskuitteig, die es in zahlreichen Variationen gibt.

⑩ Fast alle Hotelzimmer sind gleich ausgestattet: zwei große Betten und ein Badezimmer. Bekannte Hotelketten sind **Holiday Inn**, **Hilton**, **Sheraton**, **Ramada Inn** usw. Reist man alleine, zahlt man den Tarif für eine Person, reist man zu zweit, zahlt man den doppelten Tarif.

⑪ **Guy** ist ein umgangssprachlicher Ausdruck für **person** und bedeutet "Typ".

⑫ Beachten Sie die Wortstellung bei Eigennamen: Zuerst steht der Name, dann die Bezeichnung der Einrichtung, ähnlich wie bei **Boston University**.

SOLUTIONS OF 1st EXERCISE

❶ Dieses Hotel ist sehr erschwinglich; du solltest hingehen. ❷ Es hat gemütliche Zimmer und die Angestellten sind sehr freundlich. ❸ Zufällig arbeitet meine Schwester dort. ❹ Befindet es sich in einer sicheren Gegend? ❺ Ja, und es ist in der Nähe des Strandes.

1st EXERCISE

❶ Ich kann es mir nicht leisten, dieses versteckte Paradies zu kaufen.

I . . . ’. . . . . . . to buy that . . . . . .

. . . .

❷ Haben Sie frischen ausgepressten Grapefruitsaft?

. . . . fresh . . . . grapefruit juice?

❸ Bob ist ein sehr zuvorkommender Typ.

Bob is a very . . . .

Sixty-second Lesson

An Unlucky Experience ①

1 – The **at**mosphere was **dread**ful and the food was **lou**sy. ②③

2 – What a shame! And it **was**n’t cheap, was it? ④

3 – No, it was **rath**er **pri**cey. Plus, the **ser**vice was **hor**rible. The **wai**ter **spil**led soup on my **jack**et. My steak was **burn**ed. And the **ba**ked po**ta**to was hard and cold.

PRONUNCIATION

[... ***an**-la-ki ikß-**pi:**-ri-önß* **1** *... **ät**-moß-fi:r ... **dred**-ful ... **lao**-si* **2** *...* ***scheim** ... **tschi:**p ...* **3** *... **ra:**-fsör **prai**-ßi ... plaß ... **ho**-ri-bl ...ßpild **su:p** ... **ßteik** ... **bö:r**nd ...*]

ANMERKUNGEN

① Sie erinnern sich an die Vorsilbe **un-**, die die Bedeutung eines Adjektivs ins Gegenteil umkehrt: **to be lucky** “Glück haben” - **to be unlucky** “kein Glück haben, glücklos sein”.

❹ Es kostet (ist) fünf Dollar für das hervorragendste Frühstück.

It's five ..... for the ....

....

SOLUTIONS OF 2nd EXERCISE

❶ can't afford - hidden paradise ❷ Have you got - squeezed ❸ accommodating guy ❹ bucks - most delicious breakfast.

Zweite Welle: Twelfth Lesson

Zweiundsechzigste Lektion

Eine unglückliche Erfahrung

1 - Die Atmosphäre war schrecklich und das Essen war mies.

2 - So ein Pech! Und es war nicht billig, nicht wahr?

3 - Nein, es war ziemlich teuer. Außerdem war der Service furchtbar. Der Kellner vergoss Suppe auf meine Jacke. Mein Steak war angebrannt. Und die gebackene Kartoffel war hart und kalt.

② Durch das Suffix **-ful** wird ein Nomen zu einem Adjektiv: **dread** "Angst" - **dreadful** "schrecklich"; **help** "Hilfe" - **helpful** "hilfsbereit". Auf die gleiche Art werden bestimmte Mengenangaben gebildet: **mouth** "Mund" - **mouthful** "Schluck, Happen, Bissen", **spoon** [**ßpu:n**] "Löffel" - **spoonful** "ein Löffel voll".

③ **Lousy** "verlaust; ekelhaft, widerlich, mies" kommt von **louse** "Laus".

④ **What a shame!** ist ein Synonym für **What a pity!** [***pi**-ti*] "Wie schade!, Was für ein Pech!" Bedauern kann auch ausgedrückt werden mit **That's too bad!, Too bad!, That's unfortunate** [*an-**fo:r**-tschö-nöt*]! **That's a shame!** bedeutet "Das ist eine Schande!". **Shame on you** "Schäm dich!" **To be ashamed** "sich schämen".

4 – But **sur**ely there was **some**thing **pos**itive a**bout** the **rest**aurant.

5 – No, the **cui**sine was re**pul**sive, the **maî**tre **d'** was **nas**ty and the **pri**ces were un**rea**sonable. ⑤

6 – It sounds like you had a com**plete**ly **neg**ative ex**per**ience.

7 – No, I **learn**ed not to go back to that **rest**aurant. ⑥⑦

8 – **Bet**ter luck next time.

PRONUNCIATION

[*4 ... **po**-sö-tif ... **5** ... kwi-**si:n** ... ri-**pal**-ßif ... **mätr**-di ... **näß**-ti ... an-**ri:**-sö-nöbl **6** ... köm-**pli:t**-li **ne**-gö-tif ikß-**pi:**-ri-önß **7** ... **lö:rnd**...*]

1st EXERCISE

❶ He's a lousy waiter - he spilled everything on my wife's new pants. ❷ The kitchen is not clean and the cuisine is dreadful. ❸ They learned not to spill their soup. ❹ It sounds like they weren't very lucky. ❺ What a shame!

4 - Aber es gab doch gewiss etwas Positives an dem Restaurant.

5 - Nein, die Küche war widerwärtig, der Oberkellner war unangenehm und die Preise waren überzogen (unvernünftig).

6 - Das klingt, als ob ihr eine gänzlich negative Erfahrung gemacht habt.

7 - Nein, ich habe gelernt, nicht wieder (zurück) in dieses Restaurant zu gehen.

8 - Vielleicht klappt's ja beim nächsten Mal (Besser Glück nächstes Mal).

ANMERKUNGEN

⑤ **Kitchen** bezeichnet die "Küche" als Raum, wogegen das aus dem Französischen stammende **cuisine** für die "Küche" im Sinne des zubereiteten Essens steht.

⑥ Das Demonstrativpronomen **this** bezeichnet ein in der Nähe befindliches, **that** ein weiter entfernt befindliches Objekt. Die jeweiligen Pluralformen lauten **these** "diese hier" und **those** "jene dort".

⑦ **To** steht immer unmittelbar vor dem Infinitiv, auch in verneinten Sätzen, wo die Verneinung vor **to** steht: **I try not to speak English when I'm in Montreal** "Ich versuche, kein Englisch zu sprechen, wenn ich in Montreal bin". **He promised never to tell anyone my secret** "Er versprach, nie jemandem mein Geheimnis zu erzählen".

SOLUTIONS OF 1st EXERCISE

❶ Er ist ein schlechter Kellner - er hat alles über die neue Hose meiner Frau gegossen. ❷ Die Küche ist nicht sauber und das Essen ist fürchterlich. ❸ Sie haben gelernt, nicht ihre Suppe zu vergießen. ❹ Es klingt, als wären sie nicht sehr glücklich. ❺ Was für ein Pech!

2nd EXERCISE

1. [Die] amerikanische Küche kann hervorragend sein.

   American cuisine . . . . . . excellent.

2. Zwei Löffel Zucker und ein Bissen Brot.

   Two . . . . of sugar and a . . . . of bread.

3. Warum vergießt du immer Milch auf dem Tisch?

   Why do you . . . . the table?

Sixty-third Lesson

Wiederholung und Anmerkungen

1. Das Partizip Perfekt

In Lektion 61 haben wir über die unregelmäßig gebildeten Partizipien gesprochen, das Beispiel dort lautete **hidden**, was das Partizip von **to hide** "verstecken, verbergen" ist. Die folgenden Verben haben ebenfalls eine auf **-en** endende Partizipform:

to drive "fahren"	**driven** [***dri***-*vön*] "gefahren"
to eat "essen"	**eaten** [***i:***-*tön*] "gegessen"
to fall "fallen"	**fallen** [***fo:***-*lön*] "gefallen"
to forget "vergessen"	**forgotten** "vergessen"
to freeze "frieren"	**frozen** "gefroren"
to give "geben"	**given** "gegeben"
to ride "fahren; reiten"	**ridden** [***ri***-*dön*] "gefahren; geritten"
to rise "heben"	**risen** [***ri***-*sön*] "gehoben, erhoben"
to speak "sprechen"	**spoken** [***ßpou***-*kön*] "gesprochen"
to steal "stehlen"	**stolen** [***ßtou***-*lön*] "gestohlen"
to take "nehmen"	**taken** [***tei***-*kön*] "genommen"
to wake "wecken"	**waken** [***wuei***-*kön*] "geweckt"
to write "schreiben"	**written** [***rit***-*tön*] "geschrieben"

❹ Versuche, diesem Mann niemals zu begegnen.

Try . . . . meet . . . . man.

SOLUTIONS OF 2nd EXERCISE

❶ can be ❷ spoonfuls - mouthful ❸ always spill milk on ❹ never to - that

Zweite Welle: Thirteenth Lesson

Dreiundsechzigste Lektion

2. Die unregelmäßigen Pluralformen

Sie haben u. a. die folgenden unregelmäßigen Pluralformen kennengelernt:

child “Kind” **children** “Kinder”
man [*män*] “Mann” **men** [*men*] “Männer”
mouse “Maus” **mice** “Mäuse”
woman [*wuu-mön*] “Frau” **women** [*wuui-mön*] “Frauen”.

Hier einige weitere Beispiele, von denen das zweite jeweils der Pluralbegriff ist:

analysis [*ö-**nä**-lö-ßiß*] “Analyse” **analyses** [*ö-**nä**-lö-**ßi:s***]
cactus [***käk**-töß*] “Kaktus” **cacti** [***käk**-tai*]
foot [*fut*] “Fuß” **feet** [*fi:t*]
tooth [*tu:fß*] “Zahn” **teeth** [*ti:fß*]

Insbesondere, wenn Singular- und Pluralform identisch geschrieben werden, sollten Sie auf die Aussprache achten:

crisis [***krai**-ßiß*] “Krise” **crisis** [*krai-**ßi:s***] “Krisen”.

3. Das Verb to hate "hassen"

Die Bedeutung von **to hate** ist in der Umgangssprache nicht so krass; es bedeutet mehr "nicht gerne / ungern haben" oder "nicht gerne / ungern mögen":

I hate to tell you... "Ich sage es dir nicht gerne ..."
I hate to complain, but... "Ich beschwere mich nur ungern, aber ..."
I hate to think that... "Ich denke nur ungern daran, dass ..."
I hate to remind you, but... "Ich erinnere dich nur ungern daran, aber ..."
I hate to think what... "Ich denke nur ungern daran, was ..."

4. If oder whether?

If und **whether** bedeutet beides "ob" (als Konjunktion). In indirekten Fragen (und nur hier) kann **if** oder **whether** verwendet werden:

> **I wonder if/whether I'll be able to come** "Ich frage mich, ob ich kommen kann".

Besteht jedoch im Satz eine Wahlmöglichkeit, muss immer **whether** verwendet werden:

> **She doesn't know whether she'll be able to come or not** "Sie weiß nicht, ob sie kommen wird oder nicht".
> **Whether they like it or not, I'll tell him the truth** "Ob sie es nun mögen oder nicht, ich werde ihm die Wahrheit sagen".

Verwechseln Sie **whether** auf keinen Fall mit **weather** "Wetter" - die Aussprache ist identisch!

5. Die amerikanische Literatur

Die amerikanische Literatur hat für die Weltliteratur einen enormen Beitrag geleistet. Sie hat bedeutende Schriftsteller hervorgebracht, deren Werke mittlerweile in die wichtigsten Sprachen übersetzt worden sind. Wir wollen versuchen, hier kurz die berühmtesten Autoren des 20. Jahrhunderts und einige ihrer Werke vorzustellen. Vielleicht haben Sie ja schon bald Lust, einen Roman des ein oder anderen Autors zu lesen?!
William Faulkner stammte aus Mississippi und ist ohne Zweifel einer der berühmtesten Schriftsteller. Er entwickelte einen typischen

Erzählstil, der unter dem Begriff **stream of consciousness** (wörtlich "Bewusstseinsstrom") bekannt wurde. Er befasste sich mit Rassismus, den Spannungen zwischen Schwarzen und Weißen und dem Süden und dem Norden. Er schrieb u. a. **The Sound and the Fury**, **Satoris** und **As I lay dying**.
John Steinbeck beschrieb in markanter Weise den Konflikt zwischen **the haves and the have-nots**, den "Habenden" (= Reichen) und den "Nicht-Habenden" (= Armen), ein Konflikt, der in den 20er- und 30-Jahren des vergangenen Jahrhunderts und besonders während der **Great Depression** ("Weltwirtschaftskrise") schwelte. Sein berühmtester Roman: **Grapes of Wrath** [*rofß*] "Früchte des Zorns".
In einem ganz anderen Stil schrieben **Ernest Hemingway** (**For whom the bell tolls**, **A moveable Feast**) und **F. Scott Fitzgerald**, die zwei Welten in ihre Romane miteinbezogen: die **Old World** (Europa) und die **New World** (die Vereinigten Staaten). Wenn Sie noch nie einen amerikanischen Roman gelesen haben, so sollten Sie mit **The Great Gatsby** beginnen, den Fitzgerald 1925 schrieb. Er bietet einen guten Einblick in das Leben der ersten Neureichen in den USA.
Auch die Sparte **African American** sollte mit **James Baldwin** (**The Fire Next Time** und **Giovanni's Room**) und mit **Richard Wright** (**Native Son**) Erwähnung finden.
Der tief empfundene Individualismus und die stetige Suche nach geistiger Unabhängigkeit der Amerikanerinnen und Amerikaner fand Ausdruck in den Werken des Dichters **Walt Whitman** (1819-1892; **Leaves of Grass** "Grashalme"), die sich mit der amerikanischen Demokratie und der Brüderschaft der Menschen beschäftigten, Dinge, die in den 60er-Jahren mit der **Beat Generation** wieder auflebten, als **Jack Kerouac** (**On the road** "Unterwegs"), **Lawrence** (**Absurdity**) und **William Burroughs** (**Naked Lunch**) berühmt wurden.
In den 70er- und 80er-Jahren fand man in der Literatur zu neuer Form und neuer Sprache (**Robert Coover**, **Frederick Barthelme**, **William Gass**, ...). Mit Beginn der 90er-Jahre kehrte man zu einer Art Realismus und zu einer detaillierten Beschreibung des täglichen Lebens in den USA zurück. Als Autoren sind hier **Truman Capote** (**In Cold Blood**, **Music for Chameleons**), **Raymond Carver** (**What We Talk about When We Talk about Love**, **Cathedral**) und **Richard Ford** (**Rock Springs**, **Independence Day**) zu nennen.

Zweite Welle: Fourteenth Lesson

▶ Sixty-fourth Lesson

Nice to Meet You Again ①

1 – **Phil Dun**lop, right? **Don't** you re**mem**ber me? We **met** in "The **Wheel** of **For**tune" **Bike** Shop **down**town a**bout** two **months** ago. ②

2 – **Sure** I do. Of **course** I re**mem**ber. You were **buy**ing your **son** a **moun**tain bike. ③④

3 – And **you** were **try**ing to ex**change** one.⑤

4 – Good **mem**ory. It was too **big** for my **daugh**ter.

5 – It was **nice bump**ing **in**to you a**gain.** ⑥

6 – **Like**wise. **By** the **way**, **what's** your **name** a**gain**?

PRONUNCIATION

[*__1__ ... __wui:l__ of __fo:r__-tschön __baik__ schop __daon__-taon... __2__ ... __maon__-tön baik __3__ ... ikß-__tscheinsch__˜ ... __5__ ... __bam__-ping ...*]

Viele, vor allem häufig auftretende Ausdrücke und Konstruktionen des Amerikanischen verstehen Sie jetzt schon ohne wörtliche Übersetzung. Daher wird seit Beginn der "Zweiten Welle" in der deutschen Übersetzung zunehmend auf die wörtliche Übersetzung verzichtet.

Vierundsechzigste Lektion

Schön, Sie wiederzusehen (wieder zu treffen)

1 - Phil Dunlop, nicht wahr? Erinnern Sie sich nicht an mich? Wir haben uns vor etwa zwei Monaten im Stadtzentrum im Fahrradladen "Das Glücksrad" getroffen.

2 - Natürlich (tue ich). Selbstverständlich erinnere ich mich. Sie haben Ihrem Sohn ein Mountainbike gekauft.

3 - Und Sie haben versucht, eins umzutauschen.

4 - Gutes Gedächtnis. Es war zu groß für meine Tochter.

5 - Es war schön, Sie wiederzutreffen.

6 - Ebenso. Ach übrigens, wie war noch gleich Ihr Name?

ANMERKUNGEN

① Für sich wiederholende Handlungen benutzt man **again** "wieder, noch einmal": **to meet again** "sich wieder treffen", **to try again** "es noch einmal versuchen".

② **Ago** heißt hier "vor" (+ Zeitangabe). Beachten Sie: Im Amerikanischen steht die Zeitangabe *vor* **ago**: **two weeks ago** "vor zwei Wochen", **three days ago** "vor drei Tagen".

③ **You were bying a bike** "Sie haben ein Fahrrad gekauft" weist auf eine länger andauernde Handlung in der Vergangenheit hin. Diese Zeit nennt sich **Past Perfect**.

④ **Bike** ist die Abkürzung von **bicycle**. Für "Fahrrad fahren" sagt man **to ride a bike** [*tu: **raid** ö **baik***], so wie man auch sagt **to ride a horse** [*ho:rß*] "auf einem Pferd reiten".

⑤ In den USA werden gekaufte Artikel viel häufiger als bei uns und vonseiten der Geschäftsleute bereitwillig umgetauscht, oder das Geld wird zurückerstattet, sowohl in großen Ladenketten als auch in kleinen Geschäften. Ist ein Artikel einmal nicht vorrätig, wird die Verfügbarkeit sofort geprüft.

⑥ **Bump** heißt "Stoß", aber auch "Beule, Höcker". **To bump** heißt "(an)stoßen". **To bump into someone** bedeutet "jdn. treffen; jdm. über den Weg laufen": **I bumped into her when I walked through the suburbs** "Ich lief ihr über den Weg, als ich durch die Vororte lief".

1st EXERCISE

❶ Don't you remember me, Dave? ❷ You were walking in the mountains. ❸ You were trying to buy a house in the suburbs. ❹ It was too small for my aunt Julia. ❺ It was a pleasure bumping into you at the baseball game.

2nd EXERCISE

❶ Ihr wart gerade dabei, einen Hund für eure Tochter zu kaufen.

You .... a dog for ....

❷ Erinnern Sie sich nicht an mich?

...'. you .... me?

❸ Es war schön, Sie wiederzutreffen.

It was .... into you ....

Sixty-fifth Lesson

We Moved Away ①

1 – I **liv**ed in **Tex**as when I was **young**er, but we **mov**ed a**way** when I was in **high** school. ②

2 – By the **time** I was **ten,** we had al**read**y **mov**ed six **tim**es. I was **nev**er **long**er than **two** years in **an**y **one place**.

PRONUNCIATION [... ***mu:****vd* ... **1** ... ***jang****-gör* ...]

ANMERKUNGEN

① **To move away** "einen Fernumzug machen". Der "Möbelspediteur" oder "Möbelpacker" heißt **mover** oder **moving man**. In den USA zieht man wesentlich häufiger um als in Europa. Der berühmteste LKW-Verleih heißt **U-Haul** (lies: ***ju:****-ho:l*), was "Sie transportieren" heißt, denn **to haul** bedeutet "transportieren".

SOLUTIONS OF 1st EXERCISE

❶ Erinnerst du dich nicht an mich, Dave? ❷ Du bist durch die Berge gewandert (warst dabei, ... zu wandern). ❸ Ihr habt versucht, ein Haus in der Vorstadt zu kaufen (wart dabei, zu versuchen ...). ❹ Es war zu klein für meine Tante Julia. ❺ Es war [mir] ein Vergnügen, dich beim Baseball-Spiel wiederzutreffen.

❹ Ebenso.

Like . . . . .

❺ Ihr wart dabei, zu versuchen, das Kleid umzutauschen.

You were . . . . . . to . . . . the . . . . . .

SOLUTIONS OF 2nd EXERCISE

❶ were buying - your daughter ❷ Don't - remember ❸ nice bumping - again ❹ wise ❺ trying - exchange - dress.

Zweite Welle: Fifteenth Lesson

Fünfundsechzigste Lektion

Wir sind umgezogen

1 - Als ich [noch] jünger war, lebten wir in Texas, aber wir zogen um, als ich auf [der] Oberschule war.

2 - Als ich zehn war, waren wir schon sechs Mal umgezogen. Ich lebte (war) niemals länger als zwei Jahre an einem Ort.

② Komparativ und Superlativ von Adjektiven sind Ihnen nicht mehr fremd. **Younger** ist die Steigerung von **young** "jung", **older** die Steigerung von **old** "alt". Die Superlative lauten **youngest** und **oldest**. Wissen Sie noch wie **good** und **bad** gesteigert werden? **Good - better - the best**; **bad - worse - the worst**.

3	– **That must** have **been tough** on you… ③
4	– Naw, **not real**ly. I **sort** of **got us**ed to it. In a **way**, I **kind** of **lik**ed **chang**ing schools **ev**ery **coup**le **years**, **see**ing **dif**ferent **towns** and **meet**ing new **peo**ple. ④⑤
5	– Where did you **meet** your **wife**? ⑥
6	– Good **ques**tion. Which **one**? I've had **quite** a col**lec**tion. ⑦⑧⑨
7	– You're **kid**ding of **course**.
8	– I **wish** I **were**! ⑩

PRONUNCIATION

[***3*** *...* ***taf*** *...* ***4*** *...* ***mi:****-ding* ***nu: pi:****pl* ***6*** *...* ***kueß****-tschön ...* *ku****ait*** *...*
8 *ai* ***wuisch*** *ai* ***wö:r****!*]

ANMERKUNGEN

③ **Tough** "zäh, hart". Hier noch einige interessante Redewendungen: **tough luck** "Pech"; **tough guy** "knallharter Bursche". Ein **toughie** [***ta****-fi*] ist eine "harte Nuss" (ein Problem, eine schwierige Frage) und ein "Rabauke".

④ **Kind of / sort of** "irgendwie" kennen Sie schon aus Lektion 39. **Kind** als Substantiv bedeutet "Art, Sorte": **What kind of car do you have?** "Was für eine Art von Auto hast du?". **Kind** als Adjektiv bedeutet "nett, freundlich": **That's very kind of you** "Das ist sehr nett von Ihnen". **Kindly** kann **please** "bitte" ersetzen: **Kindly remove your shoes when you enter the house** "Bitte ziehen Sie beim Betreten des Hauses die Schuhe aus".

3 - Das muss hart für dich gewesen sein ...
4 - Nein, eigentlich nicht (nicht wirklich). Ich habe mich irgendwie daran gewöhnt. In gewisser Weise hat es mir irgendwie gefallen, alle zwei Jahre die Schulen zu wechseln, verschiedene Städte zu sehen und neue Leute zu treffen.
5 - Wo hast du deine Frau kennengelernt?
6 - Gute Frage. Welche (eine)? Ich habe eine ziemliche Sammlung [davon] gehabt.
7 - Das soll ja wohl ein Scherz sein (Du machst natürlich Witze).
8 - Ich wünschte, es wäre so (ich wäre)!

⑤ **Naw** ist hier die umgangssprachliche Variante von **No**.

⑥ Einige umgangssprachliche Ausdrücke für "Ehemann/-frau" bzw. "Freund/-in", die teilsweise schlecht ins Deutsche übertragbar sind: **significant other** "der/die bedeutende Andere", **main squeeze**, wobei **main** "Haupt-" und **squeeze** "Druck" oder "drücken, kneten" heißt ... Die **better half** ist die "bessere Hälfte". Der Ex-Ehepartner bzw. die Ex-Ehepartnerin wird als **former husband** bzw. **former wife** oder **ex-husband** bzw. **ex-wife** bezeichnet.

⑦ **Which** oder **what**? Man sagt **which**, wenn die Auswahl begrenzt ist: **Which dress do you prefer, the red one or the blue one?** "Welches Kleid magst du lieber, das rote oder das blaue?" Werden jedoch keine Alternativen genannt, benutzt man **what**: **What is your favorite color?** "Welches ist deine Lieblingsfarbe?"

⑧ **I have had (I've had) many wives** ist ein **Present Perfect**. Es wird immer mit dem Hilfsverb **have** und dem Partizip Perfekt gebildet. Mehr dazu in Lektion 70.

⑨ Das Adverb **quite** (das nicht mit dem Adjektiv **quiet** [*kuai-öt*] "leise, ruhig" verwechselt werden sollte, denn die Aussprache ist ähnlich!), bedeutet "ganz, völlig", aber auch "ziemlich, recht": **It is quite interesting** "Es ist ganz interessant"; **We have quite a lot of work** "Wir haben ziemlich viel Arbeit".

⑩ Nach **If...** "Falls, Wenn" (mit Ausnahmen!) und nach **I wish, you wish, he wishes...** "Ich wünschte, du wünschtest, er wünschte, ..." muss der Konjunktiv stehen: **If I weren't so tired I would drive you home** "Wenn ich nicht so müde wäre, würde ich dich nach Hause fahren". **I wish I were in Greece** [*gri:ß*] "Ich wünschte, ich wäre in Griechenland".

1st EXERCISE

❶ They moved away when I left for university. ❷ Tough luck! ❸ I kind of like going to school. ❹ Where did you meet your husband? ❺ We wish we were on vacation in Texas.

2nd EXERCISE

❶ Wie viele Sorten Pizza haben Sie?

How . . . . pizzas do you have?

❷ John war schlimmer als Max, aber Jack war der Schlimmste.

John was . . . . Max, but Jack was . . . .

❸ Hat er viele Kinder gehabt?

. . . . many children?

▶ Sixty-sixth Lesson

Back at the Window ①②

1 – Ex**cuse** me, do you speak **Eng**lish?
2 – **No**, not **ver**y well, but I'll **try** to **help** you, **non**ethe**less**. ③

PRONUNCIATION

[... ***wuin****-dou* ... **2** ... ***nan****-fsö-****leß***]

SOLUTIONS OF 1st EXERCISE

❶ Sie zogen weg, als ich zur Universität ging. ❷ Pech! ❸ Ich gehe irgendwie gerne in die Schule (Ich mag es irgendwie, ... zu gehen). ❹ Wo hast du deinen Mann kennengelernt? ❺ Wir wünschten, wir wären im Urlaub in Texas.

❹ Eigentlich nicht (nicht wirklich).

... .

❺ Welcher deiner beiden Brüder war der Größte?

.... your two brothers was ... . ?

SOLUTIONS OF 2nd EXERCISE

❶ many kinds of ❷ worse than - the worst ❸ Has he had ❹ Not really ❺ Which of - the biggest.

Zweite Welle: Sixteenth Lesson

Sechsundsechzigste Lektion

Zurück am Schalter

1 - Entschuldigen Sie, sprechen Sie Englisch?
2 - Nein, nicht sehr gut, aber ich werde trotzdem versuchen, Ihnen zu helfen.

ANMERKUNGEN

① **Back** "zurück" weist auf eine Rückwärtsbewegung oder eine Bewegung zurück zu einem Ausgangspunkt hin: **to go back** "zurückgehen", **to send back** "zurückschicken" usw.

② **Window** heißt nicht nur "Fenster", sondern auch "Schaufenster" und "Schalter".

③ **Nonetheless** "trotzdem, nichtsdestotrotz" ist ein Synonym für **nevertheless**.

3 – **Thank** you, you're very **mod**est. I wish my Japa**nese** was **half** that **good**! I want to **send** this **pack**age to New **York**, but it **has** to ar**rive** be**fore** the **tenth** of the month. It's my **mom's** **fif**tieth **birth**day. ④⑤⑥

4 – We have a **spe**cial ex**press mail ser**vice in our **coun**try. To the **US** it'll take **for**ty-eight **hours**.

5 – That'll **do**.

6 – But for **three ki**los and 250 (two **hun**dred and **fif**ty) grams it'll **cost** you an **arm** and a **leg**! ⑦

7 – For my **mom**, the **sky's** the **lim**it. ⑧

8 – **But it'll be over a hundred dollars!**

9 – A **hun**dred **dol**lars! That's **cra**zy. That's **more** than I **paid** for the **gift**. I'll just **call** her. Thanks. ⑨

PRONUNCIATION

[*3 ... **mo**-deßt ...dsch˜ä-pö-**ni:s** ... **bö:rfß**-dei 4 ... **ßpe**-schöl ikß-**preß meil ßö:r**-viß ... 5 fsädl **du:** 7 ... **ßkais** ...*]

ANMERKUNGEN

④ **To wish** "wünschen" kennen Sie bereits aus der vorhergehenden Lektion. Beachten Sie, dass in der 3. Person Singular ein **-es** angehängt wird: **he/she wishes**. **Wish** als Substantiv ist der "Wunsch". **Best wishes!** "Beste Wünsche!".

⑤ **Half that good** oder **half as good as** "halb so gut wie". Das Gegenteil lautet **twice as good** "doppelt so gut". **Twice as bad** "doppelt so schlecht". **Once** "einmal", **twice** "zweimal", **three times** "dreimal", **four times** "viermal" usw.

1st EXERCISE

❶ Two hundred and sixty-six dollars for a dress? That's crazy! ❷ I'm not feeling well, but I'll go to work nonetheless. ❸ Can you try to help me? ❹ My sister goes to Alabama twice a year. ❺ It'll be over five hundred dollars.

3 - Danke, Sie sind sehr bescheiden. Ich wünschte, mein Japanisch wäre [nur] halb so gut! Ich möchte dieses Paket nach New York schicken, aber es muss vor dem 10. des Monats ankommen. Es ist der 50. Geburtstag meiner Mutter.

4 - Wir haben in unserem Land einen speziellen Express-Post-Service. In die Vereinigten Staaten dauert es (wird es nehmen) 48 Stunden.

5 - Das ist in Ordnung (Das wird tun).

6 - Aber bei (für) drei Kilo und 250 Gramm wird es Sie eine schöne Stange Geld (einen Arm und ein Bein) kosten!

7 - Für meine Mami ist mir nichts zu teuer (ist der Himmel die Grenze).

8 - Es wird aber über 100 Dollar kosten (sein)!

9 - 100 Dollar! Das ist verrückt. Das ist mehr als ich für das Geschenk bezahlt habe. Ich werde sie nur anrufen. Danke.

⑥ In dieser Lektion können Sie ein bisschen die Ordinalzahlen lernen! Mit ihnen werden u. a. Datumsangaben gebildet: **the tenth of the month** "der Zehnte des Monats"; **the twenty-first** "der Einundzwanzigste" usw.

⑦ Weitere Synonyme mit der Bedeutung "eine Stange Geld" sind: **That'll cost you a pretty penny** ("Das wird Sie einen hübschen Pfennig kosten"), **You'll pay through the nose** ("Sie werden durch die Nase bezahlen"); **It costs a chunk** [*tschank*] **of change** ("Es kostet ein großes Stück Geld").

⑧ **The sky's the limit** bedeutet, dass es eigentlich keine Grenze gibt.

⑨ **More than** "mehr als" - **less than** "weniger als". **Less** wird für unzählbare und abstrakte Dinge verwendet, für zählbare Dinge sagt man **few** bzw. **fewer**.

SOLUTIONS OF 1st EXERCISE

❶ Zweihundertsechsundsechzig Dollar für ein Kleid? Das ist verrückt! ❷ Ich fühle mich nicht gut, aber ich werde trotzdem zur Arbeit gehen. ❸ Können Sie versuchen, mir zu helfen? ❹ Meine Schwester fährt (geht) zweimal im Jahr nach Alabama. ❺ Es wird mehr als 500 Dollar kosten (sein).

2nd EXERCISE

❶ Er wird [am] 15. des Monats zurück sein.

He'll . . . . . . the . . . . of the month.

❷ Sie übersendet Ihnen ihre besten Wünsche.

She sends you . . . .

❸ Das ist in Ordnung (wird tun).

. . . . ' . . . . .

❹ Eine schöne Stange Geld (einen Arm und ein Bein).

An . . . .

❺ Er ist älter als du. – Wie viel Mal älter? – Mindestens 50 Mal.

He's . . . . you. - . . . .

. . . . . ? - At least . . . .

Sixty-seventh Lesson

I'll Switch My Appointment ①

1 – I was sup**pos**ed to go to **Pitts**burgh on the five-**thir**ty flight, but **Pitts**burgh is **snow**ed-in and I **won't** be **a**ble to **get** out un**til morn**ing. ②③④

PRONUNCIATION

[... *ßwu**itsch** ...ö-**point**-mönt* **1** *... ßö-**pous**d ... **ßnou**d in ...*]

ANMERKUNGEN

① **To switch** hat die Grundbedeutung "wechseln". **We switched seats at the restaurant** "Wir haben im Restaurant die Plätze getauscht". **Switch** als Substantiv bedeutet "(elektrischer) Schalter". **To switch on** bzw. **off** bedeutet "einschalten" bzw. "ausschalten".

② Analog zu **snowed-in** gibt es **rained-out** [**rain** "Regen"], was bedeutet, dass etwas wegen Regens abgesagt, scherzhaft: ins Wasser gefallen, ist.

SOLUTIONS OF 2nd EXERCISE

❶ be back - fifteenth ❷ her best wishes ❸ That'll do ❹ arm and a leg ❺ older than - How many times - fifty times.

Zweite Welle: Seventeenth Lesson

Siebenundsechzigste Lektion

Ich werde meinen Termin verschieben

1 - Ich sollte eigentlich mit dem 5 [Uhr] 30-Flug nach Pittsburgh fliegen (gehen), aber Pittsburgh ist zugeschneit und ich werde bis zum Morgen nicht herauskommen können.

③ Aus Lektion 23 kennen Sie schon **to be supposed to** "eigentlich sollen". Hier sehen Sie die Vergangenheit **I was supposed to...** "Ich sollte eigentlich ....", was bedeutet, dass eine Person etwas hat machen sollen, es jedoch aus irgendeinem Grund nicht getan hat.

④ **Until/till** "bis", **not until** "nicht vor". Die nachfolgende Zeitangabe erhält keinen Artikel: **until morning / until evening! She'll be there till three** "Sie wird bis 3 Uhr hier sein"; **He won't come until after dinner** "Er wird nicht vor (= erst nach) dem Abendessen kommen".

2 So I **think** I'll **switch** a**round** my ap**point**ments and **catch** the **six**-**thir**ty flight to Or**lan**do and **fly** back **up** to **Pitts**burgh on **Thurs**day to meet **Char**lie **Jen**kins. Will **that** be o**kay** with the **guys** in the **plan**ning **of**fice? ⑤⑥

3 – No **prob**lem here. It **make**s no **dif**ference on **this** end. ⑦

4 – **Oth**erwise, I would have **had** to sleep-**o**ver at the **air**port and **hope** to God that the **weath**er im**proved** by **morn**ing. ⑧

5 – O**kay**, I'll send an **e**-mail to the plant in Or**lan**do and **tell** them you're **com**ing in to**night**. Do you **need** a hotel? ⑨

6 – Or**lan**do's the **home** of **Mic**key and **Min**nie. I can **stay** with **them**.

7 – **Ver**y **fun**ny, Mr. (**mis**ter) **Jack**son!

8 – **No**, it's **o**kay, **Luke**. I'll call the **Hil**ton's 800 (**eight hun**dred) **num**ber. ⑩

PRONUNCIATION

[*3 ... **di**-fö-rönß ... 4 **a**-fsör-wuais ... **ßli:p-ou**-vör ... im-**pru:**vd ... 5 ... **i:**-meil ...*]

ANMERKUNGEN

⑤ Beachten Sie die Aneinanderreihung von Präpositionen in **to fly back up**: **To fly** zeigt uns, dass Herr Jackson das Flugzeug nimmt, **back** weist auf die Rückkehr zu einem Ausgangspunkt hin und **up** impliziert geografisch gesehen eine Aufwärtsbewegung, hier Richtung Norden.

⑥ **To be okay with** "für jemanden in Ordnung sein, recht sein". **That's okay with me!** "Das ist mir recht".

⑦ **No** "Nein" kann je nach Kontext auch "kein, keine" bedeuten: **No problem** "Kein Problem". **There is no post office around here** "Es gibt hier kein Postamt".

2 Ich denke also, ich werde meine Termine tauschen und den 6 [Uhr] 30-Flug nach Orlando nehmen (kriegen) und am Donnerstag zurück nach Pittsburgh raufffliegen, um Charlie Jenkins zu treffen. Wird das für die Jungs im Planungsbüro in Ordnung sein?

3 - Kein Problem [für uns] (hier). Von unserer Seite aus (an diesem Ende) macht das keinen Unterschied.

4 - Andernfalls hätte ich am Flughafen übernachten und zu Gott beten (hoffen) müssen, dass das Wetter sich bis zum Morgen gebessert hat.

5 - Gut, ich werde eine E-Mail an das Werk in Orlando schicken und ihnen sagen, dass Sie heute Abend ankommen (hereinkommen). Brauchen Sie ein Hotel?

6 - Orlando ist die Heimat von Mickey und Minnie. Ich kann bei ihnen wohnen (bleiben).

7 - Sehr lustig, Herr Jackson!

8 - Nein, es ist in Ordnung, Luke. Ich ruf die 800er-Nummer des Hilton an.

(8) Dies ist das Konditional der Vergangenheit, gebildet aus "hätten/würden" + Partizip Perfekt. Beispiele: **I help** "ich helfe" – **I helped** "ich half" – **I would help** "ich würde helfen" – **I would have helped** "ich hätte geholfen". **I have to** "ich muss" – **I had to** "ich musste" – **I would have to** "ich würde müssen" – **I would have had to** "ich hätte gemusst". Ein bisschen Übung und Sie schaffen es!

(9) **To send an e-mail** "eine E-Mail verschicken" (**e-mail**: die Abkürzung für **electronic mail** "elektronische Post"). **To receive an email** "eine E-Mail empfangen". Es gibt auch das Verb **to e-mail** "e-mailen": **I e-mailed him.** "Ich habe ihm geemailt."

(10) Die **800 numbers** sind **toll free numbers** "gebührenfreie Rufnummern", unter denen die verschiedensten Services angeboten werden. Es gibt noch die **900 numbers**, die nicht gebührenfrei sind. Wie bereits erwähnt, spielt in den USA das Telefon eine wichtige Rolle. Für jede Region muss ein dreistelliger **area code** vorgewählt werden, dem bei **long distance calls** (oder **toll calls**) "Ferngesprächen" eine 1 vorangestellt werden muss.

1st EXERCISE

❶ We won't be able to go to Orlando until tomorrow evening. ❷ Weren't you supposed to call the guy to tell him you were coming in tonight? ❸ I just sent him an e-mail. ❹ Excuse me, operator, I got a wrong number. ❺ Is this 508-8237? No? Sorry!

2nd EXERCISE

❶ Ich wäre gerne mit dir nach Afrika gefahren.

I . . . . to go . . Africa . . . . you.

❷ Wenn du angerufen hättest, hätten wir dir geholfen.

If you had . . . . . . , we . . . . you.

❸ Wären sie gekommen?

Would . . . . ?

❹ Wir sollten eigentlich nach Orlando fliegen und dann zurück nach Boston fahren.

We . . . . to Orlando and then . . . . Boston.

❺ Andernfalls hätten wir bei Minnie bleiben müssen.

. . . . , we . . . . to stay with Minnie.

SOLUTIONS OF 1st EXERCISE

❶ Wir werden nicht vor morgen Abend nach Orlando fahren (gehen) können. ❷ Hättest du [eigentlich] nicht den Typ anrufen müssen, um ihm zu sagen, dass du heute Abend ankommst (hereinkommst)? ❸ Ich habe ihm gerade eine E-Mail geschickt. ❹ Entschuldigen Sie, Vermittlung, ich habe eine falsche Nummer gewählt (bekommen). ❺ Ist dort (dies) 508-8237? Nein? Verzeihung!

SOLUTIONS OF 2nd EXERCISE

❶ would have liked - to - with ❷ called - would have helped ❸ they have come ❹ were supposed to fly - drive back to ❺ Otherwise - would have had

Zweite Welle: Eighteenth Lesson

▶ Sixty-eighth Lesson

My Cardiologist Warned Me ①②

1 – **Here**, have one of **mi**ne. ③④

2 – Thanks a **bun**ch, but I don't **want** to keep **smo**king yours. ⑤⑥

3 – Don't be **sil**ly, go a**head** and **take** one of **mi**ne. ⑦

4 – **Well**, the **tru**th is that I'm **try**ing to **kick** the **ha**bit. ⑧

5 – **You**'re the **thir**d **per**son to**day** I've met who's **try**ing to **quit**. This is **get**ting **down**right de**pres**sing. ⑨⑩

PRONUNCIATION

[... *ka:r-di-***o***-lo-dschißt* ***wo:r****nd* ... **2** ... ***ban****sch* ... **3**... ***ßi****-li* ...***gou*** *ö-****hed*** ... **4** ... ***tru:****fß* ... ***kik*** *fsö* ***hä****-bit* **5** ... *tu:* ***kuit*** ...]

ANMERKUNGEN

① Einige Bezeichnungen für Ärzte: **physician** [*fi-****si****-schön*] "Praktischer Arzt", **pediatrician** [*pi:-di-ö-****tri****-schön*] "Kinderarzt", **dermatologist** [*dö:r-mö-****to****-lo-dschißt*] "Hautarzt", **eye-ear-throat specialist** [*ai-i:r-****fßrout ßpe****-schö-lißt*] "Hals-Nasen-Ohren-Arzt", **gynecologist** [*gai-ni-****ko****-lo-dschißt*] "Frauenarzt", **surgeon** [***ßö:r****-dschön*] "Chirurg", **orthopedist** [*o:r-fßö-****pi:****-dißt*] "Orthopäde", **psychiatrist** [*ßai-****kai****-ö-trißt*] "Psychiater". Der "Apotheker" ist ein **pharmacist** [***fa:r****-mö-ßißt*] oder **druggist** [***dra****-gißt*] (in GB ein **chemist** [***ke****-mißt*]!).

② Das Substantiv zu **to warn** "warnen" lautet **warning** "Warnung".

③ Beachten Sie, dass oft das Verb **to have** verwendet wird, wenn es um Essen, Trinken, Rauchen usw. geht: **I'll have a sandwich** "Ich werde ein Sandwich essen", **Did you have breakfast this morning?** "Hast du heute Morgen gefrühstückt?", **Have your tea** "Trink deinen Tee".

Achtundsechzigste Lektion

Mein Kardiologe hat mich gewarnt

1 - Hier, nimm (habe) eine von meinen.

2 - Danke vielmals, aber ich möchte nicht immer weiter von deinen rauchen.

3 - Sei nicht dumm, nur zu (mach weiter und), nimm eine von meinen.

4 - Na ja, die Wahrheit ist, dass ich versuche, mit dem Rauchen aufzuhören (die Gewohnheit abzulegen).

5 - Du bist heute die dritte Person, die ich treffe, die versucht, aufzuhören. Das macht einen richtig deprimiert (Das wird richtig deprimierend).

④ **Mine** "meiner, meine, meines" ist ein Possessivpronomen, das immer nachgestellt wird. Die anderen Possessivpronomen lauten **yours**, **his**, **hers**, **its**, **ours**, **yours**, **theirs**.

⑤ **Bunch** heißt "Strauß; Bündel". Diese umgangssprachliche Wendung entspricht **Thanks a lot**.

⑥ **To keep (on)** heißt "weitermachen, fortsetzen" (vgl. Lektion 55). Das darauffolgende Verb endet auf **-ing**: **I don't want to keep smoking** "Ich möchte nicht weiter rauchen". **I keep bumping into her** "Ich treffe sie immer wieder".

⑦ **Ahead** "voraus"; **to get ahead** "vorwärts kommen"; **straight ahead** "direkt vor uns, geradeaus".

⑧ **Kick** (Grundbedeutung "treten, einen Tritt geben") ist ein sehr vielseitiges Wort; **I felt like kicking myself** "Ich hätte mich ohrfeigen können", **to kick a goal** "ein Tor schießen", **to kick off** "beginnen, anfangen", **to kick the bucket** (**bucket** "Eimer") "ins Gras beißen", **to get a kick out of something** "an etwas Spaß haben" (vgl. Lektion 52).

⑨ Hier hat **to get** die Bedeutung "werden" wie in **It is getting dark** "Es wird dunkel". Mehr zum Verb **to get** finden Sie in Lektion 70.

⑩ **Downright** "geradezu; ehrlich, offen". **A downright lie** "eine glatte Lüge", **a downright no** "ein kategorisches Nein". **Upright** "rechtschaffen". **An upright man** "ein rechtschaffener Mann".

6 – My **car**dio**lo**gist **war**ned me. My **girl**friend **threat**ened me. My **of**fice **work**ers sent a**round** a pe**ti**tion a**gainst smo**kers at **work**. And at **lunch**time, I get **dir**ty looks from **stran**gers. ⑪

7 – So **why** do you **want** to **quit**?

PRONUNCIATION

[*6 ... fßre-tönd ...pö-ti-schön ... dö:r-di ... ßtrein-sch~örs*]

1st EXERCISE

❶ It's not easy to kick one's habits. ❷ The truth is that I can't stop smoking. I tried many times, but ... ❸ Did you speak with your doctor? ❹ I spoke to my physician, then to my cardiologist, and he sent me to a psychiatrist. ❺ So, what did he say? - He said: "Have one of mine!" - What a bad joke!

2nd EXERCISE

❶ Ich versuche, mit dem Rauchen aufzuhören. - Ich auch!

I'm . . . . stop . . . .

- Me . . . ! **oder** . . . . . !

❷ Hat er dir gedroht?

Did he . . . . you?

❸ Nein, er hat mir nur böse Blicke zugeworfen (mir nur giftige Blicke gegeben).

No, he just gave . . . .

❹ Fremde in der Nacht ...

. . . .

❺ Du hättest sie warnen sollen.

You . . . .

6 - Mein Kardiologe hat mich gewarnt. Meine Freundin hat mir gedroht. Meine Büroangestellten haben eine Petition gegen Raucher am Arbeitsplatz herumgehen lassen (geschickt). Und zur Mittagessenszeit werfen mir Fremde böse Blicke zu (erhalte ich giftige Blicke von Fremden).

7 - Warum willst du also aufhören?

ANMERKUNGEN

(11) Ein **stranger** ist ein "Fremder", eine Person, die man nicht kennt. Ein "Ausländer" ist zwar auch ein Fremder, aber hierfür sagt man **foreigner** [***fo**-rö-nör*].

SOLUTIONS OF 2nd EXERCISE

❶ Es ist nicht leicht, seine Gewohnheiten abzulegen. ❷ Die Wahrheit ist, dass ich nicht mit dem Rauchen aufhören kann. Ich habe es viele Male versucht, aber ... ❸ Hast du mit deinem Arzt gesprochen? ❹ Ich habe mit meinem praktischen Arzt gesprochen, dann mit meinem Kardiologen, und er hat mich zu einem Psychiater geschickt. ❺ Was hat er also gesagt? – Er sagte: "Nehmen Sie eine von meinen!" – Was für ein schlechter Witz!

SOLUTIONS OF 2nd EXERCISE

❶ trying to - smoking - too **oder** So do I ❷ threaten ❸ me dirty looks ❹ Strangers in the night... ❺ should have warned her.

Zweite Welle: Nineteenth Lesson

▶ Sixty-ninth Lesson

Back to the Drawing Board ①

1 – What were you **do**ing **last** year? ②

2 – I was **work**ing for an inter**nat**ional **soft**ware **com**pany, but they were **bought**-out by a **big**ger **com**pany that was **then down**sized and I **lost** my **job**. In **fact** the whole **shop** was **shut** down. ③

3 – What are you **do**ing **now**?

4 – I am **writ**ing a **book** on the **dis**ad**van**tages of **down**sizing. ④

5 – Have you **star**ted **look**ing for a **pub**lisher or **have** you **found** one al**read**y?

6 – I had been **look**ing for the **bet**ter part of a **year** and **then** at the Chi**ca**go **Book Fair** I was **luck**y e**nough** to find a **pub**lisher that **seem**ed to be **per**fect, an **out**fit **cal**led **Rough** and **Read**y Books, **lo**cated in **Bal**timore. Do I **need** to **tell** you **more**? **Last** month, they were **forc**ed to **down**size and they **can**celled my **book con**tract. ⑤⑥⑦

7 – You're **back** to the **draw**ing board.

ANMERKUNGEN

① Der Ausdruck **back to the drawing board** stammt aus der Zeit, als in den Firmen Ideen und Entwürfe noch am Zeichenbrett entstanden. In einigen Jahren wird man diesen Ausdruck vielleicht durch **back to the computer screen** ("Computerbildschirm") ersetzen ...

② **What were you doing?** ist die Verlaufsform der Vergangenheit. Vgl. Lektion 42.

Wieder bei Null anfangen (Zurück zum Zeichenbrett)

1 - Was hast du letztes Jahr gemacht?

2 - Ich habe für eine internationale Software-Firma gearbeitet, aber sie wurden von einem größeren Unternehmen aufgekauft, in dem dann Stellen abgebaut wurden, und ich verlor meinen Arbeitsplatz. Im Grunde genommen wurde der ganze Laden geschlossen.

3 - Was machst du nun?

4 - Ich schreibe ein Buch über die Nachteile des Stellenabbaus.

5 - Hast du schon begonnen, nach einem Verleger zu suchen, oder hast du schon einen gefunden?

6 - Ich hatte fast ein ganzes Jahr gesucht, und dann hatte ich auf der Buchmesse in Chicago das Glück (war ich glücklich genug), einen Verleger zu finden, der perfekt schien, ein Laden, der sich Rough and Ready Books nennt, mit Sitz in (befindlich in) Baltimore. Muss ich dir mehr erzählen? Letzten Monat waren sie gezwungen, Stellen abzubauen, und haben meinen Buchvertrag gekündigt.

7 - Jetzt musst du wieder bei Null anfangen.

③ **Bought out** ist die Vergangenheit von **to buy out** "aufkaufen". Merken Sie sich die beiden Bedeutungen von **to sell out**: 1. "ausverkaufen": **The article was sold out** "Der Artikel war ausverkauft". 2. "Zu jdm. überlaufen": **He will never sell out to the other party** "Er wird niemals zur Gegenpartei überlaufen".

④ **Downsizing** "Stellenabbau" oder, eleganter, "Umstrukturierung". "Entlassen werden" heißt **to be layed-off**.

⑤ **To seem** "scheinen". **It seems as if ...** "Es scheint so, als wenn ..."; **It seems that ...** "Anscheinend ..."

⑥ **Enterprise** "Unternehmen" hat mehrere Synonyme: **company**, **establishment**, **firm**, **corporation**, **outfit**, wobei letzteres nicht unbedingt eine Firma, sondern einen beliebigen Arbeitsplatz bezeichnen kann. Ein **outfit** ist auch ein "Kostüm".

⑦ **Rough and ready** bedeutet "provisorisch, skizzenhaft, behelfsmäßig, grob".

1st EXERCISE

❶ He seems to be happy. ❷ Yes, he was lucky enough to find the perfect publisher for his book. ❸ He had been downright depressed after he had lost his job. ❹ Had he been layedoff? ❺ Yes, after his company had been bought out by a bigger one.

2nd EXERCISE

❶ Was hast du letzte Nacht in dieser Bar gemacht?

.... in that bar .... ?

❷ Ich habe für einen Detektiv gearbeitet.

I ... . a detective.

❸ Wie faszinierend! Und was machst du jetzt?

How fascinat ... ! And .... you ..... now?

❹ Ich schreibe eine Detektivgeschichte. Muss ich dir mehr erzählen?

I'm .... detective story. Do I .... ?

❺ Nein. Hast du schon einen Verleger gefunden?

No. Have you ..... a publisher .... ?

SOLUTIONS OF 1st EXERCISE

❶ Er scheint glücklich zu sein. ❷ Ja, er hatte das Glück (war glücklich genug), den perfekten Verleger für sein Buch zu finden. ❸ Er war geradezu deprimiert gewesen, nachdem er seinen Arbeitsplatz verloren hatte. ❹ Ist er entlassen worden? ❺ Ja, nachdem seine Firma von einer größeren [Firma] aufgekauft worden war.

SOLUTIONS OF 2nd EXERCISE

❶ What were you doing - last night ❷ was working for ❸ ing - what are - doing ❹ writing a - need to tell you more ❺ found - already.

Wenn Sie zu einem bestimmten Grammatikthema eine systematische Übersicht benötigen, können Sie jederzeit den grammatikalischen Anhang am Ende des Buches aufschlagen.

Zweite Welle: Twentieth Lesson

▶ Seventieth Lesson

Wiederholung und Anmerkungen

Es ist wieder einmal Zeit, ein paar Dinge zu wiederholen und zu vertiefen. Sie sind jetzt schon "fortgeschritten", das Sprechtempo in den Lektionen wurde gesteigert, die Übungen werden schwerer. Lesen Sie weiterhin aufmerksam die Anmerkungen; in ihnen findet sich eine Menge Vokabular, das auch in den Übungen auftaucht. Und vergessen Sie nicht die "Zweite Welle"; sie stellt eine zusätzliche Übung dar, und Sie können mit ihr gut Ihren Kenntnisstand überprüfen.

1. Die Verlaufsform der Vergangenheit

Diese Zeit nennt sich im Englischen **Past Continuous** (**continuous** "fortdauernd"). Sie war bereits Thema in Lektion 42. Sie wird mit einem Hilfsverb + einem Verb auf **-ing** gebildet.

Das **Past Continuous** beschreibt eine Handlung, die sich in der Vergangenheit abgespielt und die sich über einen längeren Zeitraum erstreckt hat. Im Deutschen wird dies mit der zusammengesetzten Vergangenheit oder mit der einfachen Vergangenheit wiedergegeben:

What were you doing when I called you last night? - I was reading a novel.
"Was hast du gerade gemacht, als ich dich gestern Abend anrief? - Ich las gerade einen Roman."

Das **Past Continuous** wird oft im Kontrast zum **Simple Past** (einfache Vergangenheit; Verb mit Endung **-ed** bzw. **-d** oder unregelmäßige Vergangenheit) verwendet, um eine Handlung zu beschreiben (**What were you doing...**), die sich in dem Moment abspielte, als ein bestimmtes Ereignis stattfand (**... when I called you last night**). Hier noch ein Beispiel:

I was dreaming of my next vacation (Past Perfect) **when the phone rang** (Simple Past). "Ich träumte gerade von meinem nächsten Urlaub, als das Telefon klingelte".

Um eine Gewohnheit in der Vergangenheit zu beschreiben, verwendet man die Form **used to** (vgl. Lektionen 33 und 35) oder, für eine in der Vergangenheit wiederholt erfolgte Handlung, das Wort **often** "oft" + **Simple Past**:

When I was young I used to go to Florida every summer. "Als ich jung war, fuhr ich jeden Sommer nach Florida."
When I was young I often went to Florida in the summer. "Als ich jung war, fuhr ich oft im Sommer nach Florida."

2. Too

Das Wörtchen **too** kann zwei Bedeutungen haben:

A. "zu (sehr)"
Hier gibt es verschiedene Konstruktionen:

Too + Adjektiv oder Adverb:

These shoes are too small for me "Diese Schuhe sind zu klein für mich".
The price is too high "Der Preis ist zu hoch".

Too much + Substantiv im Singular bei nicht zählbaren Dingen (das Substantiv kann auch impliziert sein):

I have too much work "Ich habe zu viel Arbeit".
He drinks too much "Er trinkt zu viel".

Too many + Substantiv im Plural bei zählbaren Dingen (das Substantiv kann auch impliziert sein):

They have too many things to do "Sie haben zu viele Dinge zu erledigen".
There are too many mice in the house "Es sind zu viele Mäuse im Haus".

B. “auch”
In dieser Bedeutung wird **too** nachgestellt bzw. am Satzende angehängt:

I'm tired. - Me too! “Ich bin müde. - Ich auch!”
I'm going to work in New York. - My sister too! “Ich werde in New York arbeiten. - Meine Schwester auch!”

3. Das Present Perfect

A. Present Perfect Simple

Diese Zeit wurde in Lektion 65 angesprochen. Sie wird aus der entsprechenden Form von **to have** + Partizip Perfekt gebildet. Charakteristisch für diese Zeitform ist, dass eine Beziehung zwischen der in der Vergangenheit erfolgten Handlung bzw. dem Ereignis und der Gegenwart besteht. Das **Present Perfect Simple** wird verwendet, wenn:

- der Zeitpunkt, zu dem die Handlung stattgefunden hat, nicht genannt wird:

I've had many wives “Ich habe viele Ehefrauen gehabt” impliziert, dass dieser Zustand noch nicht beendet ist, d. h. dass die Person zum Zeitpunkt des Sprechens noch immer eine Ehefrau hat.

- der Zeitpunkt, zu dem die Handlung stattgefunden hat, mittels einer Zeitangabe wie **already** “schon”, **ever** “jemals”, **never** “niemals”, **yet** “noch nicht”, **so far** “bislang” genannt wird:

Has he ever stayed in this hotel? “Hat er jemals in diesem Hotel gewohnt?”
I have never been to Denmark. “Ich bin niemals in Dänemark gewesen.”

B. Present Perfect Continuous (Verlaufsform)

Diese Form wird mit dem **Present Perfect Simple** von **to be**, d. h. **have been** oder **has been**, + der Verlaufsform des Verbs, d. h. **-ing**-Form, gebildet. Diese Zeitform wird für länger andauernde Handlungen bzw. Ereignisse verwendet, die in der Vergangenheit begonnen haben und zum Zeitpunkt des Sprechens noch andauern oder gerade beendet sind:

It has been snowing all day "Es hat den ganzen Tag geschneit" impliziert, dass es jetzt immer noch schneit.
I'm tired, I have been running "Ich bin müde; ich bin gelaufen".

Häufig wird bei dieser Zeitform die Zeitdauer der Handlung mit **for** "seit" und der Zeitpunkt mit **since** "seit" präzisiert:

I have been studying English for two months "Ich studiere/lerne seit zwei Monaten Englisch".
I have been studying English since January "Ich studiere/lerne seit Januar Englisch".

4. Simple Past (einfache Vergangenheit) oder Present Perfect?

Wann benutzt man nun die einfache Vergangenheit (Verb mit Endung **-ed** bzw. **-d** oder unregelmäßige Vergangenheit) und wann das **Present Perfect**?

Die Grundregel lautet: Wenn der Zeitpunkt, zu dem die Handlung stattgefunden hat, nicht genannt wird, jedoch eine Verbindung zwischen der Vergangenheit und der Gegenwart besteht, so verwendet man das **Present Perfect** (Absatz 3 dieser Lektion). Besteht jedoch keine Verbindung zwischen der Vergangenheit und der Gegenwart, so benutzt man das **Simple Past**. Sagt z. B. jemand **I've had many wives** (**Present Perfect**), so bedeutet dies, dass die Person in der Vergangenheit mehrere Ehefrauen hatte und zum Zeitpunkt des Sprechens, also in der Gegenwart, immer noch. Sagt eine Person dagegen **I had many wives** (**Simple Past**), so bedeutet dies, dass sie zum Zeitpunkt des Sprechens keine Ehefrau mehr hat, der Zustand also abgeschlossen ist. Eine weitere Regel besagt, dass mit Zeitbestimmungen, die die Idee "bis jetzt, bis zum heutigen Tag" ausdrücken, das **Present Perfect** verwendet wird. Drückt jedoch die Zeitbestimmung aus, dass die Handlung abgeschlossen ist ("letzte Woche", "vor drei Jahren" usw.), verwendet man die einfache Vergangenheit.

Beispiele:

I haven't seen that film yet "Ich habe diesen Film noch nicht gesehen" bedeutet, dass die sprechende Person sich den Film jederzeit, womöglich sofort, ansehen kann.

I didn't see that film "Ich habe diesen Film nicht gesehen" impliziert, dass die sprechende Person den Film höchstwahrscheinlich nicht mehr ansehen wird, der Film gehört sozusagen der Vergangenheit an; das Thema ist für die sprechende Person abgeschlossen.

Die Zeitformen stellen im Englischen/Amerikanischen eines der kompliziertesten, wenn nicht das komplizierteste Grammatikthema dar, weil sie meistens nicht analog ins Deutsche übernommen werden können und von Deutschsprachigen anfangs nur schwer nachzuvollziehen sind. Sie sind daher zugegebenermaßen etwas gewöhnungsbedürftig. Mit ein bisschen Übung und zunehmender Praxis werden Sie sie jedoch schnell beherrschen!

5. No

No heißt selbstverständlich "Nein", aber auch "keiner, keine, keines" usw. Sie haben z. B. die Sätze **No problem** "Kein Problem" und **It makes no difference** "Das macht keinen Unterschied" kennengelernt. Sie können auch sagen: **There is no tiger in the cage** "Da ist kein (Es gibt keinen) Tiger im Käfig" usw.

Merken Sie sich auch die Redewendung **It's no use...** "Es ist nicht nötig, ...":

> **It's no use spending all that money** "Es ist nicht nötig, das ganze Geld auszugeben".

6. To get

Wir wollen uns noch einmal mit dem Verb **to get** beschäftigen, da es ein Verb mit sehr vielseitigen Bedeutungen ist.

A. To get + direktes Objekt = “bekommen, erhalten”:

She got crystal wine glasses from her cousin “Sie bekam/erhielt Kristallweingläser von ihrer Cousine”.

He got some medicin [*me-di-ßin*] **from the doctor** “Er bekam Medizin vom Arzt”.

B. To get + Präposition = Bewegung:

To get off “aussteigen, absteigen”
To get on “einsteigen, aufsteigen”
To get out “herausgehen, rausfahren, aussteigen”
To get up “aufstehen, aufsteigen, aufsitzen”

C. To get + Adjektiv = “werden”:

To get old “alt werden”
To get tired “müde werden”
To get well “gesund (gut) werden”
To get wet “nass werden”

D. To get + Partizip Perfekt = transitives Verb:

To get dressed “sich anziehen”
To get excited [*ik-**ßai**-tid*] “sich aufregen”
To get interested “sich interessieren”
To get washed “sich waschen”

E. To get = “abholen, holen, besorgen”:

I'll get you at the airport “Ich werde dich am Flughafen abholen”.
Can you get me some tea, please? “Kannst du mir etwas Tee holen, bitte?”
There is no more milk in the fridge [*fridsch*]; **we have to get some** “Es gibt keine Milch mehr im Kühlschrank; wir müssen welche holen”.

Uff, jetzt ist es aber Zeit für eine Verschnaufpause!

Zweite Welle: Twenty-first Lesson

Seventy-first Lesson

Let's Not Make a Big Deal about This, Okay? ①

1 – **Lis**ten, you **cut** me **off**. I had the **right** of **way**! ②③

2 – You were **driv**ing too **fast**. ④

3 – That's **not** the **point**. You **ran in**to the **rear** of my Toy**o**ta. ⑤

4 – So you ad**mit** you were **driv**ing too **fast**. You **just** ad**mit**ted it, **did**n't you?

5 – **You** ran through the **yield** sign with**out yield**ing! ⑥

6 – **Hey**, **lis**ten the **dam**age is a**bout e**qual to **both** cars. Let's not **make** a **big** deal a**bout** this, o**kay**? ⑦

PRONUNCIATION

[... ***di:l*** ... **3** ... ***ri*** *er*... **4** ... *äd-**mid**-did* ... **5** ... ***ji:ld*** ... **6** ... ***dä**-mödsch~* ... ***i:**-kuöl*...]

ANMERKUNGEN

① **Deal** "Geschäft". Sind sich zwei Verhandlungspartner über etwas einig geworden, sagen sie **It's a deal!** "Abgemacht!". Ein **big deal** kann ein "wichtiges Ereignis" sein. Das Verb **to deal** hat je nach nachfolgender Präposition viele unterschiedliche Bedeutungen.

② **To cut** "(ab)schneiden": **Can you cut me a slice of bread?** "Kannst du mir eine Scheibe Brot abschneiden?". **To cut off** "abschneiden, abtrennen", aber auch "unterbrechen": **Don't cut me off!** "Unterbrich mich nicht". Eine häufige Redewendung mit **to cut** ist **Cut it out!** "Hör auf damit!", als Synonym **Stop it!**.

③ **Right of way** "Vorfahrt". Das Vorfahrtsschild ist dreieckig und mit der Aufschrift **Yield** versehen (**to yield** "gewähren"; "erzeugen, ergeben"). Im Gegensatz zur europäischen Regelung hat in den USA meistens nicht derjenige, der von rechts kommt, die Vorfahrt.

Einundsiebzigste Lektion

Lassen Sie uns keine große Geschichte (kein großes Geschäft) daraus machen, okay?

1 - Hören Sie [mal], Sie haben mich geschnitten. Ich hatte (die) Vorfahrt!

2 - Sie sind zu schnell gefahren!

3 - Darum geht es nicht (Das ist nicht der Punkt). Sie sind mir hinten in meinen Toyota reingefahren.

4 - Sie geben also zu, dass Sie zu schnell gefahren sind. Sie haben es gerade zugegeben, nicht wahr?

5 - Sie haben das Schild "Vorfahrt achten" überfahren, ohne die Vorfahrt zu achten!

6 - Na gut, hören Sie zu, der Schaden ist an beiden Autos ungefähr gleich. Lassen Sie uns keine große Geschichte daraus machen, okay?

④ Wie Sie wissen, hat **too** zwei Bedeutungen, die im folgenden Beispiel deutlich werden: **He drives too fast, and his father too** "Er fährt zu schnell, und sein Vater auch".

⑤ **Point** (Grundbedeutung "Punkt") bedeutet auch "Sache, Thema, Frage". Die Redewendung **That's not the point** existiert analog im Deutschen: "Das ist nicht der Punkt" (= Darum geht es nicht). Bei einer Besprechung sind die **main points** die "Hauptargumente". **What's the point?** bedeutet "Was soll das?, Wozu dient das?" Und wenn eine Person nichts verstanden hat, sagt man **He missed the point....**

⑥ **Through** "durch", aber auch "fertig mit": **I'm through with my dinner** "Ich habe mein Abendessen beendet". **Through and through** "durch und durch, vollkommen". **He's nasty through and through** "Er ist durch und durch böse".

⑦ Hier sehen Sie die beiden Bedeutungen von **about**: "über" und "ungefähr". **We are talking about his new book** "Wir sprechen gerade über sein neues Buch". **They'll be back in about two months** "Sie werden in etwa 2 Monaten zurück sein". Ein Vorschlag wird manchmal mit **How about ...?** "Und wie wär's mit ...?" eingeleitet (vgl. Satz 8!). Merken Sie sich auch: **to be about to** "kurz davorstehen, zu ...": **I was about to leave when the phone rang** "Ich wollte gerade gehen, als das Telefon klingelte".

7 – You **got** to be **out** of your **mind**! It was **your** fault and **I'm go**ing to **take** you to the **clean**er's, **bud**dy! ⑧⑨⑩

8 – How a**bout** re**pea**ting **that** to my in**sur**ance **com**pany?

PRONUNCIATION

[*7 ... **kli**:-nörs, **bad**-di 8 ... in-**schu:**-rönß ...*]

1st EXERCISE

❶ Why do you always have to cut me off when I sing? ❷ Ken and Bill's weight is about the same. ❸ What are you talking about? ❹ She's about to have a baby. ❺ He lost his marbles.

2nd EXERCISE

❶ Wir fuhren durch den Wald.

We .... the forest.

❷ Hast du auch zu viel gegessen?

Did you eat ... much ... ?

❸ Ich bin fertig (durch) mit ihm!

I'm .... !

❹ Beide Autos sind rot.

.... cars are ... .

❺ Warum [soll man] eine große Geschichte daraus machen?

... make a ... . this?

7 - Sie müssen den Verstand verloren haben! Es war Ihre Schuld, und ich werde Sie bis aufs Hemd ausziehen (werde Sie zur Reinigung bringen), Freundchen!

8 - Wie wär's, wenn Sie das vor meiner Versicherung(sgesellschaft) wiederholen?

ANMERKUNGEN

(8) **You're out of your mind** = **You're crazy** hat noch andere bildhafte Synonyme, aber Achtung: Sie sind beleidigend! **You're off your rocker!, You lost your marbles!, You're out of your gourd!, You're off the wall! You're nuts!** Die Formulierung **You got to be ...** "Sie müssen ... sein" wirkt abschwächend.

(9) **To take sb. to the cleaner's** hat das Synonym **to rip sb. off** "jdm. (auf hinterhältige Weise) das Geld aus der Tasche ziehen". Man sagt auch **to cheat sb.**

(10) **Buddy** "Freundchen" ist hier natürlich ironisch gemeint.

SOLUTIONS OF 1st EXERCISE

❶ Warum musst du mich immer unterbrechen (abschneiden), wenn ich singe? ❷ Kens und Bills Gewicht ist ungefähr gleich. ❸ Worüber redest du? ❹ Sie ist kurz davor, ein Baby zu bekommen. ❺ Er hat nicht alle Tassen im Schrank (hat seine Murmeln verloren).

SOLUTIONS OF 2nd EXERCISE

❶ drove through ❷ too - too ❸ through with him ❹ Both - red ❺ Why - big deal about

Zweite Welle: Twenty-second Lesson

Seventy-second Lesson

See Spot Run!

1 – Come **here**, **Spot**. **Good** boy! ①
2 Now **sit**. **Give** me your **paw**. Your **paw**. **Beg**, Spot. ②③
3 Spot, your **paw**. **Good** dog. Yes, you're a **good** pup. **Yes**. ④
4 Spot, **fetch**. **Go** a**head**, **get** it. **O**ver **there**. The **stick**, **fetch** it. **No**! You **gave** me your **paw** al**read**y. And **don't** lick.⑤⑥
5 **Spot**, **stop** it, **would** you! **Give** me **back** my **shoe**. **That's** one of my **good** ones. ⑦⑧
6 **Spot**, **no**, get **off** the **so**fa with those **dir**ty paws.

PRONUNCIATION

[**2** ...***po:*** ... **3** ... *pap* ... **4** ... ***fetsch*** ... **6** ... ***ßou**-fö* ...]

ANMERKUNGEN

① **Spot** war lange Zeit der beliebteste Hundename in den USA, denn Spot war ein gepunkteter (**spotted**) Beagle in den Lesebüchern der Schulanfänger (**first grades**), die mit **See Spot run. See Spot jump.** begannen. Weiterhin ist **spot** eine "Stelle", ein "Fleck"; **to spot** bedeutet "beklecksen, beschmutzen". **Unspotted** "unbefleckt".

② Erinnern Sie sich an die Bildung der Befehlsform? Infinitiv ohne **to**, in der 1. Person Plural mit **Let's** und in der Negativform durch vorangestelltes **Don't: Let's run!** "Lass uns rennen!", **Don't hit me** "Schlag mich nicht".

③ **Good boy** bzw. **good girl** sind Kosenamen für Hunde. Unter **to beg** versteht man das Heben der Pfote (**paw**) mit anschließendem "Betteln". Bei Tisch heißt es deshalb **Don't beg!**. Merken Sie sich noch **It's a dog's life!** "Das ist ein Hundeleben!".

Zweiundsiebzigste Lektion

Seht, wie Spot läuft (Seht Spot laufen)!

1 - Komm her, Spot. Guter Junge!

2 Jetzt sitz. Gib mir deine Pfote. Dein Pfote. Pfote hoch (bettle), Spot.

3 Spot, deine Pfote. Guter Hund. Ja, du bist ein guter Hund (Welpe). Ja.

4 Spot, hol [es]. Voran, hol es. Da drüben. Den Stock, hol ihn. Nein! Du hast mir schon deine Pfote gegeben. Und leck nicht.

5 Spot, hör auf damit, bitte (würdest du)! Gib mir meinen Schuh zurück. Das ist einer von meinen guten.

6 Spot, nein, geh mit den dreckigen Pfoten vom Sofa herunter.

④ **Pup** ist die Kurzform für **puppy** "Welpe". Andere Tierkinder heißen: **kitten** "Kätzchen", **colt** "Fohlen", **fawn** "Kitz", **lamb** "Lamm", **calf** [*ka:f*] "Kalb", **kid** "Zicklein", **chick** "Küken", **bunny** "Häschen".

⑤ **To fetch** ist das Synonym für **to go get** "abholen, holen": **I went to fetch the mail at the post office** "Ich habe die Post beim Postamt abgeholt".

⑥ **Here / over here** "hier" und **there / over there** "dort". **The personnel** [*pö:rsö-**nel***] **department is over here while the maintenance** [***mein**-tö-nönß*] **departmemt is over there** "Die Personalabteilung ist hier [drüben], während die Wartungsabteilung dort [drüben] ist".

⑦ **Would you oder will you** ist beim Imperativ wie ein "**tag**" zu betrachten (vgl. Lektion 28) und heißt "... bitte!" oder "... , ja?" **Stop smoking, would you?** "Hör bitte mit dem Rauchen auf, ja?"

⑧ Will man das Substantiv nicht wiederholen, benutzt man **one** (Singular) bzw. **ones** (Plural): **I like this dress. Do you also have a green one?** "Ich mag dieses Kleid. Haben Sie es auch in grün (ein grünes)?" **These shoes are too small; I need bigger ones** "Diese Schuhe sind zu klein, ich brauche größere". **Another one / other ones** "ein weiterer / weitere": **I finished my coffee. Could you please bring me another one?** „Ich habe meinen Kaffee ausgetrunken. Könnten Sie mir bitte noch einen bringen?"

7 **Spot**, you **dumb mutt**, **get o**ver here. **Lay** down. **Good.** ⑨

8 Now **roll o**ver. **Roll** over, boy. Don't **wor**ry, **Dad**dy won't **hit** you.

9 **Yes**, you're a **good** boy, Spot. **Here's** a **bis**cuit. ⑩

PRONUNCIATION

[*7 ... **dam mat** ... 9 ... **biß**-kit*]

1st EXERCISE

❶ Don't lick my new shoes, lick the old ones. ❷ Get off the bed with your dirty feet! ❸ She's mute but not dumb at all! ❹ I'd like to buy some dog biscuits ... They look good! Can I try one? ❺ Please, Spot, give Daddy your paw!

2nd EXERCISE

❶ Gib mir meinen Keks zurück!

. . . . my biscuit!

❷ Keine Sorge, er wird Sie nicht lecken!

Don't . . . . . , he . . . ' . . . . . you.

❸ Im Garten sind zwei Küken, ein gepunktetes Zicklein und eine schwarzweiße Kuh.

In the garden there . . . two . . . . . . ,
a . . . . , and a . . . . . and
. . . .

❹ Vergiss nicht, was ich dir gesagt habe!

. . . ' . forget . . . . I . . . . you!

7 Spot, du dummer Köter, komm hier herüber. Leg dich hin. Gut.

8 Nun leg dich auf den Rücken. Leg dich auf den Rücken, Junge. Keine Sorge, Herrchen (Papa) wird dich nicht schlagen.

9 Ja, du bist ein guter Junge, Spot. Hier ist ein Keks.

ANMERKUNGEN

(9) Die Grundbedeutung von **dumb** ist "stumm" (Synonym: **mute** [*mju:t*]), eine weitere ist "blöd, doof". **That was real dumb!** "Das war wirklich blöd!", **What a dumb idea!** "Was für eine bescheuerte Idee!". Das Gegenteil lautet **smart** "klug". **Mutt** "Schafskopf".

(10) **Biscuit** "Keks, Gebäck". **Dog biscuit** "Hundekuchen".

SOLUTIONS OF 1st EXERCISE

❶ Leck nicht meine neuen Schuhe [ab], leck die alten [ab]. ❷ Geht mit euren schmutzigen Füßen vom Bett herunter! ❸ Sie ist stumm, aber überhaupt nicht dumm! ❹ Ich würde gerne ein paar Hundekuchen kaufen ... Sie sehen gut aus! Kann ich einen probieren? ❺ Bitte, Spot, gib Herrchen (Papa) die (deine) Pfote!

SOLUTIONS OF 2nd EXERCISE

❶ Give me back ❷ worry - won't lick ❸ are - chicks - spotted kid - black - white cow ❹ Don't - what - told

Zweite Welle: Twenty-third Lesson

Seventy-third Lesson

She Married Her Publisher ①②

1 **Max**ine **Ferg**uson has **had** an **in**te**rest**ing **l**ife.

2 **Born** and **rai**sed in **Burl**ington, Ver**mont**, she at**ten**ded the **U**ni**ver**sity of A**las**ka, where she **ma**jored in ma**rine** eco**lo**gy, **mi**nored in **I**rish **li**terature, and **grad**uated with h**o**nors in **biology**. ②③

3 She **spent** two pro**duc**tive years as the **res**ident **biol**ogist on a **re**search ship in the **frig**id **Ar**ctic **Cir**cle. ④

4 In 1989 (**nine**teen **eigh**ty-**nine**) she **won** a **Na**tional **Sci**ence Foun**da**tion **Grant** for her ad**vanced** work on sea **ot**ters and their **un**der**wa**ter **ma**ting **hab**its. ⑤

5 Her **book** ***Ot****ters and* ***Oth****er Great Ma****rine*** ***Lov****ers* was **re**cently **pub**lished by Mc**Graw-Hill** in New **York**. ⑥

6 In 1996 (**nine**teen **nine**ty-**six**), at the **age** of 45 (**for**ty-**five**), to **every****one's** sur**prise**, she **mar**ried her publisher, Mr. (**Mis**ter) **Greg Sim**pson, who was **o**nly 24 (**twen**ty-**four**) years **old**.

PRONUNCIATION

[**2** ... ***reis****d* ... *ö-****ten****-did* ... ***mei****-dsch~örd* ... *mö-****ri:n*** *i-****ko****-lo-dsch~i* ... ***mai****-nörd* ... ***grä****-dju-ei-tid* ... ***o****-nörs* ... *bai-****o****-lo-dsch~i* **3** ... ***re****-si-dönt* ... ***ri****-ßö:rtsch schip* ... ***fri****-dsch~id* ... ***ßö:r****-kl* **4** ... ***ßai****-önß faon-****dei****-schön* ***gränt*** ... *öd-****vänß****d* ... ***mei****-ting* ...]

ANMERKUNGEN

① Ein **publisher** ist ein “Verleger”, ein **editor** oder **copy editor** ist ein “Redakteur”. Der **editor in chief** ist der “Chefredakteur”. **To publish** “verlegen, herausgeben”.

② **To attend** “besuchen, gehen (zu, auf), teilnehmen an”. **To attend church, school, university ...** “In die Kirche, in die Schule, auf die Universität ... gehen”.

Sie hat ihren Verleger geheiratet

1 Maxine Ferguson hat ein interessantes Leben gehabt.

2 Geboren und aufgewachsen in Burlington, Vermont, besuchte sie die Universität von Alaska, wo sie als Hauptfach Meeresökologie und als Nebenfach irische Literatur studierte und ihren Abschluss in Biologie mit Auszeichnung machte.

3 Sie verbrachte zwei produktive Jahre als ständige Biologin auf einem Forschungsschiff am frostigen Polarkreis.

4 (In) 1989 erhielt (gewann) sie einen Zuschuss von der Nationalen Wissenschaftsstiftung für ihre eingehenden Studien (Arbeit) über Seeotter und ihre Paarungsgewohnheiten unter Wasser.

5 Ihr Buch “Otter und andere großartige Meeresliebhaber” wurde kürzlich von McGraw-Hill in New York veröffentlicht.

6 (In) 1996 heiratete sie im Alter von 45 Jahren zu jedermanns Überraschung ihren [zu diesem Zeitpunkt] nur 24 Jahre alten Verleger, Herrn Greg Simpson.

③ Die Studenten wählen während des 3. Studienjahres (**Junior Year**) ein Hauptfach (**major**) und ein Nebenfach (**minor**). So hört man oft die Frage **What are you majoring in?** “Was ist dein Hauptfach?”. Die Studierenden des 1. Studienjahres tragen die Bezeichnung **freshman** “Frischling”. Interessante Details zu Studium und akademischen Graden finden Sie in Lektion 77.

④ Das Adjektiv **resident** beschreibt eine Person, die eine permanente Stelle hat, sei es bei einem Amt, in einem Krankenhaus oder an einer Universität. Das Substantiv **resident** steht für “Bewohner, Einwohner, Anlieger”.

⑤ In den USA ist ein Universitätsstudium z. T. sehr teuer. 30 % der Studierenden können ihr Studium mithilfe eines **scholarships** “Stipendiums” finanzieren. **Grant** ist ein “Zuschuss”, eine “Beihilfe”, die besonders fleißigen Studierenden gewährt wird. Ein **loan** ist ein “Darlehen”, das später zurückgezahlt werden muss.

⑥ Ein **lover** kann ein “Liebhaber”, ein “Verliebter”, aber auch ein “Amateur” sein. Um welche Art von **lover** es sich handelt, muss man nach dem Kontext entscheiden.

1st EXERCISE

❶ My copy editor is attending a course on sea otters. ❷ Her daughter graduated with honors. ❸ Will you marry me? ❹ We spent two years in Africa. ❺ I'm a freshman.

2nd EXERCISE

❶ Ich bin ein großer Schokoladenliebhaber.

I'm a . . . .

❷ Was ist dein Hauptfach?

What's . . . . ?

❸ Er war erst 18 Jahre alt, als er sein Studium abschloss.

He . . . . 18 . . . . when he . . . .

❹ Ich wollte ein Stipendium, kein Darlehen!

I . . . . . . a . . . . , not a . . . . !

Seventy-fourth Lesson

One Has to Be Tolerant

1 – So, **what** did you **do?** How'd you **han**dle the **sit**u**a**tion with your neu**ro**tic **moth**er-in-**law**? ①②③

PRONUNCIATION [*1... **hän**dl ... nju-**ro**-dik ...*]

ANMERKUNGEN

① **How'd** ist die Kurzform von **How did**, es kann auch für **how would** stehen: **How'd / How did you get to New York?** "Wie bist du nach N. Y. gekommen?"; **How'd / How would you like your breakfast?** "Wie hättest du gerne (würdest du gerne haben) dein Frühstück?"

SOLUTIONS OF 1st EXERCISE

❶ Mein/-e Redakteur/-in nimmt an einem Kurs über Seeotter teil. ❷ Ihre Tochter machte ihren Abschluss mit Auszeichnung. ❸ Willst (Wirst) du mich heiraten? ❹ Wir haben zwei Jahre in Afrika verbracht. ❺ Ich bin ein Erstsemester (Studienanfänger/-in).

SOLUTIONS OF 2nd EXERCISE

❶ great chocolate lover ❷ your major ❸ was only - years old - graduated ❹ wanted - scholarship - loan.

Zweite Welle: Twenty-fourth Lesson

Vierundsiebzigste Lektion

Man muss tolerant sein

1 - Was hast du also gemacht? Wie bist du mit der Situation mit deiner neurotischen Schwiegermutter umgegangen?

② **To handle** hat recht unterschiedliche Bedeutungen. Meistens heißt es "umgehen mit", aber auch "erledigen", "zurechtkommen mit", "behandeln" (Thema), "handhaben" (Maschine usw.). Sie kennen vielleicht die Aufschrift auf Kartons: **Handle with care** "Vorsichtig behandeln". **Handle** als Substantiv ist ein "Griff", eine "Klinke".

③ In den USA, vor allem in New York, wird mit dem Begriff **neurotic** sehr leichtfertig umgegangen: Oft bezeichnet er einfach Personen, die ein paar eigenartige Angewohnheiten haben.

2 – Be**lieve** it or not, she **turn**ed out to be a real doll, a **sav**iour, a gem. ④

3 – Is this the same **wom**an that you've **al**ways com**plain**ed a**bout**? The one who **vac**uums **un**der your feet and con**sid**ers **beer**-**drink**ing on **Sun**days a sin? ⑤⑥

4 – **That**'s the one. But this **sum**mer we con**vin**ced her to stay with the kids **ev**ery night while Diane and I went out.

5 We **man**aged to see five new films. We dis**co**vered a hip jazz club **cal**led the Kool Kat, and we found a very ro**man**tic French **rest**aurant with a quaint inn next door. ⑦⑧⑨

6 It was just what we **need**ed to re**new** our re**la**tionship. You know Diane is still a **ver**y **beau**tiful **wom**an.

7 I'm **tel**ling you, one **has** to be **tol**erant, that's all. ⑩

8 – All this thanks to your **moth**er-in-law, huh?

PRONUNCIATION

[**2** ... ***ßei***-*vjur* ... *dschem* **3** ... ***vä***-*kju-ums* ... **4** ... *dai-**jän*** ...]

2 - Glaub es oder nicht, sie erwies sich schließlich als wahrer Schatz (Puppe), als Retter, als Juwel.

3 - Ist dies die gleiche Frau [wie die], über die du dich immer beschwert hast? Die, die unter deinen Füßen staubsaugt und Biertrinken am Sonntag (an Sonntagen) als Sünde betrachtet?

4 - Das ist sie. Aber diesen Sommer haben wir sie rumgekriegt (davon überzeugt), jeden Abend bei den Kindern zu bleiben, während Diane und ich ausgegangen sind.

5 Wir haben [es] geschafft, fünf neue Filme anzusehen. Wir haben einen beliebten (In-)Jazz-Club entdeckt, der Kool Kat heißt, und wir haben ein sehr romantisches französisches Restaurant mit einem gemütlichen Gasthof nebenan gefunden.

6 Es war genau [das], was wir brauchten, um unsere Beziehung zu beleben (erneuern). Du weißt, Diane ist nach wie vor eine sehr schöne Frau.

7 Ich sag['s] dir, man muss tolerant sein, das ist alles.

8 - [Und] Das alles dank deiner Schwiegermutter, was?

ANMERKUNGEN

④ **To turn out** ist eines von zahllosen sog. **phrasal verbs**, d.h. Verb-Präposition-Konstruktionen, von denen Sie einige kennen. Es kann bedeuten "nach außen drehen", aber auch "abschalten", "hervorbringen" u. v. m. Hier hat es die Bedeutung "sich erweisen als, sich herausstellen als". **His son turned out badly** "Sein Sohn ist missraten" (schlecht herausgekommen).

⑤ **To complain (about)** "sich (über etw.) beschweren/beklagen". **How are you? - Oh, I can't complain** "Wie geht es dir? - Oh, ich kann mich nicht beklagen".

⑥ **The one who** "derjenige, der / diejenige, die".

⑦ **To manage** "verwalten, leiten, führen", aber auch "handhaben, fertigwerden mit, etw. schaffen". Man hört häufig **I'll manage / We'll manage** "Ich werde / Wir werden es schon schaffen / Es wird schon gehen".

⑧ **Kool** stammt von dem in den 60er-Jahren und in den 90er-Jahren populären **Cool** "super, klasse" ab. Ein Synonym, das "in" bedeutet, ist **hip** (oder **hep**).

⑨ **Next door** "nebenan". **The girl next door** ist das berühmte "Mädchen von nebenan", das man kennt und das man sich gerne als Frau oder Schwiegertochter vorstellt.

⑩ **One** ist hier das unpersönliche "man". Ist "man" im Sinne von "jedermann, die Menschen im Allgemeinen" gemeint, verwendet man häufig **you**: **You can't read a book in five minutes** "Man kann kein Buch in fünf Minuten lesen".

1st EXERCISE

❶ One should always be friendly. ❷ Handle the package with care! ❸ Her cake turned out badly. ❹ I visited a cool website on the Internet. ❺ My mother-in-law has a neurotic relationship with the manager of the Kool Kat.

2nd EXERCISE

❶ Erinnerst du dich an das Mädchen von nebenan, die, die Jazz mochte?

.. ... remember ... ., the ... ... loved jazz?

❷ Ja, es wurde schließlich eine große Musikerin aus ihr.

Yes, she .... a great musician.

❸ Es war nicht einfach, mit ihr umzugehen.

She ....'. ....

Seventy-fifth Lesson

To Ski or Not to Ski

1 – But you said you could fix it. ①②

2 – I know, but we **could**n't get the ex**haust** pipe from the dis**trib**utor in **Al**bany. It's on **or**der. ③④

PRONUNCIATION [... *ßki:* ... **2** ... *ig-so:ßt paip ... diß-tri-bju-tör* ...]

ANMERKUNGEN

① Bedenken Sie, dass **that** hier fakultativ ist: **You said (that) you would help me** "Du hast gesagt, dass du mir helfen würdest / du würdest mir helfen".

SOLUTIONS OF 1st EXERCISE

❶ Man sollte immer freundlich sein. ❷ Geh mit dem Paket vorsichtig (mit Sorgfalt) um! ❸ Ihr Kuchen ist nicht gelungen (erwies sich als schlecht). ❹ Ich habe eine supertolle Website im Internet besucht. ❺ Meine Schwiegermutter hat eine neurotische Beziehung zum Geschäftsführer des Kool Kat.

❹ Sie hat sich immer über unseren Hund beschwert.

She always .... dog.

❺ Sie war ein bisschen neurotisch, aber sie hat es geschafft.

She was a bit .... but ... .!

SOLUTIONS OF 2nd EXERCISE

❶ Do you - the girl next door - one who ❷ turned out to be ❸ wasn't easy to handle ❹ complained about our ❺ neurotic - she managed.

Zweite Welle: Twenty-fifth Lesson

Fünfundsiebzigste Lektion

Ski fahren oder nicht Ski fahren

1 - Aber Sie haben gesagt, dass Sie es reparieren könnten.
2 - Ich weiß, aber wir konnten das Auspuffrohr vom Großhändler in Albany nicht bekommen. Es ist bestellt.

② **To fix** ist synonym zu **to repair** "reparieren". Es bedeutet auch "zubereiten": **I'll fix you a sandwich** "Ich werde dir ein Sandwich zubereiten".

③ **Could** "konnte" kann die Vergangenheit von **can** "können" oder aber das Konditional "könnte" (vgl. Lektion 49) sein. Mehr dazu in Lektion 77.

④ **To be on order** "bestellt sein"; **to order** "auf Bestellung"; **by order of** "auf Anordnung von"; **by order only** "nur auf Bestellung".

3 – Why **did**n't you call me be**fore** I got here?
4 – We **could**n't find your phone **num**ber.
5 – We're **go**ing **ski**ing this **week**end and we need the car! ⑤
6 – I can try an**oth**er dis**trib**utor, but I can't **prom**ise **any**thing. ⑥
7 – **I** can **prom**ise you that I **won**'t be back!
8 – Do you want to go **ski**ing or not? ⑦

PRONUNCIATION [*6 ... **pro**-miß ...*]

1st EXERCISE

❶ Her skis are on order. ❷ We're going downhill skiing in Aspen. ❸ Personally, I prefer eating ice-cream than spinach. ❹ Jack couldn't see anything from the window. ❺ She promised she could babysit.

2nd EXERCISE

❶ Mögen Sie lieber Langlauf oder Abfahrtslauf?

.. ... prefer .....-...... ...... or .... ?

3 - Warum haben Sie mich nicht angerufen, bevor ich (hier) herkam?
4 - Wir konnten Ihre Telefonnummer nicht finden.
5 - Wir gehen dieses Wochenende Ski fahren und wir brauchen das Auto!
6 - Ich kann es bei einem (einen) anderen Großhändler versuchen, aber ich kann nichts versprechen.
7 - [Aber] ich kann Ihnen versprechen, dass ich nicht zurückkommen werde!
8 - Möchten Sie Ski fahren gehen oder nicht?

ANMERKUNGEN

⑤ Beachten Sie die beiden **ii** in **skiing** (man hört sie auch in der Aussprache!). "Abfahrtslauf" heißt **downhill** oder **Alpine skiing**, "Langlauf" **cross country skiing**. Es gibt in den USA zahlreiche schöne Skigebiete, so in den **Rocky Mountains**, **Colorado** (**Aspen**, **Vale**), in den **Green Mountains** von **Vermont**, aber auch in **Kalifornien**, **Idaho** und **Utah**.

⑥ **Anything** kann in affirmativen Sätzen "alles" heißen (**I eat anything** "Ich esse alles"), in Fragen "etwas" (**Do you need anything?** "Brauchst du etwas?") und in negativen Aussage- oder negativen Fragesätzen "nichts" (**I don't need anything** "Ich brauche nichts"; **Don't you need anything?** "Brauchst du nichts?").

⑦ Zum Abschluss ein bisschen Vokabular rund ums Skifahren: **skis** "Skier", **poles** [*pouls*] "Stöcke", **ski binding** "Bindung", **goggles** [*gogls*] "Skibrille", **ski lift** "Skilift", **rope tow** [*roup tou*] "Seilbahn", **chair lift** "Sessellift" und nicht zu vergessen: **hot chocolate** "heiße Schokolade"!

SOLUTIONS OF 1st EXERCISE

❶ Ihre Skier sind bestellt. ❷ Wir gehen zum Abfahrtslauf nach Aspen. ❸ Ich persönlich esse lieber Eiscreme als Spinat. ❹ Jack konnte vom Fenster aus nichts sehen. ❺ Sie versprach, dass Sie babysitten könnte.

❷ Ich konnte Ihr Auto nicht reparieren (nicht repariert bekommen).

I . . . .'. get your car . . . . . .

❸ Könnten Sie mir bitte eine heiße Schokolade machen?

. . . . . you please . . . . . a . . . . ?

❹ Nein, ich habe nichts gehört.

No, I didn't . . . .

Seventy-sixth Lesson

Unsweetened Apple Sauce ①

1 – Let's see. It's **Tue**sday and I can eat two raw **car**rots, a **grap**efruit half, and four **oun**ces of un**swee**tened **ap**ple sauce. ②

2 I should have **start**ed this damn **di**et next month! ③

3 I have a **din**ner with John to**mor**row night at that new **Tex**-**Mex** **rest**aurant, **Pep**é Ran**cher**o. What am I **go**ing to eat, **nach**os with**out** the **nach**os? ④

4 I **should**n't have been born!

PRONUNCIATION

[*an-**ßwui:**-tönd **äpl** ßo:ß **1** ... **greip**-fru:t ... **aon**-ßis ...*]

SOLUTIONS OF 2nd EXERCISE

❶ Do you - cross-country skiing - downhill skiiing ❷ couldn't - fixed ❸ Could - fix me - hot chocolate ❹ hear anything.

Zweite Welle: Twenty-sixth Lesson

Sechsundsiebzigste Lektion

Ungesüßtes Apfelkompott

1 - Woll'n mal sehen. Es ist Dienstag und ich darf (kann) zwei rohe Karotten, die Hälfte von einer Grapefruit und 120 Gramm (vier Unzen) ungesüßtes Apfelkompott essen.
2 Ich hätte diese verdammte Diät nächsten Monat anfangen sollen!
3 Morgen Abend habe ich ein[e Verabredung zum] Abendessen mit John in diesem neuen Tex-Mex-Restaurant, Pepé Ranchero. Was werde ich essen, Nachos ohne (die) Nachos?
4 Ich hätte nicht geboren werden sollen!

ANMERKUNGEN

① **Sweetened** "gesüßt". Zum Süßen wird in den USA häufig **artificial sweetener** "Süßstoff" verwendet. Merken Sie sich auch **salted** [*so:l-tid*] "gesalzen", **salty** "salzig" und **unsalted** "ungesalzen".

② In den USA wird nicht wie bei uns das metrische Gewichts- und Längensystem benutzt, sondern man spricht von **ounces** "Unzen"; Benzin wird in **gallons** "Gallonen" abgerechnet und als Längenmaße gibt es **inches** "Zoll", **yard** und **feet**. Die nächste Wiederholungslektion widmet sich u. a. diesem Thema.

③ **Damn** ist ein Schimpfwort, dessen Bedeutung sich allerdings mit der Zeit etwas abgeschwächt hat. Es wird auch als Adjektiv benutzt: **Where are these damned glasses?** "Wo sind diese verdammten Gläser?".

④ Die mexikanische Küche ist in den USA sehr beliebt. Typisch sind **nachos**, Maistortillas, die mit **salsa** (kalte Soße aus Tomaten, Zwiebeln, Pfeffer und Gewürzen), grünen Zwiebeln, **sour cream** (säuerliche Crème fraîche) und geschmolzenem Cheddar-Käse gefüllt sind.

5 I should **real**ly call John and ex**plain** the whole thing or just call off the date. ⑤⑥

6 Life is such a drag! ⑦

7 What did I **do** with that **can** of **whip**ped **cream**?

8 Well, I know, I **should**n't, but **o**kay, **Mon**day I **start** my **di**et…

PRONUNCIATION

[**5** *... ikß-**plein** fsö houl fßing ...* **6** *... dräg* **7** *... **wuip**d **kri:m***]

ANMERKUNGEN

⑤ **To call off** ist wieder ein **phrasal verb**, ein Verb mit einer Präposition. Ein Synonym ist **to cancel** "absagen".

1st EXERCISE

❶ Damn it, the whipped cream is unsweetened! ❷ I should have made a date with her at the Tex-Mex restaurant. ❸ Let's call off the picnic. ❹ It's a drag that Stan's coming for dinner tomorrow. ❺ An ounce of prevention yields a pound of cure.*

2nd EXERCISE

❶ Ich hätte diese Grapefruit essen sollen!

I should .... that ....!

❷ Verdammt, ich habe mein Nacho verloren!

.... .., I .... my nacho!

❸ John hat soeben unsere Verabredung abgesagt.

John just ..../......... our .... .

*__cure__ = "Heilung"

5 Ich sollte John wirklich anrufen und die ganze Sache erklären oder die Verabredung einfach absagen.
6 Das Leben ist so langweilig!
7 Was habe ich mit dieser Dose Schlagsahne gemacht?
8 Na ja, ich weiß, ich sollte nicht, aber okay, am Montag beginne ich mit meiner Diät ...

⑥ Ein **date** ist ein "Rendezvous", **to date** oder **to go out together** wird verwendet, wenn zwei Verliebte sich treffen. Eine geschäftliche Verabredung wird **appointment** genannt (vgl. Lektion 67).

⑦ Die Grundbedeutung von **to drag** ist "schleppen, ziehen". Die Bedeutung der Wendung **It's a drag** geht eher in Richtung "Es ist zermürbend, ... Es ist unerfreulich, ...", auch "langweilig": **It's a drag getting old** "Es ist nicht schön, alt zu werden".

SOLUTIONS OF 1st EXERCISE

❶ Verdammt, die Schlagsahne ist ungesüßt! ❷ Ich hätte mich mit ihr im Tex-Mex-Restaurant verabreden sollen. ❸ Lasst uns das Picknick absagen. ❹ Es ist unerfreulich, dass Stan morgen zum Abendessen kommt. ❺ Eine Unze Prävention ist (erzeugt) ein Pfund Heilung.

❹ Ich mag ungesalzenes Essen.

I like . . . . food.

SOLUTIONS OF 2nd EXERCISE

❶ have eaten - grapefruit ❷ Damn it - lost ❸ called off/cancelled - date ❹ unsalted

Zweite Welle: Twenty-Seventh Lesson

▶ Seventy-seventh Lesson

Wiederholung und Anmerkungen

1. "Man" und seine Äquivalente auf Amerikanisch

One (formell) und **you** werden verwendet, wenn man alle Menschen, jeden Menschen meint:

One/You should always be friendly "Man sollte / Jeder sollte immer freundlich sein".

Man verwendet für "man" das Pronomen **we**, wenn man sich selbst in die Gruppe der Personen, von denen die Rede ist, einschließt:

We eat a lot of steak in Texas "Wir essen / Man isst viel Steak in Texas". (Die sprechende Person ist ebenfalls Texaner und isst viel Steak.)

Für eine Gruppe von Personen, der man nicht angehört, verwendet man **they** oder **people**:

They/People eat a lot of nachos in Mexico "Man isst / Die Leute essen viele Nachos in Mexiko".

Wenn die Handlung, von der die Rede ist, wichtiger ist als das Subjekt ("man"), wird für "man" eine Passivkonstruktion benutzt:

We've been told to be here at noon "Man sagte uns, wir sollten um 12 Uhr hier sein".

2. One, Ones

A. Um Wiederholungen in einem Satz zu vermeiden, kann man das Subjekt durch **one** (im Singular) oder **ones** (im Plural) ersetzen:

Which of those two dresses do you prefer, the blue one or the red one (Singular)**?** "Welches von diesen beiden Kleidern gefällt dir besser, das blaue oder das rote?"

Those gloves [*glavs*] **are warm, but I need bigger ones** (Plural) "Diese Handschuhe sind warm, aber ich brauche größere".

B. One kann anstelle des unbestimmten Artikels verwendet werden, wenn man die Zahl 1 besonders betonen möchte:

My sister has one dog (anstelle von **a dog**), **and two cats** “Meine Schwester hat einen Hund (und nicht mehrere) und zwei Katzen”.

Merken Sie sich noch: “Eines Abends ...” heißt **One evening...** , und “Eines Tages ...” heißt **One day....**

3. Can

Das Hilfsverb **can** “können” hat keinen Infinitiv und kein Partizip. Als Infinitiv verwendet man **to be able to** (wörtlich “fähig sein zu”). Das Partizip Präsens von **can** lautet **being able to...**, das Partizip Perfekt **been able to...** :

He hated not being able to drive my car “Er hasste es, dass er nicht fähig war, meinen Wagen zu fahren (dass er meinen Wagen nicht fahren konnte)”.

He has never been able to drive my car “Er war nie fähig, meinen Wagen zu fahren (konnte nie meinen Wagen fahren)”.

Das Futur wird mit **will (’ll) be able to** gebildet:

I’ll be able to visit my friend tomorrow “Ich werde morgen meinen Freund besuchen können”.

Can erhält kein **s** in der 3. Person Singular, und Fragen mit **can** werden nicht mit **to do** umschrieben:

Can she come this afternoon? “Kann sie heute Nachmittag kommen?”

Im Konditional wird **can** zu **could**:

Could you please bring me the paper? “Könntest du mir bitte die Zeitung bringen?”

In der Vergangenheit wird **can** zu **could**, wenn eine Fähigkeit ausgedrückt werden soll, die über einen durchgehenden Zeitraum in der Vergangenheit bestand:

She could swim when she was three “Sie konnte im Alter von drei Jahren schwimmen”.

Ist von einer speziellen Handlung in der Vergangenheit die Rede, benutzt man statt **could** die Konstruktion **was/were able to**:

I wasn't able to come last night because my car broke down "Ich konnte gestern Abend nicht kommen, da mein Wagen liegen geblieben ist".

Mit den Verben **to see**, **to hear**, **to smell** und **to feel** wird generell **can** verwendet, wenn es sich um eine Wahrnehmung, egal ob in der Vergangenheit oder in der Gegenwart, handelt:

Can you see me? "Kannst du mich sehen?"
I can hear a child cry "Ich kann ein Kind weinen hören".
He could feel the wind in his hair "Er konnte den Wind in seinen Haaren spüren".

4. Die akademischen Grade an amerikanischen Universitäten

In Lektion 73 haben wir einen kleinen Ausflug in das amerikanische Universitätswesen unternommen. Sie wissen bereits, was ein Hauptfach, **major**, und ein Nebenfach, **minor**, ist. Ein Student und auch eine Studentin heißt während des ersten Studienjahres **freshman**, im zweiten Jahr **sophomore** [*ßo-fö-mo:r*], im dritten **junior** und im vierten **senior**. Die allgemeine Bezeichnung für die Studierenden bis zum ersten Diplom nach vier Jahren lautet **undergraduate**.
Jemand, der ein Diplom erworben hat, ist ein bzw. eine **graduate** "Akademiker/-in" (**to graduate** "ein Diplom ablegen, sein Studium abschließen"). Die Verleihung des Diploms, **the graduation**, ist ein bedeutender Tag im Leben jedes Studenten und jeder Studentin. Viele Familienangehörige nehmen lange Reisen auf sich, um an der feierlichen Zeremonie teilzunehmen. Als Diplome werden der **Bachelor of Arts (BA)**, etwa "Bakkalaureus der philosophischen Fakultät" oder der **Bachelor of Science (BS)**, etwa "Bakkalaureus der Naturwissenschaften", verliehen. Hat ein Student besonders gute Noten erzielt, **he graduates with honors**, d. h., er schließt "mit Auszeichnung" (lat. summa cum laude) ab. Nach dem Studium können die Absolventen und Absolventinnen für weiterführende Studien auf die **graduate school** (oder **grad school**) gehen und dort das **Master's of Arts (MA)**, **Master's of Science (MS)**, **Master's of Business Administration (MBA)** oder das **Master's of Fine Arts (MFA)** Diplom machen. Anschließend bleibt noch die Laufbahn für Doktoranden (**Ph.D. programs**).

5. Die Maßeinheiten in den USA

Wie bereits in Lektion 76 erwähnt, werden in den USA andere Einheiten für Längenmaße, Hohlmaße und Gewichte verwendet. Hier eine kleine Übersicht:

Längenmaße
Die kleinste gängige Einheit ist der **inch** (**in.**) "Zoll", der 25,4 mm entspricht. 12 **inches** bilden einen **foot** (**ft.**; 30,48 cm). 1 **yard** (**yd.**) entspricht 0,914 m, 1 **mile** ist in den USA gleichbedeutend mit 1,609 km.

Hohlmaße
Hier bilden 2 **pints** (**pt.**) 1 **quart** (**qt.**); 4 **quarts** wiederum ergeben 1 **gallon** (**gal.**) "Gallone", was ca. 4,546 Liter entspricht. Treibstoff beispielsweise wird in den USA immer in Gallonen, nie in Liter gemessen.

Gewichte
1 **ounce** (**oz.**) "Unze" entspricht 28,35 g, 16 Unzen ergeben 1 **pound** (**lb.**) "Pfund", genauer 0,454 kg. 28 **pounds** ergeben 1 **quarter** (= 12,7 kg). Eine Tonne (**ton**) entspricht in den USA 1.016,05 kg.

6. Lateinamerikaner/-innen in den USA

In Lektion 76 ging es um die mexikanische Küche, die nicht nur bei den **Chicanos**, den in den USA lebenden mexikanischen Einwanderern, sehr beliebt ist. In den Vereinigten Staaten leben heute zahlreiche Hispano-Amerikaner/-innen, die nicht nur aus Mexiko, sondern auch aus Puerto Rico, Kuba, der Dominikanischen Republik, Kolumbien und zahlreichen anderen Ländern Lateinamerikas stammen. In Miami z. B. und im gesamten Süden Floridas kann man sich stundenlang aufhalten, ohne auch nur ein einziges Wort Englisch zu hören.

Haben Sie schon einmal den Namen **wetbacks** ("nasse Rücken") gehört? Dies sind die Mexikaner/-innen, die illegal nach Texas gelangt sind, indem sie schwimmend den Rio Grande durchquert haben.

Zweite Welle: Twenty-Eighth Lesson

Seventy-eighth Lesson

Where Do You Go to School?

1 – When I was **liv**ing in **San** Fran**cis**co last **year** I had **hop**ed to find a **night** course in com**mer**cial **Eng**lish, **since** I was **work**ing **dur**ing the **day**. ①

2 – **That** must **not** have been too **dif**ficult with **all** the con**tin**uing edu**ca**tion **pro**grams at the **univer**sities and com**mun**ity **col**leges in the **Bay** **A**rea. ②③④

3 – **True**, but it **was**. I **end**ed up **tak**ing **Zen** phil**o**sophy at **Berk**eley with a La**o**tian **monk** and **au**to me**chan**ics at a**dult** school at **Oak**land Vo**ca**tional **High** School. ⑤

4 – That's in**cred**ible! You **could**n't have done **that** back **home**! ⑥

5 – "**Vive** la **différence**," as they **say** in **Califor**nia! ⑦

PRONUNCIATION

[*1 ...* ***hou****pd ...* ***nait*** *ko:rß ...kö-****mö:r****-schöl ...* ***2*** *... kön-****ti****-nju-ing e-dju-****kei****-schön ...* ***bei‿ä****-ri e* ***3*** *... fi-****lo****-so-fi ...* ***bö:r****-kli ... la-****ou****-schön* ***monk*** *...* ***o:****-tou mö-****kä****-nikß ...* ***ä****-dalt ... vou-****kei****-schö-nöl ...*]

ANMERKUNGEN

① Sie haben gelernt, dass **since** "seit" heißt (Lektion 40). Es kann jedoch auch "weil, da" heißen. Der Kontext lässt keinerlei Verwechslungsmöglichkeiten zu.

② **Must** "muss" drückt in der Regel eine Verpflichtung aus (vgl. Lektion 14). **Must** kann aber auch eine Schlussfolgerung, eine Vermutung ausdrücken: **That must have been a Tibetan** "Das muss ein Tibeter / eine Tibeterin gewesen sein".

Achtundsiebzigste Lektion

Wo studierst du (gehst du zur Schule)?

1 - Als ich letztes Jahr in San Francisco lebte, hatte ich gehofft, einen Abendkursus in kaufmännischem Englisch zu finden, da ich tagsüber arbeitete.
2 - Das muss nicht allzu schwierig gewesen sein, bei (mit) all den Weiterbildungsprogrammen an den Universitäten und "Gemeinde-Colleges" in der Bucht(-Region).
3 - Richtig, aber es war [schwierig]. Ich habe letztendlich in Berkeley Zen-Philosophie mit einem laotischen Mönch und an der Erwachsenenschule der Berufshochschule von Oakland Automechanik genommen.
4 - Das ist unglaublich! Das hättest du niemals hier [bei uns] (zurück zu Hause) machen können!
5 - "Es lebe der Unterschied", wie man (sie) in Kalifornien sagt (sagen)!

③ Viele **counties** "Verwaltungsbezirke" und Kleinstädte verfügen über kleine "Universitäten", in denen man zwei- oder auch mehrjährige Weiterbildungsstudiengänge belegen kann, die auf die beruflichen Bedürfnisse der ortsansässigen Bevölkerung zugeschnitten sind.

④ Die Region um San Francisco wird auch **The Bay Area** genannt. Zu ihr gehören die Städte **Oakland** und **Berkeley**. Beide Städte sind im Osten mit San Francisco über die **Oakland Bay Bridge** verbunden. Im Westen befindet sich die berühmte Hängebrücke **Golden Gate Bridge**.

⑤ Eine **vocational high school** ist eine "Berufshochschule". **Vocational training** "berufliche Bildung".

⑥ In **back home** impliziert das Wort **home**, dass die Heimat der Person, die spricht, weit entfernt ist.

⑦ Amerikaner/-innen flechten gerne französische Wörter in ihre Sprache ein. Im Übrigen bestehen in den Lebensstilen der **West Coast** und der **East Coast** große Unterschiede. Im Westen, vor allem in Kalifornien, lebt man lockerer, ist weniger gestresst, während das Leben im Osten, speziell in New York, sehr viel straffer organisiert und im Allgemeinen stressiger ist.

1st EXERCISE

❶ I've been waiting for you since noon. ❷ Since I am in California I would like to take Zen philosophy at Berkeley. ❸ That must be difficult! ❹ I used to go to high school. ❺ She studies mechanics with a Tibetan monk; isn't that incredible?

2nd EXERCISE

❶ Das hättest du in London nicht machen können!

You . . . . . . ' . . . . London!

❷ Was sagen sie in Kalifornien?

. . . . in California?

❸ Er hatte gehofft, einen Abendkursus zu finden.

He . . . . a . . . . . course.

❹ Hat er einen gefunden?

Did he . . . . ?

❺ Er hat einen gefunden, nicht wahr?

He . . . . , didn't . . ?

▶ Seventy-ninth Lesson

We Want to Go to Harlem! ①

1 – Please **take** us to the **Cot**ton **Club**. We'd **like** to **vis**it **Har**lem.

PRONUNCIATION

[... ***ha:r****-lem* ***1*** *...* ***ko****-tön* ***klab*** *...*]

SOLUTIONS OF 1st EXERCISE

❶ Ich warte seit Mittag / 12 Uhr auf dich. ❷ Seit ich in Kalifornien bin, würde ich gerne Zen-Philosophie in Berkeley studieren (nehmen). ❸ Das muss schwierig sein! ❹ Ich ging [damals] auf die Oberschule. ❺ Sie studiert Mechanik mit einem tibetischen Mönch; ist das nicht unglaublich?

SOLUTIONS OF 2nd EXERCISE

❶ couldn't have done that in ❷ What do they say ❸ had hoped to find - night ❹ find one ❺ found one - he.

Zweite Welle: Twenty-ninth Lesson

Neunundsiebzigste Lektion

Wir wollen nach Harlem fahren!

1 - Bitte bringen (nehmen) Sie uns zum Cotton Club. Wir würden gerne Harlem besuchen.

ANMERKUNGEN

① Das Stadtviertel **Harlem** liegt im Norden von **Manhattan**, **New York**, und ist ein Zentrum afroamerikanischer Kultur in den USA. Bis in die 90er-Jahre hatte Harlem hinsichtlich Kriminalität einen schlechten Ruf, der nicht von ungefähr kam. Heutzutage gilt Harlem als Szenestadtteil, in dem auch der ehemalige US-Präsident Bill Clinton ein Büro hat.

2 – And **I'd** like to be the **Queen** of **Eng**land! **Sor**ry **la**dies, but the **com**pany that **owns** this **tax**i re**fus**es to let us ac**cept** fares that **take** us a**bove** 125th (one **hun**dred and **twen**ty **fifth**) Street. **Did**n't you read ***Bon**fire of the **Van**ities* by **Tom Wol**fe? ②③

3 – No we **have**n't. Can you **drop** us **off** at 125th **Street** and we'll **walk** from **there**. ④

4 – How about **Bloom**ing**dales** or **Ma**cy's, the **wor**ld's **larg**est de**part**ment store, **la**dies, or **bet**ter yet, **A**bra**ham** & **Strau**ss; **they**'re **hav**ing a **white** sale. **Sor**ry for the **pun**. Why not take the **D** train **up**town di**rec**tly to **Har**lem if you **real**ly have your hearts **set** on it? ⑤⑥

5 – We're too **ti**red to **spend** hours in the **sub**way. **Plus**, we're not **fam**iliar with the **pub**lic **trans**por**ta**tion **sys**tem in Man**hat**tan. ⑦

PRONUNCIATION

*[**2** ... ri-**fju:**-siß ... fär ... **bon**-fair of fsö **vä**-nö-ti:s ... **4** ... **blu:**-ming-deils ... **mei**-ßi:s ... **ei**-bröm-ön-**ßtrao**ß ... pan ... **5** ... **aor**s in fsö **ßab**-wuei ... **plaß** ...]*

ANMERKUNGEN

② **To own** "besitzen". **They own several houses** "Sie besitzen mehrere Häuser". **Owner** "Besitzer". Das Adjektiv **own** bedeutet "eigener, -e, es": **with one's own eyes** "mit den eigenen Augen".

③ Ein **bonfire** kann ein "Freudenfeuer" sein, aber auch ein Feuer, bei dem Papier, Müll usw. verbrannt wird. Der berühmte Roman, der die Spannungen zwischen den armen Schwarzen und den reichen Weißen in New York beschreibt, war in den 80er-Jahren in den USA überaus erfolgreich.

2 - Und ich wäre gerne (würde gerne sein) die Königin von England! Tut mir leid, [meine] Damen, aber die Gesellschaft, der dieses Taxi gehört, weigert sich, uns Fahrten annehmen zu lassen, die uns über die 125. Straße hinausführen. Haben Sie nicht "Fegefeuer der Eitelkeiten" von Tom Wolfe gelesen?

3 - Nein, haben wir nicht. Können Sie uns an der 125. Straße rauslassen, und wir laufen von dort [aus]?

4 - Wie wär's mit Bloomingdales oder Macy's, den größten Kaufhäusern der Welt, [meine] Damen, oder besser noch: Abraham & Strauss; dort ist (sie haben) Weiße Woche (einen weißen Ausverkauf). Entschuldigen Sie das Wortspiel. Warum nehmen Sie nicht die Linie D (den D-Zug) von außerhalb direkt nach Harlem, wenn Ihnen wirklich so viel daran liegt (wenn Sie Ihre Herzen darauf gesetzt haben)?

5 - Wir sind zu müde, um Stunden in der U-Bahn zu verbringen. Außerdem sind wir mit dem öffentlichen Verkehrsnetz in Manhattan nicht vertraut.

④ **To drop sth. off** "etw. abstellen, ablegen, abgeben". **I dropped off my shirts at the cleaner's** "Ich habe meine Hemden in der Reinigung abgegeben". **To drop s.o. off** "jdn. absetzen": **Max dropped me off at the bank on his way to work**. "Max hat mich auf dem Weg zur Arbeit an der Bank abgesetzt". **To drop in** "hereinschauen, einen kurzen Besuch machen": **When you're in Atlanta next time, please drop in** "Schau doch herein, wenn du nächstes Mal in Atlanta bist". **To drop out** "verlassen": **He dropped out of high school** "Er hat die Oberschule verlassen". **To drop** heißt "fallen lassen". **A drop** ist ein "Tropfen", aber das Verb "tropfen" heißt **to drip**!

⑤ **white sale** "Weiße Woche": Ausverkauf von Tisch- und Bettwäsche.

⑥ Es ist nicht einfach, sich in der New Yorker U-Bahn zurechtzufinden. Die zahlreichen Linien sind nach den Buchstaben des Alphabets benannt, manche halten an allen Haltestellen, manche nur an einigen. Merken Sie sich, dass **downtown** die "Innenstadt, City" mit Büros und Geschäften bezeichnet, **uptown** die außerhalb gelegenen Wohnviertel.

⑦ **To be familiar with something** "mit etw. vertraut sein". **To be familiar with somebody** "jdn. näher kennen".

6 – Might I sug**gest** then the **Bronx Zoo** or the **Cloi**sters? We can **take** the **East** Side Drive, **pass** by the **Wash**ington **Bridge**, and miss **Har**lem **to**tally, and **it**'d be a **good fare** for **me**. ⑧⑨⑩

7 – You don't **un**der**stand**, **mis**ter, we are **o**nly **here** for a few **days** and we in**sist** on **go**ing to **Har**lem!

8 – May I **ask** where you two **la**dies call **home**? ⑪

9 – I'm from Nai**ro**bi and my **pen**pal, Mrs. (**mis**sus) **Good**man, is from **New**ark, New **Jer**sey.

10 – Two great **plac**es, if **I** may **say** so my**self**... ⑫

PRONUNCIATION

[*6 **mait** ai ßö-**dsch˜eßt** ... **kloiß**-törs ... **tou**-tö-li ... **9** ... **pen**-päl ... **nu:**-a:rk ...*]

1st EXERCISE

❶ I don't want to miss Harlem! ❷ I would like to spend a day or two in Manhattan. ❸ Please drop us off at the zoo. ❹ The man who owns this taxi refuses to take us to the Empire State Building! ❺ Will you miss me?

6 - Dürfte ich [Ihnen] dann den Zoo in der Bronx oder die Klöster vorschlagen? Wir können den East Side Drive nehmen, an der Washington Bridge vorbeifahren und Harlem ganz auslassen, und es wäre eine gute Fahrt für mich.

7 - Sie verstehen nicht, mein Herr, wir sind nur für ein paar Tage hier und wir bestehen darauf, nach Harlem zu fahren!

8 - Darf ich fragen, wo die (Sie) beiden Damen zu Hause sind (was Sie Zuhause nennen)?

9 - Ich bin aus Nairobi und meine Brieffreundin, Frau Goodman, ist aus Newark, New Jersey.

10 - Zwei großartige Orte, wenn ich selbst mal so sagen darf ...

ANMERKUNGEN

(8) **The Cloisters** sind Klöster aus dem 19. Jahrhundert, die sich im nördlichen Teil von Manhattan befinden.

(9) **To miss** "fehlen, vermissen" (**I miss you** "Ich vermisse dich") und "verpassen, versäumen". Hier ist "auslassen" gemeint.

(10) **Fare** heißt eigentlich "Fahrpreis, Fahrgeld", man kann es aber auch im Sinne von "Fahrt" benutzen.

(11) **Where do you call home?** ist eine geläufige Wendung für **Where is your home?** oder **Where do you live?**.

(12) **May** ist das höfliche "Könnte ..., Dürfte ..." und drückt die Frage nach einer Erlaubnis aus. Wie **can** hat es kein **s** in der 3. Person Singular. **May we go to the movies tonight?** "Könnten wir heute Abend ins Kino gehen?" Weiterhin kann **may** eine Möglichkeit ausdrücken ("es könnte sein"): **It may snow during the night** "Es könnte sein, dass es in der Nacht schneit / Es könnte ... schneien".

SOLUTIONS OF 1st EXERCISE

❶ Ich möchte Harlem nicht versäumen! ❷ Ich würde gerne einen oder zwei Tage in Manhattan verbringen. ❸ Bitte lassen Sie uns am Zoo raus (aussteigen). ❹ Der Mann, dem dieses Taxi gehört, weigert sich, uns zum Empire State Building zu bringen! ❺ Wirst du mich vermissen?

2nd EXERCISE

❶ Darf ich Sie fragen, wo Sie zu Hause sind (wo Sie Zuhause nennen)?

. . . .   . ask you   . . . . ?

❷ Entschuldigen Sie das Wortspiel.

. . . .

❸ Ich wäre gerne (würde gerne sein) ein großer Schriftsteller.

I' .   . . .   writer.

Eightieth Lesson

What Are You Saying?

1 – The **bath**rooms in **ur**ban **high** schools are **ter**ribly un**health**y and un**safe**, **breed**ing **drug** use and **sex**ual promis**cu**ity. ①

2 – I don't want to misunder**stand** you or mis**quote** you, but are you **ad**vocating that **pub**lic **rest** rooms should be shut down com**plete**ly in our com**mun**ity's schools? ②③

PRONUNCIATION

*[**1** ... **ö:r**-bön ... an-**hel**-fßi ... **bri:**-ding **drag** ju:s ... **ßek**-schu-öl pro-miß-**kju:**-i-ti **2** ... miß-**kuout** ... **äd**-vö-kei-ting ...]*

ANMERKUNGEN

① **To breed** heißt nicht nur "erzeugen, hervorrufen", sondern auch "züchten" und "gebären". Man sagt auch **He's a well-bred boy** "Er ist ein wohlerzogener Junge". **Breed** als Substantiv bedeutet "Marke, Sorte, Art": **This is a different breed of product** "Dies ist eine andere Produktmarke", aber auch "Rasse": **What breed of dog is that?** "Was für eine Hunderasse ist das?".

④ Sie besteht darauf, nach Nairobi zu fahren.

She . . . . Nairobi.

⑤ Miami fehlt ihnen.

. . . . Miami.

SOLUTIONS OF 2nd EXERCISE

❶ May I - where you call home ❷ Sorry for the pun ❸ 'd like to be a great ❹ insists on going to ❺ They miss

Zweite Welle: Thirtieth Lesson

Achtzigste Lektion

Was sagst du [da] (gerade)?

1 - Die Toiletten in städtischen Oberschulen sind schrecklich ungesund und unsicher und fördern (erzeugen) den Drogenkonsum und die sexuelle Promiskuität.

2 - Ich möchte dich nicht missverstehen oder falsch interpretieren, aber plädierst du dafür, die öffentlichen Toiletten in den Schulen unserer Gemeinde ganz zu schließen?

② Die Vorsilbe **mis-** entspricht im Deutschen dem Adverb "falsch, schlecht": **to misbehave** "sich schlecht (daneben)benehmen", **to miscalculate** "falsch berechnen", **to misinform** "falsch informieren", **to misjudge** [*miß-dschadsch*] "falsch beurteilen", **to mislead** "in die Irre führen". Ein **mistake** ist ein "Fehler".

③ **Community** ist ungefähr gleichbedeutend mit unserer "Gemeinde", also der Bevölkerung einer Stadt oder eines Bezirks. In den USA ist der Begriff des **local government** sehr populär. Merken Sie sich noch **bedroom community** "Schlafstadt".

3 – Don't **o**ver-re**act**. I **did**n't e**xact**ly say that, you **knee**-**jerk**ing **lib**eral! ④⑤

4 – Don't get **an**gry and jump to ab**surd** con**clu**sions. Try **be**ing more **care**ful with your a**nal**ysis. ⑥⑦

5 – Are you **say**ing that I'm **care**less in my ap**prai**sal of your po**si**tion? Is **that** it? ⑧

6 – **No**, but a **bit** more **gen**tleness on your **part** could **on**ly serve to **streng**then our **friend**ship and pro**fes**sional rel**a**tionship. ⑨⑩

7 – **Don't** beat a**round** the **bush**. Do you **want** to **close** them or **not**? ⑪

PRONUNCIATION

[*3 ... **ou**-vör-ri-**äkt** ... **ni:-dsch˜ö:r**-king **li**-bröl 4 ... äb-**sö:rd** ... ö-**nal**-ö-ßiß 5 ...ö-**prei**-söl ... 6 ... **dsch˜en**tl-nöß ... **ßtreng**-fßön ... **frend**-schip ... 7 ... **bi:t** ö-**raond** fsö **busch** ...*]

ANMERKUNGEN

④ Die Vorsilbe **over-** wird meistens wie das deutsche "über-" benutzt: **to overlook** "übersehen", **to overrate** "überschätzen", **overpaid** "überbezahlt", **oversimplified** "zu stark vereinfacht", **overpopulated** "überbevölkert". Ein **overstatement** ist eine "Übertreibung".

1st EXERCISE

❶ I don't want to be misunderstood. ❷ Dangerous people breed mistrust. ❸ This guy is a jerk. He always jumps to conclusions and doesn't let you speak. ❹ If you misbehave, I'll tell your parents! ❺ Are you liberal or conservative?

3 - Überreagier nicht. Ich habe nicht genau das gesagt, du reflexhafter Liberaler!

4 - Werd' nicht wütend und zieh keine voreiligen absurden Schlüsse. Versuche, mit deiner Analyse sorgfältiger zu sein.

5 - Sagst du da gerade, dass ich bei meiner Einschätzung deiner Position gedankenlos bin? Ist es das?

6 - Nein, aber ein bisschen mehr Behutsamkeit von deiner Seite könnte nur dazu dienen, unsere Freundschaft und unsere berufliche Beziehung zu stärken.

7 - Red' nicht um den heißen Brei herum. Möchtest du sie schließen oder nicht?

⑤ Der Begriff **knee-jerking** stammt aus der Politik und ist nur schwer zu übersetzen. **Knee-jerk** ist der "Kniesehnenreflex", der ausgelöst wird, wenn der Arzt mit einem kleinen Gummihammer unter die Kniescheibe schlägt. Der Reflex kommt automatisch und spontan, so bedeutet **knee-jerk** als Adjektiv in etwa "reflexhaft, automatisch, vorhersehbar, spontan". Eine Person, der dieses Attribut zugeschrieben wird, wird als **knee-jerker** bezeichnet. Ein **jerk** ist ein "Blödmann".

⑥ **To jump to conclusions** "voreilige Schlüsse ziehen" (**to jump** "springen").

⑦ **Try being** oder **Try to be** "Versuche, ... zu sein" ist beides richtig.

⑧ **Appraisal** "Bewertung, Beurteilung, Einschätzung". **Position** kann auch eine "Stelle" in einem Unternehmen sein.

⑨ **Gentle** "sanft, freundlich, behutsam"; **gentleness** "Sanftheit, Milde". Mit dem Suffix -**ness** werden aus Adjektiven abstrakte Nomen gebildet: **kind - kindness** "Freundlichkeit"; **dark - darkness** "Dunkelheit" usw.

⑩ **Strength** "Kraft", **to strengthen** "stärken, kräftigen". Mit dem Suffix -**en** werden aus Adjektiven Verben gebildet: **short - to shorten** "kürzen"; **wide - to widen** "verbreitern".

⑪ Man hört auch **to beat about the bush**.

SOLUTIONS OF 1st EXERCISE

❶ Ich möchte nicht missverstanden werden. ❷ Gefährliche Menschen rufen Misstrauen hervor. ❸ Dieser Typ ist ein Blödmann. Er zieht immer voreilige Schlüsse und lässt einen nicht zu Wort kommen (sprechen). ❹ Wenn du dich schlecht benimmst, sag ich [es] deinen Eltern! ❺ Bist du liberal oder konservativ?

2nd EXERCISE

❶ Red nicht um den heißen Brei herum!

Don't . . . . !

❷ Ich hätte gerne, dass er liebenswürdiger ist.

. . . . him to be . . . .

❸ Dieses Land ist überbevölkert.

. . . . country . . . .

Eighty-first Lesson

The Carpenter ①

1 – **Cin**dy, **who** was that **gen**tleman who **an**swered the **phone** this **mor**ning?
2 – Oh **him**...
3 – Yes, **him**. So who **was** it?
4 – He's the **car**penter who is re**mod**eling the top floor of the **house**. ②
5 – **Oh**, I **thought** that since Steve's de**par**ture you had a new **hon**ey that you **did**n't tell me a**bout**. ③

PRONUNCIATION

[... ***ka:r**-pön-tör* **1** ... ***ä:n**-ßörd* ... **4** ... *ri-**mod**-ö-ling* ... **5** ... *di-**pa:r**-tschör* ... ***ha**-ni* ...]

ANMERKUNGEN

① Merken Sie sich auch: **plumber** [***pla**-mör*] "Klempner, Installateur", **mason** [***mei**-sön*] oder **stoneworker** "Steinmetz", **builder** "Bauarbeiter".

❹ Könnte ich die Tür schließen und das Fenster öffnen?

. . . . the door and . . . .

the window?

SOLUTIONS OF 2nd EXERCISE

❶ beat around (*oder* about) the bush ❷ I would like - more gentle ❸ This - is overpopulated ❹ May I (*oder* Can I) close - open

Zweite Welle: Thirty-first Lesson

Einundachtzigste Lektion

Der Zimmermann

1 - Cindy, wer war der Herr, der heute Morgen am Telefon war (geantwortet hat)?

2 - Oh, der ...

3 - Ja, der. Also, wer war es?

4 - Es war (Er ist) der Zimmermann, der das Obergeschoss des Hauses umgestaltet.

5 - Oh, [und] ich dachte, dass du seit Steves Abreise einen neuen Schatz (Honig) hast, von dem du mir nicht erzählt hast.

② **To remodel** "umgestalten, bearbeiten". Das Präfix **re-** weist auf eine Wiederholung hin. Merken Sie sich auch **to saw** "sägen", **to sand** "abschleifen", **to drill** "bohren", **to paint** "bemalen", **to tile** "kacheln" und **to lay wall paper** "tapezieren".

③ **Honey** (abgekürzt **hon**) heißt "Honig" und wird wie **darling** und **sweetie** als Kosename ("Schatz, Liebling") benutzt.

6 – **John,** what's your **prob**lem? The **car**penter? Mr. **Clin**ton! And **me**? That's an i**dea** which **ne**ver **cros**sed my **mind**! ④⑤⑥⑦

7 – Just for**get** I **men**tioned it. **Sor**ry for **be**ing so **jeal**ous. ⑧

8 – Come to **think** about it, Mr. **Clin**ton is **ve**ry **han**dy. **You**, on the **o**ther **hand**, can't even **change** a **light** bulb, **John**... ⑨⑩⑪

PRONUNCIATION

[*6 ... ön ai-**di**_e wuitsch ... 7 ... **dsch˜el**-öß 8 ... **hän**-di ... **lait** balb ...*]

ANMERKUNGEN

④ **What's your problem?** ist eine andere Art, “Geht's dir nicht gut?” auszudrücken.

⑤ Die Konjunktion **which** “der, die, das” wird für Dinge, **who** “der, die” für Personen benutzt. Beides kann durch **that** ersetzt werden. Beispiele: **Our house, which/that is located in Nairobi, is very large** “Unser Haus, das sich in Nairobi befindet, ist sehr groß” - **The girl who/that lives next door is my cousin** “Das Mädchen, das nebenan wohnt, ist meine Cousine”.

⑥ **Never** wird immer von einem affirmativen Verb begleitet: **I never eat hamburgers** “Ich esse niemals Hamburger”. **They never went to Harlem** “Sie sind niemals nach Harlem gefahren”.

⑦ Ein Synonym für **It never crossed my mind** ist **It never occurred** [*o-**kö:**rd*] **to me** “Es ist mir niemals in den Sinn gekommen”. **To cross** bedeutet “überqueren”: **The cat crossed the street** “Die Katze überquerte die Straße”. **Mind** bezieht sich auf den “denkenden” Teil des Gehirns: **to lose one's mind** oder **to be out of one's mind** “den Verstand verlieren”. **To mind** hat die Bedeutung “achtgeben/aufpassen auf”: **Mind your step!** “Vorsicht Stufe”. Aus Lektion 5 kennen Sie außerdem **to mind** “sich gestört fühlen”.

1st EXERCISE

❶ Honey, do you know a good plumber that we can call? ❷ Our dog, who is very old, can't walk up the stairs. ❸ Please refill my glass. ❹ Sorry for being so unhandy! ❺ It never crossed my mind to study in another country.

6 - John, was ist dein Problem? Der Zimmermann? Herr Clinton! Und ich? Das ist ein Gedanke, der mir niemals in den Sinn gekommen ist (meinen Geist gekreuzt hat)!

7 - Vergiss einfach, [dass] ich es erwähnt habe. Tut mir leid, [dass] ich so eifersüchtig war (für sein so eifersüchtig).

8 - Wo ich gerade darüber nachdenke: Herr Clinton ist sehr geschickt. Du dagegen (auf der anderen Hand), kannst nicht einmal eine Glühbirne auswechseln, John ...

(8) Nach **Sorry for...** "Tut mir leid (für) ..." hat das Verb immer die Endung -**ing**. Achtung: **Sorry** sagt man, wenn das Ereignis, für das man sich entschuldigt, schon geschehen ist, während man **Excuse me** verwendet, bevor es geschieht.

(9) Merken Sie sich die Wendung **Come to think about it** "Wo ich gerade darüber nachdenke ..."

(10) **Handy** heißt nicht nur "geschickt", sondern auch "griffbereit, greifbar": **I always keep my phone handy** "Ich habe (halte) mein Telefon immer griffbereit".

(11) **On the other hand** "auf der anderen Seite, dagegen". Weitere Wendungen mit **hand**: **to give someone a hand** "jemandem helfen, zur Hand gehen", **to shake hands** "die Hände schütteln", **on hand** "auf Lager", **Hands up!** "Hände hoch!"

SOLUTIONS OF 1st EXERCISE

❶ Schatz, kennst du einen guten Klempner, den wir anrufen können? ❷ Unser Hund, der sehr alt ist, kann die Treppen nicht hinauflaufen. ❸ Bitte füll mein Glas auf. ❹ Tut mir leid, dass ich so ungeschickt bin! ❺ Es ist mir niemals in den Sinn gekommen, in einem anderen Land zu studieren.

2nd EXERCISE

1. Es war ihm niemals in den Sinn gekommen, dass sie (ein) Tischler werden könnte.

   It . . . . to . . . that she . . . . . become . . . .

2. Frag sie, ob sie dir zur Hand gehen (dir eine Hand geben) kann.

   Ask . . . . can . . . .

3. Vergesst, was wir euch erzählt haben.

   Forget . . . .

Eighty-second Lesson

Carol and Her Guitar

1 – Carol's **bus** ar**rives** in **Hart**ford at **twel**ve. ①
2 – **When** did it **leave** New **York**?
3 – It was **ei**ther five to eight or five past eight. I can't re**mem**ber. I **won**der if she re**mem**bered to bring her gui**tar** with her. She's so for**get**ful. ②③④⑤

PRONUNCIATION

[... *gi-***ta:r 3** *...* ***ai****-fsör ...* ***wuan****-dör ... for-***get***-ful*]

ANMERKUNGEN

① Für längere Strecken nimmt man gerne den **bus** oder **coach**, einen bequemen Reisebus, z. B. von den Gesellschaften **Greyhound** oder **Trailways**.

❹ Ich kann nicht einmal kochen!

I . . . ' . . . . . cook!

SOLUTIONS OF 2nd EXERCISE

❶ had never occurred - him - could - a carpenter ❷ her if she - give you a hand ❸ what we told you ❹ can't even

Sie dürften mit der Aussprache mittlerweile keine großen Probleme mehr haben, und auch die Betonung macht Ihnen bestimmt keine Schwierigkeiten mehr. Ab Lektion 85 wird im amerikanischen Lektionstext der Fettdruck, der die Betonung der Wörter kennzeichnet, wegfallen.

Zweite Welle: Thirty-second Lesson

Zweiundachtzigste Lektion

Carol und ihre Gitarre

1 - Carols Bus kommt um 12 Uhr in Hartford an.
2 - Wann hat er (es) New York verlassen?
3 - (Es war) Entweder um fünf vor acht oder um fünf nach acht. Ich kann [mich] nicht erinnern. Ich frage mich, ob sie daran gedacht hat, ihre Gitarre mitzubringen. Sie ist so vergesslich.

② **Either ... or ...** "entweder ... oder ..."; **neither ... nor ...** "weder ... noch ...": **Either you take it or you leave it** "Entweder nimmst du es oder du lässt es"; **They can neither read nor write** "Sie können weder lesen noch schreiben". **Neither** am Satzanfang bedeutet "keiner, keine, keines" von *zwei* Alternativen.

③ Sie wissen, dass **can** immer eine Fähigkeit ausdrückt, daher **I can't remember** "Ich kann mich nicht erinnern".

④ **To wonder** "sich fragen". **A wonder** ist ein "Wunder"; **wonderful** "wundervoll".

⑤ Durch Anhängen von **-ful** wird aus einem Substantiv ein Adjektiv: **faith** "Treue" - **faithful** "treu"; **truth** "Wahrheit" - **truthful** "ehrlich".

4 – I can **al**ways lend her **mine** if she for**gets hers**. ⑥

5 – **Both** my mom and **dad** have e**lec**tric gui**tars**. **They** could **bring theirs o**ver if **push** comes to **shove**. ⑦⑧

6 – They can **come** to**mor**row at a**round sev**en and **spend** the **ev**ening with **us**. That way they'll get to **hear** her **play** her **Christ**mas **car**ols. ⑨

7 – It's **go**ing to be nice **hav**ing **Car**ol at **ho**me for a few **days**. We **have**n't been **a**ble to en**joy** her **com**pany since the **Four**th of Ju**ly pic**nic. ⑩

8 – You mean the Me**mor**ial Day long **week**end... ⑪

PRONUNCIATION

[***5 boufß*** *...* ***fsä:rs ou****-vör ...* ***pusch*** *kams tu:* ***schav 6*** *...* ***krіß****-möß* ***kär****-ols* ***7*** *... in-****dsch˜oi*** *hö:r* ***kam****-pö-ni ...* ***8*** *... mö-****mor****-i-öl dei ...* ***wui:k****-end*]

ANMERKUNGEN

⑥ **To lend** (Vergangenheit **lent**) "etw. ausleihen": **He lent me his coat** "Er lieh mir seinen Mantel". **To borrow** heißt dagegen "sich etw. ausleihen": **Can I borrow your pen?** "Kann ich mir deinen Stift ausleihen?"

1st EXERCISE

❶ She took the 8 PM coach to Los Angeles. ❷ We're either going to Puerto Rico or Trinidad on our honey moon. ❸ Can I borrow your car, Dad? ❹ What a wonderful song that is! ❺ Both of them were able to find a well-paid job.

4 - Ich kann ihr immer meine leihen, wenn sie ihre vergisst.
5 - Sowohl meine Mutter als auch mein Vater haben eine elektrische Gitarre (elektrische Gitarren). Sie könnten ihre herüberbringen, wenn es sein muss (wenn Schubsen zu Drängeln kommt).
6 - Sie können morgen gegen sieben Uhr kommen und den Abend mit uns verbringen. So werden sie die Gelegenheit haben, sie ihre Weihnachtslieder spielen zu hören.
7 - Es wird schön sein, Carol für ein paar Tage zu Hause zu haben. Wir haben seit dem Picknick vom 4. Juli nicht mehr das Vergnügen gehabt, sie bei uns zu haben (ihre Gesellschaft zu genießen).
8 - Du meinst das lange Wochenende am Memorial Day ...

(7) **Both** "beide, die beiden" kann vor oder hinter einem Verb oder auch vor einem Nomen stehen: **My parents are both musicians / Both my parents are musicians** "Meine Eltern sind beide Musiker". **I read both letters** "Ich lese beide Briefe". Das Gegenteil ist **neither**: **neither of the two** "keiner von beiden" (vgl. Anm. 2).

(8) **When push comes to shove** "wenn es nötig ist, wenn es sein muss".

(9) **Carol** ist ein "Lied", speziell ein "Weihnachtslied" (**Christmas carol**). Es besteht kein Zusammenhang mit dem Namen **Carol**.

(10) Wie in Lektion 77 erläutert, muss anstelle von **could** die Form **to be able to** verwendet werden, wenn es sich um eine spezifische Handlung in der Vergangenheit handelt.

(11) Am **Memorial Day weekend**, das immer Ende Mai ist, wird der im Krieg getöteten und verwundeten Soldaten gedacht. Der Montag ist ebenfalls frei; daher ist es ein langes Wochenende, das für vielerlei Freizeitaktivitäten genutzt wird.

SOLUTIONS OF 1st EXERCISE

❶ Sie nahm den 20-Uhr-Reisebus nach Los Angeles. ❷ Wir fahren auf unserer Hochzeitsreise entweder nach Puerto Rico oder Trinidad. ❸ Kann ich mir deinen Wagen ausleihen, Papi? ❹ Was für ein wunderbares Lied das ist! ❺ Beide konnten eine gut bezahlte Stelle finden.

2nd EXERCISE

❶ Ich war niemals in der Lage, über den Atlantik zu schwimmen.

I . . . . to . . . .

the Atlantic.

❷ Wirst du zu meiner Geburtstagsparty kommen können?

. . . .

my birthday party?

❸ Keiner von ihnen wird kommen können.

. . . . will . . . . . . to come.

Eighty-third Lesson

Is That All, Mr. Larson?

1 – **Jen**nifer, can you **come** in **here**, please? And **bring** the **Bur**ton **Brown**ie **Cor**por**a**tion **file** with you. ①

2 – **Yes**, Mr. **Lar**son.

3 – Send an **e**-mail to **Bur**ton's as**sis**tant, **Jas**per **Bil**lings, to con**firm** our **meet**ing on **Fri**day, but pro**pose** 4 PM in**stead** of 3. ②

PRONUNCIATION

[**3** ... *ö-**ßiß**-tönt ... in-**ßted** of ...*]

❹ Sie kommt gegen 9 Uhr an.

She . . . . nine . . .

SOLUTIONS OF 2nd EXERCISE

❶ have never been able - swim across ❷ Will you be able to come to ❸ Neither of them - be able ❹ arrives at around - AM.

Zweite Welle: Thirty-third Lesson

Dreiundachtzigste Lektion

Ist das alles, Herr Larson?

1 - Jennifer, können Sie bitte hereinkommen? Und bringen Sie die Akte Burton Brownie Corporation mit (Ihnen).

2 - Ja, Herr Larson.

3 - Senden Sie ein E-Mail an Burtons Assistenten, Jasper Billings, um unser Treffen am Freitag zu bestätigen, aber schlagen Sie 16 Uhr anstelle von 15 Uhr vor.

ANMERKUNGEN

① **File** "Kartei, Akte, Ordner" oder "elektronische Datei", **to file** "einordnen, ablegen". **To keep a file on sb./sth.** "eine Akte über jdn./etw. anlegen".

② **Instead of** "statt, anstelle von". **Let's go to that new French restaurant instead of the Chinese one we always go to** "Lass uns in dieses neue französische Restaurant gehen anstatt in das chinesische, in das wir immer gehen".

4 – Are they **com**ing **here** or are we **go**ing **there**?

5 – The **meet**ing is set for **here**. But find out if that **jerk** Jim **Rut**iger is **com**ing with them to the **sig**ning. I **hope** he's not **com**ing... ③④

6 And **book** the **con**ference room for two hours, and have **six cop**ies of the **con**tract **read**y for **sig**ning. Make **sure** that I'm **sit**ting to **Bur**ton's left. **Bur**ton's deaf in his right ear. Don't for**get**! ⑤⑥

7 And we'd **bet**ter have a **bot**tle of Dom Peri**gnon** on ice... ⑦⑧

8 Then call **Ran**dy in our **le**gal de**part**ment in the Bay **Ar**ea **of**fice and make **sure** he's on **hold** and **read**y to jump **in** if we hit a **snag**. It'll be 1 PM on the West Coast. Got it? ⑨⑩⑪⑫

PRONUNCIATION

[*5 ... **ßai**-ning ... 6 ... **buk** fsö **kon**-frenß ru:m ... def ... rait i:r ... 8 ... **li:**-göl ... on **hould** ... hit ö **ßnäg** ...*]

ANMERKUNGEN

③ **To be set** "festgelegt, angesetzt sein". **Set prices** "feste Preise", **set ideas** "feste Vorstellungen". **To be set in one's ways** "in seinen Gewohnheiten festgefahren sein".

④ **To find out** "herausfinden, feststellen". **She found out the truth** "Sie fand die Wahrheit heraus". **I'm going to find out if there's a train tonight** "Ich werde feststellen, ob heute Abend ein Zug fährt".

⑤ Ein Synonym für **to book** ist **to reserve**.

4 - Kommen die hierher oder gehen wir dorthin?

5 - Das Treffen ist hier anberaumt. Aber finden Sie heraus, ob dieser Blödmann Jim Rutinger mit denen für die Unterzeichnung herkommt. Ich hoffe, er kommt nicht ...

6 Und reservieren Sie den Konferenzraum für zwei Stunden und machen (haben) Sie sechs Kopien des Vertrags zur Unterzeichnung fertig. Stellen (Machen) Sie sicher, dass ich links von Burton sitze. Burton ist auf dem (in seinem) rechten Ohr taub. Vergessen Sie [das] nicht!

7 Und wir sollten besser eine Flasche Dom Perignon auf Eis haben ...

8 Rufen Sie dann Randy in unserer Rechtsabteilung im Bay Area Büro an und vergewissern Sie sich, dass er in der Warteschleife ist und bereit, sich einzuschalten, falls wir auf ein Problem stoßen. Es wird [jetzt] an der Westküste 13 Uhr sein. Haben Sie [alles] verstanden (mitbekommen)?

(6) **To make sure** "sicherstellen, sich vergewissern, dafür sorgen, dass ...": **Make sure that the windows are closed when you leave** "Sorg dafür, dass die Fenster geschlossen sind, wenn du gehst".

(7) Auf die Wendung **I had (I'd) better, you had (you'd) better** usw. folgt immer der Infinitiv des Verbs ohne **to**; die Wendung bezieht sich (trotz **had**) auf die Gegenwart bzw. die Zukunft: **I'd better buy some bread for tonight** "Ich sollte lieber etwas Brot für heute Abend kaufen". **You'd better tell me what you did** "Du solltest mir lieber erzählen, was du getan hast". **They'd better take their dog to the vet** "Sie sollten ihren Hund besser zum Tierarzt bringen".

(8) Wie Sie bereits wissen, ist Eis in den USA in jeglicher Form beliebt. Fast alle Getränke werden **ice cold** "eisgekühlt" aufbewahrt. Sogar für Reisende gibt es an Tankstellen Tüten mit Eiswürfeln zu kaufen. **To put sth. on ice** "etwas auf Eis legen, kühlen".

(9) **To be on hold** "in der Warteschleife sein"; **to put sb. on hold** "jemanden in die Warteschleife schalten".

(10) **To jump into a conversation** "sich in eine Unterhaltung einschalten".

(11) **Snag** heißt "Zacke, Haken" und im übertragenen Sinne "Problem, Schwierigkeit". **To hit** bedeutet "stoßen auf, treffen auf".

(12) **Got it?** ist die umgangssprachliche Variante für **Did you understand?** "Hast du / Haben Sie verstanden?".

9 – Is that **all**, Mr. **Lar**son?
10 – No. Ask Rapha**el** if he can cut my hair at 11 in my **off**ice...

1st EXERCISE

❶ His file contained a strange letter signed Santa Claus... ❷ Bob will be sailing to Europe instead of flying. ❸ The wedding plans are on hold until we find enough money to pay for the party. ❹ Please make sure that the dog does not sleep on the bed. ❺ Why don't you call the legal department?

2nd EXERCISE

❶ Bitte bringen Sie mir zwei Kopien des Vertrags.

Please . . . . two . . . . contract.

❷ Er ist wahrscheinlich stumm, aber nicht taub.

He . . . . . . mute (dumb), but . . . .

❸ Dieser Blödmann hat nur feste Vorstellungen!

That . . . . only has . . . . !

Eighty-fourth Lesson

Wiederholung und Anmerkungen

1. Must

Wie das Hilfsverb **can** trägt auch **must** in der 3. Person Singular kein **s** als Endung (**he/she/it must**). Fragen mit **must** werden nicht mit **to do** umschrieben:

Must he really leave tomorrow? "Muss er wirklich morgen gehen?"

9 - Ist das alles, Herr Larson?
10 - Nein. Fragen Sie Raphael, ob er mir um 11 Uhr im Büro die Haare schneiden kann ...

SOLUTIONS OF 1st EXERCISE

❶ Seine Akte enthielt einen seltsamen Brief, der mit Weihnachtsmann unterzeichnet war ... (unterzeichnet Heiliger Nikolaus). ❷ Bob wird nach Europa segeln, anstatt zu fliegen. ❸ Die Heiratspläne sind auf Eis gelegt, bis wir genügend Geld für die Party aufgetrieben haben (finden). ❹ Bitte sorgen Sie dafür, dass der Hund nicht auf dem Bett schläft. ❺ Warum rufen Sie nicht die Rechtsabteilung an?

❹ Ich verstehe (bekomme) es nicht!

I don't . . . . . !

SOLUTIONS OF 2nd EXERCISE

❶ bring me - copies of the ❷ must be - not deaf ❸ jerk - set ideas ❹ get it.

Zweite Welle: Thirty-fourth Lesson

Vierundachtzigste Lektion

Die Verneinung von **must** wird nicht mit **don't** formuliert, sondern "nicht müssen" wird mit **do not have to** ausgedrückt:
You do not have to go there "Du musst nicht dorthin gehen".

Achtung: Must not bzw. **mustn't** [*maß-nt*] bedeutet "nicht dürfen"! **You mustn't smoke in this room** "Sie dürfen in diesem Raum nicht rauchen".

Must existiert nur im Präsens. In allen anderen Zeitformen und im Infinitiv verwendet man die entsprechende Form von **to have to**:

I had to open the door, so I couldn't answer the phone "Ich musste die Tür öffnen, daher konnte ich nicht ans Telefon gehen (nicht das Telefon beantworten)".

They will have to come back next week "Sie werden nächste Woche zurückkommen müssen".

Mit **must** kann auch eine Vermutung oder eine Schlussfolgerung ausgedrückt werden:

You must be crazy! "Du musst verrückt sein!"

He doesn't answer the phone, he must have left the office "Er geht nicht ans Telefon, er muss das Büro verlassen haben".

2. Never und ever

Never heißt "nie, niemals" und wird nicht zusammen mit anderen verneinenden Wörtern verwendet. Das begleitende Verb ist immer affirmativ und folgt direkt auf **never**:

I have never seen such a large department store! "Ich habe niemals ein so großes Kaufhaus gesehen!"

Carol never eats Chinese food "Carol isst niemals chinesisches Essen".

Have you really never been to Europe? "Bist du wirklich niemals in Europa gewesen?"

Ist das Verb des Satzes dagegen negativ, verwendet man **ever** "je, jemals":

He didn't believe he would ever be able to swim again "Er glaubte nicht, dass er jemals wieder würde schwimmen können (in der Lage sein würde, zu schwimmen)".

Auch in Fragen hat **ever** die Bedeutung "je, jemals":

Does she ever smile? "Lächelt sie jemals?"

Did he ever go to the opera [*ou-pö-ra*] **?** "Ist er jemals in die Oper gegangen?"

Bei Fragen im **Present Perfect** (**to have** + Partizip Perfekt) nimmt **ever** die Bedeutung "schon einmal" an:

Have you ever eaten nachos? "Habt ihr schon einmal Nachos gegessen?"

Wird im Satz ein Superlativ (höchste Steigerungsstufe) genannt, so bedeutet **ever** "je, jemals":

He's the best carpenter I've ever met (von **to meet** "treffen, kennenlernen") "Er ist der beste Tischler, den ich jemals kennengelernt habe".

That's the sweetest child I've ever seen "Das ist das süßeste Kind, das ich jemals gesehen habe".

Merken Sie sich schließlich noch die Konstruktion **If ... ever ...** "Wenn ... jemals ...":

If you ever go to New York, go visit the Bronx Zoo "Wenn du jemals nach New York fährst, dann besuche den Zoo in der Bronx".

3. Even

Even [*i:-vön*] kann sowohl am Satzanfang als auch in der Satzmitte verwendet werden. Es bedeutet "sogar, selbst", seine Negativform lautet **not even** und wird mit "nicht einmal" übersetzt:

Even I could do better than that! "Selbst ich könnte es besser machen (als das)!"

Of course he's married, he even has three children "Natürlich ist er verheiratet, er hat sogar drei Kinder".

You can't even cook an egg! "Du kannst [noch] nicht einmal ein Ei kochen!"

Die Wendung **even if ...** bedeutet "selbst wenn":

We should spend the weekend in the country, even if it rains "Wir sollten das Wochenende auf dem Land verbringen, selbst wenn es regnet".

Merken Sie sich auch **even though** "obwohl":

Even though it rained, we enjoyed our weekend "Obwohl es regnete, hat uns unser Wochenende gefallen".

Bei einem Komparativ (Vergleich) kann **even** zur Verstärkung der Aussage eingesetzt werden; es bedeutet dann "sogar noch":

I love you even more than yesterday "Ich liebe dich sogar noch mehr als gestern".

She can swim even better than last year "Sie kann sogar noch besser schwimmen als letztes Jahr".

Peter eats even less than Jerry "Peter isst sogar noch weniger als Jerry".

Zweite Welle: Thirty-fifth Lesson

Eighty-fifth Lesson

Suburban Life ①

1 – Ben, I'll be right back. I'm heading over to the Kingston Mall. I'm taking the Land Rover. ②③

2 My car needs gas. I won't be long. I have to pick up some jeans for Kenny at the Gap. He's outgrown all his clothes again. ④⑤⑥

3 – He has shot up like a weed. At this rate we could own the Gap. I knew I should have bought stock when the company went public. ⑦⑧

PRONUNCIATION

*[ßö-**bö:r**-bön **laif 1** ... **he**-ding ... **mo:l** ... **länd rou**-vör* **2** *... **aot**-groun ... **klou**fss ...]*

Wie angekündigt, verzichten wir ab dieser Lektion in den Lektionssätzen auf den Fettdruck, der die Betonung markiert, denn Sie haben die Melodie des Amerikanischen mittlerweile gut im Ohr. Trotzdem finden Sie weiterhin unter PRONUNCIATION die Wörter, die eine spezielle oder schwierige Aussprache haben – mit Angabe der Betonung.

ANMERKUNGEN

① **Suburbs** "Vorstadt, Vorort"; **suburban** "Vorstadt-". Das typische Bild eines amerikanischen Vororts wird geprägt durch Häuser mit Garten, Einkaufszentren und viele Autos. Der Großteil der **middle class** "Mittelschicht" lebt in Vororten. In der Umgangssprache heißen die Vorstädte **the burbs**.

② Neben den Bedeutungen "rechts" und "recht" von **right**, die Sie bereits kennen, heißt **right** noch "direkt, unmittelbar; sofort": **I'm going there right away** "Ich gehe sofort hin". **He'll do it right now** "Er wird es sofort tun". **Right in the middle** "genau in der Mitte". **It's right behind you** "Es ist direkt hinter dir".

Vorstadtleben

1 - Ben, ich bin gleich zurück. Ich fahre rüber zum Kingston-Einkaufszentrum. Ich nehme den Land Rover.

2 Mein Wagen braucht Benzin. Es wird nicht lange dauern (Ich werde nicht lange sein). Ich muss Jeans für Kenny bei Gap holen. Er ist schon wieder aus all seiner Kleidung rausgewachsen.

3 - Er ist gewachsen wie (ein) Unkraut. Bei der Geschwindigkeit[, mit der er wächst,] könnten wir die Eigentümer von Gap sein. Ich wusste, ich hätte Aktien kaufen sollen, als das Unternehmen an die Börse ging.

③ **Head** "Kopf" ist die Grundlage für zahlreiche Wörter. **To head** in diesem Satz heißt wörtlich "zusteuern auf", d. h. "sich begeben nach". **To head** kann auch "leiten, anführen, vorstehen" (Gruppe, Komitee usw.) heißen. Eine **headline** ist eine "Schlagzeile".

④ **Gas** (= **gasoline**) "Benzin". Es gibt auch noch **super** [*ßu:-pör*] (oder **Xtra** [***ekß**-tra*]). **Unleaded** [*an-**le**-did*] heißt "unverbleit, bleifrei". An der Tankstelle (**gas station**) sagt man für "Volltanken!" **Fill 'er up!**, die "Zapfsäule" heißt **pump**, der "Tank" ist der **tank**, "tanken" heißt **to tank**.

⑤ **To pick up** bedeutet nicht nur "mitnehmen, abholen, nehmen", sondern in der Sprache der Jugendlichen auch "(ein Mädchen / einen Jungen) aufreißen, anmachen".

⑥ **To outgrow** "etwas entwachsen, über etw. hinauswachsen". Merken Sie sich auch **We've outgrown all that** "Das haben wir alles hinter uns".

⑦ **Weed** "Unkraut". **To weed** "Unkraut jäten".

⑧ **Stock market** "Börse", **to buy shares of stock** "Aktienanteile erwerben". Die drei großen Börsen der USA sind die **New York Stock Exchange (NYSE)**, die **American Stock Exchange** und die **NASDAQ**. Der amerikanische Aktienindex heißt **Dow Jones Index**.

4 – I'll be back by six at the latest. Don't forget to put the chicken in the oven at five fifteen. Set it at 250° (two hundred fifty) degrees for forty minutes. And throw together a salad if you're inspired. ⑨⑩

5 If you have a problem, call me on the cellular telephone.

6 – Hon, can you pick up my gray suit at *Sundance Cleaners*? Exit 8. It was ready yesterday, but I didn't have a chance to swing around and get it. It's pre-paid, so don't pay again. Here's the ticket. ⑪⑫⑬

PRONUNCIATION

[*4 ... **a**-vön ... fßrou ... in-**ßpai**-öd* **5** *... **ßel**-ju-lör ...* **6** *... **pri**-peid ...*]

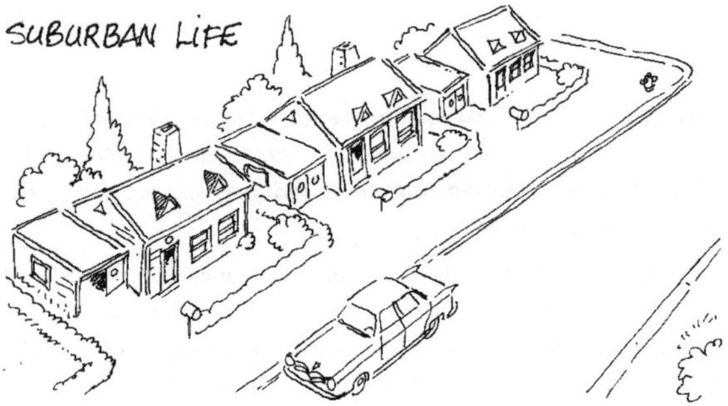

1st EXERCISE

❶ In 1983, we moved to the eastern suburbs of Chicago. ❷ Don't forget to pick up the kids at the cinema! ❸ Ben will be getting off at Exit 11 and going to the airport right away. ❹ If you have a chance, please send me a check for the opera tickets I bought you. ❺ The stock for Ford Motors has gone up three dollars since ten o'clock.

4 - Ich werde spätestens um sechs zurück sein. Vergiss nicht, um Viertel nach fünf das Hähnchen in den Ofen zu stellen. Stell ihn auf 250° und 40 Minuten ein. Und mach uns einen Salat (wirf einen Salat zusammen), wenn du dich aufraffen kannst.

5 Wenn du ein Problem hast, dann ruf mich auf dem Handy an.

6 - Liebling, kannst du meinen grauen Anzug bei der Sundance-Reinigung abholen? Ausfahrt 8. Er war gestern fertig, aber ich hatte keine Gelegenheit, vorbeizufahren und ihn abzuholen. Er ist schon bezahlt, bezahl also nicht noch einmal. Hier ist der Schein.

ANMERKUNGEN

⑨ In den USA wird die Temperatur in **Fahrenheit (F)** gemessen. Der Gefrierpunkt liegt bei 32° F, der Siedepunkt bei 212° F. Ein auf 250° F eingestellter Ofen ist mittelwarm, bei 350° F ist er warm und 500° F ist die Grilltemperatur.

⑩ **To throw** "werfen". **To throw together** "herzaubern, zusammenschustern, zusammenwerfen". **Let's throw together a party on Saturday** "Lass uns am Samstag auf die Schnelle eine Party organisieren".

⑪ Mit **exit** ist die Ausfahrt eines **highway**, **freeway**, **parkway** usw. gemeint.

⑫ **To have/get a chance** "die Gelegenheit/Zeit/Möglichkeit haben".

⑬ **To + swing around** "vorbeigehen". Beachten Sie bei **... to swing around and get it**, dass vor allem in der gesprochenen Sprache die Konjunktion **and** nach Verben wie **to come**, **to go**, **to try**, **to wait** oft verwendet wird, um eine Wiederholung des Infinitiv-**to** zu vermeiden.

SOLUTIONS OF 1st EXERCISE

❶ (In) 1983 sind wir in die östlichen Vororte von Chicago gezogen. ❷ Vergiss nicht, die Kinder am Kino abzuholen! ❸ Ben wird bei Ausfahrt 11 rausfahren und direkt zum Flughafen fahren. ❹ Wenn du die (eine) Gelegenheit hast, schick mir einen Scheck für die Opernkarten, die ich euch gekauft habe. ❺ Die Aktien für Ford Motors sind seit zehn Uhr um drei Dollar gestiegen.

2nd EXERCISE

❶ Nimm (das Telefon) ab, bitte!

. . . . the telephone, please!

❷ Die Tankstelle ist direkt hinter uns.

The . . . . is . . . .

❸ Wann wird er zurück sein?

When will he . . . . . . ?

❹ Sie haben sie um zehn Uhr abgeholt.

They . . . . ten o'clock.

Eighty-sixth Lesson

The Joke

1	– What's black and white and read all over? ①②
2	– How am I supposed to know? Tell me! ③
3	– A newspaper. ④
4	– I was expecting something funnier. ⑤
5	– Okay... What's black and white and red all over?

PRONUNCIATION

[... *dsch˜ouk* **1** ... ***red*** *o:l* ***ou****-vör* **4** ... *ikß-****pek****-ting* ***ßam****-fßing* ***fan****-ni‿er* **5** ... ***red*** *o:l* ***ou****-vör*]

ANMERKUNGEN

① Der Witz besteht hier in einem Wortspiel: In diesem Satz ist **read** [*red*] "gelesen" das Partizip von **to read** "lesen". Das Wörtchen **red** in Satz 5 wird genauso ausgesprochen, bedeutet aber "rot".

② **All over** "überall". **I've been looking for you all over** "Ich habe dich überall gesucht".

❺ Ihr Auto benötigt unverbleites Benzin.

..... car needs ....

SOLUTIONS OF 2nd EXERCISE

❶ Pick up ❷ gas station - right behind us ❸ be back ❹ picked her up at ❺ Their - unleaded gas.

Zweite Welle: Thirty-sixth Lesson

Sechsundachtzigste Lektion

Der Witz

1 - Was ist schwarz und weiß und [wird] überall gelesen?
2 - Wie soll ich das wissen? Sag [es] mir!
3 - Eine Zeitung.
4 - Ich habe etwas Lustigeres erwartet.
5 - Okay ... Was ist schwarz und weiß und überall rot?

③ **To tell** "erzählen". Dagegen bedeutet **to say** einfach "sagen". In den meisten Fällen sind beide Verben austauschbar: **She told me that / She said she was going to Spain** "Sie erzählte mir / sagte mir, dass sie nach Spanien führe". Dagegen muss es heißen: **Tell me a joke!** "Erzähl mir einen Witz!" (*nicht* **Say me...**!)

④ **Newspaper** "Zeitung". Ein Synonym ist **journal** [***dsch~ö:r**-nöl*]. **Daily** ist eine "Tageszeitung", **weekly** ist eine "Wochenzeitung" und **quarterly** eine "Vierteljahresschrift". **Magazine** bedeutet "Zeitschrift".

⑤ **To expect** "erwarten". **I don't know what to expect** "Ich weiß nicht, was ich erwarten soll". **I'm expecting a phone call** "Ich erwarte einen Anruf".

6	– Is this a trick? ⑥
7	– I'm waiting...
8	– Well, according to you, a newspaper. ⑦
9	– Wrong. A sunburned zebra! ⑧

PRONUNCIATION [***9*** *...* ***ßan****-bö:rnd* ***si:****-brö*]

1st EXERCISE

❶ Have you read the fashion magazine *The Red Zebra*? ❷ Tell me a joke! I love to laugh. ❸ Teddy was supposed to be home before 6 PM. ❹ According to the newspaper, it's going to rain tomorrow. ❺ I'm sorry, but these are the wrong size jeans for me!

2nd EXERCISE

❶ Wir hatten eine kürzere Geschichte erwartet.

We .... a ....

❷ Sie hat ihr rotes Buch überall gesucht.

She ... been .... book ... .

❸ Meiner Meinung nach wird er nicht in der Lage sein, nach Spanien zu fahren.

In .. .., he won't .. ....
to go .. Spain.

6 - Ist das ein Trick?
7 - Ich warte ...
8 - Na ja, nach dem, was du sagst (gemäß dir), eine Zeitung.
9 - Falsch. Ein Zebra mit Sonnenbrand (sonnenverbranntes Zebra)!

ANMERKUNGEN

⑥ **Trick** "Trick, Bluff, Streich". Wenn die Kinder an Halloween an den Türen läuten, rufen sie **Trick or treat** [*tri:t*], sinngemäß "Wenn du nicht willst, dass ich dir einen Streich spiele, dann gib mir Bonbons".

⑦ **According to** "laut, gemäß". Zitiert man die Meinung einer bestimmten Person, so muss man sagen **In my opinion..., in your opinion** usw.: **According to his sister, he's a great cook** "Nach Ansicht seiner Schwester ist er ein großartiger Koch". **In my opinion, that restaurant is very bad** "Meiner Meinung nach ist dieses Restaurant sehr schlecht".

⑧ Für **sunburned** gibt es im Deutschen kein Adjektiv, daher muss man hier "... mit Sonnenbrand" nachstellen.

SOLUTIONS OF 1st EXERCISE

❶ Hast du die Modezeitschrift *Das rote Zebra* gelesen? ❷ Erzähl mir einen Witz! Ich lache gerne (liebe zu lachen). ❸ Teddy sollte eigentlich vor 18 Uhr zu Hause sein. ❹ Laut der Zeitung wird es morgen regnen. ❺ Es tut mir leid, aber diese Jeans haben für mich nicht die richtige Größe (sind die falsche Größe Jeans für mich).

❹ Sag mir, was du in der Zeitung gelesen hast.

. . . . . . what you . . . . in the newspaper.

SOLUTIONS OF 2nd EXERCISE

❶ were expecting - shorter story ❷ has - looking for her red - all over ❸ my opinion - be able - to ❹ Tell me - read

Zweite Welle: Thirty-seventh Lesson

▶ Eighty-seventh Lesson

"Cyber-Veggies" ①

1 – Gene was about to go food shopping for "veggies" for her famous vegetable soup when we saw a program on Channel 13 about an Internet farmer in the San Fernando Valley... ②③

2 – In spite of modern technology, I hardly think you can grow fresh food online! ④⑤

3 – No, you order your organically-grown spinach and green beans and iceberg lettuce on his web site, and a basket of fresh produce is delivered to your door the next morning. Door-to-door service! ⑥⑦⑧

4 – That's great, but how do you pay?

5 – By credit card, of course.

PRONUNCIATION

*[**ßai**-bör **ve**-dsch~i:s **1** ... **fei**-möß **vedsch**~-töbl **ßu:p** ... **2** in **ßpait** of ... **3** ... or-**gä**-ni-kö-li-**groun** **ßpi**-nötsch ... gri:n bi:ns ... **aiß**-börg **led**döß ... **bäß**-köt ... prö-**dju:ß** is dö-**li**-vörd ...]*

ANMERKUNGEN

① **Veggies** ist die Abkürzung für **vegetables** "Gemüse", aber auch für **vegetarians** "Vegetarier/-innen".

② **To be about to do something** "kurz davor sein, etwas zu tun". **She's about to have a baby** "Sie steht kurz vor der Entbindung".

Siebenundachtzigste Lektion

"Cyber-Gemüse"

1 - Gene wollte gerade Gemüse für ihre berühmte Gemüsesuppe einkaufen gehen, als wir auf Kanal 13 eine Sendung über einen Internet-Landwirt im San-Fernando-Tal sahen ...
2 - Trotz moderner Technik glaube ich kaum, dass man frische Lebensmittel online anbauen kann!
3 - Nein, du bestellst deinen organisch angebauten Spinat und die grünen Bohnen und den Eisbergsalat auf seiner Website und am nächsten Morgen wird ein Korb mit frischen Produkten an deine Tür geliefert. Haus-Service (Tür-zu-Tür-Service)!
4 - Das ist super, aber wie bezahlst du?
5 - Natürlich mit Kreditkarte.

③ **To do the shopping / to go shopping** "einkaufen". **A shop** "ein Laden, ein Geschäft". Wenn Lebensmittel (**food**) eingekauft werden, wird entsprechend präzisiert: **to go food shooping**.

④ **In spite of...** "Trotz ...": **We had a great time, in spite of the cold** "Wir hatten eine großartige Zeit, trotz der Kälte".

⑤ **Hardly** "kaum". Das Verb ist immer affirmativ! **She hardly knows him** "Sie kennt ihn kaum". **They hardly ever go to the cinema** "Sie gehen fast nie (kaum jemals) ins Kino"; **He hardly likes anybody** "Er mag kaum jemanden"; **We hardly bought anything** "Wir haben kaum etwas gekauft"; **He hardly has any hair on his head** "Er hat kaum Haare auf dem Kopf".

⑥ **Organically-grown** "organisch (ohne Chemie) angebaut". Derselben Adverb-Partizip-Konstruktion folgen zahlreiche Adjektive im Amerikanischen, so auch **prematurely-born** "früh (vorzeitig) geboren" und **artificially-inseminated** "künstlich befruchtet".

⑦ **Produce** "Produkte, Erzeugnisse", auch "Ertrag, Ausbeute". **To produce** "herstellen, produzieren".

⑧ Die Hauptbedeutung von **to deliver** ist "liefern, zustellen, überbringen". **Delivery** ist eine "Lieferung". Merken Sie sich auch **delivery boy** "Austräger", **delivery man** "Lieferant" und **special delivery** "Eilzustellung".

6 – I'd be afraid of giving my VISA number on the Internet... ⑨

7 – You're so old-fashioned!

PRONUNCIATION

[*6 ... ö-**freid** of **gi**-ving ... **vi:**-ßö ... 7 ... ould-**fä**-schönd ...*]

1st EXERCISE

❶ He hardly ever eats fish. ❷ How can I marry him? I hardly know him! ❸ The child was afraid of her own shadow. ❹ Brad found a partner on the Internet in spite of his lawyer's warning. ❺ Did you pay for this book with cash or credit card?

Notieren Sie alle Vokabeln, die nicht in der Liste im Anhang des Buches vorkommen, unter "Persönliche Notizen", jedoch immer als ganze Sätze oder als Redewendungen, oder legen Sie sich eine separate Liste an. Lernen Sie alle Vokabeln im Kontext, niemals einzeln!

2nd EXERCISE

❶ Ich wollte gerade duschen (eine Dusche nehmen).

I . . . . to take a . . . .

❷ Trotz all des Geldes, das er besitzt (hat), fährt er fast nie in Urlaub.

. . . . all the money . . . . . , he

. . . . goes on vacation.

❸ Hat er wirklich Angst vor ihr?

Is he really . . . . ?

❹ Ich esse nur organisch angebaute Produkte.

I . . . . eat . . . . - . . . .

6 - Ich hätte Angst, meine VISA-Nummer im Internet anzugeben ...
7 - Du bist so altmodisch!

ANMERKUNGEN

⑨ **To be afraid of** "Angst haben, sich fürchten vor". **I'm afraid of dogs** "Ich habe Angst vor Hunden". **He's afraid of his own shadow** "Er fürchtet sich vor seinem eigenen Schatten".

SOLUTIONS OF 1st EXERCISE

❶ Er isst fast nie Fisch. ❷ Wie kann ich ihn heiraten? Ich kenne ihn kaum! ❸ Das Kind hatte Angst vor seinem (ihrem) eigenen Schatten. ❹ Brad hat im Internet trotz der Warnung seines Rechtsanwalts einen Partner gefunden. ❺ Hast du (für) dieses Buch bar oder mit Kreditkarte bezahlt?

SOLUTIONS OF 2nd EXERCISE

❶ was about - shower ❷ In spite of - he has - hardly ever ❸ afraid of her ❹ only - organically-grown produce.

Zweite Welle: Thirty-eighth Lesson

Eighty-eighth Lesson

Forget the Gumbo! ①

1 – Good morning, can I have your reservation number, please?
2 – H59 342 Y.
3 – Thank you, it's coming up right away. I have your reservation right here, Mr. Webster. Ah, I also have good news! ②③
4 – The Ford Fiesta you reserved won't be available for thirty minutes, so you're entitled to a free upgrade with air-conditioning, unless you'd rather wait for the Fiesta and benefit from a coupon worth 20 dollars at all Louisiana Gumbo Shops. ④⑤⑥

PRONUNCIATION

[*for-**get** fsö **gam**-bou!* **2 ei***tsch* **fai***v* **nai***n fßri: fo:r tu: o***ai***.* **3** *...* **rai***d-ö-wu***ei** *... re-sör-***vei***-schön ...* **4** *... ö-***vei***-lö-bl ... in-***tai***-töld ...* **ap***-greid wuifs* **är** *kon-***di***-schö-ning an-***leß** *ju:d* **ra:***-fsör ...* **ku***-po˜* **wuö:r***fß ...*]

ANMERKUNGEN

① Die Hauptbedeutung von **to forget** (Vergangenheit **forgotten**) ist "vergessen": **I forgot his phone number** "Ich habe seine Telefonnummer vergessen". **Forget it!** "Schon gut! Vergiss es!". Ist "vergessen" im Sinne von "liegen, stehen lassen" gemeint, so benutzt man **to leave**: **I left my gloves in the car** "Ich habe meine Handschuhe im Auto liegen gelassen".

② Man benutzt **to come up**, wenn eine Information am Bildschirm erscheint, sei es an einem Computer oder am TV-Bildschirm.

Vergessen Sie den Gumbo!

1 - Guten Morgen, kann ich Ihre Reservierungsnummer haben, bitte?

2 - H59 342 Y.

3 - Danke, hier erscheint es gerade. Ich habe Ihre Reservierung hier, Herr Webster. Ach, ich habe auch eine gute Nachricht (gute Nachrichten)!

4 - Der Ford Fiesta, den Sie reserviert haben, wird erst in 30 Minuten (wird nicht für 30 Minuten) verfügbar sein, daher haben Sie ohne Aufpreis ein Anrecht auf einen Wagen der gehobenen Klasse mit Klimaanlage, es sei denn, Sie möchten lieber auf den Fiesta warten und in den Genuss eines Coupons im Wert von 20 Dollar in allen Gumbo-Läden Louisianas kommen.

③ Hier hat **right** die Bedeutung “direkt, sofort; genau, gerade”: **right now / right away** “jetzt sofort”, **right here** “genau hier”, **right after** “direkt danach”, **right behind** “direkt dahinter”.

④ **To be entitled to** “einen Anspruch / ein Anrecht haben auf, berechtigt sein zu”. **This coupon entitles you to a free drink** “Mit diesem Coupon haben Sie Anspruch auf ein kostenloses Getränk”.

⑤ **Upgrade** “Aufwertung, Steigerung” bedeutet z. B. bei einem Autoverleih, dass der Kunde ohne Aufpreis anstelle eines Modells der Klasse A ein Modell der Klasse B erhält (**to upgrade a reservation**) oder bei einer Fluggesellschaft, dass der Fluggast, obwohl er ein Ticket der Touristenklasse besitzt, in der 1. Klasse oder der Business Class fliegen kann.

⑥ **Unless** “es sei denn, ...” oder “..., wenn nicht ...”: **Unless you apologize, I won't speak to you any more** “Wenn du dich nicht entschuldigst, spreche ich nicht mehr mit dir (... es sei denn, du entschuldigst dich)”.

5 – Forget the Gumbo, I'd rather take the upgrade and save a few minutes. ⑦⑧

6 – No problem, just sign here, and off you go! If you belong to any Frequent Flyer programs, you're allowed a free tank of gas as well. ⑨⑩⑪

7 – Today's my lucky day!

PRONUNCIATION

[**5** ... ***ßeiv*** *ö fju:* ***mi****-nitß* **6** ... ***fri:****-kwuönt* ***flai****-ör* ... ***tänk*** *ov* ***gäß*** ...]

1st EXERCISE

❶ Do you have a reservation number, Sir? ❷ If you think I'm going to lend you my Ferrari, just forget it! ❸ M. Wilson belongs to twelve Frequent Flyer programs! ❹ I'd rather wait a few minutes and buy something at the Gumbo shop. ❺ Why isn't my car available?

5 - Vergessen Sie den Gumbo. Ich nehme lieber das Modell der gehobenen Klasse und spare ein paar Minuten.

6 - Kein Problem, unterschreiben Sie einfach hier, und schon geht's los (und los gehen Sie)! Wenn Sie irgendwelche Vielflieger-Programme nutzen (... angehören), haben Sie auch ein Anrecht auf eine kostenlose Tankfüllung.

7 - Heute ist mein Glückstag (glücklicher Tag)!

ANMERKUNGEN

(7) **I would (I'd) rather** + Verb im Infinitiv ohne **to**: "Ich würde lieber ...": **I'd rather live in Boston than in New York** "Ich würde lieber in Boston als in N.Y. leben".

(8) **To save** "sparen", aber auch "aufbewahren, übrig lassen": **My father saved a lot of money** "Mein Vater hat viel Geld gespart". **I'm coming home late tonight. Please save me some food** "Ich komme heute Abend spät nach Hause. Bitte heb mir etwas Essen auf". **Savings** "Ersparnisse"; **savings account** "Sparkonto".

(9) Ein Synonym für **Off you go!** ist **You're on your way!** ("Sie sind auf Ihrem Weg!"). **Quick** "schnell", **easy** "reibungslos" und **speed** "Geschwindigkeit" sind beliebte Schlüsselworte bei vielen Arten von Dienstleistungen in den USA.

(10) Das **Frequent-Flyer**-Konzept stammt aus der Luftfahrt. Vielflieger/-innen sammeln mit jedem Flug Punkte (Bonus-Meile) und erhalten bei Erreichen einer bestimmten Punktzahl ein Gratis-Ticket oder ein **upgrade** (siehe Anm. 5). Mittlerweile haben sich auch Autoverleihe, Hotelketten usw. dieses Konzept zu eigen gemacht.

(11) **As well** ist ein Synonym für **also** und **too** "auch" und steht immer am Satzende.

SOLUTIONS OF 1st EXERCISE

❶ Haben Sie eine Reservierungsnummer, [mein] Herr? ❷ Wenn du denkst, dass ich dir meinen Ferrari leihen werde, dann vergiss es einfach! ❸ Herr Wilson nutzt (gehört zu) 12 Vielflieger-Programme! ❹ Ich warte lieber einige Minuten und kaufe etwas im Gumbo-Laden. ❺ Warum ist mein Wagen nicht verfügbar?

2nd EXERCISE

❶ Wir haben ein Anrecht auf einen kostenlosen Flug.

We're . . . . a . . . .

❷ Er hat vergessen, seinen Anzug mitzunehmen.

He . . . . . . to pick up his . . . . .

❸ Sie lässt ihre Handschuhe immer im Wagen.

She always . . . . gloves in the car.

Eighty-ninth Lesson

Peeling an Onion...

1 – My analyst told me that our children were grown adults and could take care of themselves. ①②③④

2 – That sounds like sound advice. ⑤

PRONUNCIATION

[***pi:**-ling ön **on**-jön **1** ... fsem-**ßelvs 2** ... **ßaonds** laik **ßaond** öd-**vaiß***]

ANMERKUNGEN

① Erinnern Sie sich daran, dass **to tell** (Vergangenh. **told**) "sagen, erzählen" heißt, während **to say** (Vergangenh. **said**) nur "sagen" heißt.

② **To grow** kann "wachsen", aber auch "züchten, anpflanzen" heißen. **Grown adults** ist hier sozusagen "doppelt gemoppelt". Sie kennen bereits **grown-up** (Plural **grown-ups**) "Erwachsene(r)".

④ Wir werden nicht nach Honolulu fliegen können, es sei denn, wir sparen viel Geld.

We won't be able to . . . . . Honolulu . . . . . .

we . . . . a lot of money.

SOLUTIONS OF 2nd EXERCISE

① entitled to - free flight ② forgot - suit ③ leaves her ④ fly to - unless - save

Zweite Welle: Thirty-ninth Lesson

Neunundachtzigste Lektion

[Beim] Schälen einer Zwiebel ...

1 - Mein Analytiker hat mir gesagt, dass unsere Kinder (erwachsene) Erwachsene seien und für sich selbst sorgen könnten.

2 - Das klingt nach [einem] vernünftigen Rat.

③ **To take care for, to care about** "sich Sorgen machen um, sich sorgen um". **To take care of someone** "sich um jdn. kümmern". **To take care** "aufpassen, achten auf". Eine häufige Wendung ist **I don't care** "Das ist mir egal (Ich kümmere mich nicht darum)".

④ **Themselves** ist der Plural von **himself** und **herself**. Sie kennen bereits **myself**, **yourself**, **ourselves** usw.

⑤ Das Verb **to sound** heißt "klingen" oder auch "(er)scheinen (als)" (Synonym **to seem** [*ßi:m*], das Substantiv **sound** "Klang, Laut" und das Adjektiv **sound** "solide, gesund, vernünftig": **She sounds very childish** "Sie klingt sehr kindisch". **To be a sound sleeper** "einen tiefen Schlaf haben".

3 – I still worry about them...
4 – Why are you crying? ⑥
5 – I'm not crying. I'm peeling an onion, for goodness sake! ⑦
6 – Okay, you don't have to scream!
7 – My analyst said I should think of myself. Taking care of four kids for thirty years is enough! ⑧⑨

PRONUNCIATION

[**5** ... ***gud**-neß* ***ßeik*** **6** ... ***ßkri:m*** **7** ... *i-**naf***]

1st EXERCISE

❶ Were these carrots grown in your garden? ❷ It sounds like your honeymoon wasn't too romantic... ❸ For goodness sake, don't walk on the carpet with your golf shoes, hon! ❹ My analyst says it's healthy to scream. ❺ I don't like to cry, so peel the onion yourself!

2nd EXERCISE

❶ Er kümmert sich während der Sommerferien um ihren Hund.

During the summer vacation, he . . . .

. . . . dog.

3	-	Ich mache mir immer noch Sorgen um sie ...
4	-	Warum weinst du?
5	-	Ich weine nicht. Ich schäle eine Zwiebel, um Himmels willen!
6	-	Schon gut, du musst nicht schreien!
7	-	Mein Analytiker sagte, ich solle an mich selbst denken. Sich 30 Jahre lang um vier Kinder zu kümmern, ist genug!

ANMERKUNGEN

⑥ Verwechseln Sie nicht **to cry** "weinen", **to scream** "schreien", **to shout** "rufen".

⑦ Synonyme für **For goodness sake** sind **For heaven's sake!**, **Gosh!**, **Golly!**, **For crying out loud!**, **For Christ's sake!**, **Jesus!** oder **Christ!**.

⑧ **To think** "denken", **to think of** "denken an", **to think about** "nachdenken über, überlegen".

⑨ Beachten Sie, dass nach **for** "seit, ... lang" immer ein Zeitraum folgt: **I've been waiting for you for two hours** "Ich habe zwei Stunden lang auf dich gewartet".

SOLUTIONS OF 1st EXERCISE

❶ Wurden diese Karotten in Ihrem Garten gezüchtet? ❷ Es klingt, als sei eure Hochzeitsreise nicht so romantisch gewesen ... ❸ Um Himmels willen, lauf nicht mit deinen Golfschuhen über den Teppich, Liebling! ❹ Mein Analytiker sagt, es sei gesund, zu schreien. ❺ Ich möchte nicht weinen, also schäl die Zwiebel selbst!

❷ Ihm ist alles egal (Er kümmert sich um nichts)!

He . . . . . ' . . . . anything.

❸ Ich denke die ganze Zeit über dich nach!

I . . . . you all the . . . . !

❹ Warum sind Erwachsene oft so kindisch?

Why are . . . . . - . . . often . . childish?

Ninetieth Lesson

Adoption ①

1 – Hello, may I speak with Mr. Watkins or Mr. Birnbaum, please?
2 – This is Mr. Watkins.
3 – Mr. Watkins, this is Mrs. Gillespie of the Sunshine Adoption Agency.
4 – Yes...
5 – I have good news for you and Mr. Birnbaum. Your request to adopt a child has been accepted by the State of California. ②
6 – That's great. I'm so happy I could cry! Warren always wanted to be a father. ③

PRONUNCIATION

*[ö-**dop**-tschön **3** ... **ei**-dsch˜ön-ßi **5** ... ri-kue**ßt** ... ök-**ßep**-tid ...]*

SOLUTIONS OF 2nd EXERCISE

❶ takes care of their ❷ doesn't care about ❸ think about - time ❹ grown-ups - so

Zweite Welle: Fortieth Lesson

Neunzigste Lektion

Adoption

1 - Hallo, dürfte ich bitte mit Herrn Watkins oder Herrn Birnbaum sprechen?

2 - Ich bin (Dies ist) Herr Watkins.

3 - Herr Watkins, hier ist Frau Gillespie von der Adoptionsagentur "Sonnenschein".

4 - Ja ...

5 - Ich habe eine gute Nachricht (gute Nachrichten) für Sie und Herrn Birnbaum. Ihr Antrag auf Adoption eines Kindes ist vom Staat Kalifornien genehmigt worden.

6 - Das ist großartig. Ich bin so glücklich, [dass] ich weinen könnte! Warren wollte immer (ein) Vater sein.

ANMERKUNGEN

① In den USA gibt es sowohl private als auch öffentliche Adoptionsagenturen. Die Adoptionsagenturen müssen von dem Bundesstaat, in dem sie tätig sind, lizenziert sein.

② **Request** "Anfrage, Antrag". **To request** oder **to make a request** "eine Anfrage richten, einen Antrag stellen". **Samples sent on request** "Muster werden auf Anfrage zugeschickt".

③ Achtung: Sie sehen hier, dass im Deutschen auf den unbestimmten Artikel verzichtet wird, während er im Amerikanischen gesetzt werden muss: **to be a father** "Vater sein", **to become a doctor** "Arzt werden" usw. Siehe auch Lektion 91.

7 – Apparently, the State Adoption Board thought that you'd be good parents.
8 – I hope so! ④
9 – We think so, in any case. Congratulations again. We'll be sending you some papers to fill out and an affidavit for you and Warren to sign. ⑤⑥⑦

PRONUNCIATION

[*7 ö-**pä**-rönt-li ...* ***bo:****rd* ***fßo:t*** *...* ***pä****-röntß* **9** *... kon-grä-tju:-****lei****-schöns ... ä-fi-****dei****-vit ...*]

1st EXERCISE

❶ I hope they'll be able to adopt that child. I hope so too. ❷ He made a strange request ... He asked for a hotel room with no windows! ❸ Bring the affidavit, and your pet gorilla will belong to the city zoo. ❹ Mr. Smith got a fax with good news. ❺ Fill 'er up, please!

7 - Anscheinend hat die bundesstaatliche Adoptionskommission gedacht, dass Sie gute Eltern sein würden.
8 - Ich hoffe es!
9 - Auf jeden Fall denken wir so. Noch mal herzlichen Glückwunsch. Wir senden Ihnen einige Papiere, die Sie ausfüllen müssen, und eine eidesstattliche Versicherung für Sie und Warren zum Unterzeichnen

ANMERKUNGEN

④ Merken Sie sich die folgenden Redewendungen mit **so**, die immer als Antwort vorkommen: **I think so** "Ich denke, ja", **I suppose so** "Ich nehme es an", **I don't think so** "Ich denke, nein".

⑤ **We'll be sending you**: Hier steht die Verlaufsform des Futurs, da es sich um ein Vorhaben handelt, über das bereits entschieden wurde bzw. das sich über einen bestimmten Zeitraum in der Zukunft erstreckt.

⑥ **To fil**l "füllen", aber **to fill in** oder **to fill out** "ausfüllen" (Formular).

⑦ **To swear an affidavit** "eine eidesstattliche Versicherung abgeben".

SOLUTIONS OF 1st EXERCISE

❶ Ich hoffe, dass sie dieses Kind (werden) adoptieren können. Ich hoffe es auch. ❷ Er hatte eine seltsame Anfrage ... Er bat um ein Hotelzimmer ohne Fenster! ❸ Bringen Sie die eidesstattliche Versicherung und Ihr Hausgorilla wird zum städtischen Zoo gehören. ❹ Herr Smith erhielt ein Fax mit einer guten Nachricht. ❺ Volltanken bitte!

2nd EXERCISE

1. Er möchte (ein) Arzt werden.

   He . . . . become . . . .

2. Sie war einmal (eine) Schauspielerin; dann studierte sie, um (eine) Kinderärztin zu werden.

   She . . . . actress; then she studied . . . . pediatrician.

Ninety-first Lesson

Wiederholung und Anmerkungen

Herzlichen Glückwunsch! Sie haben enorme Fortschritte gemacht und eigentlich sollten Sie dies jedesmal bestätigt finden, wenn Sie eine Übung zur "Zweiten Welle" durcharbeiten. Vergessen Sie diese Phase nicht, denn sie ist wichtig, um Ihre Kenntnisse zu festigen, und außerdem ist sie eine gute Kontrollmöglichkeit. Bestimmte Grammatikthemen, die Ihnen am Anfang schwierig erschienen, kommen Ihnen vielleicht jetzt ganz leicht vor. Falls nicht, so wiederholen Sie diese Themen automatisch im Zuge der "Aktiven Phase".

1. So

Dieses kleine Wörtchen hat es etwas in sich. Seine Bedeutungen und Anwendungsmöglichkeiten sind z. T. recht unterschiedlich. Fassen wir zusammen:

* **So** + Adjektiv oder Adverb = "so, so sehr":
I'm so happy I could cry "Ich bin so glücklich, dass ich weinen könnte."
You're so oldfashioned "Du bist so altmodisch."
Don't drive so fast "Fahr nicht so schnell."
Don't eat so much "Iss nicht so viel."
I love you so! "Ich liebe dich so sehr!"

❸ Herzlichen Glückwunsch!

. . . . !

❹ Hallo, kann ich bitte mit Herrn Simpson sprechen?

Hello, ... Mr. Simpson, please?

SOLUTIONS OF 2nd EXERCISE

❶ wants to - a doctor ❷ used to be an - to become a ❸ Congratulations ❹ may I speak with

Zweite Welle: Forty-first Lesson

Einundneunzigste Lektion

* In kurzen Antworten, die Zustimmung/Nichteinverständnis ausdrücken:

Is Janet coming tonight? - I think so / I hope so / I suppose so "Kommt Janet heute Abend? - Ich denke, ja / Ich hoffe es / Ich nehme es an".

Achtung: Die Negativformen der oben gezeigten Wendungen lauten: **I don't think so / I hope not / I suppose not** oder **I don't suppose so**.

* Person + "auch" (vgl. auch Lektion 28, Punkt 2):

I'm very tired. - So am I. "Ich bin sehr müde. - Ich auch."
Peter loves me. - So does Rick. "Peter liebt mich. - Rick auch."

* "so dass, damit":

He handed her a pen so she could write "Er gab ihr einen Stift, sodass sie schreiben konnte".
We ordered some slices of pizza so that we could stay at home and watch television "Wir bestellten ein paar Pizzas, damit wir zu Hause bleiben und fernsehen konnten".

* "Also, ...; dann ...":
  So, what did she say? "Also, was hat sie gesagt?"
  You don't want to go to the opera? So let's go to the cinema! "Du möchtest nicht in die Oper gehen? Dann lass uns ins Kino gehen!"

* Verschiedene Redemittel mit **so**:
  So far "bis jetzt": **Everything is going well so far** "Bis jetzt ist alles gut gelaufen".
  So long! "Bis bald! Tschüss!"
  So sorry! "Entschuldigung! Verzeihung!"
  So much for that! "Das wäre geschafft! Das hätten wir!"
  This being so "da dem so ist"
  So what? "Na und?"
  So there! "Fertig! Und damit basta!"

2. Der unbestimmte Artikel

Die Verwendung des unbestimmten Artikels unterscheidet sich etwas vom Deutschen. Daher wollen wir kurz erklären, wann **a** bzw. **an** verwendet werden und wann nicht:

A. Der unbestimmte Artikel steht nicht vor Pluralwörtern:
A bzw. **an** haben keine Pluralform. Der Plural von **a dog** "Hund" lautet **dogs** "Hunde".

B. Er steht nicht vor nicht zählbaren Substantiven:
Die Substantive **advice** "Rat", **information** "Information", **news** "Neuigkeit, Nachricht", **baggage/luggage** "Gepäck", **furniture** "Möbel" sind ein Singular und nicht zählbar. Sie führen statt des unbestimmten Artikels oft die Angaben **some**, **any**, **a little**, **a lot of**, **a piece of** usw.

C. Materialien wie **glass** "Glas", **wood** "Holz", **stone** "Stein", **paper** "Papier", **cloth** "Stoff", **wine** "Wein", **coffee** "Kaffee", **tea** "Tee" usw. gelten als nicht zählbar. Ist jedoch ein bestimmtes Objekt aus einem dieser Materialien gemeint, muss der unbestimmte Artikel stehen:
  Windows are made of glass "Fenster sind aus Glas", aber **Have a glass of wine** "Trink (Hab) ein Glas Wein".
  We write on paper "Wir schreiben auf Papier", aber **I've got a paper** "Ich habe eine Zeitung".

Iron is a metal "Eisen ist ein Metall", aber **I use an electric iron** "Ich verwende ein elektrisches Bügeleisen".

D. Vor abstrakten Substantiven wie **beauty** "Schönheit", **happiness** "Freude", **fear** "Angst", **hope** "Hoffnung", **death** "Tod" usw. steht kein Artikel, es sei denn, es ist etwas Spezielles gemeint:

He was pale with fear "Er war blass vor Angst", aber **Some children suffer from a fear of the dark** "Einige Kinder leiden unter einer Angst vor der Dunkelheit".

E. Vor Namen von Mahlzeiten steht kein Artikel, es sei denn, die Mahlzeit ist genauer charakterisiert, zum Beispiel durch ein Adjektiv:

We have breakfast at eight "Wir frühstücken um acht Uhr", aber **He gave us a good breakfast** "Er bereitete uns ein gutes Frühstück zu".

I was invited to dinner "Ich war zum Abendessen eingeladen", aber **I was invited to a dinner given to welcome the new ambassador** "Ich war zu einem Abendessen eingeladen, das aus Anlass der Begrüßung des neuen Botschafters gegeben wurde".

F. Und, wie Sie bereits in Lektion 90 gelernt haben, steht der unbestimmte Artikel vor Berufsbezeichnungen, während dies im Deutschen nicht der Fall ist:

I wanted to be a nurse "Ich wollte (eine) Krankenschwester werden (sein)".

He went to university to become a vet "Er ging auf die Universität, um (ein) Tierarzt zu werden".

Sie merken, dass auch die Wiederholungslektionen etwas leichter werden. Sie besitzen jetzt schon eine Menge Grundkenntnisse; daher beschäftigen sich die Wiederholungslektionen jetzt etwas mehr mit den "Feinheiten" des Amerikanischen.

Auch Ihr Wortschatz ist gewaltig angewachsen; Vokabeln, die Ihnen entfallen sind, können Sie jederzeit im Anhang nachschlagen. Nutzen Sie jede Gelegenheit, Englisch und insbesondere Amerikanisch zu hören, sei es im Fernsehen oder im Kino. Selbst wenn Sie nicht jedes Wort verstehen, so schulen Sie dennoch Ihr Gehör für den typischen Klang der Sprache.

Damit wollen wir diese Wiederholungslektion abschließen und Ihnen viel Schwung für die letzten 14 Lektionen wünschen.

Zweite Welle: Forty-second Lesson

Ninety-second Lesson

The Prom ①

1 – I gave him my word, Mom. I have to be able to go with him to the prom next Saturday. And that's that! ②③④

2 – Over my dead body, little girl! Your father and I told you we don't approve of you riding on the back of a Harley-Davidson with that weirdo. ⑤

3 – But you drove cross country with Dad in a beat-up van in the sixties when you were only twenty! Did Grandma and Grandpa agree to it? ⑥⑦⑧

PRONUNCIATION

[**2** ***ou***-*vör mai* ***ded ba***-*di ... ö-****pru:v*** *...* ***wui:r***-*du:* ***3*** *... kroß* ***kan***-*tri ...* ***bi:d***-*ap* ***vän*** *...* ***grän***-*ma: ...* ***grän***-*pa: ...*]

ANMERKUNGEN

① In den meisten Städten der USA findet am Ende des Schuljahres der **Junior Prom** (für die Schüler der 11. Klasse) bzw. der **Senior Prom** (für die Schüler des letzten Jahrgangs) statt. Die Jungen erscheinen im Smoking, die Mädchen in langen Kleidern, und schon so manches junge Herz wurde an einem solchen Abend gebrochen ...

② Kleine Wiederholung der Objektformen der Personalpronomen: **me** "mir, mich", **you** "dir, dich", **him/her/it** "ihm/ihn, ihr/sie, ihm/es", **us** "uns", **you** "euch", **them** "ihnen, sie". Mehr dazu in Lektion 98.

③ **I have to be able to go.** Nehmen wir das einmal auseinander: **I have to** "ich muss" + **be able to** "können, in der Lage sein, zu" + **go** "gehen".

Der Schulball

1 - Ich habe es ihm versprochen (ihm mein Wort gegeben), Mami. Ich muss mit ihm nächsten Samstag zum Studentenball gehen können. Und damit Schluss!

2 - Nur über meine Leiche, kleines Mädchen! Dein Vater und ich haben dir gesagt, dass wir es nicht billigen, dass du mit diesem Freak auf einer (auf dem Rücken einer) Harley-Davidson fährst.

3 - Aber du bist in den 60ern, als du erst 20 warst, mit Vati in einem ramponierten Lieferwagen querfeldein gefahren! Haben Großmama und Großpapa dem zugestimmt?

④ **And that's that!** "Und damit Schluss! Und damit basta!" hat die Synonyme **That's final!, No discussion!** ("Keine Diskussion!")

⑤ Das Adjektiv zu **weirdo** "Freak, komischer Kauz" lautet **weird** [*wui:rd*] "seltsam, komisch": **Last night, I heard a weird noise coming from the attic** "Letzte Nacht hörte ich ein seltsames Geräusch vom Dachboden".

⑥ **Cross country** "querfeldein", **cross-country running** "Querfeldeinlauf", **cross-country skiing** "Langlauf(ski)". **Crossing** ist eine "Überquerung" und eine "Kreuzung" (Synonym **crossroads**). **Crosswords** oder **crossword puzzle** "Kreuzworträtsel".

⑦ **To beat** "schlagen", **to beat up** "zusammenschlagen" (Person), **beat-up** "kaputt, ramponiert", **beat** "Schlag". **Beat it!** "Hau ab!, Verschwinde!".

⑧ **To agree** "zustimmen, einwilligen": **I agree with your daddy** "Ich stimme deinem Vati zu", **He agreed to the proposal** "Er stimmte dem Vorschlag zu" / "Er willigte in den Vorschlag ein".

4 – I seriously doubt it. If I did that, you'd flip out! ⑨⑩
5 – That was different, Pam. I lied to them. I told them I was traveling with my cousin Trudy and her German shepherd, Max. Plus, the times were different… ⑪
6 – Guess what, mom? I'm going to the prom with my girlfriend Anne and her pet shark, Batman. And we'll be chaperoned by the Green Beret. ⑫
7 – Pam, I trust you. Don't do it! ⑬

PRONUNCIATION

[*4 ... **ßi**-ri-öß-li **daot** ... 5 ... **dif**-rönt ... 6 **geß wuot** mam ... **tschep**-rönd ...*]

1st EXERCISE

❶ Your uncle and aunt don't approve of pre-marital sex. ❷ She gave her girlfriend Anne her word. ❸ I don't trust you! ❹ My mother agrees with me that I should invite Harry to the prom. ❺ I doubt the Bulls will win the championship this season.

[4] - Ich bezweifle es ernsthaft. Wenn ich das täte, würdet ihr ausflippen!

[5] - Das war etwas anderes, Pam. Ich habe sie belogen. Ich habe ihnen erzählt, ich würde mit meiner Cousine Trudy und ihrem deutschen Schäferhund, Max, reisen. Außerdem waren das andere Zeiten ...

[6] - Weißt du was, Mami? Ich gehe mit meiner Freundin Anne und ihrem Haushaifisch, Batman, zum Schulball. Und wir werden von der grünen Baskenmütze beaufsichtigt.

[7] - Pam, ich vertraue dir. Tu es nicht!

ANMERKUNGEN

(9) **To doubt** "(be)zweifeln" oder "etw. anzweifeln": **Do you think it will rain? - I doubt it.** "Denkst du, dass es regnen wird? - Ich bezweifle es". **They doubted my honesty** "Sie zweifelten an meiner Aufrichtigkeit".

(10) Sie kennen bestimmt das deutsche "ausflippen" (**to flip out** oder **to flip one's lid**), was bedeutet, dass jemand bei einem bestimmten Gedanken "verrückt wird". Das Adjektiv **flip** bedeutet "unfreundlich".

(11) **Plus** bedeutet sowohl "außerdem" als auch "plus": **One plus two equals three** "Eins plus zwei macht drei".

(12) Die Grundbedeutung von **to guess** ist "raten, schätzen". Merken Sie sich die mit **Guess...** eingeleiteten Wendungen: **Guess where we're going tonight!** "Rat mal, wo wir heute Abend hingehen!" **I guess we're going to a good restaurant** "Ich schätze, wir gehen in ein gutes Restaurant". **I guess so** "Ich nehme es an". **Take a guess!** "Rat mal!".

(13) **To trust someone** oder **to have trust in someone** "jdm. trauen" oder "Vertrauen zu jdm. haben".

SOLUTIONS OF 1st EXERCISE

❶ Dein Onkel und deine Tante billigen keinen vorehelichen Sex. ❷ Sie gab ihrer Freundin Anne ihr Wort. ❸ Ich vertraue dir nicht! ❹ Meine Mutter stimmt mir darin zu, dass ich Harry zum Schulball einladen sollte. ❺ Ich bezweifle, dass die Bulls in dieser Saison die Meisterschaft gewinnen.

2nd EXERCISE

❶ Sie muss schlafen können.

She . . . . *oder*

She . . . .

❷ Er hat es mir versprochen. / Er gab mir sein Wort.

He . . . . word.

❸ Sie haben uns einen Lieferwagen geliehen.

. . . . lent . . a . . . . .

Ninety-third Lesson

Recipe: Brenda's Famous Omelet

1 Beat three fresh eggs in a bowl with a whisk. Add a pinch of salt and a dash of milk or light cream. ①②

PRONUNCIATION [**re**-ßi-pi: ... **om**-lit **1** ... baol ... wui**ßk** ...]

❹ Bist du mit mir einer Meinung?

Do . . . . with me?

SOLUTIONS OF 2nd EXERCISE

❶ has to be able to sleep *oder* must be able to sleep ❷ gave me his ❸ They - us - van ❹ you agree

Zweite Welle: Forty-third Lesson

Dreiundneunzigste Lektion

Rezept: Brendas berühmtes Omelett

1 Schlagen Sie drei frische Eier in einer Schüssel mit einem Schneebesen. Fügen Sie eine Prise Salz und einen Schuss Milch oder fettreduzierte Sahne hinzu.

ANMERKUNGEN

① Verwechseln Sie **whisk** "Schneebesen" nicht mit **whip** "Peitsche", das in **whipped cream** "Schlagsahne" vorkommt. Weitere Küchenutensilien: **ladle** [*leidl*] "Schöpflöffel", **rolling pin** "Nudelholz", **colander** oder **strainer** "Sieb" und natürlich **knife** "Messer", **fork** "Gabel", **spoon** "Löffel". Man unterscheidet **teaspoon** "Tee-/Kaffeelöffel", **table spoon** "Suppenlöffel" und **serving spoon** "Servierlöffel". Sie kennen bereits **a spoonful of...** "ein Löffel voll ..."

② **Pinch** ist eine "Prise". Synonyme sind **dash** oder **a touch of**. **Dab** in Satz 3 steht für eine kleine Menge, ein Stückchen.

2 Grate two ounces of cheddar cheese and dice half a ripe tomato. Chop a small onion and a quarter of a green pepper. ③④⑤

3 Melt a dab of butter in a frying pan and when it's hot pour in the egg mixture. Stir for a few seconds and then add the cheese, tomato, onion, and green pepper. ⑥⑦⑧⑨

4 Cook over a high flame for two to three minutes and then flip the omelet. Careful not to break it. ⑩

5 Turn off the stove and leave the omelet in the pan for another minute. ⑪

PRONUNCIATION

[2 ***greit*** *...* ***aon****-ßis of* ***tsche****-dör* ***tschi:****s ... daiß ... tschop ...* ***on****-jön ...* ***3*** *...* ***frai****-ing pän ... pu:r ...* ***mikß****-tschör ... ßtö:r ...* ***5*** *... ßtouv ...]*

ANMERKUNGEN

③ Das Verb **to grate** "reiben, raspeln" findet sich auch in der Wendung **to grate on somebody's nerves** "an jds. Nerven kratzen".

④ **To dice** "in Würfel schneiden", **to chop** "hacken" (ein **chop** ist z. B. ein "Kotelett"). **To slice** oder **to cut** bedeutet "schneiden".

⑤ Zur Erinnerung: **A quarter** "ein Viertel", **a half** "eine Hälfte". "Halb" als Adjektiv wird folgendermaßen verwendet: **half an hour** "eine halbe Stunde", **half a pound** "ein halbes Pfund". "Anderthalb" heißt **a ... and a half** oder **one and a half**.

2 Reiben Sie zwei Unzen (60 Gramm) Cheddar-Käse und würfeln Sie eine halbe reife Tomate. Hacken Sie eine kleine Zwiebel und ein Viertel von einer grünen Paprikaschote.

3 Lassen Sie einen Stich Butter in einer Bratpfanne zergehen und gießen Sie, wenn [die Butter] heiß ist, die Eimischung hinein. Rühren Sie einige Sekunden um und fügen Sie dann den Käse, die Tomaten, die Zwiebeln und die grüne Paprika hinzu.

4 Kochen Sie alles zwei oder drei Minuten lang auf heißer Flamme und wenden Sie dann das Omelett. Geben Sie acht (Vorsichtig), [dass Sie] es nicht kaputt machen.

5 Schalten Sie den Herd aus und lassen Sie das Omelett noch eine Minute in der Pfanne.

⑥ Noch ein bisschen Küchenvokabular: **pots and pans** “Töpfe und Pfannen”, **skillet** ist ein Synonym zu **frying pan** “Bratpfanne”, **cover** “Deckel”, **pressure cooker** “Dampfkochtopf”, **kettle** “Kessel”, **cake mould** “Kuchenform”, **pie plate** “Tortenplatte”.

⑦ **To pour** “schütten, gießen, einschenken”.

⑧ **To stir** “rühren”. **To stir in** “einrühren” (eine Zutat). Das Verb **to stir + up** wird auch im übertragenen Sinne (“wecken, aufrütteln, entfachen”) benutzt: **They were stirred up by her speech** “Sie waren von ihrer Rede aufgerüttelt”.

⑨ **To add** “hinzufügen; addieren”: **The waiter added up the sums on the bill** (*oder* **check**) “Der Kellner addierte die Summen auf der Rechnung”. **Addition** “Ergänzung; Addition”. Das Gegenteil lautet **to subtract** “abziehen, subtrahieren”. Merken Sie sich noch **to multiply** “multiplizieren” und **to divide** “dividieren”.

⑩ **To cook** “kochen” (allgemein), **to bake** “backen”, **to broil** “braten”, **to boil** “(in Flüssigkeit) kochen”, **to fry** “braten”, **to sauté** “sautieren, kurz anbraten”, **to brown** “anbräunen, anbraten”.

⑪ Das Gegenteil von **to turn off** “ausschalten” ist **to turn on** “einschalten”.

6 Sprinkle on a bit of black pepper and garnish the dish with sprigs of fresh parsley. ⑫⑬

7 Serve immediately with lightly buttered toast.

PRONUNCIATION

[*6 ... **ßprin**kl ... **pa:rß**-li 7 ... **bad**-dörd ...*]

1st EXERCISE

❶ Beat nine eggs into a bowl with a whisk. ❷ I don't know how to cook, but I can turn on and off the stove. ❸ Serve the steaks with baked potatoes and chives. ❹ Stir the soup every half a minute. ❺ I'll have two and a half chickens to go, please.

2nd EXERCISE

❶ Schenk mir noch etwas Kaffee ein, bitte.

. . . . more coffee, please.

❷ Herr Ober, da ist ein Fehler auf der Rechnung. Ich habe nur Wasser getrunken.

Waiter, ... error on the . . . .

(*oder* . . . . .) . I only . . . . . water.

❸ Vorsichtig, der Ofen ist sehr heiß!

. . . . , the . . . . . is very hot!

6 Streuen Sie etwas schwarzen Pfeffer darüber und garnieren Sie das Gericht mit [einigen] Sprossen frischer Petersilie.

7 Servieren Sie [das Omelett] sofort mit leicht gebuttertem Toast.

ANMERKUNGEN

⑫ **To garnish** "garnieren", **garnishing** "Garnierung".

⑬ **Sprig** ist ein "Zweig" oder "Spross" (auch als Bezeichnung für eine Person). Einige Kräuter (**herbs**): **basil** [*bä-sil*] "Basilikum", **chives** [*tschaivs*] "Schnittlauch", **dill** "Dill", **mint** "Pfefferminze", **oregano** [*o-ri-**ga:**-nou*] "Oregano", **rosemary** "Rosmarin", **tarragon** [***tä**-rö-gön*] "Estragon", **thyme** [*taim*] "Thymian".

SOLUTIONS OF 1st EXERCISE

❶ Schlagen Sie neun Eier in einer Schüssel mit einem Schneebesen. ❷ Ich kann nicht kochen, aber ich kann den Ofen ein- und ausschalten. ❸ Servieren Sie die Steaks mit gebackenen Kartoffeln und Schnittlauch. ❹ Rühr die Suppe jede halbe Minute um. ❺ Ich möchte bitte (Ich werde haben ...) zweieinhalb Hähnchen zum Mitnehmen.

❹ Ich hätte gerne eine halbe (eine Hälfte einer) Orange und ein Viertel einer Zitrone.

I'd like . . . . orange and . . . . lemon.

❺ Eine halbe Orange und anderthalb Zitronen.

. . . . . . orange and one and . . . . . lemon.

SOLUTIONS OF 2nd EXERCISE

❶ Pour me some ❷ there is an - bill (*oder* check) - drank ❸ Careful - stove ❹ a half of an - a quarter of a ❺ Half an - a half

Zweite Welle: Forty-fourth Lesson

▶ Ninety-fourth Lesson

Listen to Me ①

1 Good morning, ladies and gentlemen. My name is William H. Bridges and I know you've come here this morning to learn more about the "Ten Steps to Building Better Bridges in Your Relationships at Home and Work." But in fact it is you, the participants, who are really going to teach this seminar! ②③

2 Half of you already know the answers, whereas the other half of you know precisely what are the right questions to ask. So, if you're ready, let's begin. Let's get the show on the road! ④⑤⑥

3 The first step is very simple, but it's one that you're likely to forget unless you repeat it to yourself five times a day starting right now. ⑦⑧

PRONUNCIATION

[***lißn*** *tu: mi:* ***1*** *...* ***bil****-ding ...***brid****-sch̃ iß ... ri-****lei****-schön-schip ... par-****ti****-ßi-pöntß ...* ***ße****-mi-na:r ...* ***2*** *... wuer-****äs*** *...*]

ANMERKUNGEN

① In diesem Dialog geht es um den Unterschied zwischen **to hear** "hören" (passiv) und **to listen** "zuhören" (aktiv).

② **To learn** "lernen", **to teach** "lehren, beibringen". **Teach me how to make Brownies** "Bring mir bei, wie man Brownies macht".

③ Achtung bei der Aussprache von **bridges** "Brücken". Endet ein Substantiv auf einem der Laute *ß*, *sch*, *tsch*, *s* oder *sch̃*, wird das Plural-**s** (bzw. **-es**) stimmhaft gesprochen: **bus - busses** [***ba****ßis*], **brush - brushes** [***bra****-schis*], **match - matches** [***mät****-schis*], **rose - roses** [***rou****-sis*], **garage - garages** [*gö-****ra:****-sch̃ is*].

Hören Sie mir zu

1 Guten Morgen, [meine] Damen und Herren. Mein Name ist William H. Bridges, und ich weiß, dass Sie heute Morgen hierher gekommen sind, um mehr über die "Zehn Schritte zum Aufbau besserer Beziehungen zu Hause und bei der Arbeit" zu erfahren. Aber eigentlich sind Sie es, die Teilnehmer, die wirklich in diesem (dieses) Seminar unterrichten werden!

2 Die Hälfte von Ihnen weiß bereits die Antworten, wogegen die andere Hälfte von Ihnen genau weiß, welches die richtigen Fragen sind, die gestellt werden müssen. Wenn Sie also bereit sind, lassen Sie uns beginnen. Lassen Sie uns mit der Show anfangen (die Show auf die Straße bringen)!

3 Der erste Schritt ist sehr einfach, aber es ist einer, den Sie wahrscheinlich vergessen, wenn Sie ihn ab jetzt nicht für sich selbst fünfmal am Tag wiederholen.

④ Beachten Sie bei **half of you** den Wegfall des Artikels vor **half**. Ebenso: **half the battle** "der halbe Kampf (= der halbe Weg)", **half a second** "eine halbe Sekunde", **half-time** "Halbzeit", **half and half** "halb und halb", **half brother** "Halbbruder", **half fare/price** "halber Fahrpreis".

⑤ **Whereas** "während, wogegen". **My father is British, whereas my mother is German** "Mein Vater ist Brite, während/wogegen meine Mutter Deutsche ist".

⑥ Dies ist eine bildhafte Wendung für "Dann los!, Auf geht's!".

⑦ **Likely** "wahrscheinlich; voraussichtlich". **They are likely to come** "Sie werden voraussichtlich kommen". **Likely** kann in **most likely** "höchstwahrscheinlich" und **unlikely** "mit geringer Wahrscheinlichkeit" abgewandelt werden.

⑧ Sie wissen bereits, dass nach **unless** "es sei denn, wenn nicht" ein affirmatives Verb folgt.

4 It's not good enough to <u>hear</u> someone. In order to maintain a quality relationship you have to <u>listen</u>. ⑨

5 And after you have listened carefully, you have to be able to act accordingly. ⑩

6 For example, your wife tells you that she is not pleased that you have cancelled the family vacation to Mexico because of too much work. Does that sound familiar? You're not alone. ⑪

7 What is she really saying? And what are you going to do about it? ⑫

PRONUNCIATION

[*4 ... mein-**tein** ...*]

1st EXERCISE

❶ Five steps to making more money. ❷ If you listen to your partner, you have already won half the battle. ❸ To surf in the Gulf of Mexico sounds like a great idea. ❹ What are you going to do about the broken window? ❺ Teach me how to speak Spanish, Carlos; I'm going to Puerto Rico!

4 Es reicht nicht (ist nicht gut genug), jemanden zu hören. Um eine gute Beziehung aufrechtzuerhalten, müssen Sie zuhören.
5 Und wenn Sie sorgfältig zugehört haben, müssen Sie in der Lage sein, entsprechend zu handeln.
6 Ihre Frau sagt Ihnen zum Beispiel, dass sie nicht erfreut darüber ist, dass Sie den Familienurlaub in Mexiko wegen zu viel Arbeit abgesagt haben. Erinnert Sie das an etwas (Klingt das vertraut)? Sie sind [damit] nicht alleine.
7 Was sagt sie wirklich? Und was werden Sie in diesem Fall (darüber) machen?

ANMERKUNGEN

⑨ **In order to** "damit, um zu" kann das einfache **To...** ersetzen.

⑩ Adverbien enden in der Regel auf **-ly**: **carefully** "vorsichtig", **accordingly** "entsprechend".

⑪ **That looks/sounds familiar to me** "Das kommt mir bekannt vor", "Das erinnert mich an etwas".

⑫ **To do something about it** "etwas in einer Sache unternehmen".

***Lerntipp:** Die Assimil-Kurse sind so flexibel gestaltet, dass Sie sich mit ein bisschen Fantasie ein paar eigene Übungen "basteln" können. Wie wär's z. B., wenn Sie in der aktiven Phase nicht nur den Lektionstext, sondern auch die deutschen Sätze der Übungstexte auf Amerikanisch formulieren?*

SOLUTIONS OF 1st EXERCISE

❶ Fünf Schritte, um mehr Geld zu verdienen (zu machen). ❷ Wenn du deinem Partner zuhörst, hast du den Kampf schon halb gewonnen. ❸ Im Golf von Mexiko zu surfen, klingt nach einer (wie eine) großartigen Idee. ❹ Was wirst du mit dem zerbrochenen Fenster unternehmen? ❺ Lehr mich Spanisch zu sprechen, Carlos; ich fahre nach Puerto Rico!

2nd EXERCISE

❶ Kannst du mir schwimmen beibringen (beibringen wie zu schwimmen)?

Can you . . . . . me how to . . . . ?

❷ Hast du Chinesisch auf der Oberschule gelernt?

Did you . . . . . Chinese in . . . . ?

❸ Ihr Gesicht sieht für mich vertraut aus.

. . . face . . . . me.

▶ Ninety-fifth Lesson

Cousins ①

1 – Mr. Kotimbu, I'm an investment banker. How can I help you?

2 – I'm in Detroit for two weeks doing research for my doctoral thesis at the University of Lagos in Nigeria. I'm tracing my African ancestral roots backwards and I have reason to believe we're cousins. ②③④

PRONUNCIATION

*[**ka**-sinß **2** ... di-**troit** ...dok-**to**-röl **fßi:**-ßiß ... **la:**-göß ... nai-**dsch~i:**-ri-ö ... än-**ßeß**-tröl **ru:tß** ...]*

ANMERKUNGEN

① Beachten Sie, dass es für "Cousin" und "Cousine" nur das Wort **cousin** gibt. "Cousins/Cousinen 1. Grades" sind **first cousins**, während die Kinder der Großtanten bzw. -onkel **cousins once removed** heißen.

② **To trace** "mit einem Stift nachzeichnen"; "finden, erkennen", **to trace back** "zurückverfolgen". **He traces his ancestors back to the sixteenth century** "Er verfolgt seine Vorfahren bis ins 16. Jh. zurück".

❹ Diese Musik ist (klingt) ihnen (für sie) vertraut.

This music ....

SOLUTIONS OF 2nd EXERCISE

❶ teach - swim ❷ learn - high school ❸ Her - looks familiar to ❹ sounds familiar to them.

Zweite Welle: Forty-fifth Lesson

Fünfundneunzigste Lektion

Cousins/Cousinen

1 - Herr Kotimbu, ich bin (ein) Anlageberater. Wie kann ich Ihnen helfen?

2 - Ich bin für zwei Wochen in Detroit und betreibe (betreibend) Forschung für meine Doktorarbeit an der Universität von Lagos in Nigeria. Ich verfolge die Wurzeln meiner afrikanischen Vorfahren zurück und ich habe Grund zu der Annahme (zu glauben), dass wir Cousins sind.

③ Der Unterschied zwischen den Verben **to do** und **to make** "machen" besteht darin, dass **to do** eher eine allgemeine, nicht näher spezifizierte Tätigkeit beschreibt, während **to make** im Sinne von "anfertigen, herstellen" gemeint ist: **What do you want to do?** "Was möchtest du machen?" (allgemein). **He made her a big chocolate cake** "Er backte ihr einen großen Schokoladenkuchen".

④ Für statische Ortsangaben verwendet man **in**: **in Cologne** "in Köln", **in Berlin** "in Berlin" usw., für dynamische Ortsangaben, d. h. wenn eine Bewegung stattfindet, verwendet man **to**: **to Cologne** "nach Köln", **to Berlin** "nach Berlin" usw.

3 – Mr. Kotimbu, let me get that straight. You think I, George Jackson of Detroit, Michigan, am related to you because I'm black and you're black. ⑤⑥⑦

4 – What do you think your family name was before Mr. Jackson of Macon, Georgia bought your great great grandfather in the 1840s?

5 – Don't tell me it was Kotimbu. How would you know, anyway?

6 – Look at these documents, Mr. Jackson. ⑧

7 – ... Now that you mention it, I do see a bit of a resemblance around the eyes. Wait till I tell my kids that we're Nigerian! ⑨⑩

PRONUNCIATION

[*4 ...* ***dsch˜o:****-dsch˜ö ...* ***ei****-ti:n-****fo:r****-ti:s* ***7*** *... ri-****sem****-blönß ... nai-****dsch˜i:****-ri-ön*]

1st EXERCISE

❶ I'm doing research on my family roots in Norway. ❷ Detroit is the automobile capital of the world. ❸ Look at these photos of your friends at the prom. ❹ Mr. Jackson's great grandfather was a ballet teacher. ❺ The accident was related to drugs.

3 - Herr Kotimbu, dass ich Sie richtig verstehe (lassen Sie mich das gerade kriegen): Sie denken, ich, George Jackson aus Detroit, Michigan, bin mit Ihnen verwandt, weil ich schwarz bin und Sie schwarz sind?

4 - Was denken Sie, war Ihr Familienname, bevor Herr Jackson aus Macon, Georgia, in den Jahren nach 1840 Ihren Ururgroßvater kaufte?

5 - Sagen Sie mir nicht, er lautete Kotimbu. Wie sollten (würden) Sie das vor allem wissen?

6 - Sehen Sie sich diese Dokumente an, Herr Jackson.

7 - ... Jetzt, wo Sie es erwähnen, sehe ich in der Tat eine kleine Ähnlichkeit um die Augen. Warten Sie, bis ich meinen Kindern sage, dass wir Nigerianer sind!

ANMERKUNGEN

⑤ **To get something straight** "etwas richtig verstehen"; **Get this straight!** "Merk dir das (ein für alle Mal)!", **to put somebody straight** "jdn. aufklären".

⑥ Wegen der Größe der USA wird oft zu der jeweiligen Stadt auch gleich der Bundesstaat dazugesagt (s. auch Satz 4).

⑦ **To be related to someone** "mit jdm. verwandt sein". "Verwandte" sind **relatives. To be related to** wird auch im übertragenen Sinne benutzt: "mit etwas verbunden sein, in Verbindung stehen".

⑧ **To look at something** "etw. ansehen". **Look at those ballet dancers** "Sieh dir diese Balletttänzer an". **Look!** "Sieh mal!" Für "sehen" existiert auch das Verb **to watch** "betrachten", aber auch "aufpassen auf": **I watch television until dawn** "Ich sehe bis zum Morgengrauen fern", **Can you watch the kids while I make dinner?** "Kannst du die Kinder beaufsichtigen, während ich das Abendessen zubereite?"

⑨ **I do see** "Ich sehe in der Tat". Der Zusatz **do** vor einem Verb verstärkt dessen Aussage.

⑩ **Till** ist ein Synonym zu **until** "bis".

SOLUTIONS OF 1st EXERCISE

❶ Ich betreibe Forschung über meine Familienwurzeln in Norwegen. ❷ Detroit ist die Automobil-Hauptstadt der Welt. ❸ Sieh dir diese Fotos von deinen Freunden auf dem Schulball an. ❹ Der Urgroßvater von Herrn Jackson war Ballettlehrer. ❺ Der Unfall hing mit Drogen zusammen.

2nd EXERCISE

1. Meine Cousins/Cousinen haben Familie (Verwandte) in Detroit.

   My .... have .... Detroit.

2. Was machst du [gerade]? - Ich backe (mache) [gerade] Brownies.

   What ... you ..... ? - I'm ...... Brownies.

3. Wir beobachteten, wie die Vögel wegflogen (... die Vögel wegfliegen).

   We .... the ..... fly away.

Ninety-sixth Lesson

Dear Mr. Jones

1 **Great Desserts, Inc.**
801 Lakeshore Avenue
Chicago, Illinois 60541
Tel: (408) 321-5000 Fax: (408) 321-1234
E-mail: rbailey@greatdesserts.com ①

2 Mr. Benjamin Jones
618 Tremont St., Apt. 4B
Boston, MA 02317 ②

PRONUNCIATION

[*__1__ __greit__ di-__sö:__rtß ink __ei__-dou-__wuan__ __leik__-scho:r __ä__-vö-nju: tschi-__ka:__-gou i-li-__noi__ ßikß ou __faiv__ fo:r __wuan__ __te__-lö-foun fo:r ou __eit__ fßri: tu: __wuan__ __faiv__ __fßao__-sönd fäx ... __wuan__ tu: fßri: fo:r __i__-meil ar-__bei__-li ät __greit__ di-__sö:rtß__ dot kom __2__ ... __boß__-tön __mäß__ ...*]

④ Sie tanzten bis zum Morgengrauen.

They . . . . dawn.

SOLUTIONS OF 2nd EXERCISE

① cousins - relatives in ② are - doing - making ③ watched - birds ④ danced - till

Zweite Welle: Forty-sixth Lesson

Sechsundneunzigste Lektion

Sehr geehrter Herr Jones

1 Great Desserts, Inc.
801 Lakeshore Avenue
Chicago, Illinois 60541
Tel.: (408) 321-5000 Fax: (408) 321-1234
E-mail: rbailey@greatdesserts.com

2 Herrn Benjamin Jones
618 Tremont St., Apt. 4B
Boston, MA 02317

ANMERKUNGEN

① Bei einem Schreiben kann man entweder alle Zeilen linksbündig ausrichten und zwischen den einzelnen Absätzen eine Zwischenzeile lassen oder man rückt jeweils die erste Zeile jedes Absatzes um fünf Stellen nach rechts ein; in diesem Fall wird keine Zwischenzeile gelassen.

② Die einzelnen Bundesstaaten werden normalerweise mit zwei Buchstaben abgekürzt. Trotz der Abkürzung **MA** liest man im vorliegenden Fall *Mass* für **Massachusetts**.

3 Dear Mr. Jones:
Thank you for sending us your résumé for the position in our advertising department. ③④

4 As per our telephone conversation of April 15, 2004, I am enclosing a copy of the latest issue of *Great Desserts*, the leading magazine on the world's best desserts, which we publish monthly. ⑤⑥⑦

5 In your letter you mentioned your commitment to advertising sales and in this spirit I am sure you'll find the enclosed information useful in helping you understand better our company's commercial opportunities. ⑧⑨

6 We were particularly impressed by your past experience with the marketing of the *Jello* brand and your sales record in the chocolate industry. ⑩⑪⑫

PRONUNCIATION [***3*** *...* ***re****-su-mei ...* ***äd****-vör-tai-sing* ***4*** *...* ***i****-schu: ...*]

ANMERKUNGEN

③ Die Amerikaner/-innen verfassen ihren Lebenslauf (**résumé**) gerne so, dass er sowohl professionelle Qualifikation als auch Originalität ausdrückt. Es ist auch üblich, Hobbies und Interessengebiete zu nennen.

④ **Position** bedeutet nicht nur "Stelle, Job", sondern bezeichnet auch die "Einstellung" gegenüber einem bestimmten Thema: **What's his position on the death penalty?** "Wie ist seine Einstellung zur Todesstrafe?"

3 Sehr geehrter Herr Jones,
wir bedanken uns, dass Sie uns Ihren Lebenslauf für die Stelle in unserer Werbeabteilung zugeschickt haben.

4 Wie bei unserem Telefonat am 15. April 2004 besprochen, lege ich eine Kopie der letzten Ausgabe von *Große Desserts* bei, dem führenden Magazin der weltbesten Desserts, das wir monatlich herausgeben.

5 Sie erwähnten in Ihrem Brief Ihr Engagement für Werbeverkäufe, und in diesem Sinne bin ich sicher, dass Ihnen die beiliegenden Informationen helfen werden, die kommerziellen Möglichkeiten unseres Unternehmens besser zu verstehen.

6 Wir waren besonders beeindruckt von Ihren (vergangenen) Erfahrung[en] beim Marketing der Marke *Jello* und von Ihren hervorragenden Verkaufsergebnissen in der Schokoladenindustrie.

(5) **As per** "Laut ..., Gemäß ...", **as per usual** "wie üblich".

(6) Das amerikanische Datumsformat lautet **December 30, 2023** oder **12/30/23**, wobei bei diesem Format der Monat immer zuerst genannt wird.

(7) **To enclose** "beilegen, einschließen". **Enclosed** "beigelegt, beigefügt". **Enclosures** "Anlagen" (zu einem Schreiben).

(8) **I'm sure you'll find the enclosed information useful in helping ...** Nach den Präpositionen **at, about, after, before, in, on, with, without** erhält das Verb die **-ing**-Form.

(9) **Opportunity** "Gelegenheit, Möglichkeit". **We are pleased to have the opportunity to travel to Europe last summer** "Wir sind erfreut darüber, die Gelegenheit gehabt zu haben, letzten Sommer nach Europa zu reisen".

(10) **To be impressed by/with** "beeindruckt sein von". **To impress** "beeindrucken". **I was not impressed at all** "Ich war überhaupt nicht beeindruckt".

(11) **Brand** bedeutet "Marke". **Brand name** oder **brand mark** "Handelsmarke". **Brand new** "brandneu".

(12) **Record** hat viele Bedeutungen: 1. "Musikaufnahme", 2. "Rekord", 3. "Gerichtsakte" (**criminal record** "Strafregister"). **To keep a record of something** "über etw. eine Akte anlegen".

7 Please return the enclosed form so that we can process your application and set up an interview. ⑬⑭⑮
8 If you have any further questions, don't hesitate to contact me at the above address. ⑯⑰⑱
9 Sincerely, ⑲

Mr. Robert Bailey
Sales and Marketing Manager

enclosures

PRONUNCIATION

[*8 ... **fö:r**-fsör ... **he**-si-teit ... **9** ßin-**ßi:r**-li ... ön-**klou**-sch˜örs*]

ANMERKUNGEN

⑬ **To process** [*pro-**ßeß***] "verarbeiten, bearbeiten". **The insurance company is processing your claim** "Die Versicherung bearbeitet Ihren Anspruch". **Process** [***prou**-ßeß*] bedeutet "Verfahren" im Sinne von "Vorgang", aber "Gerichtsverfahren" heißt **trial** [***trai**-öl*].

⑭ Das Verb zu **application** "Bewerbung" lautet **to apply for**: **He applied for a new job** "Er hat sich um eine neue Stelle beworben".

⑮ **To set something up** "etwas festlegen, einrichten, organisieren". **I set up an interview with the marketing director** "Ich habe ein Gespräch mit dem Marketingleiter angesetzt". **We set up our company in the new office building** "Wir haben unsere Firma in dem neuen Bürogebäude eingerichtet".

1st EXERCISE

❶ The company's headquarters are located in Chicago. ❷ As per our telephone conversation, I am sending you my résumé. ❸ Professor Craig was impressed with my translations of James Joyce's letters. ❹ Don't hesitate to call me night or day. ❺ *Time* magazine is published weekly.

7 Bitte senden Sie uns das beiliegende Formular zurück, sodass wir Ihre Bewerbung bearbeiten und ein Bewerbungsgespräch vereinbaren können.

8 Sollten Sie weitere Fragen haben, so zögern Sie nicht, sich mit mir unter der oben genannten Adresse in Verbindung zu setzen.

9 Mit freundlichen Grüßen
(Herr) Robert Bailey
Verkaufs- und Marketingleiter

Anlagen

⑯ **Further** "weiterer, -e, -es" kann auch Adverb sein: **I won't discuss this any further** "Ich werde das nicht weiter diskutieren".

⑰ **Above** "obiger, -e, -es / oben genannter, -e, -es". Das Gegenteil lautet **below** "unten genannter, -e, -es".

⑱ Beachten Sie, dass **address** im Gegensatz zum Deutschen mit Doppel-d geschrieben wird.

⑲ Die Geschäftspost in den USA ist wesentlich lockerer verfasst als in Deutschland. Die formellsten Schlussfloskeln sind **Sincerely**, **Yours truly** "Mit freundlichen Grüßen / In Verbundenheit", **Respectfully** "Hochachtungsvoll", man liest jedoch ebenso häufig **Best wishes** "Mit besten Wünschen" oder einfach **Best**.

SOLUTIONS OF 1st EXERCISE

❶ Die Zentrale des Unternehmens befindet sich in Chicago. ❷ Wie in unserem Telefongespräch [vereinbart], übersende ich Ihnen meinen Lebenslauf. ❸ Professor Craig war von meiner Übersetzung von James Joyces Briefen beeindruckt. ❹ Zögere nicht, mich nachts oder tagsüber anzurufen. ❺ Die Zeitschrift *Time* wird wöchentlich herausgegeben.

2nd EXERCISE

1. Danke, dass Sie mir Ihren Lebenslauf zugesendet haben.

   . . . . . you for . . . . me your résumé.

2. Es wird jede Woche herausgegeben.

   It's . . . . each . . . . .

3. Sehr geehrter Herr Wilson.

   . . . . Mr. Wilson.

Ninety-seventh Lesson

A Visit to Disney World ①

1 – Who here has not yet visited Disney World in Orlando? ②

2 – We've been to Disneyland in Anaheim but never to Disney World. ③

3 – Did you like it?

ANMERKUNGEN

① **Disney World** (offizieller Name: **Walt Disney World Resort**) und **Disneyland** sind Themenpark- und Unterhaltungskomplexe. **Disney World** ist größer als **Disneyland** und verfügt außerdem über unterirdische Gänge, die die Darstellerinnen und Darsteller der fantastischen Welten passieren können. Dadurch werden sie von den Gästen des Parks nicht in einem Themenkomplex gesehen, zu dem sie nicht gehören.

❹ Zögern Sie nicht, mir an die oben genannte Adresse ein Fax zu schicken.

Don't . . . . to fax me at the . . . . .

. . . .

❺ Mit freundlichen Grüßen

. . . .

SOLUTIONS OF 2nd EXERCISE

❶ Thank - sending ❷ published - week ❸ Dear ❹ hesitate - above address ❺ Sincerely

Zweite Welle: Forty-seventh Lesson

Siebenundneunzigste Lektion

Ein Besuch in Disney World

1 - Wer von euch (hier) hat noch nicht Disney World in Orlando besucht?

2 - Wir waren in Disneyland in Anaheim, aber noch nie in Disney World.

3 - Hat es euch gefallen?

② **Not yet** "noch nicht". Man kann sagen: **We have not yet visited it** und **We have not visited it yet** "Wir haben es noch nicht besucht". In Fragen wird **yet** mit "schon" übersetzt (**Have you tried parachuting yet?** "Hast du es schon versucht, mit dem Fallschirm zu springen?"), in affirmativen Sätzen wird **already** "schon" verwendet: **We have already visited it** "Wir haben es schon besucht".

③ **Anaheim**, wo sich **Disneyland** befindet, liegt eine Autostunde südlich von Los Angeles.

4 – Like it? We loved it! The kids liked the attractions best, but Jim and I loved the Magic Kingdom. ④⑤

5 – How long were you there? ⑥

6 – Not as long as we would have liked. Only two days. But we were able to do lots, all the major attractions but the new Space Mountain. ⑦⑧⑨⑩

7 – Was it as great as they say?

8 – Yeah, it was like living a childhood dream... and nightmare! ⑪

PRONUNCIATION

[*4 ... ö-**träk**-tschöns ... **mä**-dsch~ik **king**-döm ...* **8** *... **tschaild**-hud **dri:m** ... **nait**-mä:r*]

ANMERKUNGEN

④ Achten Sie immer auf den Unterschied zwischen **to like** "mögen" und **to love** "lieben, sehr mögen".

⑤ Das **Magic Kingdom** ist ein Vergnügungspark mit sieben unterschiedlichen thematischen Bereichen.

1st EXERCISE

❶ Who has not yet tried parachuting? ❷ I like it when you tell me that you love me! ❸ Walt Disney was able to accomplish a lot. ❹ Motherhood is celebrated on Mother's Day. ❺ To visit Death Valley is like visiting another planet.

4 - Gefallen? Wir fanden es ganz toll (haben es geliebt)! Die Kinder mochten am liebsten die Attraktionen, aber Jim und ich mochten das magische Königreich.

5 - Wie lange wart ihr dort?

6 - Nicht so lange, wie wir gerne geblieben wären (wie wir gemocht hätten). Nur zwei Tage. Aber wir konnten eine Menge unternehmen, alle wichtigen Attraktionen außer dem neuen *Space Mountain* (Weltraumberg).

7 - War es so toll, wie alle (sie) sagen?

8 - Ja, es war, als wenn man einen Kindheitstraum lebt ... und [einen] Alptraum!

⑥ **How long ... ?** "Wie lange ..." **How long are you staying in the United States?** "Wie lange bleiben Sie in den Vereinigten Staaten?". In **How long have you been studying in Boston?** zeigt das **Present Perfect Continuous**, dass die Handlung in der Vergangenheit begonnen hat und noch andauert.

⑦ Erinnern Sie sich? **As ... as ...** "so ... wie ...": **Ann is as tall as Max** "Ann ist so groß wie Max". Negativ: **not as ... as ...** : **Steve does not eat as much as his father** "Steve isst nicht so viel wie sein Vater".

⑧ **Lots** ist ein anderer Ausdruck für **much**, **many** oder **a lot of**: **For my birthday I want lots of presents** "Zu meinem Geburtstag möchte ich viele Geschenke".

⑨ **Major** hat als Gegenteil **minor** (Synonym **small**) "klein, unwichtig, unbedeutend".

⑩ In diesem Satz kommt zweimal das Wörtchen **but** vor; beim ersten Mal heißt es "aber", beim zweiten Mal "außer"; in dieser Bedeutung folgt es nach **every**, **any**, **no**, **all** und **none**: **I work every day this week but Friday** "Ich arbeite diese Woche jeden Tag außer Freitag".

⑪ **Like** "wie" hat nichts mit **to like** zu tun! **You are like your brother** "Du bist wie dein Bruder". **To look like** "aussehen wie", **to feel like** "sich fühlen wie".

SOLUTIONS OF 1st EXERCISE

❶ Wer hat noch nicht versucht, Fallschirm zu springen? ❷ Ich mag es, wenn du mir sagst, dass du mich liebst! ❸ Walt Disney konnte eine Menge bewerkstelligen. ❹ Am Muttertag wird die Mutterschaft gefeiert. ❺ Death Valley zu besuchen ist, als wenn man einen anderen Planeten besucht (ist wie das Besuchen ...).

2nd EXERCISE

1. Wie lange wirst du in Bombay bleiben?

   ... . will you be .... Bombay?

2. Ich habe mich noch nicht entschieden.

   I .....'. decided ... . *oder* I .....'. ... decided.

3. Hast du schon ihre berühmten Kekse probiert?

   Have you tried ... . cookies ... ?

Ninety-eighth Lesson

Wiederholung und Anmerkungen

Dies ist Ihre letzte Wiederholungslektion. Es folgen dann noch sieben Lektionen und Sie sind am Ende des Kurses angelangt. Sie haben dann die “Zweite Welle” bis zur Hälfte des Buches absolviert und müssen dann noch die Lektionen 57 bis 105 aktiv durcharbeiten. Nun beschäftigen wir uns noch etwas mit der Grammatik der letzten Lektionen.

1. Objektformen der Personalpronomen

Im Folgenden eine systematische Aufstellung der Formen der Personalpronomen, die dem deutschen Akkusativ bzw. Dativ entsprechen:

Personalpronomen	Akkusativ	Dativ
me	mich	mir
you	dich	dir
him/her/it	ihn/sie/es	ihm/ihr/ihm
us	uns	uns
you	euch	euch
them	sie	ihnen

④ Ich bin schon dreimal in New York gewesen.

I've .... been to New York ....

SOLUTIONS OF 2nd EXERCISE

① How long - staying in ② haven't - yet *oder* haven't yet ③ her famous - yet ④ already - three times.

Lerntipp: *Sie können die Tonaufnahmen auch für ein Diktat benutzen. Oder die amerikanischen Lektionstexte abschreiben.*

Zweite Welle: Forty-eighth Lesson

Achtundneunzigste Lektion

Im Amerikanischen werden diese Pronomen immer hinter das Verb gestellt:

His parents bought him a dog "Seine Eltern kauften ihm einen Hund".

Handelt es sich bei dem Verb um ein sog. **phrasal verb**, d. h. folgt ihm eine Präposition (**on**, **out**, **up** usw.), so wird das Pronomen *zwischen* das Verb und die Präposition gestellt:

Where is my new hat? I want to put (Verb) ***it*** **on** (Präposition) "Wo ist mein neuer Hut? Ich möchte ihn anziehen".

2. To be able to

Wir haben bereits in Lektion 77 über das Hilfsverb **can** gesprochen. **Can** besitzt keine Infinitivform, daher benutzt man für den Infinitiv die Konstruktion **to be able to** ("in der Lage sein, zu"):

I'd like to be able to go to Las Vegas with you "Ich würde gerne mit euch nach Las Vegas fahren können" (Ich würde gerne in der Lage sein, mit euch ...)

Analog dazu benutzt man im Futur **will be able to**:

I will be able to go to Las Vegas with you "Ich werde mit euch nach Las Vegas fahren können" (Ich werde in der Lage sein, mit euch ...)

Von **to be able to** gibt es auch eine Negativform: **to be unable to**. Sie ist jedoch sehr formell; in informellen Kontexten benutzt man stattdessen **can't** (Gegenwart) oder **couldn't** (Vergangenheit):

I'm sorry I was unable to / couldn't attend the meeting "Es tut mir leid, dass ich nicht an dem Treffen teilnehmen konnte".

3. To doubt

Dieses Verb wird sehr häufig benutzt. Es bedeutet sowohl "(be)zweifeln" als auch "anzweifeln":

I doubt that he will come "Ich bezweifle, dass er kommen wird".
I doubt his word "Ich zweifle an seinem Wort".

Merken Sie sich auch die folgenden Redemittel mit **to doubt** bzw. **doubt** "Zweifel":

No doubt "kein Zweifel, zweifellos"
Beyond a doubt "über jeden Zweifel erhaben"
Without a doubt "ohne jeden Zweifel"
There is no doubt about it "Darüber besteht kein Zweifel"
I doubt it "Ich bezweifle es".

4. To make und to do

Wir sind bereits einmal auf den Unterschied zwischen **to make** und **to do** eingegangen. Es gibt eine Reihe typischer Verbindungen dieser beiden Verben mit anderen Wörtern:

To do:

To do one's best "sein Bestes tun"
To do business "Geschäfte machen"
To do the dishes "Geschirr abwaschen"
To do a favour "einen Gefallen tun"
To do the shopping "Einkäufe machen"
The dos and don'ts "die Dinge, die man tut und die man nicht tut"
To do without "ohne ... auskommen".

To make:

To make an appointment "eine Verabredung treffen"
To make the bed "das Bett machen"
To make believe "so tun, als ob"
To make a choice "eine Auswahl treffen"

To make do with “mit etw. auskommen”
To make an effort “eine Anstrengung unternehmen”
To make it “etw. schaffen”
To make money “Geld verdienen”
To make noise “Lärm machen”
To make sure “sicherstellen, gewährleisten”

Es gibt natürlich noch unzählige andere Verbindungen, die Sie mit der Zeit lernen werden. So, und nun tief Luft holen und ran an die letzten Lektionen!

Zweite Welle: Forty-ninth Lesson

▶ Ninety-ninth Lesson

Two Couples at Brunch ①

1 – I thought the film we saw last night was the best picture we've seen all year. ②

2 – Get lost, Joe. I can't believe you liked it. But then again, considering that you loved movies like *Murphy III* and *The Guerilla*, why should I be surprised? ③④

3 – Hey, let's have brunch before we kill ourselves with such caustic insults. They have a great buffet here. We come here at least once a month just for the brunch, and after the eggs and sausage and French toast and pancakes and bagels and lox and cereal, they bring out the hot lunch dishes. So, save room! ⑤

PRONUNCIATION

[... ***kap****ls* ... ***bransch 1*** ... ***fßo:t*** ... ***ßo:*** ... ***pik****-tschör* ... ***2*** ... *gö-****ri****-lö* ... ***3*** ... ***ko:ß****-tik* ***in****-ßaltß* ... *bu-****fei*** ... *ät* ***li:ßt*** ... ***ßo:****-ßödsch~* ... ***ßi:****-ri-öl* ...]

ANMERKUNGEN

① **Brunch** ist eine Kombination aus **breakfast** "Frühstück" und **lunch** "Mittagessen" und wird meistens sonntags zwischen 10 und 14 Uhr in Form eines Buffets angeboten. Es besteht aus kalten und warmen Speisen, Getränken, Brot, Kuchen und natürlich Kaffee und Tee. Der Ausdruck **bottomless cup** "Tasse ohne Boden" bedeutet dabei, dass man für einen festen Preis so viel konsumieren kann, wie man will. Eine Besonderheit ist das chinesische Brunch, **dim sun**, bei dem eine Vielzahl kleiner chinesischer Gerichte serviert wird, von gedämpften Garnelen (**steamed shrimp**) bis hin zu Hühnerkrallen (**chicken feet**) ...

Neunundneunzigste Lektion

Zwei Paare beim Brunch

1 - Ich finde (dachte), der Film, den wir gestern Abend gesehen haben, war der beste (Film), den wir das ganze Jahr gesehen haben.

2 - Geh weg (Verdufte), Joe. Ich kann nicht glauben, dass er dir gefallen hat (du ihn mochtest). Aber na ja (Aber dann wieder), wenn man bedenkt, dass du Filme wie *Murphy III* und *The Guerilla* gemocht hast, warum sollte ich überrascht sein?

3 - He, lasst uns brunchen, bevor wir uns [gegenseitig] mit solchen scharfen Beschimpfungen umbringen. Die haben hier ein tolles Büfett. Wir kommen mindestens einmal im Monat nur für das Brunch hierher, und nach den Eiern und Würstchen und "armen Rittern" und Pfannkuchen und Bagels und Lachs und Getreideflocken bringen sie die warmen Gerichte. Lasst also [ein bisschen] Platz!

② Ein bisschen Vokabular rund um den Film (= **movie** = **motion picture**): "Schauspieler" heißt **actor**, ein "Regisseur" ist ein **director**, ein "Drehbuch" ist ein **film script**, der "Produzent" heißt **producer**.

③ **Then again** "wenn ich's mir recht überlege".

④ **Considering that** "wenn man bedenkt" kommt von **to consider** "betrachten, überlegen, bedenken". **Jon considers Max his brother** "Jon betrachtet Max als seinen Bruder". **We're considering moving to Houston** "Wir erwägen, nach Houston umzuziehen".

⑤ Die beiden Bedeutungen von **to save** sind "retten" (**He saved my reputation** "Er rettete meinen Ruf") und "sparen, aufbewahren".

4 – I'll get us a big plate of fresh fruit and a pitcher of orange juice. Why don't you go get toasted bagels and cream cheese for the table, Joe. Sid is already waiting in line for the Belgian waffles. He loves the waffles here. ⑥

5 – Excuse me, waiter, we need some extra glasses, please. Does anyone want a Bloody Mary to start? Okay, make it two. ⑦

6 – Coffee first, Mam?

7 – Barb, could you grab me my sweater. It's awfully cool in here with the air-conditioning. It's on the back of your chair. Thanks. ⑧⑨⑩

8 – That film is sure to win an Oscar for special effects. Even if you hated it, you must admit the effects were convincing.

9 – Let's talk about that after we eat. Here comes Sid with the waffles.

PRONUNCIATION

[*4 ... fresch fru:t ... **pit**-schör ... **o**-rönsch˜ **dschu:ß** ... **bel**-dsch˜ön **wuo**fls ...* **5** *... **bla**-di **mä**-ri ...* **7** *... **ßwue**-dör ... **tschär** ...* **8** *... **i:**-vön*]

ANMERKUNGEN

⑥ Aufforderungen wie in diesem Satz werden gerne in Form von Fragen ausgedrückt. Siehe auch Satz 7.

⑦ **Make it ...** oder **Make that ...** wird speziell bei Bestellungen benutzt und bedeutet einfach "Ich hätte gerne ...". **What will you have? - Make it a scotch on the rocks** "Was hätten Sie gerne? - Ich hätte gerne einen Scotch mit Eis". Man verwendet es auch, wenn man eine Bestellung ändern möchte: **I'll have a cheeseburger. No, make it a tuna sandwich** "Ich nehme einen Cheeseburger. Oh, nein, doch lieber ein Thunfischsandwich".

4 - Ich hole uns einen großen Teller mit frischen Früchten und eine Kanne Orangensaft. Geh doch [bitte] getoastete Bagels und Streichkäse für den [ganzen] Tisch holen, Joe. Sid wartet schon in der Schlange auf die belgischen Waffeln. Er liebt die Waffeln hier.

5 - Entschuldigen Sie, [Herr] Ober, wir brauchen einige zusätzliche Gläser, bitte. Möchte jemand für den Anfang eine Bloody Mary? Gut, dann bitte zwei.

6 - Zuerst [etwas] Kaffee, gnädige Frau?

7 - Barb, schnapp dir (mir) doch [bitte mal] meinen Pullover. Es ist schrecklich kalt hier drin mit der Klimaanlage. Er ist auf deiner Stuhllehne. Danke.

8 - Dieser Film gewinnt bestimmt (ist sicher zu gewinnen) einen Oscar für Spezialeffekte. Selbst wenn du ihn nicht gemocht hast, musst du zugeben, dass die Effekte überzeugend waren.

9 - Lasst uns darüber sprechen, nachdem wir gegessen haben. Da (Hier) kommt Sid mit den Waffeln.

(8) **To grab** "greifen, packen, schnappen" (Verg. **grabbed**). **The thief grabbed the money and ran** "Der Dieb schnappte sich das Geld und lief davon". Verwendung im übertragenen Sinne: **I would grab an offer like that** "Ein solches Angebot würde ich mir nicht entgehen lassen". **To grab the chance** "die Gelegenheit ergreifen".

(9) **Sweater** "Pullover" kommt von **to sweat** "schwitzen" (Achtung: sprich [*ßwuet*, nicht *ßwui:t* !]) und sollte nicht mit **sweat shirt** verwechselt werden, das ursprünglich ein Kleidungsstück für den Sport war.

(10) Sie kennen schon **here** "hier" und **there** "da, dort". **In here** bedeutet "hier drinnen", **in there** "dort drinnen", **out there** "da draußen": **It's chilly out there** "Es ist kühl dort draußen".

10 – Who wants a waffle? Here, take a fork. I asked the waiter to bring us extra maple syrup. ⑪⑫⑬

11 – We're driving that poor waiter crazy! ⑭

PRONUNCIATION [... ***10*** ... ***mei****pl* ***ßi****-röp* ...]

1st EXERCISE

❶ Can we have pancakes and waffles at brunch? ❷ Bill and Karen saw three movies this week. ❸ Why don't we go shopping while the kids watch TV? ❹ It's chilly at night by the lake; you'll need a sweater. ❺ I ordered one soft-boiled egg, but make it two, please.

2nd EXERCISE

❶ Sie isst mindestens einmal pro Woche gedämpfte Garnelen.

She eats .... week.

❷ Ihre Tante war (eine) Schauspielerin.

Her .... was .. ..

❸ Lassen wir ein bisschen Platz für [das] Dessert!

...'. .... a little .... for .... !

10 - Wer will eine Waffel? Hier, nimm eine Gabel. Ich habe den Ober gebeten (gefragt), uns einen zusätzlichen Ahornsirup zu bringen.

11 - Wir machen diesen armen Ober verrückt!

ANMERKUNGEN

(11) Hier kann **here** mit "hier", aber auch mit einem auffordernden "Da ..." übersetzt werden.

(12) Noch ein bisschen Vokabular rund um den gedeckten Tisch: **plate** "Teller", **bowl** "Schüssel", **napkin** "Serviette", **glass** "Glas" und ... **Enjoy your meal!** "Guten Appetit!", wörtlich "Genießen Sie Ihre Mahlzeit!"

(13) Merken Sie sich die Bedeutung "weiterer, -e, -es; zusätzlicher, -e, -es" für **extra**: **Could you please bring us an extra plate?** "Könnten Sie uns bitte einen weiteren Teller bringen?"

(14) **To drive someone crazy** kennen Sie bereits aus Lektion 11: "jemanden verrückt machen".

SOLUTIONS OF 1st EXERCISE

❶ Können wir zum Brunch Pfannkuchen und Waffeln haben? ❷ Bill und Karen haben diese Woche drei Filme gesehen. ❸ Lass uns einkaufen gehen, während die Kinder fernsehen. ❹ Es ist kühl nachts am See; du wirst einen Pullover brauchen. ❺ Ich habe ein weichgekochtes Ei bestellt, aber ich hätte doch gerne zwei (machen Sie es zwei), bitte.

❹ Der Ober brachte ihnen ein zusätzliches Glas.

The waiter ....

SOLUTIONS OF 2nd EXERCISE

❶ steamed shrimp at least once a ❷ aunt - an actress ❸ Let's save - room - dessert ❹ brought them an extra glass.

Zweite Welle: Fiftieth Lesson

▶ Hundredth Lesson

Clichés

1 – As it turns out, my tailor has retired. He had put his nose to the grindstone and made a good buck, just like his father had. ①②

2 – As they say, the apple doesn't fall far from the tree... ③

3 – Last year, he bought himself a time-share condominium in Scottsdale, Arizona, and now he and his wife spend three months a year in the southwest playing golf, swimming, and dabbling with watercolors. The rest of the time they travel between their house on the Mediterranean and their yacht in Acapulco. ④⑤⑥

4 – It's a dog's life, huh? But is he happy? You can't judge a book by its cover... ⑦⑧

PRONUNCIATION

[***kli:***-*schei* ***1*** *...* ***tei****-lör ...* ***graind****-ßtoun ...* ***3*** *... kon-dö-****min****-jöm ... me-di-tö-****rei****-ni-ön ... jo:t ...*]

ANMERKUNGEN

① In dieser Lektion lernen Sie einige Redewendungen. Hier gleich die erste, wörtlich übersetzt: "seine Nase in den Schleifstein stecken", d. h. viel arbeiten, ein Bild, das die alte (jedoch heute nicht mehr gültige!) kalvinistische Arbeitsmoral widerspiegelt.

② Sie kennen **buck** bereits in der Bedeutung "Dollar". **To make a fast buck** "eine schnelle Mark machen".

Einhundertste Lektion

Klischees

1 - Wie es scheint, hat sich mein Schneider zur Ruhe gesetzt. Er hat hart gearbeitet und eine Menge Geld verdient, genau wie sein Vater.

2 - Wie man sagt (sie sagen): Der Apfel fällt nicht weit vom Stamm (Baum) ...

3 - Letztes Jahr hat er sich in Scottsdale, Arizona, eine Time-Share-Eigentumswohnung gekauft und nun verbringen er und seine Frau jedes Jahr drei Monate im Südwesten und spielen Golf, schwimmen und versuchen sich [als Maler] mit Wasserfarben. Die restliche Zeit reisen sie zwischen ihrem Haus am Mittelmeer und ihrer Yacht in Acapulco hin und her.

4 - Das Leben ist hart, nicht wahr? Aber ist er glücklich? Der Schein trügt ...

③ Viele Redewendungen und Sprichwörter drehen sich um den Apfel: **An apple a day keeps the doctor away** "Jeden Tag ein Apfel hält den Arzt fern". **She's the apple of his eye** "Sie ist sein Liebling".

④ Ein **condominium** (oder **condo**) ist eine Eigentumswohnung, die mehrere Personen gemeinsam besitzen und in der jeder von ihnen reihum eine Zeitlang wohnen darf. Arizona ist wegen seines trockenen und warmen Klimas ein bevorzugter Urlaubsort.

⑤ Erinnern Sie sich? "Pro" heißt **a** (bzw. **an**): **once a day / a week / a month** "einmal pro Tag / pro Woche / pro Monat" usw.

⑥ **To dabble** "sich in etw. versuchen, in etw. dilettieren". **She's dabbling in riding a camel** "Sie versucht sich im Kamelreiten".

⑦ **It's a dog's life** bedeutet wie **Life's a struggle** [***ßtragl***] und **Life's a bitch** "Das Leben ist hart" (**bitch** "Hündin").

⑧ Wörtlich bedeutet dieses Sprichwort: "Man kann ein Buch nicht nach seinem Einband beurteilen".

5 – It sure looks like he's enjoying himself. He drives a pink Cadillac, drinks Chivas Regal scotch, and wears a platinum Rolex watch studded with rubies. And just look at his utility bills! He spends more to heat the swimming pool than most of us spend on rent all year. ⑨⑩

6 To put the icing on the cake, he owns a famous race horse that won the Kentucky Derby this year! ⑪⑫

7 – So he made so much money from being a famous Parisian tailor that he doesn't have to watch his spending. Good for him! He deserves it. He's your quintessential self-made man. ⑬

8 – So the American Dream is still possible. I thought it was just a myth. Nobody gets rich from hemming trousers and sewing collars anymore. Can we really look forward to getting rich too? ⑭

9 – Don't hold your breath! ⑮

PRONUNCIATION

[*5 ... **plä**-ti-nöm ... **ßta**-did ... **ru:**-bi:s ... **7** ... pö-**ri**-sch˜ön ... kuin-tö-**ßen**-schöl ... **8** ... mifß ... **ßou:**-ing ... **9** ... brefß*]

ANMERKUNGEN

⑨ **It looks like ...** "Es scheint ... , Es sieht aus, als wenn ..." **It looks like it's going to rain** "Es sieht aus, als wenn es zu regnen anfangen würde". Auch: **Your son looks like your father** "Dein Sohn sieht wie dein Vater aus".

⑩ Mit **utilities** sind Gas, Strom, Wasser und Telefon gemeint, hier übersetzt mit "Nebenkosten". Alle **utility companies** in den USA sind privatisiert.

5 - Es sieht sicher danach aus, als dass es ihm gefällt. Er fährt einen rosafarbenen Cadillac, trinkt Chivas Regal Scotch und trägt eine mit Rubinen besetzte Platin-Rolex. Und sieh dir nur seine Rechnungen für Nebenkosten an! Er gibt mehr Geld aus, um den Swimmingpool zu heizen als die meisten von uns pro Jahr für ihre Miete aufwenden.

6 Und das Tüpfelchen auf dem i ist, dass er ein berühmtes Rennpferd besitzt, das dieses Jahr das Kentucky-Derby gewonnen hat!

7 - Er hat also so viel Geld damit verdient, ein berühmter Pariser Schneider zu sein, dass er nicht auf seine Ausgaben zu achten braucht. Gut für ihn! Er verdient es. Er ist der (dein) typische Selfmade-Mann.

8 - Der "amerikanische Traum" ist also noch möglich. Ich dachte, er wäre nur ein Mythos. Niemand wird mehr davon reich, Hosen umzusäumen und Kragen zu nähen. Können wir uns wirklich darauf freuen, auch reich zu werden?

9 - Abwarten und Tee trinken (Halt nicht deinen Atem an)!

(11) Weitere Redewendungen mit **cake**: **To sell like hot cakes** "sich verkaufen wie warme Semmeln". **You can't have your cake and eat it too** "Man kann nicht beides haben". **Cakes and ale** "das reinste Vergnügen".

(12) Das Kentucky-Derby ist das berühmteste Pferderennen der USA, das jedes Jahr Anfang Mai in **Louisville** stattfindet. Jeder Besucher und jede Besucherin über 21 Jahre kann dort den **mint julep**, einen Kentucky-Bourbon mit Pfefferminzblättern, trinken.

(13) Wie schon einmal erwähnt, spielt der Individualismus in den USA eine große Rolle. Dies kommt unter anderem auch in dem Begriff **selfmade man** zum Ausdruck, der besagt, dass jeder seines Glückes Schmied ist ...

(14) **To look forward to something** "sich auf etwas freuen".

(15) Hält man seinen Atem in Erwartung eines bestimmten Ereignisses an (und tritt dieses Ereignis nicht so schnell ein wie erwartet), so erstickt man, daher die Empfehlung **Don't hold your breath!**

1st EXERCISE

❶ My tailor lives on a boat in Acapulco. ❷ The apple doesn't fall far from the tree. ❸ It looks like it's going to rain. ❹ Betsy is looking forward to riding a camel in Tunisia this summer. ❺ I wouldn't hold my breath if I were you.

2nd EXERCISE

❶ Ich freue mich darauf, dich zu treffen.

I'm .... to meeting you.

❷ Sie verbringen ihren Sommerurlaub in Norwegen.

They .... summer vacation .. Norway.

❸ Er trägt eine grüne Hose und ein blaues Hemd.

He's .... and a blue ..... .

❹ Wir essen normalerweise dreimal pro Tag.

We .... eat .... day.

Hundred and first Lesson

The Bridal Shower ①

1 – Sandy, that is so sweet! I've never seen such adorable pajamas with penguins on the arms and legs. How'd you know I liked penguins?

PRONUNCIATION

[... ***brai**-döl* ***schao**-ör* **1** ... *pö-***dsch˜a:***-mös* ... ***peng**-wuins*]

SOLUTIONS OF 1st EXERCISE

❶ Mein Schneider lebt auf einem Boot in Acapulco. ❷ Der Apfel fällt nicht weit vom Stamm (Baum). ❸ Es sieht aus, als wenn es zu regnen anfangen würde. ❹ Betsy freut sich darauf, diesen Sommer in Tunesien ein Kamel zu reiten. ❺ Ich würde nicht den (meinen) Atem anhalten, wenn ich du wäre.

SOLUTIONS OF 2nd EXERCISE

❶ looking forward ❷ spend their - in ❸ wearing green pants - shirt ❹ usually - three times a

Zweite Welle: Fifty-first Lesson

Einhunderterste Lektion

Die Hochzeits-(Braut)"Dusche"

1 - Sandy, das ist so süß! Ich habe nie einen so bezaubernden Schlafanzug mit Pinguinen auf den Ärmeln und Beinen gesehen. Woher (Wie) hast du gewusst, dass ich Pinguine mag?

ANMERKUNGEN

① Einige Zeit vor der Hochzeit feiert die zukünftige Braut mit ihren besten Freundinnen ein Fest, um sich von ihrem Junggesellinnendasein zu verabschieden und bergeweise Geschenke entgegenzunehmen. Ebenso wird in Familien, in denen ein Baby geboren wird, mit allen Verwandten ein großes **baby shower** mit Geschenken für das Baby gefeiert.

2 – Jean, I'd wait a few nights before I'd dare wear those! Doug might change his mind... ②③

3 Open the big one with the blue bow next, Jean.

4 – Okay. Mom, can you pass that one to me? I wonder what it could be... It's huge! ④

5 – I warn you, Jean, it's heavy and it wasn't on your list! ⑤

6 – Oh, Kaye, you shouldn't have! I can't believe you bought us a lawn mower. We don't even have a lawn!

7 – That's what you think, Jean. Open the envelop, dear.

8 – Mom, what's this all about? Don't tell me that ... Does Doug know? You didn't! Mom! You and Dad made a down payment on that house in Springfield! I'm going to cry... ⑥⑦

9 – This calls for a little champagne! ⑧⑨

PRONUNCIATION

[**2 dsch~i:n** ... *wue:r* ... *dag* ... **3** ... *bou* ... **4** ... **hju:***dsch~* **6** ... **lo:n mou***-ör* ... **8** ... **daon pei***-mönt* ... **9** ... *schem-***pein**]

ANMERKUNGEN

② **To dare** "wagen". **How dare you wear my tie!** "Wie kannst du es wagen, meine Krawatte zu tragen!" **Don't you dare!** oder **Just you dare!** "Wag es nicht!, Untersteh dich!"

③ **To change one's mind** "seine Meinung ändern". Andere Redewendungen mit **mind**: **to come to mind** "in den Sinn kommen", **to keep in mind** "im Gedächtnis behalten", **to lose one's mind** "den Verstand verlieren". Verwechseln Sie dies nicht mit **to mind**: **Do you mind if I smoke?** "Macht es Ihnen etwas aus, wenn ich rauche?"

④ Achtung: **To wonder** heißt "sich fragen" (nicht "sich wundern"!) **I wonder why it is so ugly** [*ag-li*] "Ich frage mich, warum es so hässlich ist".

2 - Jean, ich würde ein paar Nächte warten, bevor ich es wagen würde, den (solche) anzuziehen. Doug könnte seine Meinung ändern ...

3 Mach als Nächstes das große rote mit der blauen Schleife auf, Jean.

4 - In Ordnung. Mami, kannst du mir das da hinüberreichen? Ich frage mich, was es sein könnte ... Es ist riesig!

5 - Ich warne dich, Jean, es ist schwer und es war nicht auf deiner Liste!

6 - Oh, Kaye, das hättest du nicht [tun] sollen! Ich kann nicht glauben, dass du uns einen Rasenmäher gekauft hast. Wir haben nicht einmal einen Rasen!

7 - Das denkst du (Das ist was du denkst), Jean. Mach den Umschlag auf, Liebling.

8 - Mami, was soll das alles? Sag mir nicht, dass ... Weiß Doug [es]? Ihr habt [doch] nicht ...! Mami! Du und Papi habt eine Anzahlung auf dieses Haus in Springfield geleistet! Mir kommen die Tränen (Ich werde weinen) ...

9 - Das muss begossen werden (Das ruft nach einem kleinen Champagner)!

⑤ Wie in Frankreich gibt es in den USA die **gift list** “Hochzeitsliste”, aus der die Hochzeitsgäste sich ein von den Brautleuten zuvor ausgewähltes Geschenk aussuchen können.

⑥ **What's this all about?** “Was soll das alles heißen?”. Kleine Wiederholung zu **about**: 1. “ungefähr”: **He ate about twenty sausages** “Er aß ca. 20 Würstchen”. 2. “über, betreffend”: **A book about liars** [***lai**-örs*] “Ein Buch über Lügner”. 3. **They were about to go to the cinema** “Sie waren kurz davor, ins Kino zu gehen”. 4. **How about a coffee?** “Wie wär's mit einem Kaffee?”

⑦ Das Verb zu **down payment** lautet **to pay down** “anzahlen”. **Sales/prices are down** “die Verkäufe / die Preise sind gefallen”. Gegenteil: **Sales/Prices are up**.

⑧ **To call for something** “erfordern, verlangen”. **This calls for a celebration** “Das muss gefeiert werden”.

⑨ **A little champagne** “ein bisschen Champagner”, **a few glasses of wine** “einige Gläser Wein”.

1st EXERCISE

❶ That's sweet, Gloria, you're a wonderful friend! ❷ A little wine with dinner sounds like a good idea, Harold. ❸ I wouldn't dare wear that red tie to the office. ❹ We can't afford to make a down payment on the house. ❺ Tammy's bridal shower was a big success.

2nd EXERCISE

❶ Ich habe niemals einen so hässlichen Hund gesehen.

I've . . . . . seen such an ugly . . . .

❷ Barb, du hättest nicht so viel Geld ausgeben sollen.

Barb, you . . . . '. . . . . spent so . . . .
money.

❸ Das verlangt (ruft) nach einer Baby-"Dusche".

This . . . . . for a baby . . . .

❹ Wie kannst du es wagen, mich einen Lügner zu nennen?

How . . . . you call me a . . . . ?

SOLUTIONS OF 1st EXERCISE

❶ Das ist süß, Gloria, du bist eine wunderbare Freundin! ❷ Ein bisschen Wein zum Abendessen klingt nach einer guten Idee, Harold. ❸ Ich würde es nicht wagen, diese rote Krawatte im Büro anzuziehen. ❹ Wir können es uns nicht leisten, eine Anzahlung auf das Haus zu leisten. ❺ Tammys Braut-"Dusche" war ein großer Erfolg.

SOLUTIONS OF 2nd EXERCISE

❶ never - dog ❷ shouldn't have - much ❸ calls - shower ❹ dare - liar.

Zweite Welle: Fifty-second Lesson

▶ Hundred and second Lesson

A Book for Mindy

1 – I asked for *The Feminine Mystique*, which I needed for my yoga teacher, Mindy, who's writing about the women's movement in Peru, and you sent me *The Female Eunuch* by Germain Greer, a writer whose work Mindy already knows. ①②③

2 – Sorry about that. You only asked for a book which could be relevant to the subject. You should read Anna Perez, a woman who has made a great contribution to the feminist cause. ④

3 – When asking for information in general, should one indicate both the title and author of a book? ⑤⑥

4 – Usually the title is all the information one needs to find a book which is in the library collection.

5 – How much literature have you acquired which concerns my topic? ⑦

PRONUNCIATION

[*1 ... miß-**ti:k** ... **fi:**-meil **ju:**-nök ...* **2** *... **re**-lö-vönt ... **ßab**-dsch˜ekt ...*
5 *... **li**-tri-tschör ... ö-**kuai**-öd ...*]

ANMERKUNGEN

① **To need** "brauchen, benötigen". **Jerry needs vanilla ice-cream** "Jerry braucht Vanilleeis". Das Substantiv lautet **need** "Bedarf, Notwendigkeit". **To be in need** "etw. brauchen, etw. nötig haben".

② Erinnern Sie sich? **Who** wird für Personen verwendet, **that** für Dinge. Verwechseln Sie nicht **who's**, die Kurzform für **who is** "wer ist", mit **whose** "deren, dessen" und "wessen" (gleiche Aussprache!). Beispiele: **The woman whose daughter just got married** "Die Frau, deren Tochter gerade geheiratet hat". **Whose book is this?** "Wessen Buch ist das?". **Whose daughter are you?** "Wessen Tochter bist du?".

Ein Buch für Mindy

1 - Ich habe um *Das weibliche Mysterium* gebeten, das ich für meine Yoga-Lehrerin, Mindy, brauchte, die über die Frauenbewegung in Peru schreibt, und Sie haben mir *Der weibliche Eunuch* von Germain Greer geschickt, eine Schriftstellerin, deren Werk Mindy bereits kennt.

2 - Tut mir leid. Sie haben nur nach einem Buch gefragt, das für das Thema relevant sein könnte. Sie sollten Anna Perez lesen, eine Frau, die einen bedeutenden Beitrag für die feministische Sache geleistet hat.

3 - Sollte man, wenn man allgemein um Informationen bittet, sowohl den Titel als auch den Autor des Buches angeben?

4 - In der Regel ist der Titel die ganze Information, die man braucht, um ein Buch zu finden, das sich in der Sammlung der Bücherei befindet.

5 - Wie viel Literatur haben Sie erworben, die mein Thema betrifft?

③ **To ask someone for something** "jdn. um etw. bitten". **Jane asked me for my tax information** "Jane bat mich um meine Steuerangaben". Aber: **To ask someone** "jdn. fragen": **He asked me what I wanted to drink** "Er fragte mich, was ich trinken wolle".

④ Das Gegenteil von **relevant** lautet **irrelevant**.

⑤ Die Konstruktion **when** + Verb auf **-ing** (**When asking for information**) ist sehr üblich und sprachlich elegant.

⑥ Wichtig: **Information** "Information(en)" ist im Amerikanischen immer ein Singular. Man sagt nicht **an information**, sondern immer **some information**. Meint man ein bestimmtes Element einer Information, sagt man **a piece of information**.

⑦ Bei nicht zählbaren oder abstrakten Dingen oder allgemeinen Mengenangaben verwendet man **How much ...?** "Wie viel ...?" (**How much money?** "Wie viel Geld?", **How much time?** "Wie viel Zeit?"). Bei zählbaren Dingen sagt man **How many ...?** "Wie viele ...?" (**How many days are you staying in Miami?** "Wie viele Tage bleibst du in Miami?").

6 – A hundred and sixty-four books in the area of gender studies but only one on women in Peru. ⑧⑨

PRONUNCIATION

[*6 ... ä-ri-ö ... **wui**-mön in pö-**ru:***]

1st EXERCISE

❶ I asked for vanilla ice-cream, not strawberry. ❷ This is a writer whose capacity to stimulate the imagination is amazing. ❸ The banker who asked for my tax information is from Boise, Idaho. ❹ There are a thousand ways to cook chicken. ❺ When Sandy asked for her check I lied and told her that it was in the mail.

2nd EXERCISE

❶ Der Mann, dessen Hund mich gebissen hat, braucht einen Arzt.

The man . . . . . dog bit . . . . doctor.

❷ Haben sie dich nach meiner Adresse gefragt?

Did . . . . ask . . . . . . my address?

❸ Wie viele Tomaten brauchen wir?

. . . . tomatoes do we . . . . ?

6 - 164 in der Kategorie (von) Geschlechterstudien, aber nur eines über Frauen in Peru.

ANMERKUNGEN

⑧ Vor **hundred** "Hundert" und **thousand** "Tausend" setzt man normalerweise **a** oder **one** "ein-", wobei **one** formeller ist. Auf einen Scheck schreibt man z. B. **one hundred and sixty-five dollars** "einhundertfünfundsechzig Dollar".

⑨ Die sexuelle Revolution Ende der 60er-Jahre hat das Bewusstsein für die sexuelle Gleichberechtigung geschärft. Seitdem existieren an fast allen Universitäten **women's studies**, Studiengänge zu frauenspezifischen Themen, oder **gender studies** (**gender** "Geschlecht"), Studiengänge zu geschlechtsspezifischen Themen. In den 90er-Jahren ist der Begriff der **political correctness** (**PC**) aufgekommen, der – vor allem in der Sprache – jegliche Art von Diskriminierung kritisiert. So sind **black people** jetzt **African-Americans** und **handicapped** heißt jetzt **physically challenged**.

SOLUTIONS OF 1st EXERCISE

❶ Ich habe um Vanilleeis gebeten, nicht Erdbeere. ❷ Dies ist ein Schriftsteller, dessen Fähigkeit, die Fantasie anzuregen, erstaunlich ist. ❸ Der Bankier, der um meine Steuerangaben bat, ist aus Boise, Idaho. ❹ Es gibt tausend Arten, Hühnchen zu kochen. ❺ Als Sandy um ihren Scheck bat, habe ich gelogen und ihr erzählt, dass er in der Post war.

❹ Wie viel Geld hat er? - Mindestens eintausend Dollar!

... . money has he got? - .. ..

.... dollars!

SOLUTIONS OF 2nd EXERCISE

❶ whose - me needs a ❷ they - you for ❸ How many - need ❹ How much - At least one thousand

Zweite Welle: Fifty-third Lesson

▶ Hundred and third Lesson

A Hypochondriac Visits Her Chiropractor

1 – Okay, Mrs. Goldstein, where does it hurt this time? You've come to see me three times this week already. And as much as you know I like treating you, I'm just a bit sceptical about the seriousness of your ailment. ①②③

2 – Doctor Calder, how dare you imply that I'm faking it? You know I have a chronic lower back problem. I've been coming to see you regularly for ten years now, since Herb's hernia operation, or was it since my second hysterectomy? ④⑤⑥

PRONUNCIATION

[... *hai-pö-***kon***-dri-äk* ... **kai***-rö-präk-tör* **1** ... **gold***-ßti:n* ... **ßkep***-ti-köl* ... **ßi:***-ri-öß-nöß* ... **eil***-mönt* **2** ... **fei***-king* ... **hö:r***-niö* ... *hiß-tö-***rek***-tö-mi*]

ANMERKUNGEN

① **To hurt** "schmerzen, wehtun". **My knees hurt** "Meine Knie tun mir weh". **Does it hurt?** "Tut es weh?". **The things she said hurt his reputation** "Die Dinge, die sie gesagt hat, haben seinem Ruf geschadet (wehgetan)".

② Die Wendung **As much as ...** und **As many as ...** entspricht unserem "So sehr/gerne ich auch ..." oder "So viel ich auch ..." In einer anderen Bedeutung: **He has as much money as you** "Er hat so viel Geld wie du". **I read as many books as you** "Ich lese so viele Bücher wie du".

Eine Hypochonderin besucht ihren Chiropraktiker

1 - Gut, Frau Goldstein, wo tut es dieses Mal weh? Sie haben mich diese Woche schon dreimal aufgesucht. Und so gerne ich Sie auch behandle, so bin ich doch ein bisschen skeptisch, was die Schwere Ihrer Erkrankung angeht.

2 - Doktor Calder, wie können Sie unterstellen, dass ich sie vortäusche? Sie wissen, dass ich ein chronisches Lendenwirbelproblem (Problem am unteren Rücken) habe. Ich komme nun seit 10 Jahren regelmäßig zu Ihnen, seit Herbs Leistenbruch-Operation, oder war es seit meiner zweiten Gebärmutterentfernung?

③ Durch Anhängen von **-ness** können aus bestimmten Adjektiven Substantive gemacht werden: **serious** "schwerwiegend" - **seriousness** "Schwere", **kind** "freundlich" - **kindness** "Freundlichkeit".

④ **To fake** "fälschen, vortäuschen". **Fake** bedeutet "Fälschung, Imitat", das Adjektiv **fake** heißt "gefälscht". **This painting is a fake** "Dieses Gemälde ist eine Fälschung". **I only can afford fake diamonds** "Ich kann mir nur Diamant-Imitate leisten". Ein **faker** ist ein "Schwindler, Heuchler".

⑤ **I've been coming to see you for ten years ...** ist das Ihnen bekannte **Present Perfect**, das mit **for** oder **since** "seit" benutzt werden kann. Weitere Beispiele: **I've been singing for two hours** "Ich singe seit zwei Stunden" (**for** = Zeitdauer); **I've been working since seven AM** (**since** = Zeitpunkt) "Ich arbeite seit 7 Uhr".

⑥ Einige Wendungen mit **now** "jetzt, nun": **Now or never** "jetzt oder nie", **now and again / now and then** "hin und wieder, ab und an". **Bye now** "Also dann tschüss".

3 – Whatever. ⑦

4 – My third vertebra is acting up again and I'm in agony. I was vacuuming the bedroom when I spotted Herb's boxer shorts – the ones with the seahorses – curiously under the Lazy Boy reclining chair, next to my pride and joy, the Stairmaster. So, I stooped down to pick them up and that's when I heard the crunch in my back. The third vertebra again. ⑧⑨⑩⑪⑫

5 – Mrs. Goldstein, open your mouth wide, please, and say "aaahhh".

6 – Doctor, you're a chiropractor and it's my back that's killing me, so what's with the mouth and the stethoscope? ⑬

PRONUNCIATION

[*4 ... **vö:r**-tö-bra ... **ä**-gö-ni ... **väk**-ju:-ming ... **kju:**-ri-öß-li ... **ßtu:**pd ... kransch ...*]

ANMERKUNGEN

⑦ **Whatever** (oder **whatsoever** [***wuot**-ßou-**e**-vör*]) hat je nach Kontext die Bedeutungen "wie auch immer, was auch immer" usw. **Whatever you say, he disagrees** "Was immer man auch sagt, er ist nicht einverstanden". **Eat whatever you want** "Iss, was immer du willst".

3 - Wie auch immer.

4 - Mein dritter Wirbel spielt wieder verrückt und ich leide unter höllischen Schmerzen. Ich war gerade dabei, das Schlafzimmer zu saugen, als ich Herbs Boxer-Shorts sah - die (eine) mit den Seepferden - komischerweise unter dem Lehnsessel "Lazy Boy", neben meinem ganzen Stolz (und Freude), dem Stairmaster. Ich bückte mich also, um sie aufzuheben, und da hörte ich das Knirschen in meinem Rücken. Wieder der dritte Wirbel.

5 - Frau Goldstein, machen Sie bitte Ihren Mund weit auf und sagen Sie "aaaah".

6 - Doktor, Sie sind (ein) Chiropraktiker und es ist mein Rücken, der mich umbringt, was soll das also mit dem Mund und dem Stethoskop?

(8) **To act** "handeln, agieren" (vgl. **actor** "Schauspieler"). **To act up** "Zicken machen, Theater machen, verrückt spielen" wird normalerweise für das Verhalten von Kindern benutzt, man kann es jedoch auch wie in diesem Satz gezeigt verwenden.

(9) **To be in agony** "Todesqualen erleiden, höllische Schmerzen haben" ist wieder einmal eine Übertreibung.

(10) Zur amerikanischen Gemütlichkeit gehören bequeme und in jede Sitzposition verstellbare Lehnsessel (**Lazy Boy**) sowie Stepper (**Stairmaster**), Fitnessgeräte, auf denen man joggen oder das Hinaufsteigen von Treppen simulieren kann, um sich körperlich in Form zu halten.

(11) **Somebody's pride and joy** "jds. ganzer Stolz". **Pride** "Stolz, Hochmut", **joy** "Freude".

(12) **To crunch** "knabbern, nagen", aber auch "knirschen, (zer)splittern". Merken Sie sich auch **When it comes to the crunches...** oder **When the crunch comes** "Wenn es hart auf hart geht, ...".

(13) **What's with ...?** ist die Kurzform von **What's the story with ...?** oder **What's the matter with ...?** "Was ist los mit ...?, Was soll das mit ...?"

7 – Just a theory, Mrs. Goldstein. Based on my diagnosis, I prescribe a baby aspirin twice a day and two weeks in Florida... ⑭

8 – Doctor Calder, I'm getting a second opinion! ⑮

PRONUNCIATION

[*7 ...* ***fßi:****-ö-ri ... dai-ög-****no****-ßiß ...*]

1st EXERCISE

❶ Where does it hurt? ❷ I'm a bit sceptical about the painting. I think it's a fake. ❸ Herb was vacuuming the living-room carpet when he heard the baby cry. ❹ As much as I love to cook pasta, I prefer when others cook for me. ❺ Do you want the chicken or the lamb? - Whatever.

2nd EXERCISE

❶ Mein Finger hat mir mehrere Tage lang wehgetan.

My finger . . . . several days.

❷ Mein linker Fuß spielt wieder verrückt.

My left . . . . is . . . . again.

❸ Ich hole mir eine zweite Meinung von Jacks Rechtsanwalt.

I'm . . . . a second . . . . from Jack's . . . .

7 - Nur eine Theorie, Frau Goldstein. Auf der Grundlage meiner Diagnose verschreibe ich [Ihnen] zweimal am Tag ein Baby-Aspirin und zwei Wochen in Florida ...

8 - Doktor Calder, ich werde eine zweite Meinung einholen!

ANMERKUNGEN

(14) In den USA werden eine Menge Schmerzmittel geschluckt, vor allem seit amerikanische Kardiologen vor einigen Jahren die Einnahme kleiner Dosen Aspirin (**baby aspirin**) zu Vermeidung von Arterienerkrankungen empfohlen haben. Medikamente ohne Rezept (**without a prescription**) werden **over the counter medicine** ("über-den-Ladentisch-Medizin") oder **drugs** genannt.

(15) Die **second opinion** "zweite (Experten-)Meinung" ist ebenfalls etwas typisch Amerikanisches, sowohl in der Medizin als auch in Rechtsfragen.

SOLUTIONS OF 1st EXERCISE

❶ Wo tut es weh? ❷ Ich bin etwas skeptisch, was das Gemälde betrifft (über das Gemälde). Ich glaube, es ist eine Fälschung. ❸ Herb saugte [gerade] den Wohnzimmerteppich, als er das Baby weinen hörte. ❹ So gerne ich auch Pasta koche, ich mag es lieber, wenn andere für mich kochen. ❺ Möchten Sie (das) Hühnchen oder (das) Lamm? - Egal (was auch immer).

❹ Ich lese so viele Zeitschriften wie du.

I .... magazines as you.

❺ Sei so nett (Zeig ein wenig Freundlichkeit) und hol mir bitte ein Baby-Aspirin.

Show a little .... and get me a ...., please.

SOLUTIONS OF 2nd EXERCISE

❶ has been hurting me for ❷ foot - acting up ❸ getting - opinion - lawyer ❹ read as many ❺ kindness - baby aspirin

Zweite Welle: Fifty-fourth Lesson

▶ Hundred and fourth Lesson

Congratulations, You're Now an American! ①

1 – Ladies and Gentlemen, welcome to the annual swearing-in ceremony for all new naturalized citizens of the United States. As you know, you all have successfully completed the qualification process and have been approved to receive full citizenship of this country. ②③④

2 We are proud to add you to the ranks of the American people. Please rise, place your right hand on your heart, and repeat after me. ⑤

3 "I pledge allegiance to the flag of the United States of America."

4 – I pledge allegiance to the flag of the United States of America. ⑥

PRONUNCIATION

[*1 ... **ßwue:**-ring-**in** **ße**-ri-mö-ni ... **nät**-schrö-laisd **ßi**-ti-sönß ... kom-**pli:**-did ... kuo-li-fi-**kei**-schön ... ö-**pru:**vd ... ri-**ßi:v** ... **kan**-tri* ***2*** *... praod ... **ränk**ß ... fsi: ö-**me**-ri-kön **pi:pl** ... ha:rt ... ri-**pi:t** ...* ***3*** *... **pledsch**~ ö-**li:**-dsch~önß ...*]

ANMERKUNGEN

① Vor Nationalitätsbezeichnungen muss immer der unbestimmte Artikel (**a** oder **an**) gesetzt werden.

② **To swear** "schwören", **sworn** "verschworen", **sworn in** "beeidigt". **I swear I didn't do it!** "Ich schwöre, dass ich es nicht getan habe!", **The jury has just been sworn in** "Die Jury wurde gerade vereidigt".

Einhundertvierte Lektion

[Herzlichen] Glückwunsch, Sie sind jetzt (ein) Amerikaner!

1 - [Meine] Damen und Herren, willkommen zur jährlichen Vereidigungszeremonie für alle neu eingebürgerten Bürger der Vereinigten Staaten. Wie Sie wissen, haben Sie alle das Qualifikationsverfahren erfolgreich abgeschlossen und sind anerkannt worden, die volle Staatsbürgerschaft dieses Landes zu erhalten.

2 Wir sind stolz darauf, Sie in die Reihen des amerikanischen Volkes aufzunehmen (hinzuzufügen). Erheben Sie sich bitte, legen Sie die (Ihre) rechte Hand auf Ihr Herz und sprechen Sie mir nach (wiederholen Sie nach mir).

3 “Ich gelobe Treue gegenüber der Flagge der Vereinigten Staaten von Amerika.”

4 - Ich gelobe Treue gegenüber der Flagge der Vereinigten Staaten von Amerika.

③ **To complete** “abschließen, fertigstellen, vervollständigen”. **He would like to complete his stamp collection** “Er würde gerne seine Briefmarkensammlung vervollständigen”. **She completed this painting in 1955** “Sie stellte dieses Gemälde 1955 fertig”.

④ **To approve** hat vielfältige Bedeutungen: “genehmigen, billigen, anerkennen; gutheißen; einverstanden sein”. Das Substantiv lautet **approval**.

⑤ Achtung: **The people** bedeutet hier “das Volk”. In dieser Bedeutung kann aus **people** ein Plural gebildet werden: **the peoples** “die Völker”. Steht **people** jedoch ohne Artikel für “die Leute”, so hat es keinen Plural!

⑥ Mit dem **pledge of allegiance** “Treueschwur” wird Treue zur Nation und zur Flagge der USA gelobt. Die Flagge hängt in fast allen Schulen des Landes und fast überall wird der Treueschwur vor Unterrichtsbeginn gesprochen.

5 – “And to the Republic for which it stands, one nation, under God, indivisible, with liberty and justice for all.” ⑦⑧

6 – And to the Republic for which it stands, one nation, under God, indivisible, with liberty and justice for all.

7 – By the power entrusted to me from the President of the United States, I officially declare all of you, as of this moment, noon on May 14th 2001, to be full-fledged citizens of the United States. Congratulations. ⑨⑩

PRONUNCIATION

[**5** ... *ri-***pab***-lik ... in-di-***vi***-söbl ...* **li***-bör-ti ...* **dsch˜aß***-tiß ...* **7** *... ön-***traß***-tid ... ful-***fled***sch˜d ...*]

5 - “Und gegenüber der Republik, die sie repräsentiert, eine Nation, unter dem Schutz Gottes (unter Gott), unteilbar, mit Freiheit und Gerechtigkeit für alle.”

6 - Und gegenüber der Republik, die sie repräsentiert, eine Nation, unter dem Schutz Gottes (unter Gott), unteilbar, mit Freiheit und Gerechtigkeit für alle.

7 - Kraft der (Durch die) Befugnis, die mir vom Präsidenten der Vereinigten Staaten verliehen (anvertraut) wurde, erkläre ich Sie offiziell von diesem Moment an, dem 14. Mai 2001, zu vollwertigen Bürgern der Vereinigten Staaten. [Herzlichen] Glückwunsch.

ANMERKUNGEN

(7) Auch **to stand** “stehen” ist ein **phrasal verb**, ein Verb mit Präpositionen: **to stand for something** “für etw. stehen, etw. repräsentieren”, **to stand up for** “für ... Partei ergreifen, sich für ... stark machen”. Merken Sie sich auch **to take a stand** “Stellung beziehen”.

(8) Das Wahrzeichen für **liberty and freedom** ist die Freiheitsstatue (**statue of liberty**), die Frankreich 1812 den Vereinigten Staaten zum Geschenk machte und die am Hafeneingang von New York nicht weit von Ellis Island, dem Ankunftsort der Immigranten, steht. Die Einwanderer bescherten Amerika die Bezeichnung **melting pot**, “Schmelztiegel” der Nationalitäten, Kulturen und Religionen.

(9) **To entrust someone with something** “jdm. etw. anvertrauen” (vgl. **trust** “Vertrauen”).

(10) **Full(y)-fledged** bezeichnet ursprünglich einen Vogel, der sein vollständiges Federkleid hat und flügge ist. Man verwendet es auch für eine Person, die eine bestimmte Ausbildung abgeschlossen hat, z. B. “fertiger” Kapitän oder Flugzeugpilot ist. Letzterer hat in diesem Fall seine **wings** “Flügel” auf seiner Uniform.

8 As I call your name, please step forward to receive your naturalization certificate. And then proceed to the reception tent, to your far right, for a welcoming drink generously provided by the Citrus Fruit Growers of America. ⑪⑫⑬

9 Mr. Kim Tran Kim, Ms. Hortensia Jardinero, Mr. Boris Yazmenskenko, Mr. and Mrs. Yuri and Yasmina Goshengarian ...

PRONUNCIATION

[*8 ... ßör-**ti**-fi-köt ... ri-**ßep**-tschön tent ... **dsch˜e**-nö-röß-li ... **ßi**-tröß fru:t **grou**-örs ...*]

ANMERKUNGEN

⑪ Ein **step** ist ein “Schritt”. **Step by step** “schrittweise”. **To step forward/back** “einen Schritt vor/zurück machen”. Nicht in allen Redewendungen bedeutet **step** “Schritt”: **To take a step** “eine Maßnahme ergreifen”, **to take a wrong step** “einen Fehler begehen”.

1st EXERCISE

❶ Congratulations, you’re now a graduate of Harvard. ❷ We have been approved for a house loan. ❸ By the time Brad was 18 he was a full-fledged pilot in the Air Force. ❹ Ms. Jardinero, step forward, please. I have a present for you. ❺ The American flag contains fifty stars and fourteen stripes.

2nd EXERCISE

❶ Wir haben das Zelt für die Hochzeit gemietet.

We . . . . . . the . . . . for the wedding.

❷ Er schwört, dass er es nicht getan hat.

He . . . . . . he didn’t . . . . .

❸ Obwohl der Eigentümer Brite (britisch) ist, ist das Unternehmen amerikanisch.

Although the . . . . . is . . . . , the company is . . . .

8 Wenn ich [nun] Ihre Namen aufrufe, treten Sie bitte vor, um Ihre Einbürgerungsurkunde entgegenzunehmen. Gehen Sie dann bitte weiter zum Empfangszelt ganz rechts, für ein Begrüßungsgetränk, das großzügigerweise von den amerikanischen Zitrusfrüchteanbauern angeboten wird.

9 Herr Kim Tran Kim, Frau Hortensia Jardinero, Herr Boris Yazmenskenko, Herr und Frau Yuri und Yasmina Goshengarian ...

⑫ Das Verb **to proceed** "fortfahren, weitermachen" ist mit dem Substantiv **process** "Verfahren, Prozess" verwandt. **Your comments are very interesting! Please proceed!** "Ihre Bemerkungen sind sehr interessant! Bitte fahren Sie fort!".

⑬ Die Grundbedeutung von **far** ist "weit": **Do you live far from here?** "Wohnen Sie weit weg von hier?". Eine weitere Bedeutung ist "fern, ganz": **The Far East** "der Ferne Osten", **the far right/left** "ganz rechts/links". Einige andere Ausdrücke mit **far**: **as far as I remember ...** "soweit ich mich erinnern kann ...", **as far as I'm concerned** "soweit es mich betrifft ...". **Far** kann auch einen Komparativ verstärken: **She's far more intelligent than him** "Sie ist viel intelligenter als er".

SOLUTIONS OF 1st EXERCISE

❶ [Herzlichen] Glückwunsch, Sie sind nun ein Harvard-Absolvent. ❷ Uns wurde ein Kredit zum Hauskauf bewilligt. ❸ Als Brad 18 war, war er fertig ausgebildeter Pilot bei der Luftwaffe. ❹ Frau Jardinero, treten Sie bitte vor. Ich habe ein Geschenk für Sie. ❺ Die amerikanische Flagge zeigt (enthält) 50 Sterne und 14 Streifen.

❹ [Herzlichen] Glückwunsch! Sie sind [zum] Präsidenten gewählt worden!

. . . . ! You've . . . .

president!

SOLUTIONS OF 2nd EXERCISE

❶ rented - tent ❷ swears - do it ❸ owner - British - American
❹ Congratulations - been elected

Zweite Welle: Fifty-fifth Lesson

Hundred and fifth Lesson

"Breaking up Is Hard to Do" ①

1 Goodbyes are always difficult and this one is no exception. So I'll try not to be too sappy. But, you know how sentimental Americans can be! ②

2 We've spent nearly four beautiful months together, some thirty minutes each day, and I guess you could say that we've gotten kind of attached to each other. ③④

3 I'll miss the way you come back to me every evening after dinner or each morning before work, and faithfully pick me off the shelf or your night table, gently crack me open to the next lesson, and read and repeat the words that I am made of, the sentences that I form, the dumb little jokes that I love to tell...

PRONUNCIATION

[*1 ... ßä-pi ... **2** ... **i:tsch a**-fsör **3** ... **feifß**-ful-li ... schelf ... **kräk** mi: **ou**-pön ...*]

Einhundertfünfte Lektion

Sich zu trennen ist schwer

1 Abschiede sind immer schwierig und dieser ist keine Ausnahme. Ich werde also versuchen, nicht zu rührselig zu sein. Aber, ihr wisst ja, wie sentimental Amerikaner sein können!

2 Wir haben fast vier schöne Monate zusammen verbracht, ca. 30 Minuten jeden Tag, und ich denke, man könnte sagen, dass wir irgendwie miteinander verbunden sind.

3 Ich werde die Art und Weise vermissen, wie ihr jeden Abend nach dem Abendessen oder jeden Morgen vor der Arbeit zu mir zurückkommt und mich treu aus dem Regal oder von eurem Nachttisch aufnehmt, mich behutsam bei der nächsten Lektion aufschlagt und die Worte, aus denen ich bestehe, die Sätze, die ich bilde, die blöden kleinen Witze, die ich so gerne erzähle, lest und wiederholt ...

Sie sind bei der letzten Lektion des Kurses angekommen, was natürlich nicht heißt, dass Sie jetzt fertig sind, denn Sie müssen ja die aktive Phase noch bis zum Ende des Buches fortsetzen. In dieser Lektion haben wir ganz auf die wörtliche Übersetzung verzichtet, d. h. keine Klammern oder Ergänzungen mehr. Keine Angst – Sie werden alles verstehen!

ANMERKUNGEN

① Dies ist der Titel eines berühmten Liedes aus den 60er-Jahren. **To break up** bedeutet auch "zerbrechen, zerstören, zerkleinern".

② **Sappy** kommt von **sap** "Saft" und bedeutet "saftig". Hier ist "rührselig, sentimental" gemeint.

③ Sie kennen **some** in der Bedeutung "einige". Hier bedeutet **some** "ungefähr". **Some hundred people came to her party** "Zu ihrer Party kamen ca. hundert Leute".

④ **Each other** (Synonym **one another**) wird im Deutschen meistens mit "einander, miteinander, gegenseitig" oder "sich" übersetzt. **They like each other / one another** "Sie mögen sich".

4 I know that some of you jumped ahead a few lessons or skipped a few days, and others didn't put in the full thirty minutes or cheated on the exercises, but I always understood, and I knew deep in my heart that you'd be coming back, that you'd be making it to the end. I believed in you from the start, and I'm proud as any teacher or parent or good friend would be in the fine progress you've achieved. ⑤⑥

5 And remember, you did it yourself – with just a wee bit of help from the sidelines. ⑦⑧

6 So stand up and take a bow. ⑨

7 I wish you all the best of everything out there in the world where American English has become so important. I'm sure you're ready for the challenge. As they say to actors and actresses in Hollywood and on Broadway: "Break a leg," which means nothing more than "Good luck!."

PRONUNCIATION

[*4 ...* ***dsch˜ampd*** *ö-****hed*** *...* ***ßkipd*** *ö* ***fju:*** *...* ***tschi:****-did ... bi-****li:vd*** *... ö-****tschi:vd*** ***5*** *... ö* ***wui:*** *bit ...* ***6*** *...* ***bao 7*** *...* ***tschä****-löndsch˜ ...* ***äk****-törs ...* ***äk****-trö-ßis ...* ***breik*** *ö* ***leg*** *...* ***na****-fßing ...*]

ANMERKUNGEN

⑤ **To put in** "aufwenden, widmen, investieren". **She put in a thousand dollars** "Sie hat 1.000 Dollar investiert". **I put in six hours into the project** "Ich habe sechs Stunden für das Projekt aufgewendet".

⑥ **To make it** bedeutet "etw. schaffen". **Congratulations, you've made it!** "Glückwunsch, du hast es geschafft!". **It's too late, I won't make it** "Es ist zu spät; ich werde es nicht mehr schaffen".

4 Ich weiß, dass einige von euch ein paar Lektionen oder ein paar Tage übersprungen haben, und andere haben nicht die vollen 30 Minuten investiert oder bei den Übungen geschummelt, aber ich habe es immer verstanden, und tief in meinem Herzen wusste ich, dass ihr zurückkommen würdet, dass ihr bis zum Ende durchhalten würdet. Ich habe von Anfang an an euch geglaubt und ich bin so stolz wie jeder Lehrer oder jeder Elternteil oder jeder Freund auf den guten Fortschritt wäre, den ihr gemacht habt.

5 Und denkt daran, ihr habt es alleine gemacht - mit nur ganz (winzig) wenig Hilfe vom Spielfeldrand.

6 Steht also auf und verbeugt euch unter Applaus.

7 Ich wünsche euch das Beste von allem da draußen in der Welt, wo amerikanisches Englisch so wichtig geworden ist. Ich bin sicher, dass ihr für die Herausforderung bereit seid. Wie man zu den Schauspielern und Schauspielerinnen in Hollywood und am Broadway sagt: “Hals- und Beinbruch”, was nicht mehr bedeutet als “Viel Glück”!

⑦ Das Wörtchen **wee** “winzig” kommt aus dem Schottischen. **She tends to be a wee bit sentimental** “Sie neigt dazu, ein klein wenig sentimental zu sein”.

⑧ Der Begriff **sidelines** stammt aus dem Sport, speziell aus dem Fußball, und bezeichnet den Spielfeldrand, wo der Trainer sitzt, der den Spielern Ratschläge gibt. In diesem Buch spielen die Anmerkungen die Rolle des Trainers.

⑨ **Bow** [*bao*] ist eine “Verbeugung” vor dem Publikum. Achtung: Sie kennen bereits ein anderes **bow**, das [*bou*] gesprochen wird und “Schleife” heißt! Es kommt in dem Ihnen schon bekannten **bow-tie** “Fliege” vor (Lektion 47).

8 So, have a nice life, and don't forget to write. You have my address; it's in the book. And, who knows, maybe we'll meet again when you're ready to climb a new mountain. ⑩

9 Yours truly, *The Book*

10 P.S. Does anyone have a handkerchief?

1st EXERCISE

❶ American films tend to be sentimental. ❷ Jack and Jill were devoted to each other. ❸ Barney loves to tell dirty jokes. ❹ Don't tell your friends to "break a leg" when they leave for a skiing trip. ❺ Have a nice time at the *English as a Second Language Convention* in Sydney. ❻ See you later, alligator! - In a while, crocodile!

2nd EXERCISE

❶ Abschiede sind immer schwierig.

Goodbyes are . . . .

❷ Tief in ihrem Herzen wusste sie, dass sie es schaffen würde.

She knew deep in her . . . . . that she'd . . . .

❸ Bitte stehen Sie auf und verbeugen Sie sich unter Applaus.

Please . . . . and take a . . . .

❹ Vielen Dank für das Taschentuch!

. . . . for the . . . . !

8 Habt also ein schönes Leben und vergesst nicht, zu schreiben. Ihr habt meine Adresse; sie steht im Buch. Und - wer weiß? - vielleicht treffen wir uns wieder, wenn ihr bereit seid, einen neuen Berg zu besteigen.

9 In Verbundenheit
Das Buch

10 PS: Hat irgendjemand ein Taschentuch?

ANMERKUNGEN

(10) Die Redewendungen mit **to have** sind zu zahlreich, um sie hier alle anzuführen. Merken Sie sich nur, dass Aufforderungen, die mit **Have a ...** beginnen, meistens einen Wunsch ausdrücken: **Have a nice weekend!** "Ich wünsche dir ein schönes Wochenende!", **Have a good time**! "Ich wünsche dir eine schöne Zeit!" usw.

SOLUTIONS OF 1st EXERCISE

❶ Amerikanische Filme neigen dazu, sentimental zu sein. ❷ Jack und Jill waren sich treu ergeben. ❸ Barney erzählt gerne schmutzige Witze. ❹ Wünsch (Sag) deinen Freunden nicht "Hals- und Beinbruch", wenn sie in den Ski-Urlaub fahren. ❺ Ich wünsche dir (Hab) eine schöne Zeit bei der Konferenz *Englisch als zweite Sprache* in Sydney. ❻ Bis später (Ich sehe dich), Alligator! - Bis bald (In einer Weile), Krokodil!

❺ Hals- und Beinbruch! Einen schönen Tag.

. . . . . a . . . ! . . . . . nice day.

SOLUTIONS OF 2nd EXERCISE

❶ always difficult ❷ heart - succeed ❸ stand up - bow ❹ Thank you - handkerchief ❺ Break - leg - Have a

Zweite Welle: Fifty-sixth Lesson

GRAMMATIKALISCHER ANHANG

Inhalt

Dieser grammatikalische Anhang enthält die fünf wichtigsten grammatikalischen Themenkomplexe des Amerikanischen. Im anschließenden **grammatikalischen Index** finden Sie eine alphabetische Auflistung aller Grammatikthemen des gesamten Buches sowie der jeweiligen Nummer der Lektion, in der Sie ausführliche Erläuterungen zu dem entsprechenden Thema finden können.

1. Der Artikel

A. Der unbestimmte Artikel "ein, eine"

Er lautet **a** [*ö*] für Substantive, die mit einem Konsonanten beginnen, und **an** [*ön*] für Substantive, die mit einem Vokal beginnen:

a cat "eine Katze"
an eagle [*i:gl*] "ein Adler"
a huge eagle [*ö* ***hju:****dsch~* ***i:****gl*] "ein riesiger Adler"
an american cat "eine amerikanische Katze".

Ausschlaggebend dafür, ob man **a** oder **an** verwendet, ist nicht die Schreibweise eines Wortes, sondern seine Aussprache. Daraus ergibt sich, dass ein Substantiv, das mit einem stummen **h** beginnt, den Artikel **an** erhält:

an hour [*ön* ***aor***] "eine Stunde"
an honest man [*ön* **o**-*nößt* ***män***] "ein ehrlicher Mann".

Der unbestimmte Artikel hat wie im Deutschen keinen Plural: **a cat** "eine Katze" - **cats** "Katzen", **a dog** "ein Hund" - **dogs** "Hunde".

B. Der bestimmte Artikel "der, die, das"

Er lautet für alle Geschlechter **the** [*fsö*] (bei Substantiven, die mit einem Vokal beginnen, Aussprache [*fsi:*]) und bleibt im Plural gleich:

the dog "der Hund" - **the dogs** "die Hunde"
the sister "die Schwester" - **the sisters** "die Schwestern"
the car "das Auto" - **the cars** "die Autos".

In folgenden Fällen wird der bestimmte Artikel **the** weggelassen:

- Bei Verallgemeinerungen:
  I hate cheese "Ich hasse Käse"
  I love red cars "Ich liebe rote Autos"
  Elephants are big animals "Elefanten sind große Tiere".

- Bei Eigennamen:
  Jane's house "Janes Haus"
  Brad's friend "Brads Freund"

- Bei Titeln:
  President Biden "Präsident Biden"
  Doctor Miller "Doktor Miller"
  Prince William "Prinz William"

- Bei Sportarten:
  Alex loves basket ball "Alex liebt Basketball".

- Bei Namen von Mahlzeiten:
  Lunch will be served at noon "(Das) Mittagessen wird um 12 Uhr serviert".

- Bei Namen von Sprachen:
  Spanish and Italian have common roots "Spanisch und Italienisch haben gemeinsame Wurzeln".

- Bei Ländernamen (mit Ausnahme von Pluralnamen und Ländernamen, die Gattungsbegriffe enthalten):
  China "China", **Guatemala** "Guatemala" usw., aber **the United States** (die Vereinigten Staaten, Plural) und **the United Kingdom** (das Vereinigte Königreich, Gattungsbegriff).

2. Die Pluralbildung bei Substantiven

In den meisten Fällen wird der Plural durch Anhängen von **-s** an den Singular gebildet:

chair "Stuhl" - **chairs** "Stühle"
house "Haus" - **houses** "Häuser"
day "Tag" - **days** "Tage"

Substantive, die auf **-s**, **-sh**, **-ch**, **-x** enden, sowie bestimmte Substantive, die auf **-o** enden, erhalten die Pluralendung **-es**:

bus "Bus" - **busses** "Busse"
brush "Bürste" - **brushes** "Bürsten"
lunch "Mittagessen" - **lunches** "Mittagessen"
fox "Fuchs" - **foxes** "Füchse"
tomato "Tomate" - **tomatoes** "Tomaten"
potato "Kartoffel" - **potatoes** "Kartoffeln"

Substantive, die auf Konsonant + **-y** enden, erhalten die Pluralendung **-ies**:

puppy "Welpe" - **puppies** "Welpen"
mystery "Geheimnis" - **mysteries** "Geheimnisse"

Bei bestimmten Substantiven, die auf **-f** oder **-fe** enden, lautet die Pluralendung **-ves**:

half "Hälfte" - **halves** "Hälften"
calf "Kalb" - **calves** "Kälber"
knife "Messer" - **knives** "Messer"
wife "Ehefrau" - **wives** "Ehefrauen"
life "Leben" - **lives** "Leben"
wolf "Wolf" - **wolves** "Wölfe"
loaf "Brotlaib" - **loaves** "Brotlaibe"
thief "Dieb" - **thieves** "Diebe"
leaf "Blatt" - **leaves** "Blätter"

• Einige unregelmäßige Pluralformen:

analysis "Analyse" - **analyses** "Analysen"
child "Kind" - **children** "Kinder"
crisis "Krise" - **crises** "Krisen"
foot "Fuß" - **feet** "Füße"
man "Mann" - **men** "Männer"
mouse "Maus" - **mice** "Mäuse"
tooth "Zahn" - **teeth** "Zähne"
woman "Frau" - **women** "Frauen"

Besonderheit: Alle Kleidungsstücke, die zwei Hosenbeine haben, tauchen immer in der Pluralform auf: **shorts**, **pants**, **jeans** ... Das Gleiche gilt für die “Brille”: **a pair of glasses** (oder **spectacles**).

3. Adjektive und Adverbien

A. Adjektive

Ein Adjektiv beschreibt eine Eigenschaft eines Substantivs und ist nicht durch ein Verb mit diesem verbunden. Das Adjektiv steht immer vor dem Substantiv, das es beschreibt. Ein Substantiv kann auch durch mehrere Adjektive qualifiziert werden:

a great film “ein großartiger Film”
a nice hotel “ein hübsches Hotel”
a big expensive foreign car “ein großes teures ausländisches Auto”.

Adjektive haben keine Pluralform, d. h., sie bleiben auch im Plural unverändert:

great films “großartige Filme”
nice hotels “hübsche Hotels”
big expensive foreign cars “große teure ausländische Autos”.

B. Adverbien

Adverbien beschreiben die Art und Weise, in der eine Handlung oder ein Ereignis stattfindet. Sie werden auf der Grundlage von Adjektiven gebildet und sind immer mit einem Verb verbunden. Es gibt verschiedene Gruppen von Adverbien, z. B. Adverbien der Art und Weise, Adverbien des Ortes, Adverbien der Zeit, Adverbien der Häufigkeit, Adverbien des Ausmaßes usw.

Die meisten Adverbien werden gebildet, indem dem entsprechenden Adjektiv die Endung **-ly** angehängt wird.

quick “schnell” - **quickly** Beispiel: **He quickly opened the door** “Er öffnete schnell die Tür”.
slow “langsam” - **slowly**, **immediate** “sofort” - **immediately**

Ausnahmen:

- Endet ein Adjektiv auf **-y**, so wird dieses zu **i**:
  happy “glücklich” - **happily**
  Beispiel: **They lived happily until they died** “Sie lebten glücklich bis zu ihrem Tod”.
  gay “fröhlich” - **gaily**

Zwei- und mehrsilbige Adverbien werden durch Voranstellen von **more** (Komparativ) und **most** (Superlativ) gesteigert:

quickly - more quickly - most quickly
fortunately - more fortunately - most fortunately

Einsilbige Adverbien werden durch Anhängen von **-er** bzw. **-est** gesteigert:

fast - faster - fastest
soon - sooner - soonest

Die folgenden Adverbien werden unregelmäßig gesteigert:

bad - worse - worst
far - farther/further - farthest/furthest
late - later - last
little - less - least
much - more - most
well - better - best

- Endet ein Adjektiv auf **-able** oder **-ible**, so fällt das End-**e** beim Anhängen von **-ly** weg:
  capable “fähig” - **capably**
  sensible “vernünftig” - **sensibly**

- Adjektive, die auf **-ly** enden, haben keine adverbiale Form. Um dies auszugleichen, wird die Konstruktion **in a** (Adjektiv) **way** “auf ... Art” benutzt
  friendly “freundlich” - **in a friendly way** “auf eine freundliche Art”
  lonely “einsam” - **in a lonely way** “auf einsame Art”
  lovely “lieblich” - **in a lovely way** “auf liebliche Art”

- Das Adverb zu **good** “gut” lautet **well**.

Obwohl sie nicht die Endung **-ly** haben, haben auch Wörter wie **fast** “schnell”, **now** “jetzt”, **soon** “bald”, **today** “heute”, **near** “nah”, **twice** “zweimal”, **rather** “ziemlich” und auch Fragewörter wie **when?** “wann?”, **where?** “wo?”, **why** “warum?” und viele andere Wörter adverbiale Funktion!

4. Die Zeitformen

Das Amerikanische kennt eine ganze Reihe von Zeitformen, bei denen zu beachten ist, dass diese im Deutschen nicht immer ein Äquivalent haben bzw. nicht immer analog ins Deutsche übertragen werden können.

A. Present Simple - Einfache Gegenwart

Beispiel: **to smile** "lächeln"

Affirmative Form	Frageform	Negative Form
I smile *"ich lächle"*	Do I smile? *"Lächle ich?"*	I do not / don't smile *"ich lächle nicht"*
you smile *"du lächelst (Sie ...)"*	Do you smile? *"Lächelst du? (... Sie?)"*	you do not / don't smile *"du lächelst nicht (Sie ...)"*
he/she/it smiles	Does he/she/it smile?	he/she/it does not / doesn't smile
we smile	Do we smile?	we do not / don't smile
you smile	Do you smile?	you do not / don't smile
they smile	Do they smile?	they do not / don't smile

Besonderheiten:

- Bei der affirmativen Form wird in der 3. Person Singular ein **-s** an den Verbstamm angehängt, in den anderen Formen erscheint dieses **-s** am Ende des Hilfsverbs (**does**).
- Bei Verben, die auf **-s**, **-sh**, **-ch** und **-x** enden, wird **-es** anstelle von **-s** angehängt: **he passes** "er geht vorbei", **he pushes** "er schiebt", **it matches** "es passt", **he relaxes** "er ruht sich aus".
- Bei Verben, die auf Konsonant + **-y** enden, lautet die Endung der 3. Person Singular **-ies**: **to try** "versuchen" - **he tries** "er versucht". Alle Verben, die auf Vokal + **-y** enden, erhalten die normale Endung der 3. Person Singular: **-s**: **to say** "sagen" - **she says** "sie sagt".

B. Present Continuous - Verlaufsform der Gegenwart

Es wird gebildet mit der entsprechenden Form von **to be** "sein" + Verb auf **-ing**:

I am (I'm) driving "Ich fahre [gerade]"
She is (She's) smiling "Sie lächelt [gerade]"
They are (They're) laughing "Sie lachen [gerade]".

Besonderheiten:

- Das **Present Continuous** wird für Handlungen und Ereignisse verwendet, die sich zum Zeitpunkt des Sprechens abspielen.
- Bestimmte Verben, z. B. **want** "wollen, möchten", haben keine Verlaufsform. Für diese Verben wird das **Present Simple** verwendet:

  I want a hot coffee (now) "Ich möchte (jetzt) einen heißen Kaffee".

C. Past Simple - Einfache Vergangenheit

Beispiele:

1. to smile "lächeln" (regelmäßig)

Affirmativ	**Frageform**	**Negative Form**
I smiled *"Ich lächelte"*	Did I smile? *"Lächelte ich?"*	I did not / didn't smile *"ich lächelte nicht"*
you smiled *"du lächeltest"*	Did you smile? *"Lächeltest du?"*	you did not / didn't smile *"Du lächeltest nicht"*
he/she/it smiled	Did he/she/it smile?	he/she/it did not / didn't smile
we smiled	Did we smile?	we did not / didn't smile
you smiled	Did you smile?	you did not / didn't smile
they smiled	Did they smile?	they did not / didn't smile

2. to begin "beginnen" (unregelmäßig)

Affirmativ	**Frageform**	**Negative Form**
I began *"ich begann"*	Did I begin? *"Begann ich?"*	I did not / didn't begin *"ich begann nicht"*
you began *"du begannst"*	Did you begin? *"Begannst du?"*	you did not / didn't begin *"du begannst nicht"*
he/she/it began	Did he/she/it begin?	he/she/it did not / didn't begin
we began	Did we begin?	we did not / didn't begin
you began	Did you begin?	you did not / didn't begin
they began	Did they begin?	they did not / didn't begin

Besonderheiten:

- Die einfache Vergangenheit kann selbstverständlich im Deutschen nicht nur, wie in der obigen Liste gezeigt, mit der einfachen Vergangenheit, sondern auch mit der zusammengesetzten Vergangenheit wiedergegeben werden: "ich habe gelächelt, du hast gelächelt, ... ich habe begonnen, du hast begonnen" usw.

- Die Form auf **-ed** bzw. die unregelmäßige Vergangenheitsform (**began**) wird nur in der affirmativen Form verwendet. Fragen und Verneinungen werden mit dem Hilfsverb **to do** umschrieben (mittlere und rechte Spalte).
- Der Unterschied zwischen regelmäßigen und unregelmäßigen Verben macht sich nur in der affirmativen Form bemerkbar.
- Bei Verben, die auf Konsonant + **-y** enden, wird das **-y** zu **-i** und die Endung lautet **-ied**: **to try** "versuchen" - **he tried** "er versuchte / hat versucht". Alle Verben, die auf Vokal + **-y** enden, erhalten die Endung **-ed** mit Ausnahme von **to say** "sagen" - **she said** "sie sagte / hat gesagt", **to pay** "bezahlen" - **he paid** "er bezahlte / hat bezahlt" und **to lay** "legen" - **she laid** "sie legte / hat gelegt".

D. Past Continuous - Verlaufsform der Vergangenheit

Diese Form wird gebildet mit **was** bzw. **were** + Verb auf **-ing**:

I was driving "Ich fuhr [gerade]"
She was smiling "Sie lächelte [gerade]"
They were laughing "Sie lachten [gerade]".

Besonderheiten:

- Das **Past Continuous** wird für Handlungen und Ereignisse verwendet, die sich in der Vergangenheit abgespielt haben und sich über einen längeren Zeitraum erstreckten.
- Bestimmte Verben, z. B. **want** "wollen, möchten", haben keine Verlaufsform. Für diese Verben wird das **Past Simple** verwendet:
  I wanted a hot coffee "Ich wollte einen heißen Kaffee".

E. Future - Zukunft

Die Zukunft kann auf drei verschiedene Arten ausgedrückt werden.

1. will + Infinitiv ohne **to**

Beispiel: **to smile** "lächeln"

Affirmativ	**Frageform**	**Negative Form**
I will smile	Will I smile?	I will not smile
"ich werde lächeln"	*"Werde ich lächeln?"*	*"ich werde nicht lächeln"*
you will smile	Will you smile?	you will not smile
"du wirst lächeln"	*"Wirst du lächeln?"*	*"du wirst nicht lächeln"*
he/she/it will smile	Will he/she/it smile?	he/she/it will not smile
usw.		

Besonderheiten:

- **Will** kann durch **shall** ersetzt werden, jedoch ist diese Form im Amerikanischen nicht sehr gebräuchlich.
- Die Kurzform von **will** bzw. **shall** lautet **'ll**: **I'll smile** "ich werde lächeln", **you'll smile** "du wirst lächeln" usw., die Kurzform von **will not** lautet **won't**: **I won't smile** "ich werde nicht lächeln", **you won't smile** "du wirst nicht lächeln" usw.

2. to be + **going to** + Verb

Affirmativ	**Frageform**	**Negative Form**
I'm going to smile *"ich werde lächeln"*	Am I going to smile? *"Werde ich lächeln?"*	I'm not going to smile *"ich werde nicht lächeln"*
you're going to smile *"du wirst lächeln"*	Are you going to smile? *"Wirst du lächeln?"*	you're not going to smile *"du wirst nicht lächeln"*
he is going to smile	Is he going to smile?	he is not going to smile
usw.		

3. Zukunft, die durch ein Präsens ausgedrückt wird

a) Zum Ausdruck der nahen Zukunft wird die Verlaufsform der Gegenwart verwendet:

What are you doing tomorrow? "Was wirst du morgen machen / Was machst du morgen?"

b) Für sich häufig wiederholende Handlungen und Ereignisse wird die einfache Gegenwart verwendet:

What time does the bus arrive? "Um wie viel Uhr wird der Bus ankommen / kommt der Bus an?"

F. Future Perfect - Abgeschlossene Zukunft

Diese Zeitform wird mit **will have** + Partizip Perfekt gebildet.

In a few months I will have finished this book "Ich werde dieses Buch in einigen Monaten fertig geschrieben haben".

Besonderheiten:

- Diese Zeitform wird für Ereignisse und Handlungen verwendet, die zu einem bestimmten Zeitpunkt in der Zukunft erfolgt sein bzw. abgeschlossen sein werden.

G. Future Continuous - Verlaufsform der Zukunft

Diese Zeitform wird gebildet aus **will be** + Verb auf **-ing**:

Tomorrow morning I'll be jogging in Central Park "Morgen früh werde ich im Central Park joggen".

Die Verneinung wird mit **won't be** + Verb auf **-ing** gebildet:

We won't be going to the zoo next week "Wir werden nächste Woche nicht in den Zoo gehen".

Besonderheiten:

- Das **Future Continuous** beschreibt Handlungen und Ereignisse, die sich zu einem bestimmten Zeitpunkt in der Zukunft abspielen werden und sich über einen längeren Zeitraum erstrecken.
- Es wird auch verwendet, um eine höfliche Frage oder eine höfliche Ablehnung zu formulieren:
  Will you be traveling alone? "Wirst du alleine reisen?"
  I won't be coming to the party "Ich werde nicht zu der Party kommen".
- Das **Future Continuous** wird auch eingesetzt, wenn von einem bereits länger feststehenden Ereignis die Rede ist:
  Ralph and Liza will be celebrating their tenth wedding anniversary next month "Ralph und Liza werden nächsten Monat ihren zehnten Hochzeitstag feiern".

H. Present Conditional - Konditional der Gegenwart

Die Bildung erfolgt mit **should/would** + Infinitiv ohne **to** für die 1. Person und **would** + Infinitiv für alle anderen Personen:

I should/would not go to this restaurant even if they invited me "Ich würde nicht in dieses Restaurant gehen, selbst wenn sie mich einladen würden".

I should/would (I'd) be glad to help you "Ich wäre froh, dir helfen zu können (dir zu helfen)".

He would not (wouldn't) like her "Er würde sie nicht mögen".

Besonderheiten:

- Die Kurzform von **would** bzw. **should** lautet **'d**, die von **would not** ist **wouldn't**, die von **should not** ist **shouldn't**.
- Konditionalsätze bestehen manchmal aus zwei Teilen, einem mit **if** "wenn, falls" eingeleiteten Nebensatz und einem Hauptsatz mit dem Verb im Konditional (vgl. 1. Beispiel oben):

If I had enough money, I'd spend the summer in Jamaica "Wenn ich genügend Geld hätte, würde ich den Sommer in Jamaika verbringen".

I. Past Conditional - Konditional der Vergangenheit

Die Form lautet **would have** + Partizip Perfekt:

Affirmativ	**Frageform**	**Negative Form**
I would have smiled *"ich würde gelächelt haben"*	Would I have smiled? *"Würde ich gelächelt haben?"*	I would not have smiled *"ich würde nicht gelächelt haben"*
....		
we would have smiled *"wir würden gelächelt haben"*	Would we have smiled? *"Würden wir gelächelt haben?"*	we would not have smiled *"wir würden nicht gelächelt haben"*
usw.		

Besonderheiten:

- Die Kurzfom von **would** ist **'d**, von **would not** ist es **wouldn't**.
- Diese Zeitform wird verwendet, wenn der dazugehörige Nebensatz mit **if** eingeleitet wird und im **Past Perfect** steht:
  If he had smiled, I would have laughed "Wenn er gelächelt hätte, dann hätte ich gelacht".

J. Present Perfect

Die Form lautet **have/has** + Partizip Perfekt:

Affirmativ	**Frageform**	**Negative Form**
I have smiled *"ich habe gelächelt"*	Have I smiled? *"Habe ich gelächelt?"*	I have not smiled *"ich habe nicht gelächelt"*
you have smiled *"du hast gelächelt"*	Have you smiled? *"Hast du gelächelt?"*	you have not smiled *"du hast nicht gelächelt"*
he has smiled *"er hat gelächelt"*	Has he smiled? *"Hat er gelächelt?"*	he has not smiled *"er hat nicht gelächelt"*
usw.		

Besonderheiten:

- Das **Present Perfect** wird verwendet, wenn ein Bezug zwischen dem Ereignis in der Vergangenheit und der Gegenwart besteht:

They can't come to see you because they have had a problem with their car "Sie können dich nicht besuchen kommen, weil sie ein Problem mit ihrem Auto gehabt haben / hatten".

(Besteht dagegen kein Bezug zwischen dem gegenwärtigen Zeitpunkt und einem vergangenen Ereignis, d. h. ist das Ereignis völlig abgeschlossen, so verwendet man das **Past Simple**, die einfache Vergangenheit:
Last year I went to Honolulu "Letztes Jahr bin ich nach Honolulu gefahren").

- Das **Present Perfect** wird verwendet, wenn Adverbien (**ever**, **never**, **already**, **yet**, **so far**) im Satz enthalten sind, die "bis jetzt, bis zum heutigen Zeitpunkt" ausdrücken:
  Has he ever been to India? "Ist er schon in Indien gewesen?"
  I have never read that book "Ich habe dieses Buch noch nie gelesen".

K. Present Perfect Continuous

Diese Zeitform wird mit **have/has been** + Verb auf **-ing** gebildet:

Affirmativ	**Frageform**	**Negative Form**
I have been smiling *"ich habe gelächelt"*	Have I been smiling? *"Habe ich gelächelt?"*	I have not been smiling *"ich habe nicht gelächelt"*
you have been smiling *"du hast gelächelt"*	Have you been smiling? *"Hast du gelächelt?"*	you have not been smiling *"du hast nicht gelächelt"*
he has been smiling	Has he been smiling?	he has not been smiling
usw.		

Besonderheiten:

- Man verwendet das **Present Perfect Continuous** für Handlungen oder Ereignisse, die in der Vergangenheit begonnen haben und zum Zeitpunkt des Sprechens noch andauern oder erst vor sehr kurzer Zeit beendet wurden:
  It has been snowing all night "Es hat die ganze Nacht geschneit".
- Diese Zeitform wird häufig mit **for** "seit" (Zeitraum) oder **since** "seit" (Zeitpunkt) verwendet:
  They have been working for nine hours "Sie arbeiten seit neun Stunden".
  She has been reading since noon "Sie liest seit 12 Uhr".

L. Past Perfect

Die Bildung dieser Zeitform erfolgt mit **had** + Partizip Perfekt:
He had come to see me “Er war gekommen, um mich zu besuchen”.
She had just left her apartment when the phone rang “Sie hatte gerade ihre Wohnung verlassen, als das Telefon klingelte”.

Besonderheiten:

- Diese Zeitform beschreibt Handlungen und Ereignisse in der Vergangenheit, für die kein bestimmter Zeitpunkt genannt wird.
- Ebenso wie das **Present Perfect** kann das **Past Perfect** für Handlungen und Ereignisse verwendet werden, die in der Vergangenheit begonnen haben, die jedoch zum Zeitpunkt des Sprechens abgeschlossen sind oder kurz davor abgeschlossen wurden.

M. Past Perfect Continuous

Die Form lautet **had been** + Verb auf **-ing**. Oft kommt im Satz **for** “seit” (Zeitdauer) oder **since** “seit” (Zeitpunkt) vor:

It had been raining for hours “Es hatte seit Stunden geregnet”.
It had been raining since the day before “Es hatte seit dem Vortag geregnet”.

Besonderheiten:

- Das **Past Perfect Continuous** beschreibt Handlungen und Ereignisse, die in der Vergangenheit begonnen und sich über einen längeren Zeitraum erstreckt haben und die zum Zeitpunkt des Sprechens abgeschlossen sind oder kurz davor abgeschlossen wurden. Es ist insofern mit dem **Present Perfect Continuous** austauschbar.
- Für wiederholt stattfindende Handlungen und Ereignisse kann entweder das **Past Perfect** oder das **Past Perfect Continuous** verwendet werden:
  He had tried five times to get her on the phone “Er hatte fünfmal versucht, sie anzurufen”.
  He had been trying to get her on the phone “Er hatte [länger] versucht, sie anzurufen”.

5. Liste der unregelmäßigen Verben

Es folgt eine Liste der häufigsten unregelmäßigen Verben, also der Verben, bei denen die Vergangenheit **nicht** durch Anhängen von **-ed** gebildet wird bzw. die neben der regelmäßigen Form noch eine unregelmäßige Form haben. In gewissen Fällen gibt es innerhalb der unregelmäßigen Form Unterschiede zwischen britischem und amerikanischem Englisch; wir nennen hier jeweils die amerikanische Version. Bitte beachten Sie noch, dass viele der genannten Verben je nach Kontext unterschiedliche Bedeutungen haben können und wir hier jeweils die Hauptbedeutung bzw. Hauptbedeutungen des Verbs angegeben haben.

Infinitiv	Bedeutung	Vergangenheit	Partizip Perfekt
abide	*befolgen, einhalten*	abode	abided
arise	*entstehen*	arose	arisen
awake	*erwachen*	awoke, awaked	awoken
be	*sein*	was/were	been
bear	*(er)tragen*	bore	born
beat	*schlagen*	beat	beaten
become	*werden*	became	become
befall	*geschehen*	befell	befallen
beget	*zeugen, gebären*	begot	begotten
begin	*anfangen, beginnen*	began	begun
behold	*erblicken*	beheld	beheld
bend	*beugen*	bent	bent
bereave	*nehmen, berauben*	bereaved	bereft
beseech	*anflehen, erflehen*	besought	besought
bestride	*rittlings sitzen auf*	bestrode	bestridden
bet	*wetten*	bet, betted	bet, betted
bid	*(an)bieten*	bid	bid
bid	*heißen, veranlassen*	bade	bidden
bind	*wickeln, binden*	bound	bound
bite	*beißen*	bit	bitten
bleed	*bluten*	bled	bled
bless	*segnen*	blessed	blessed, blest
blow	*wehen*	blew	blown
break	*kaputtgehen/-machen*	broke	broken
breed	*züchten, aufziehen*	bred	bred
bring	*bringen*	brought	brought
broadcast	*senden*	broadcast	broadcast
build	*bauen, errichten*	built	built

Infinitiv	Bedeutung	Vergangenheit	Partizip Perfekt
burn	*brennen*	burnt, burned	burnt, burned
burst	*platzen*	burst	burst
bust	*kaputtmachen*	busted, bust	busted, bust
buy	*kaufen*	bought	bought
cast	*werfen*	cast	cast
catch	*fangen*	caught	caught
chide	*schelten*	chid, chided	chid, chided
choose	*aussuchen, -wählen*	chose	chosen
cleave	*spalten*	clove, cleft	cloven, cleft
cling	*klammern, haften*	clung	clung
come	*kommen*	came	come
cost	*kosten*	cost	cost
creep	*kriechen*	crept	crept
cut	*schneiden*	cut	cut
deal	*handeln*	dealt	dealt
dig	*graben*	dug	dug
dive	*tauchen*	dove	dived
do	*tun, machen*	did	done
draw	*ziehen*	drew	drawn
dream	*träumen*	dreamt, dreamed	dreamt, dreamed
drink	*trinken*	drank	drunk
drive	*fahren*	drove	driven
dwell	*wohnen*	dwelt, dwelled	dwelt, dwelled
eat	*essen*	ate	eaten
fall	*fallen*	fell	fallen
feed	*füttern*	fed	fed
feel	*fühlen*	felt	felt
fight	*kämpfen*	fought	fought
find	*finden*	found	found
fit	*passen*	fit	fit
flee	*fliehen*	fled	fled
fling	*werfen, schmeißen*	flung	flung
fly	*fliegen*	flew	flown
forbear	*Abstand nehmen*	forbore	forborn
forbid	*verbieten*	forbade	forbidden
forecast	*vorhersagen*	forecast, forecasted	forecast, forecasted
forget	*vergessen*	forgot	forgotten
forgive	*vergeben*	forgave	forgiven
forsake	*verzichten*	forsook	forsaken

Infinitiv	Bedeutung	Vergangenheit	Partizip Perfekt
freeze	*frieren*	froze	frozen
get	*erhalten; werden*	got	gotten
gild	*vergolden*	gilt, gilded	gilt, gilded
gird	*umgeben, umlegen*	girt, girded	girt, girded
give	*geben*	gave	given
go	*gehen*	went	gone
grind	*mahlen*	ground	ground
grow	*wachsen*	grew	grown
hang	*hängen*	hung, hanged	hung, hanged
hear	*hören*	heard	heard
heave	*heben, wuchten*	hove, heaved	hove, heaved
hew	*hacken, fällen*	hewed	hewn, hewed
hide	*verstecken*	hid	hidden
hit	*schlagen*	hit	hit
hold	*halten*	held	held
hurt	*verletzen*	hurt	hurt
keep	*behalten*	kept	kept
kneel	*niederknien*	knelt, kneeled	knelt, kneeled
knit	*stricken*	knit, knitted	knit, knitted
know	*wissen, kennen*	knew	known
lay	*legen*	laid	laid
lead	*führen*	led	led
lean	*anlehnen*	leant, leaned	leant, leaned
leap	*springen*	lept, leaped	leapt, leaped
learn	*lernen*	learnt, learned	learnt, learned
leave	*verlassen, lassen*	left	left
lend	*verleihen*	lent	lent
let	*lassen*	let	let
lie	*sich hinlegen, liegen*	lay	lain
light	*anmachen, anzünden*	lit, lighted	lit, lighted
lose	*verlieren*	lost	lost
make	*machen*	made	made
mean	*meinen, bedeuten*	meant	meant
meet	*treffen*	met	met
melt	*schmelzen*	melted	melted, molten
mow	*mähen*	mowed	mown, mowed
pay	*bezahlen*	paid	paid
plead	*inständig bitten*	pled	pled
put	*legen, stellen, setzen*	put	put
quit	*verlassen*	quit	quit
read	*lesen*	read	read

Infinitiv	Bedeutung	Vergangenheit	Partizip Perfekt
rend	*spalten, zerreißen*	rent	rent
rid	*loswerden*	rid	rid
ride	*reiten*	rode	ridden
ring	*klingeln, läuten*	rang	rung
rise	*sich erheben*	rose	risen
run	*laufen, rennen*	ran	run
saw	*sägen*	sawed	sawn, sawed
say	*sagen*	said	said
see	*sehen*	saw	seen
seek	*suchen*	sought	sought
sell	*verkaufen*	sold	sold
send	*senden, schicken*	sent	sent
set	*legen, stellen, setzen*	set	set
sew	*nähen*	sewed	sewn, sewed
shake	*schütteln*	shook	shaken
shear	*rasieren*	sheared	shorn, sheared
shed	*vergießen*	shed	shed
shine	*scheinen, leuchten*	shone	shone
shoe	*beschlagen*	shod, shoed	shod, shoed
shoot	*schießen*	shot	shot
show	*zeigen*	showed	shown, showed
shrink	*schrumpfen*	shrank, shrunk	shrunk, shrunken
shut	*schließen*	shut	shut
sing	*singen*	sang	sung
sink	*sinken*	sank	sunk, sunken
sit	*sitzen*	sat	sat
slay	*ermorden*	slew	slain
sleep	*schlafen*	slept	slept
slide	*rutschen*	slid	slid
sling	*schleudern*	slung	slung
slink	*schleichen*	slunk	slunk
slit	*aufschlitzen*	slit	slit
smell	*riechen*	smelled, smelt	smelt, smelled
smite	*schlagen*	smote	smitten
sow	*säen*	sowed	sown, sowed
speak	*sprechen*	spoke	spoken
speed	*rasen*	sped, speeded	sped, speeded
spell	*buchstabieren*	spelt, spelled	spelt, spelled
spend	*ausgeben*	spent	spent
spill	*verschütten*	spilt, spilled	spilt, spilled
spin	*spinnen*	spun	spun

Infinitiv	Bedeutung	Vergangenheit	Partizip Perfekt
spit	*spucken*	spit	spit
split	*zerteilen*	split	split
spoil	*verderben*	spoilt, spoiled	spoilt, spoiled
spread	*verteilen*	spread	spread
spring	*hochschnellen*	sprang	sprung
stand	*stehen*	stood	stood
steal	*stehlen*	stole	stolen
stick	*stecken*	stuck	stuck
sting	*stecken, brennen*	stung	stung
stink	*stinken*	stank	stunk
strew	*(be)streuen*	strewed	strewn, strewed
stride	*schreiten*	strode	stridden
strike	*streiken*	struck	struck, stricken
string	*spannen, schnüren*	strung	strung
strive	*streben*	strove	striven
swear	*schwören*	swore	sworn
sweep	*fegen*	swept	swept
swell	*anschwellen*	swelled	swollen, swelled
swim	*schwimmen*	swam	swum
swing	*schwingen, schaukeln*	swung	swung
take	*nehmen*	took	taken
teach	*lehren*	taught	taught
tear	*reißen*	tore	torn
tell	*erzählen, sagen*	told	told
think	*denken*	thought	thought
throw	*werfen*	threw	thrown
thrust	*stoßen, drängen*	thrust	thrust
tread	*treten, gehen*	trod	trodden
understand	*verstehen*	understood	understood
undertake	*unternehmen*	undertook	undertaken
wake (up)	*wecken*	woke, waked	woken, waked
wear	*tragen, anhaben*	wore	worn
weave	*weben*	wove	woven
weep	*weinen*	wept	wept
wet	*nass machen*	wet	wet
win	*gewinnen*	won	won
wind	*winden, schlängeln*	wound	wound
wring	*wringen*	wrung	wrung
write	*schreiben*	wrote	written

INDEX DER GRAMMATIKTHEMEN

In diesem Index finden Sie in alphabetischer Reihenfolge alle in diesem Buch behandelten Grammatikthemen und dahinter jeweils die Nummer der Lektion oder der Wiederholungslektion (fett gedruckte Zahlen), in der Erläuterungen zu diesem Thema enthalten sind. Die Liste enthält (außer den Hilfsverben) keine Verben; diese finden Sie im amerikanisch-deutschen bzw. deutsch-amerikanischen Wörterverzeichnis am Ende des Buches.

THEMATISCHER INDEX

Dieser Index enthält eine alphabetische Auflistung aller in den Lektionen, den Anmerkungen und den Wiederholungslektionen behandelten Themenbereiche. Er erleichtert Ihnen so das Auffinden von Vokabular für bestimmte Gesprächssituationen. Amerikanische Begriffe sind fettgedruckt. Die Zahlen verweisen auf die entsprechende Lektion.

WÖRTERVERZEICHNISSE

Das folgende amerikanisch-deutsche und deutsch-amerikanische Wörterverzeichnis enthält in alphabetischer Reihenfolge sämtliche Wörter aus “Amerikanisch ohne Mühe” sowie die Nummer(n) der Lektion(en), in der/denen das Wort vorkommt. Beachten Sie, dass die angegebene deutsche Übersetzung den Sinn des Wortes im jeweiligen Kontext der Lektion wiedergibt und dass zahlreiche Wörter neben diesem Sinn noch weitere Bedeutungen haben können.

Amerikanisch-deutsches Wörterverzeichnis

about 71	ungefähr
above 79, 96	über
absurd 80	absurd
accept (to ~) 90, 79	genehmigen
acceptable 47	akzeptabel
accommodating 61	zuvorkommend
according 86	gemäß
accordingly 94	entsprechend
achieve (to ~) 105	machen
acquire (to ~) 102	erwerben
act up (to ~) 103	verrücktspielen
actor 105	Schauspieler
actress 105	Schauspielerin
actual 48	genau
actually 34, 48	eigentlich; zufällig
add (to ~) 93, 104	hinzufügen; addieren
address 105	Adresse
admit (to ~) 71, 99	zugeben
adopt (to ~) 90	adoptieren
adoption 90	Adoption
adorable 101	bezaubernd
adult 78, 89	Erwachsener
advanced 73	eingehend
advantage 59	Vorteil
advertising 96	Werbe-
advice 55, 89	Rat
advocate (to ~) 80	plädieren für
aerobics 50	Aerobic
affidavit 90	eidesstattliche Versicherung
afford (to ~) 54, 61	sich leisten können
affordable 61	erschwinglich

afraid (to be ~) 87	Angst haben
after 18	nach
afternoon 4, 23	Nachmittag
again 8, 64, 85, 90, 99, 103, 105	wieder; noch einmal
against 68	gegen
age 10, 73	Alter
agency 6, 90	Agentur
agenda 63	Tagesordnung
aggressive 18	aggressiv
ago 34, 64	vor (zeitlich)
agony 103	starke Schmerzen
agree (to ~) 92	zustimmen, einwilligen
ailment 103	Leiden
air-conditioning 88, 99	Klimaanlage
airport 67	Flughafen
alfalfa sprouts 55	Luzerne-Sprossen
all 6, 78, 83	alle; alles
all over 86	überall
all right 10	einverstanden
allegiance 104	Treue
alone 31, 94	allein
already 8, 57, 58, 65, 69, 94, 102, 103	schon
altered 49	geändert
always 9, 36	immer
amendment 22	Verfassungszusatz
analysis 57, 80	Analyse
analyst 89	Analytiker
ancestral 95	Ahnen-
annual 104	jährlich
another 43	anderer, -e, -es
answer (to ~) 81	antworten
answer 94	Antwort
anyone 46, 55, 99, 105	irgendjemand
anything 12, 41, 46	irgendetwas
anyway 95	vor allem
apartment 21, 37, 57	Wohnung
apparently 90	anscheinend
apple 13	Apfel
apple pie 13	gedeckter Apfelkuchen
apple sauce 76	Apfelkompott
application 96	Bewerbung
appointment 67	Verabredung
appraisal 80	Einschätzung
approve (to ~) 92, 104	genehmigen
April 35	April
area 61, 78, 102	Gegend
arm 50, 56, 66, 101	Arm

around 12, 27, 95	ungefähr
arrive (to ~) 19, 66, 82	ankommen
ask (to ~) 38, 94, 99, 102	fragen
aspirin 103	Aspirin
atmosphere 62	Atmosphäre
attach (to ~) 105	verbinden
attend (to ~) 73	teilnehmen
attentive 49	aufmerksam
attic 51	Dachgeschoss
attraction 97	Attraktion
August 35	August
aunt 35	Tante
Australia 28	Australien
Austria 28	Österreich
author 102	Autor
auto 78	Auto
available 88	verfügbar
awfully 99	schrecklich
baby 103	Baby
back 42, 66, 92, 99, 103	Rücken; Lehne
bacon 61	Schinken
bad 11, 36	schlecht
bagel 99	Bagel
bake (to ~) 20, 52, 93	backen; kochen
baked 41	gebacken
baked potato 62	gebackene Kartoffel
bakery 20	Bäckerei
banker 95	Berater
basil 93	Basilikum
basket 87	Korb
bass 43	Kontrabass
baste (to ~) 41	begießen
bathroom 17, 51, 80	Toilette; Badezimmer
bay 52	Bucht
be (to ~) 7, 9, 26	sein
be able to (to ~) 41, 67, 77, 82, 92, 94, 97, 98	können
be allowed (to ~) 88	Anrecht haben auf
be back (to ~) 43	zurückkehren
be born (to ~) 53, 73, 76	geboren sein
be broke (to ~) 39	pleite sein
be careful (to ~) 93	vorsichtig sein
be going to (to ~) 37	werden (Zukunft)
be in luck (to ~) 48	Glück haben
be inspired (to ~) 85	sich aufraffen
be late (to ~) 9	sich verspäten
be listening (to ~) 40	zuhören

be missing (to ~) 53	fehlen
be proud (to ~) 104	stolz sein
be raised (to ~) 73	aufwachsen
be ready (to ~) 83	bereit sein
be related (to ~) 95	verbunden sein
be right back (to ~) 85	zurückkommen
be short (to ~) 47	fehlen
be sorry (to ~) 34, 43	leidtun
be supposed to (to ~) 23, 86	eigentlich sollen
be surprised (to ~) 99	erstaunt sein
be the matter (to ~) 46	geschehen; passieren
be tired (to ~) 22, 79	müde sein
be worried (to ~) 40	sich beunruhigen
beach 61	Strand
beagle 33	Beagle
bear 16, 28	Bär
beard 52	Bart
beat (to ~) 80, 92, 93	schlagen
beat-up 92	ramponiert
beautiful 23, 36, 74, 105	schön; hübsch
beauty 37	Schönheit
because 18, 58, 94	weil
become (to ~) 105	werden
bedroom 33, 51, 103	Schlafzimmer
beer 74, 58	Bier
before 57, 59, 95	vor (zeitlich)
beg (to ~) 72	betteln
begin (to ~) 35, 56, 94	beginnen
being 57	dabei sein, zu
Belgium 28	Belgien
believe (to ~) 74, 95, 99, 105	glauben; denken
belong (to ~) 88	gehören zu
bench 31	Bank
benefit (to ~) 59, 88	profitieren
benefit 59	Vorteil; Nutzen
best 15, 96, 97, 99	bester, -e, -es
bet 39	Wette
better 36, 55, 62, 69, 79, 83, 94, 96	besser; lieber
big 13, 27, 46, 64, 99, 101	groß
bigger 69	größer
bike 64	Fahrrad
bill 93, 100	Rechnung
binding 75	Bindung
biologist 73	Biologe, Biologin
biology 73	Biologie
birch 51	Birke
bird 45	Vogel

birthday 66	Geburtstag
biscuit 72	Keks
bit 80, 95, 103	bisschen
bite (to ~) 35	beißen
black 16, 45, 52, 86, 95	schwarz
blind 52	blind
blue 32, 45, 101	blau
boa 57	Boa
bonfire 79	Fegefeuer
book (to ~) 83	reservieren
book 27, 69, 73, 102, 105	Buch
borough 33	Stadtviertel
boss 38	Chef
both 71	beide
bottle 83	Flasche
bourbon 100	Bourbon
bow 101	Schleife
bowl 93	Schale
bowtie 47	Fliege
boxer shorts 103	Boxershorts
boy 16, 72	Junge
bracket 59	Tarifstufe
brand 96	Marke
bread 52, 56, 58	Brot
break (to ~) 35, 46, 54, 93	kaputt machen
break 50	Pause
break up (to ~) 105	sich trennen
breakfast 61	Frühstück
breath 50	Atem
breathe (to ~) 50	atmen
breed (to ~) 80	züchten
bridge 79, 94	Brücke
bring (to ~) 12, 23, 35, 41, 50, 82, 83, 99	bringen
bring out (to ~) 99	bringen
Britain 28	Großbritannien
broccoli 56	Brokkoli
broil (to ~) 93	überbacken
brook 52	Bach
brother 15, 27, 33, 35, 53	Bruder
brother-in-law 35	Schwager
brown 45	braun
brunch 99	Brunch
Brussels sprouts 56	Rosenkohl
buck 100	Geld
bud 19	Kumpel
buddy 71	Freundchen
buffet 61, 99	Büfett

builder 81	Bauarbeiter
building 94	Aufbau
built-in 51	eingebaut
bull 27	Bulle
bull 27, 52	Stier
bunch 68	Strauß; Bündel
bunch, thanks a ~ 68	Danke vielmals
bunny 72	Häschen
burn (to ~) 62	(ver)brennen
bus 19, 82	Bus
bus depot 19	Busbahnhof
bus station 19	Busbahnhof
bus terminal 19	Busbahnhof
business 6, 30	Geschäft; Handel
busy 6	beschäftigt
busy 6	besetzt
but 9	aber
butter 93	Butter
buy (to ~) 20, 35, 37, 48, 57, 64, 85, 95, 100, 101	kaufen
buy out (to ~) 69	aufkaufen
by the way 47	übrigens
cab 21	Taxi
cabbage 56	Kohl
cabinet 51	Schrank
cable 60	Kabel
cactus 57	Kaktus
cage 16	Käfig
cake 34	Kuchen
calculable 49	berechenbar
calf 72	Kalb
call (to ~) 29, 43, 66, 67, 75, 85	(an)rufen
call 43, 86	Anruf
call for (to ~) 101	fordern
call off (to ~) 76	annullieren; absagen
can 12	können
can 21, 76	Konservenbüchse
can opener 51	Büchsenöffner
Canada 28	Kanada
cancel (to ~) 69, 76, 94	absagen; stornieren
candidate 39	Kandidat/-in
candy 21	Süßigkeiten
car 12, 40, 45, 59, 71, 75, 85	Auto; Wagen
cardiologist 68	Kardiologe
care (to ~) 18	sich Sorgen machen
care for (to ~) 89	sich kümmern um
careful 80	vorsichtig

carol 82	Lied
carpenter 81	Zimmermann
carrot 56, 76	Karotte
carry (to ~) 37	tragen
cartridge pen 44	Füller
case 44	Fall
cassette 40	Kassette
cat 33	Katze
catalog 21	Katalog
catch (to ~) 67	fangen
cattle 52	Vieh
cauliflower 56	Blumenkohl
cause 102	Sache
caustic 99	scharf
celebrate (to ~) 58	feiern
cello 43	Cello
cellular telephone 85	Handy
center 21	Zentrum
cents 20	Cent
cereals 99	Getreide
ceremony 104	Zeremonie
certain 49	sicher
certificate 104	Zertifikat
chair 99	Stuhl
chairlift 75	Sessellift
challenge 105	Herausforderung
champagne 101	Champagner
chance 23, 59, 63, 85	Chance; Gelegenheit
change (to ~) 65, 81, 101	ändern
change 66	Kleingeld
channel 87	Kanal
chaperon (to ~) 92	beaufsichtigen
chapter 40	Kapitel
cheap 62	preiswert
cheat (to ~) 105	schummeln
check (to ~) 48	überprüfen
check 21, 93	Rechnung
cheddar 93	Cheddar-Käse
cheek 56	Wange
cheese 93, 99	Käse
cheeseburger 40	Cheeseburger
cheesecake 58	Käsekuchen
cherry 58	Kirsche
chest 50	Brust
chick 72	Küken
chicken 52	Huhn
chicken 85	Hähnchen

chicken pox 54	Masern
child (children) 16, 33, 57, 89, 90	Kind (Kinder)
childhood 97	Kindheit
chin 50, 56	Kinn
China 28	China
chiropractor 103	Chiropraktiker
chives 93	Schnittlauch
chocolate 14, 96	Schokolade
choice 39	Auswahl
chop (to ~) 93	hacken
Christmas party 32	Weihnachtsfeier
chronic 103	chronisch
chunk 66	Stück
cigarette 5	Zigarette
cinema 31	Kino
citizen 104	Bürger
citizenship 104	Staatsbürgerschaft
citrus fruit 104	Zitrusfrucht
claim (to ~) 59	beanspruchen
clap (to ~) 50	klatschen
clarinet 43	Klarinette
class 27, 32, 43	Klasse
cleaner 71	Reinigung
climb (to ~) 105	klettern
close (to ~) 80	schließen
closet 33	Schrank
clothes 32, 85	Kleidung
cloud 23	Wolke
club 74	Club
coffee 14, 51, 61, 99	Kaffee
cold 62	kalt
cole slaw 58	Krautsalat
collar 100	Kragen
collection 65, 102	Sammlung
color 21	Farbe
colt 72	Fohlen
combo 4	Mischung
come (to ~) 35, 53, 67, 72, 81, 82, 83, 94, 99, 103	kommen
come home (to ~) 28	heimkehren
come out (to ~) 20	werden
come up (to ~) 88	ankommen
commercial 78, 96	kaufmännisch; kommerziell
commitment 96	Engagement
community 78, 80	Gemeinschaft
company 69, 79, 82, 85, 96	Gesellschaft; Firma; Unternehmen

complain (to ~) 33, 74	sich beschweren
complete (to ~) 104	vervollständigen
completely 62, 80	vollständig; ganz
conceive (to ~) 55	empfangen
concern (to ~) 102	betreffen
conclusion 80	Schlussfolgerung
condition 54	Dachgeschoss
conference 63	Konferenz
conference room 83	Konferenzraum
confirm (to ~) 83	bestätigen
congratulations 24, 90, 104	Glückwunsch
consider (to ~) 74	betrachten
considering 99	wenn man bedenkt
contact (to ~) 96	sich in Verbindung setzen
continue (to ~) 17, 56	fortsetzen
continuing 78	Fort-; Weiter-
contract 69, 83	Vertrag
contribution 102	Beitrag
conversation 96	Unterhaltung
convertible 32	Cabriolet
convince (to ~) 74, 99	überzeugen
cook (to ~) 28, 93	kochen
cool 99	kühl
copy 83, 96	Kopie
corn 56	Mais
corner 45	Ecke
corporation 69, 83	Unternehmen
cost (to ~) 35, 48, 66	kosten
cottage 37	Hütte
cough 54	Husten
count (to ~) 60	zählen
country 24, 66, 104	Land; Landschaft
couple 53, 65, 99	Paar
coupon 88	Gutschein
course 78	Kursus
cousin 35, 36, 52, 53, 92, 95	Cousin
cow 52	Kuh
crab 41	Krabbe
crack (to ~) 105	aufschlagen
cranberry 41	Preiselbeere
crazy 11, 60, 66, 99	verrückt
cream 93	Sahne
credit card 87	Kreditkarte
crisis 57	Krise
cross (to ~) 81, 92	überqueren
crunch 103	Knirschen
cry (to ~) 18, 35, 89, 90, 101	weinen

crystal 58	Kristall
cucumber 56	Gurke
cuisine 62	Küche
cup 3	Tasse
cupboard 51	Küchenschrank
curiously 103	komischerweise
current 53	aktuell
currently 34, 48	gegenwärtig
cut, cut off (to ~) 35, 71, 83	abschneiden
cycle 55	Zyklus
dab 93	Stückchen
dad 9, 27, 92	Papi; Papa
daddy 9, 72	Papi; Papa
daisy 22	Gänseblümchen
damage 71	Schaden
damn 76	verdammt
dance (to ~) 34	tanzen
dare (to ~) 101, 103	wagen
dark 45, 80	dunkel
darkness 80	Dunkelheit
dash 93	Schluss
date 76	Verabredung
daughter 3, 64	Tochter
day 5, 8, 23, 40, 52, 78, 79, 88	Tag
dead 52	tot
deaf 83	taub
dear 31, 46, 55	Liebling
December 35	Dezember
declare (to ~) 104	erklären
deduction 59	Abzug
deep 50, 105	tief
deep-fry (to ~) 20	fritieren
defense 21	Verteidigung
deli 60	Delikatessen
delicious 13, 20, 61	lecker
deliver (to ~) 87	liefern
delivery 48	Lieferung
den 51	großes Zimmer
Denmark 28	Dänemark
department 83, 96	Abteilung
department store 79	Kaufhaus
departure 81	Abreise; Abfahrt
depending 59	je nach
depressing 68	deprimierend
dermatologist 68	Dermatologe
deserve (to ~) 50, 100	verdienen
desk 32	Schreibtisch

dessert 13, 58	Nachtisch
detergent 51	Waschmittel
diagnosis 103	Diagnose
dialog 21, 40	Dialog
diamond 100	Diamant
dice (to ~) 93	würfeln
die (to ~) 10, 22	sterben
diet 13, 76	Diät
difference 67	Unterschied
different 65, 92	anderer, -e, -es
difficult 78	schwierig
dill 93	Dill
dining room 51	Esszimmer
dinner 28, 58, 76, 105	Abendessen
directly 79	direkt
dirty 72	schmutzig
dirty look 68	böser Blick
disadvantage 69	Nachteil
disaster 53	Desaster
discover (to ~) 74	entdecken
dish 98	Geschirr
dish 99	Gericht
dishwasher 51	Geschirrspüler
dislike (to ~) 56	nicht mögen
distribution 59	Verteilung
distributor 75	Händler
district 33	Stadtviertel
divide (to ~) 93	dividieren
do (to ~) 6, 31, 35, 69, 92, 95, 98	machen
doctor 55	Doktor
doctoral 95	Doktor-
document 95	Dokument
dog 26, 33, 100	Hund
doll 74	Puppe
dollar 39, 66, 88	Dollar
domestic 57	Haus-
door 17, 87	Tür
dorm room 33	Schlafraum
double 61	doppelt
doubt (to ~) 92, 98	(be)zweifeln
down 50	hinunter
down-payment 101	Anzahlung
downright 68	richtig
downsize (to ~) 69	abbauen
downstairs 51	im Untergeschoss
downtown 64	Stadtzentrum
drag (to be a ~) 76	langweilig sein

drawing board 69	Zeichenbrett; Anfang
dreadful 62	schrecklich
dream 97, 100	Traum
dress 65	Kleid
dressing 41	Salatsoße
drill (to ~) 81	bohren
drink (to ~) 32, 35, 41, 54, 100	trinken
drink 56, 104	Getränk
drive (to ~) 24, 35, 61, 71, 99	fahren; machen
drive 25	Fahrt
drive by (to ~) 32	vorbeifahren
driveway 51	Garageneinfahrt
drop, drop off (to ~) 79	absetzen
drug 80	Droge
drum 43	Trommel
drums 43	Schlagzeug
duck 52	Ente
dumb 105	blöd; taub
dumb mutt 72	dummer Köter
during 78	während
each 55, 105	jeder, -e, -es
ear 56, 83	Ohr
easily 27	leicht; einfach
easy 36	leicht; einfach
eat (to ~) 16, 28, 35, 60, 61, 76, 99	essen
ecology 73	Ökologie
economy 36	Wirtschaft
editor 73	Verleger
education programs 78	Bildungsprogramm
effect 99	Effekt
effort 98	Anstrengung
egg 61, 93, 99	Ei
eggplant 56, 58	Aubergine
eight 19	acht
either 57, 82	entweder
elbow 56	Ellbogen
elect (to ~) 59	wählen
election year 59	Wahljahr
electric 82	elektrisch
elephant 16	Elefant
elevator 21	Aufzug
eligible 39	geeignet
elm 51	Ulme
else 36	anderer, -e, -es
e-mail 67, 83	E-Mail
employee 61	Angestellter
enclosure 96	Anlage

end (to ~) 31	beenden
end 59, 67	Ende
end up (to ~) 31, 78	schließlich machen
English 66	Englisch
enjoy (to ~) 30, 56, 82	gerne tun; genießen
enough 69, 89, 94	genug
entitled (to be ~) 88	berechtigt sein
entrusted 104	anvertraut
envelope 44, 101	Umschlag
equal 59	gleicher, -e, -es
equal 71	Äquivalent
eraser 44	Radiergummi
establishment 69	Unternehmen
eunuch 102	Eunuch
even 34, 84, 99	selbst, sogar
evening 82, 105	Abend
ever 84	jemals
every 55, 105	jeder, -e, -es
everyday 55	jeden Tag
everyone 46, 73	jeder
everything 46	alles
everywhere 34	überall
evidence (to ~) 59	beweisen
exactly 80	genau
exam 40, 55	Examen
example 59, 94	Beispiel
excellent 61	hervorragend
except 23	außer
exception 105	Ausnahme
exchange (to ~) 64	umtauschen
excuse (to ~) 12, 19, 26, 61, 66	sich entschuldigen
exercise 1, 105	Übung
exhale (to ~) 50	ausatmen
exhaust pipe75	Auspuffrohr
expect (to ~) 48, 86	erwarten
experience 59, 62, 96	Erfahrung
explain (to ~) 29, 76	erklären
express 66	Express
extra 99	zusätzlich
eye 56, 99	Auge
eyebrow 56	Augenbraue
eye-ear-throat specialist 68	Hals-Nasen-Ohren-Arzt
eyelash 56	Wimper
facility 51	Einrichtung
fact 4, 69, 94	Tatsache
fair 69	Messe
faithfully 105	treu

fake (to ~) 103	vortäuschen
fake 103	Fälschung; Imitat
fall 21, 35, 54	Herbst
fall (to ~) 46, 61	fallen
familiar 79	vertraut
family 53, 94, 95	Familie
family room 51	Wohnzimmer
famous 16, 87, 93, 100	berühmt
fancy 58	elegant
fare 79	Fahrt; Fahrpreis
farm 52	Bauernhof
farmer 87	Landwirt
fast 71	schnell
fat 27	fett
father 32, 35, 53, 58, 90, 92, 100	Vater
father-in-law 35	Schwiegervater
fatter 27	fetter
faucet 21	Wasserhahn
fault 71	Fehler
favorite 52, 58	Lieblings-
fawn 72	Kitz
February 35	Februar
feel (to ~) 54	sich fühlen
feel like (to ~) 56, 60	Lust haben auf
female 102	weiblich
feminine 102	feminin
feminist 102	Feministin
fertility 55	Fruchtbarkeit
fetch (to ~) 72	holen
few 27, 34, 79, 93, 105	einige
fiddle 22	Geige
fight 39	Kampf
figure (to ~) 59	vorkommen
figure 59	Zahl
file 83	Akte
fill in/out (to ~) 90	ausfüllen
film 31, 74, 99	Film
find (to ~) 17, 39, 61, 69, 74, 78, 102	finden
find out (to ~) 83	herausfinden
fine 8, 105	schön; hübsch
finger 56	Finger
finish (to ~) 51 56	beenden
firm 69	Unternehmen; Firma
first 4, 41, 51, 60, 94	erster, -e, -es; zuerst
first floor 21	Erdgeschoss
fiscal 59	Steuer-
fish 16, 41, 57	Fisch

fix (to ~) 12, 75	reparieren
flag 104	Flagge
flame 93	Flamme
flight 67	Flug
flip (to ~) 92, 93	wenden
flip out (to ~) 92	ausflippen
flock 52	Herde
floor 51	Boden
flowery 46	geblümt
flu 54	Grippe
fluently 24	fließend
flute 43	Flöte
fly (to ~) 32, 67	fliegen
follow (to ~) 61	folgen
food 62, 87	Essen; Lebensmittel
foot (feet) 56, 57, 74, 76	Fuß
force (to ~) 69	zwingen
foreign 12	fremd
forget (to ~) 29, 61, 81, 83, 85, 88, 94, 105	vergessen
forgetful 82	vergesslich
fork 99	Gabel
form (to ~) 105	bilden
form 96	Formular
fortune 64	Glück
fortune-teller 39	Wahrsager/-in
foundation 73	Gründung
fountain pen 44	Füller
fox 27	Fuchs
France 28	Frankreich
frankly 5, 31	ehrlich gesagt
free 27, 88	gratis; umsonst
freeze (to ~) 61	frieren
french fries 4	Pommes frites
French toast 99	"Armer Ritter"
fresh 22, 41, 58, 61, 87, 93, 99	frisch
Friday 14	Freitag
friend 15, 42, 105	Freund
friendly 6, 61	freundlich
friendship 80	Freundschaft
frigid 73	frostig
from 2	aus; von
frozen 60	gefroren
fruit 40, 99	Früchte
fry (to ~) 93	fritieren
frying pan 93	Bratpfanne
full 104	voll

fun 36	lustig; Spaß
funeral parlor 36	Bestattungsinstitut
funnier 86	lustiger
funny 26, 67	lustig
further 96	weiterer, -e, -es
future 55	Zukunft
gaggle 52	Schar
garage 51	Garage
garlic 55, 58, 93	Knoblauch
garnish (to ~) 93	garnieren
garnishing 93	Garnierung
gas 21, 85, 88	Benzin
gem 74	Juwel
general (in ~) 102	im Allgemeinen
generously 104	großzügig
gentle 80	behutsam
gentlemen 17, 94, 104	Herren
gentleness 80	Behutsamkeit
gently 105	behutsam
Germany 28	Deutschland
get (to ~) 11, 19, 44, 49, 60, 61, 68, 70, 85, 99	erhalten; bekommen
get angry (to ~) 80	wütend werden
get married (to ~) 39, 42, 57	heiraten
get off (to ~) 72	hinuntergehen
get rich (to ~) 100	reich werden
get straight (to ~) 95	richtig verstehen
get used (to ~) 65	sich gewöhnen
gift 66	Geschenk
gift shop 17	Geschenkeladen
gin 100	Gin
girl 16, 32	Mädchen
girlfriend 68, 92	Freundin
give (to ~) 27, 35, 53, 61, 72, 87, 92	geben
give again (to ~) 44	noch einmal geben
give birth (to ~) 52	gebären
give up (to ~) 56	aufgeben
glass 58, 99	Glas
go (to ~) 30, 35, 54, 60, 62, 92	gehen
go ahead 68	mach weiter
go ahead with (to ~) 60	weitermachen
go away (to ~) 30	weggehen
go back (to ~) 62	zurückgehen
go home (to ~) 55	nach Hause gehen
go in turns (to ~) 62	sich abwechseln
go out (to ~) 74	ausgehen
go public (to ~) 85	an die Börse gehen

handful 62	Handvoll
handkerchief 105	Taschentuch
handle (to ~) 74	handhaben; umgehen mit
handy 81	geschickt
hang on (to ~) 43, 48	dranbleiben (Telefon)
hang up (to ~) 44	auflegen
happen (to ~) 33, 46, 61	geschehen; passieren
happy 6, 9, 28, 36, 47, 48, 90, 100	glücklich; zufrieden
hard 62, 105	schwer; hart
hardly 87	kaum
harmless 57	harmlos
hat 32	Hut
hate (to ~) 56, 57, 99	ungern tun
haul (to ~) 65	ziehen; schleppen
have (to ~) 8, 26, 35, 58, 68, 69, 105	haben
he 7	er
head 50, 52	Kopf
head over (to ~) 85	gehen zu
health food 27	gesundes Essen
hear (to ~) 10, 43, 82, 94, 103	hören
heart 40, 79, 104, 105	Herz
heartbeat 92	Herzschlag
heat (to ~) 100	heizen
heavy 101	schwer
hello 8	Hallo
help (to ~) 18, 66, 95, 96	helfen
help 105	Hilfe
hem 100	Saum
her 92, 98	ihr/sie; ihr, -e
herb 93	Kräuter
here 4, 67, 72, 83	hier
here's 3	hier
hernia 103	Leistenbruch
hers 82	ihrer, ihre, ihrs
herself 36, 89	sie selbst
hesitate (to ~) 96	zögern
hey 71	Na gut
hi 8	Hallo
hidden 61	versteckt
high 93	hoch
high school 15, 65, 80	Oberschule
him 92, 98	ihm; ihn
himself 89	er selbst
hip 74	beliebt
hit (to ~) 72, 83	schlagen; stoßen
hold (to ~) 44, 83	halten
hold on 34	Bleiben Sie dran

hole 52	Loch
home 4, 29, 58, 60, 67, 78, 82, 94	Haus; Heim
home-made 13	hausgemacht
honey 16, 28, 36, 56, 81	Honig; Liebling
honor 73	Ehre
hope for (to ~) 67, 78, 83, 90	hoffen
hopefully 54	hoffentlich
horde 52	Schwarm
horrible 62	schrecklich
hot 99	heiß
hot chocolate 75	heiße Schokolade
hotel 47, 61, 67	Hotel
hour 34, 47, 66, 79, 83	Stunde; Uhr
house 24, 37, 41, 52, 81, 100, 101	Haus
how 6, 20, 36, 52	wie
how long 38	wie lang
how many 27	wie viele
how much 27, 48, 61	wie viel
huge 101	enorm
hundred 27, 66, 102	hundert
Hungary 28	Ungarn
hungry 22, 27	hungrig
hurry up (to ~) 9, 37, 45	sich beeilen
hurt (to ~) 103	wehtun
hypochondriac 103	Hypochonder/-in
hysterectomy 103	Gebärmutterentfernung
I 7	ich
ice 41, 83	Eis
ice-cream 13	Eiscreme
ice the cake (to ~) 100	Tüpfelchen auf dem i
idea 8, 19, 81	Idee
if 84	wenn; falls
iguana 57	Leguan
imagine (to ~) 56	sich vorstellen
immature 49	unreif
impersonal	unpersönlich
imply (to ~) 103	unterstellen
important 40, 105	wichtig
impossible 49	unmöglich
impressed 96	beeindruckt
improbable 49	unwahrscheinlich
improve (to ~) 67	verbessern
in fact 4	in der Tat
inattentive 49	unaufmerksam
incalculable 49	unberechenbar
included 61	inklusive
income 59	Einkommen

incredible 15, 78	unglaublich
India 28	Indien
indicate (to ~) 102	angeben
indivisible 104	unteilbar
industry 96	Industrie
information 96, 102	Informationen
inhabited 63	bewohnt
inhale (to ~) 50	einatmen
inn 74	Gasthaus
insist on (to ~) 79	bestehen auf
instead of 83	anstelle von
insult 99	Beschimpfung
insurance 71	Versicherung
interesting 73	interessant
international 69	international
Internet 48, 87	Internet
intersection 21	Kreuzung
interview 96	Bewerbungsgespräch
investment 95	Investition
Ireland 28	Irland
iron (to ~) 11	bügeln
Israel 28	Israel
issue 96	Ausgabe
it 7	es
Italy 28	Italien
jacket 45, 62	Jacke
jacuzzi 51	Whirlpool
January 35	Januar
Japan 28	Japan
jazz 74	Jazz
jealous 81	eifersüchtig
jeans 85	Jeans
jerk 80, 83	Blödmann
job 6, 69	Stelle
joke 86, 105	Witz
journey 25	Fahrt
judgmental 18	kritisch
juice 41, 50, 61, 99	Saft
July 35	Juli
jump (to ~) 35, 80, 83, 105	springen
jump in (to ~) 83	sich einschalten
June 35	Juni
junk food 27	ungesundes Essen
just 34	gerade eben
justice 104	Gerechtigkeit
keep (to ~) 33, 55, 68	behalten
keep on (to ~) 56	weitermachen

ketchup 4	Ketchup
kick (to ~) 54, 68	aufgeben
kick up (to ~) 54	beginnen
kid (to ~) 2, 65	scherzen
kid 8, 27, 30, 53, 54, 72, 74, 89, 95	Kind
kill (to ~) 99, 103	umbringen
kilo 66	Kilo
kind 6, 59, 80	nett
kind of 39, 65	irgendwie
kindness 80	Freundlichkeit
kingdom 97	Königreich
kitchen 51, 57	Küche
kitten 52, 72	Kätzchen
knee 50, 56	Knie
knee-jerk 80	reflexhaft, automatisch, vorhersehbar, spontan
knee-jerking liberal 80	reflexhafter Liberaler
know (to ~) 10, 35, 47, 55, 57, 58, 61, 85, 86, 94, 95, 102, 105	wissen; kennen
known 47	bekannt
labor 40	Arbeit
labrador 52	Labrador
ladies 79, 94, 104	Damen
lady 17	Dame
lake 37, 52	See
lamb 72	Lamm
large 41, 51, 59	groß
largest 16, 79	der, die, das größte
last 19, 69, 78, 100	letzter, -e, -es
last night 29, 99	gestern Abend
late 9, 28, 47	spät
lateness 47	Verspätung
later 55	später
latest 96	der, die, das letzte
latest, at the 85	spätestens
laugh (to ~) 16	lachen
laundry 51	Wäsche
lawn mower 101	Rasenmäher
lay (to ~) 72	liegen
leading 96	führend
learn about (to ~) 40, 62, 94	lernen; erfahren
least 99	wenigstens
leather 45	Leder
leave (to ~) 9, 34, 82	weggehen; wegfahren
left 17, 83	links
leg 66, 101	Bein
legal 83	juristisch

lemon 41	Zitrone
lend (to ~) 82	leihen
lesson 1, 105	Lektion
let (to ~) 79	lassen
letter 3, 96	Brief
lettuce 56, 87	grüner Salat
liberty 104	Freiheit
library 102	Bücherei
license plate 45	Nummernschild
lick (to ~) 72	lecken
lie (to ~) 92	lügen
life 30, 57, 73, 76, 85, 100, 105	Leben
light 45, 93	hell; leicht
light bulb 81	Glühbirne
like (to ~) 3, 28, 48, 56, 97, 99	mögen, gern haben
likely 94	wahrscheinlich
likewise 1, 64	ebenso
lime 41	Limone
limit 66	Grenze
line 99	Schlange
lip 56	Lippe
list 101	Liste
listen (to ~) 71, 94	zuhören
literature 102	Literatur
litter 52	Wurf
little 36, 61, 101, 105	klein; bisschen
live (to ~) 3, 16, 33, 65, 78, 97	leben; wohnen
liver 54	Leber
loaf (loaves) 52	Laib (Laibe) Brot
loan 73	Darlehen
locate (to ~) 69	sich befinden
long 85, 97	lange
look (to ~) 34, 36, 95	sehen; schauen
look for (to ~) 6, 69	suchen
look forward to (to ~) 100	sich freuen auf
lose (to ~) 30, 39, 69	verlieren
lot (a ~) 36	viel
lots 54, 97	viele
lousy 62	mies
love (to ~) 25, 34, 51, 52, 56, 60, 97, 99, 105	lieben
love 97	Liebe
lovely 51	hübsch
lover 73	Liebhaber
lower 103	unterer, -e, -es
lox 99	Räucherlachs
luck 48, 105	Glück

lucky 69, 88	glücklich
lunch 8, 47, 60, 99	Mittagessen
lunchtime 68	Mittagessenszeit
luxury 51	Luxus
mac 19	Kumpel
mad 21	verrückt
magazine 96	Magazin
magic 97	magisch
mahogany 51	Mahagoni
mail 57, 66	Post
maintain (to ~) 94	aufrechterhalten
major (to ~) 73	als Hauptfach haben
major 97	groß; bedeutend
make (to ~) 20, 24, 35, 67, 71, 98, 100	machen; anfertigen
make it (to ~) 105	durchhalten
make sure (to ~) 83	sicherstellen
mall 85	Einkaufszentrum
man (men) 45, 57	Mann (Männer)
manage (to ~) 74	schaffen
manager 48, 61, 96	Geschäftsführer
maple 51, 99	Ahorn
maple walnut 14	Ahorn-Wallnuss
March 35	März
marine 73	marin; Meeres-
mark (to ~) 48, 55	auszeichnen
market 20	Markt
marketing 96	Marketing
marriage 18	Hochzeit
marry (to ~) 24, 42, 53, 73	heiraten
marshmellows 42	„Mäusespeck“
mason 81	Steinmetz
mature 49	reif
May 35	Mai
maybe 22, 26	vielleicht
me 92	ich; mir; mich
mean (to ~) 82, 105	bedeuten
mean 21	böse
measles 54	Röteln
mechanics 78	Mechanik
meet (to ~) 1, 64, 65, 67, 68, 105	treffen; begegnen
meeting 83	Treffen
melt (to ~) 93	schmelzen
memorize (to ~) 40	einprägen
memory 64	Gedächtnis
mention (to ~) 81, 95	erwähnen
Mexico 28	Mexiko
midnight 19, 29	Mitternacht

might 101	könnte
milk (to ~) 52	melken
milk 42, 52, 93	Milch
million 46	Million
mind (to ~) 5, 56	übel nehmen; stören
mind 71, 81, 101	Geist; Gedächtnis
mine 55, 68, 82	meine; meins
mint 93	Pfefferminze
minute 19, 34, 47, 53, 85, 88, 93, 105	Minute
misquote (to ~) 80	falsch interpretieren
miss (to ~) 47, 79, 105	verpassen; fehlen
missus 34	Frau
mister 12, 34, 48, 79	Herr
misunderstand (to ~) 80	missverstehen
mix 53	Mischung
mixture 93	Mischung
modem 48	Modem
modern 87	modern
modest 66	bescheiden
mom 9, 66	Mami
moment 104	Moment
mommy 9, 46	Mami
Monday 13, 14	Montag
money 24, 30, 42, 100	Geld
monk 78	Mönch
monkey 16	Affe
month 39, 40, 64, 66, 69, 76, 99, 100, 105	Monat
monthly 96	monatlich
more 40, 80, 100	mehr
morning 3, 9, 40, 48, 52, 55, 67, 81, 87, 105	Morgen
Morocco 28	Marokko
mosquito 52	Mücke
most 27, 61	am meisten
motel 61	Motel
mother 11, 35	Mutter
mother-in-law 35, 74	Schwiegermutter
motorcycle 24	Motorrad
mountain 97, 105	Berg
mountain bike 64	Mountainbike
mouse (mice) 57	Maus (Mäuse)
mouth 56, 103	Mund
mouthful 62	Schluck; Happen, Bissen
move (to ~) 18, 65	umziehen
move in (to ~) 18	einziehen
move out (to ~) 18	ausziehen

movement 102	Bewegung
movie 21, 28, 31, 60, 99	Film
moviehouse 31	Kino
much 4, 27	viel
muffin 61	Muffin
muffler 12	Auspuff
multiply (to ~) 93	multiplizieren
mumps 54	Mumps
must 10, 14, 78, 84	müssen
my 55	mein, meine
myself 36, 79, 89	ich selbst
mystique 102	Mysterium
myth 100	Mythos
nachos 76	Nachos
name (to ~) 94	heißen
name 15, 64, 95	Name
nasty 62	unangenehm
nation 104	Nation
national 59	national
naturalization 104	Einbürgerung
naturalized 104	eingebürgert
near 61	nah
nearly 105	ungefähr
need (to ~) 17, 37, 67, 85, 99, 102	brauchen; benötigen
negative 62	negativ
neighbor 33	Nachbar
nephew 35	Neffe
Netherlands, the 28	Niederlande
neurotic 74	neurotisch
never 19, 65, 81, 84, 97	niemals
new 48, 59, 65, 74, 81	neu
news 88, 90	Nachrichten
newspaper 86	Zeitung
next 8, 17, 19, 37, 39, 47, 62, 76, 87, 92, 103, 105	nächster, -e, -es
next door 74	nebenan
nice 23, 64, 82	schön; hübsch
nice to meet you 1	Schön, Sie/dich kennenzulernen
nickname 53	Spitzname
niece 35	Nichte
night 12, 61, 74, 76, 78, 101	Nacht; Abend
night table 105	Nachttisch
nightmare 97	Alptraum
no 5	nein; kein, -e
no one 46	niemand
nobody 100	niemand

noise 98	Lärm
nonetheless 66	trotzdem
noon 12, 40	Mittag
Norway 28	Norwegen
nose 56	Nase
nosey 18	neugierig
nothing 46	nichts
notice (to ~) 51	bemerken
November 35	November
now 9, 54, 69	jetzt; nun
number 44, 88, 87	Nummer
numerous 59	zahlreich
o'clock 19	Uhr
oak 51	Eiche
oboe 43	Oboe
occasion 58	Gelegenheit
ocean 27	Ozean
October 35	Oktober
odds 39	Chancen
of course 3, 64, 65	selbstverständlich
off 47	frei
offer (to ~) 13	anbieten
office 4, 56, 67, 68, 83	Büro
office worker 68	Büromitarbeiter
officially 104	offiziell
okay 5, 17, 57, 67, 71, 99	gut; in Ordnung
old 26, 31, 52	alt
old-fashioned 87	altmodisch
omelet 93	Omelett
once 10, 13, 33, 99	einmal; früher
one 61	ein, eine
one 77	man
one way 21	einfache Fahrt
oneself 36	sich selbst
onion 56, 89, 93	Zwiebel
online 87	online
only 5, 9, 57, 59, 79, 92, 97	nur
open (to ~) 101, 103	öffnen
operation 103	Operation
opinion 103	Meinung
opportunity 96	Gelegenheit
or 3	oder
orange 45, 61, 99	Orange
orange juice 54	Orangensaft
order (in ~ to) 94	um
order 41	Bestellung
order out (to ~) 59, 60, 75, 87	bestellen

pay phone 17	Münzfernsprecher
PC 48	Computer
pearl 100	Perle
pediatrician 68	Kinderarzt
peel (to ~) 89	schälen
pen 44	Stift
pencil 44	Bleistift
pencil sharpener 44	Anspitzer
penguin 101	Pinguin
penpal 79	Brieffreund(in)
people 26	Volk
people 26, 60, 65, 104	Leute; Menschen
pepper 93	Paprika
perfect 23, 61	perfekt
person 68	Person
personal 47	Personal
PC 48	PC
personally 36	persönlich
pet 33, 57	Haustier
petition 68	Petition
petstore 57	Zoohandlung
philosophy 78	Philosophie
phone 81	Telefon
phone booth 17	Telefonzelle
phone number 75	Telefonnummer
physician 68	praktischer Arzt
piano 43	Klavier
pick up (to ~) 12, 85	aufnehmen; aufheben; holen
picnic 82	Picknick
picture 99	Film
piece 20, 46	Stück
pig 27	Schwein
pinch 93	Prise
pine 51	Pinie
pink 46, 100	rosa
pistachio 14	Pistazie
pitcher 99	Kanne
pity 62	schade
pizza 60	Pizza
place 16, 37, 35, 79	Ort; Stelle
place (to ~) 39, 104	legen; stellen
place back (to ~) 50	zurückstellen
plane 9	Flugzeug
planning 67	Planung
plant 67	Fabrik
plate 58, 99	Teller
platform 59	Bühne

platinum 100	Platin
play (to ~) 35, 55, 82, 100	spielen
play 37	Stück
plead (to ~) 22	sich berufen auf
please 43, 83, 88, 90, 103	bitte
pleased (to be ~) 94	zufrieden sein
plenty 9	viel
plumber 81	Installateur
plus 62, 92	außerdem; plus
point (to ~) 50	zeigen
point 71	Frage; Punkt
Poland 28	Polen
pole 75	Pol
police 45	Polizei
policy 59	Politik
poor 52, 99	arm
Portugal 28	Portugal
position 80, 96	Position; Posten
positive 62	positiv
possible 47, 100	möglich
post office 3	Postamt
postman 40	Briefträger
potato 4, 41, 56	Kartoffel
pound 27, 77	Pfund
pour (to ~) 93	gießen; schütten
power 104	Kraft
practical 51	praktisch
pray (to ~) 38	beten
precisely 94	genau
prefer (to ~) 34, 56	bevorzugen
prep (to ~) 40	vorbereiten
pre-paid 85	bereits bezahlt
prepare (to ~) 40	vorbereiten
prescribe (to ~) 103	verschreiben
president 104	Präsident
pretend (to ~) 63	vortäuschen
pretty 55	sehr
price 48, 51, 61, 62	Preis
pricey 62	teuer
pride 103	Stolz
probable 49	wahrscheinlich
problem 12, 46, 48, 67, 81, 85, 88, 103	Problem
proceed (to ~) 104	weitergehen
process (to ~) 96	verarbeiten
process 104	Prozess; Verfahren
produce 87	Produkt
productive 73	produktiv

professional 80	professionell
program 21, 59, 87, 88	Programm; Sendung
progress 105	Fortschritt
prom 92	Schulball
promiscuity 80	Promiskuität
promise (to ~) 47, 62, 75	versprechen
propose (to ~) 83	vorschlagen
protestant 42	Protestant
proud 61, 105	stolz
provide (to ~) 104	anbieten
psychiatrist 68	Psychiater
public 79, 80	öffentlich
publish (to ~) 73, 96	veröffentlichen
publisher 69	Verleger
pun 26, 79	Wortspiel
pup 72	Welpe
puppy 52	Welpe
purple 45	violett
put (to ~) 85	stellen
put out (to ~) 58	hinausstellen
quaint 61	gemütlich
qualification 104	Qualifikation
quality 94	Qualität
quarter 93	Viertel
queen 79	Königin
question 65, 94, 96	Frage
quintessential 100	typisch
quit (to ~) 38	kündigen
race horse 100	Rennpferd
rain (to ~) 23	regnen
raise (to ~) 50	heben
raise 38	Gehaltserhöhung
ranch 25	Ranch
rank 104	Rang
raspberry 41	Himbeere
rate 85	Geschwindigkeit
rather 62	eher
raw 16, 76	roh
read (to ~) 40, 79, 86, 102, 105	lesen
ready 40, 50, 83, 85, 105	bereit; fertig
real 74	echt; wirklich
really 11, 13, 15, 27, 79, 94, 100	wirklich; tatsächlich
realtor 51	Immobilienmakler
rear 71	Hinterteil
reason 95	Grund
rebate 59	Erstattung
receive (to ~) 104	erhalten; bekommen

recently 73	kürzlich
reception 104	Empfang
recipe 93	Rezept
reclining chair 103	Lehnsessel
recommend (to ~) 61	empfehlen
record 55, 96	Ergebnis
recycled paper 44	Recycling-Papier
red 45	rot
red beet 56	rote Beete
refuse (to ~) 79	sich weigern
regularly 103	regelmäßig
relationship 74, 80, 94	Beziehung; Verhältnis
relevant 102	relevant
rely (to ~) 36	sich verlassen auf
remember (to ~) 47, 60, 64, 82, 105	sich erinnern an
remind (to ~) 47	jdn. erinnern an
remodel (to ~) 81	umgestalten
renew (to ~) 74	erneuern
rent (to ~) 37, 60	mieten
rent 100	Miete
repair (to ~) 12	reparieren
repeat (to ~) 50, 71, 94, 104, 105	wiederholen
republic 104	Republik
repulsive 62	widerwärtig
request 90	Anfrage
research 95	Forschung
resemblance 95	Ähnlichkeit
reservation 88	Reservierung
reserve (to ~) 88	reservieren
resident 73	ständig
respectful 21	respektvoll
rest (to ~) 63	sich ausruhen
rest 50, 100	Ruhepause
rest rooms 17, 80	Toiletten
restaurant 29, 62, 74, 76	Restaurant
resume 96	Lebenslauf
retire (to ~) 38, 100	sich zur Ruhe setzen
return (to ~) 57, 96	zurückgeben
review (to ~) 40	überprüfen
rich 13, 52, 59, 72	reich
ride (to ~) 92	fahren
right 12, 27, 39, 50, 83, 94, 104	recht; rechts; Recht
right away 88	direkt
right of way 71	Vorfahrt
ripe 93	reif
rise (to ~) 61, 104	sich erheben
river 52	Fluss

romantic 74	romantisch
roof 30	Dach
room 61, 99	Platz
roommate 15	Zimmergenosse
root 95	Wurzel
rope tow 75	Seilbahn
rosemary 93	Rosmarin
rotate (to ~) 50	drehen
round trip 21	Hin- und Rückfahrt
ruby 100	Rubin
rum 100	Rum
run (to ~) 36, 71, 72	betreiben; führen
run through (to ~) 71	durchlaufen
runt 52	der, die, das Kleinste
Russia 28	Russland
safe 61	sicher
salad 41, 85	Salat
sale 79	Ausverkauf
sales 96	Verkäufe
salt 76, 93	Salz
salted 76	gesalzen
same 50, 74	der, die, das Gleiche
sand (to ~) 81	abschleifen
sappy 105	sentimental; rührselig
Saturday 14	Samstag
sausage 99	Wurst
save (to ~) 88, 99	sparen; aufheben
saviour 74	Retter
saw (to ~) 81	sägen
saxophone 43	Saxofon
say (to ~) 19, 35, 55, 78, 80, 105	sagen
scare (to ~) 52	Angst machen; erschrecken
scarf 30	Schal
sceptical 103	skeptisch
schedule 19	Fahrplan
scholarship 73	Stipendium
school 15, 29, 65, 78	Schule
scissors 44	Schere
scoop 13	Kugel
scotch 100	Scotch
Scotland 28	Schottland
scrap paper 44	Schmierpapier
scream (to ~) 89	schreien
sea otter 73	Seeotter
seahorse 103	Seepferd
seal 16	Seehund
seance 39	Sitzung

second 13, 17, 43, 48, 93, 103	zweiter, -e, -es
second floor 51	1. Stock
seconds 13	Nachschlag; zweite Portion
section 20	Abteilung
see (to ~) 31, 35, 37, 45, 51, 60, 65, 72, 74, 87, 99, 101, 103	sehen; schauen
seem (to ~) 69	scheinen
sell (to ~) 32, 69	verkaufen
seminar 94	Seminar
send (to ~) 3, 66, 67, 83, 90, 96	senden; schicken
send around (to ~) 68	herumschicken
sensible 63	vernünftig
sentence 105	Satz
sentimental 105	sentimental
September 35	September
seriousness 103	Schwere
serve (to ~) 80	servieren
service 61, 62, 66, 87	Service
set (to ~) 58, 79, 83	decken; setzen; anberaumen
set up (to ~) 96	vereinbaren
seven 26	sieben
sew (to ~) 100	nähen
sexual 80	sexuell
shame 62	schade
shark 92	Hai
shave (to ~) 52	sich rasieren
she 7	sie
sheep 57	Schaf
shelf 105	Regal
shepherd 92	Schäfer
ship 73	Schiff
shipment 48	Lieferung
shirt 45	Hemd
shoe 72	Schuh
shoot (to ~) 45	schießen
shoot up (to ~) 85	wachsen
shop 32, 64, 69	Laden; Geschäft
short 80	kurz
shorten (to ~) 80	kürzen
should 13	sollte
shoulder 50, 56	Schulter
shut down (to ~) 69, 80	schließen
sick 52	krank
side 50	Seite
sidewalk 21	Gehsteig
sign (to ~) 83, 88, 90	unterzeichnen
signing 83	Unterzeichnung

special 41, 58, 66, 99	speziell
specialist 55	Spezialist
specialty 21	Spezialität
speed 48	Geschwindigkeit
spend (to ~) 25, 73, 79, 82, 100, 105	ausgeben; aufwenden
spending 100	Ausgaben
spice 93	Gewürz
spill (to ~) 62	verschütten
spinach 56, 87	Spinat
spirit 96	Geist
spite (in ~ of) 87	trotz
spoonful 62	ein Löffel voll
spot (to ~) 72, 103	beklecksen; beschmutzen; sehen
spot 52	Fleck
sprig 93	Spross
spring 35	Frühling
sprinkle (to ~) 93	streuen
squash 56	Kürbis
squeeze (to ~) 61	drücken; pressen
squirrel 33	Eichhörnchen
stamp 3	Briefmarke
stand for (to ~) 104	stehen für; repräsentieren
stand up (to ~) 105	aufstehen
stapler 44	Tacker
start (to ~) 13, 37, 56, 69, 76, 99	beginnen; anfangen
starting 94	ab (+ Zeitpunkt)
starving 22	ausgehungert
state 90	Staat; bundesstaatlich
stay (to ~) 37, 57, 60, 67, 74	bleiben; sich aufhalten
steak 62, 77	Steak
steal (to ~) 61	stehlen
step 94	Schritt
step forward (to ~) 104	vortreten
step out (to ~) 48	hinausgehen
stepfather 35	Stiefvater
stepmother 35	Stiefmutter
stethoscope 103	Stethoskop
stick 72	Stock
still 6, 29, 34, 52, 89	immer; noch
stir (to ~) 93	umrühren
stock 85	Aktien
stock market 85	Börse
stoop down (to ~) 103	sich bücken
stop (to ~) 11, 54, 56	anhalten; stoppen; aufhören
story 53	Geschichte
stove 51, 93	Herd

straight ahead 17	geradeaus
stranger 68	Fremder
strawberry 14	Erdbeere
stream 52	Strom
street 32, 34, 45, 79	Straße
strength 80	Kraft
strengthen (to ~) 80	stärken
string beans 56	grüne Bohnen
striped 16	gestreift
strong 27	stark
studded 100	besetzt
stuff (to ~) 41	füllen
subject 102	Thema
subtract (to ~) 93	subtrahieren; abziehen
suburban 85	Vorstadt-
subway 79	U-Bahn
success 104	Erfolg
such 101	auch
sugar 27	Zucker
suggest (to ~) 56, 79	vorschlagen
suit 85	Anzug
summer 25, 30, 35, 60, 74	Sommer
sunburn 86	Sonnenbrand
Sunday 9, 14	Sonntag
sunny 9	sonnig
supermarket 42	Supermarkt
suppose (to ~) 67	eigentlich sollen
sure 30, 41, 43, 64, 96, 99, 105	sicher
sure thing 17	selbstverständlich
surely 62	gewiss
surf (to ~) 48	surfen
surgeon 68	Chirurg
surname 63	Familienname
surprise 73	Überraschung
swan 52	Schwan
sweater 99	Pullover
Sweden 28	Schweden
sweet 36, 101	süß
sweet potatoe 42	Süßkartoffel
swim (to ~) 28, 100	schwimmen
swimming pool 100	Swimmingpool
swing around (to ~) 85	vorbeifahren; vorbeigehen
switch (to ~) 67	wechseln; austauschen; umschalten
switch around (to ~)	tauschen
Switzerland	Schweiz
swordfish 41	Schwertfisch

syrup 99	Sirup
system 79	System
table 34, 46, 58, 99	Tisch
tablet 55	Tablette
tailor 100	Schneider
take (to ~) 23, 27, 31, 35, 41, 55, 61, 68, 78, 79, 85, 88	nehmen
take care of (to ~) 89	sorgen für
talk (to ~) 47, 99	sprechen; reden
tank 88	Tank
tap 21	Wasserhahn
tarragon 93	Estragon
taste (to ~) 40	probieren; kosten
tax 59	Steuer-
taxi 19, 79	Taxi
taxpayer 59	Steuerzahler; Steuerpflichtiger
tea 42	Tee
teach (to ~) 52, 94	lehren; beibringen
teacher 16, 102, 105	Lehrer/-in
technology 87	Technologie
telephone 29, 96	Telefon
television 32	Fernsehen
tell (to ~) 10, 36, 38, 41, 43, 55, 57, 58, 67, 81, 86, 89, 92, 94, 95	sagen; erzählen
temperature 55	Temperatur
ten 18, 29	zehn
tend (to ~) 59	neigen zu
tent 104	Zelt
tenth 58, 66	zehnter, -e, -es
terrible 53	furchtbar
terribly 80	schrecklich
thank (to ~) 3	danken
thank you 13, 88	Danke
thanks 3, 66, 74, 99	Danke
that 35	dieser, -e, -es dort
theater 21	Theater
them 92	sie (Pl.)
themselves 36, 89	sie selbst (Pl.)
theory 103	Theorie
there 3, 29	dort
these 27	diese (Pl.)
thesis 57, 95	These
they 7	sie (Pl.)
thing 43, 50	Ding; Sache
think (to ~) 26, 30, 32, 34, 35, 40, 53, 67, 81, 81, 87, 89, 90, 95, 99, 100	denken; glauben
think about (to ~) 40, 89	nachdenken über

think of (to ~) 89	denken an
thinking 59	Denken
third 68, 103	dritter, -e, -es
thirsty 22	durstig
this 3, 4, 35, 40	dieser, -e, -es hier
those 101	solche
though 30, 54	doch; obwohl
threatened (to ~) 68	drohen
through 40, 71	durch; über
throw (to ~) 85	werfen
Thursday 14	Donnerstag
thyme 93	Thymian
ticket 85	Schein
tiger 16, 27	Tiger
till 95	bis
time 4, 27, 29, 31, 36, 50, 54, 60, 62, 94, 100, 103	Zeit; mal
times 92	Zeiten
time-share 100	Time-Share-
tired 28	müde
toast (to ~) 99	toasten
toaster 51	Toaster
today 9, 40, 47, 68, 88	heute
toe 56	Zeh
together 85, 105	zusammen
tolerant 11, 74	tolerant
tomato 56, 93	Tomate
tomorrow 12, 38, 76, 82	morgen
tongue 56	Zunge
tonight 19, 41, 58, 60, 67	heute Abend
too 31, 70, 78, 105	auch; zu (sehr)
too much 94	zu viel
tooth (teeth) 56, 57	Zahn (Zähne)
top floor 81	Obergeschoss
topic 102	Thema
toss (to ~) 41	Salat anmachen
totally 79	völlig; ganz
tough 27, 54, 65	schwer; hart
tough it out (to ~) 54	durchstehen
tour 51	Rundgang
town 65	Stadt
trace (to ~) 95	zurückverfolgen
traffic 9	Verkehr
train 47, 79	Zug
transportation 79	öffentliche Verkehrsmittel
travel (to ~) 55, 92, 100	reisen
traveler 21	Reisender

treat (to ~) 103	behandeln
trick 86	Trick
trip 4	Reise
trousers 100	Hose
truck 21	LKW
true 10, 78	wahr; echt
trumpet 43	Trompete
trust (to ~) 23, 92	vertrauen
truth 22, 68	Wahrheit
try (to ~) 18, 55, 64, 66, 68, 80, 105	versuchen
Tuesday 14	Dienstag
Turkey 28	Türkei
turn (to ~) 17	drehen; wenden
turn off (to ~) 93	ausschalten
turn out (to ~) 74, 100	sich erweisen als
turnip 56	Steckrübe
TV 43	Fernsehen
twenty 19, 39	zwanzig
twice 10, 66, 103	zweimal
umbrella 23	Schirm
unacceptable 47, 49	inakzeptabel
unaltered 49	unverändert
unbelievable 49	unglaubhaft
uncertain 49	unsicher
uncle 32, 35	Onkel
under 74, 103	unter
understand (to ~) 79, 96, 105	verstehen
underwater 73	Unterwasser-
unemployment 6	Arbeitslosigkeit
unemployment agency 6	Arbeitsvermittlung
unhappy 6, 49	unzufrieden
unhealthy 80	ungesund
university 15, 73, 78	Universität
unknown 49	unbekannt
unless 88, 94	es sei denn
unlucky 62	glücklos
unpaid 54	unbezahlt
unreasonable 62	unvernünftig
unsafe 80	unsicher
unsalted 76	ungesalzen
unsweetened 76	ungesüßt
until 54, 67	bis
unusual 6	ungewöhnlich
up 50	hinauf; nach oben
upset 5	ärgerlich
upstairs 51	im Obergeschoss
urban 80	städtisch

us 92	wir
use 80	Konsum
usual 6, 55	gewöhnlich
usually 19, 102	normalerweise
vacation 25, 54, 94	Ferien
vacuum (to ~) 74, 103	staubsaugen
valley 87	Tal
van 92	Lieferwagen
vanilla 13, 14	Vanille
vanity 79	Eitelkeit
variety 59	Vielzahl
vase 46	Vase
veal 52	Kalb
vegetable soup 87	Gemüsesuppe
veggies 87	Gemüse; Vegetarier
vertebra 103	Lendenwirbel
very 4, 61, 81, 94	sehr
video 60	Video
view seafront 61	Blick aufs Meer
villa 37	Villa
violin 43	Geige
visit (to ~) 16, 30, 52, 79, 97, 103	besuchen
visit 51, 97	Besuch
vocabulary 40	Vokabular
vocational high school 78	Berufshochschule
vodka 100	Wodka
vote (to ~) 27	wählen
waffle 99	Waffel
wait (to ~) 19, 43, 53, 88, 95, 99	warten
waiter 41, 47, 62, 99	Kellner
waitress 41	Kellnerin
wake (to ~) 63	wecken
walk (to ~) 79	laufen; gehen
walk-in 51	begehbar
walnut 51	Walnuss
walrus 27	Walross
want (to ~) 5, 31, 44, 57, 68, 79, 90, 99	wollen
warm 52	lauwarm
warn (to ~) 68, 101	warnen
watch (to ~) 60, 100	überwachen; achten auf
watch 100	Armbanduhr
watch out 37	Achtung
water 27, 41	Wasser
water fountain 17	Wasserquelle
watercolor 100	Aquarell
way 9, 82, 105	Art; Weise
we 7	wir

English	Deutsch
work (to ~) 6, 28, 36, 54, 59, 69, 78	arbeiten
work 6, 68, 73, 94, 102, 105	Arbeit
worker 68	Arbeiter
world 2, 79, 96, 105	Welt
worry (to ~) 9, 57, 72, 89	sich beunruhigen
worth 88	wert
wow 38	Donnerwetter!; na, so was!
wrist 56	Handgelenk
write (to ~) 61, 69, 102, 105	schreiben
writer 102	Schriftsteller/-in
wrong 86	falsch
yacht 100	Yacht
yeah 23	ja
year 18, 25, 32, 54, 59, 65, 69, 73, 78, 89, 99, 100, 103	Jahr
yellow 45	gelb
yes 5, 39	ja
yesterday 11, 85	gestern
yet 48, 79, 97	noch
yield (to ~) 71	gewähren; erzeugen, ergeben
yoga 102	Yoga
yogurt 60	Joghurt
you 7, 92	du
young 52, 65, 70	jung
younger 27	jünger
your 55	dein, deine
yourself 36, 89, 94	du selbst; sich selbst
yourselves 89	ihr selbst
zebra 86	Zebra
zen 78	Zen
zoo 16, 79	Zoo
zookeeper 57	Zoowärter/-in
zucchini 41	Zucchini

Deutsch-amerikanisches Wörterverzeichnis

ab (+ Zeitpunkt)	starting 94
abbauen	downsize (to ~) 69
Abend	night 12, 74, 76, 78 / evening 105
Abendessen	dinner 28, 58, 76, 105
aber	but 9 / though 54
Abfindung	golden handshake 38
Abreise	departure 81
absagen	call off (to ~) 76 / cancel (to ~) 94
(ab)schneiden	cut off (to ~) 35, 71, 83
absetzen	drop off (to ~) 79
absurd	absurd 80
Abteilung	section 20
Abzug	deduction 59
acht	eight 19
achten auf	watch (to ~) 100
achtgeben	be careful (to ~) 93
Achtung	watch out 37
adoptieren	adopt (to ~) 90
Adoption	adoption 90
Adresse	address 105
Aerobic	aerobics 50
Affe	monkey 16
Agentur	agency 6, 90
aggressiv	aggressive 18
Ahnen-	ancestral 95
Ähnlichkeit	resemblance 95
Ahorn	maple 51, 99
Ahorn-Wallnuss	maple walnut 14
Akte	file 83
Aktien	stock 85
aktuell	current 53
akzeptabel	acceptable 47
akzeptieren	accept (to ~) 79, 90
Albtraum	nightmare 97
alleine	alone 31, 94
alles	all 6, 83 / anything 12 / everything 46
alt	old 26, 31, 52
Alter	age 10, 73
altmodisch	old-fashioned 87
am meisten	most 61
an die Börse gehen	go public (to ~) 85
Analyse	analysis 57, 80

Analytiker	analyst 89
anbauen	grow (to ~) 87
Anbauer	grower 104
anberaumen	set (to ~) 83
anbieten	offer (to ~) 13 / provide (to ~) 104
anderer, -e, -es	another 43 / else 36 / other 41, 59 / different 65
ändern	change (to ~) 65, 81, 101
andernfalls	otherwise 67
anfangen	kick up (to ~) 54
anfertigen	make (to ~) 35
Anfrage	request 90
Angestellter	employee 61
Angewohnheit	habit 68, 73
Angst haben	afraid (to be ~) 87
ankommen	arrive (to ~) 19, 66, 82 / come up (to ~) 88 / get (to ~) 19 / come (to ~) 67, 88
Anlage	enclosed 96
anmachen (Salat)	toss (to ~) 41
annehmen	suppose (to ~) 86 / guess (to ~) 105
(an)rufen	call (to ~) 29, 43, 66, 67, 75, 85
Anruf	call 43, 86
anscheinend	apparently 90
ansehen	look (to ~) 34, 36, 95 / watch (to ~) 60 / see (to ~) 72
Anspitzer	pencil sharpener 44
anstelle von	instead of 83
Antwort	answer 94
antworten	answer (to ~) 81
Anzahlung	down-payment 101
Anzug	suit 85
Apfel	apple 13
Apfelkompott	apple sauce 76
Apfelkuchen, gedeckter	apple pie 13
Aquarelle	watercolor 100
äquivalent	equal 71
Arbeit	job 6, 69 / work 6, 68, 73, 94, 105 / labor 40
arbeiten	work (to ~) 6, 28, 36, 54, 59, 69, 78
Arbeitslosigkeit	unemployment 6
Arbeitsvermittlung	unemployment agency 6
ärgerlich	upset 5
Arm	arm 50, 56, 66
arm	poor 52, 99
"Armer Ritter"	French toast 99
Armbanduhr	watch 100

Ärmel	arm 101
Art	kind 6
Aspirin	aspirin 103
Atem	breath 50
atmen	breathe (to ~) 50
Atmosphäre	atmosphere 62
Attraktion	attraction 97
Aubergine	eggplant 56, 58
auch	too 31
Aufbau	building 94
Auf Wiedersehen	goodbye 105
aufgeben	give up (to ~) 56
aufheben	pick up (to ~) 85
aufhören	kick (to ~) 68 / stop (to ~) 11, 54, 56
aufkaufen	buy-out (to ~) 69
auflegen	hang up (to ~) 44
aufrechterhalten	maintain (to ~) 94
aufschlagen	crack (to ~) 105
Aufzug	elevator 21
Auge	eye 56, 99
Augenbraue	eyebrow 56
aus (von)	from 2
ausatmen	exhale (to ~) 50
ausflippen	flip out (to ~) 92
ausfüllen	fill in / out (to ~) 90
Ausgabe	issue 96
Ausgaben	spending 100
ausgeben	spend (to ~) 100
ausgehungert	starving 22 / hungry 27
Auskunft	question 96 / information 96, 102
(aus)leihen	lend (to ~) 82
Ausnahme	exception 105
Auspuff	muffler 12
Auspuffrohr	exhaust pipe 75
ausschalten	turn off (to ~) 93
außer	except 23
außerdem	plus 62
Ausverkauf	sale 79
Auswahl	choice 39
auszeichnen	mark (to ~) 48, 55
Auto	car 12, 40, 45, 59, 71, 75, 85 / auto 78
Autor	author 102
Baby	baby 103
Bach	brook 52
backen	bake (to ~) 20, 52, 93
Bäckerei	bakery 20

Badezimmer	bathroom 17, 51
Bagel	bagel 99
bald	soon 39, 42, 54, 58
Bank	bench 31
Bär	bear 16, 28
Bart	beard 52
Basilikum	basil 93
Bauarbeiter	builder 81
Bauernhof	farm 52
Beagle	beagle 33
beanspruchen	claim (to ~) 59
beaufsichtigen	chaperon (to ~) 92
beauftragt	entrusted 104
bedienen	serve (to ~) 80
Bedingung	condition 54
beeindruckt	impressed 96
beenden	end up (to ~) 31, 78 / finish (to ~) 51, 56
begehbar	walk-in 51
begießen	baste (to ~) 41
beginnen	begin (to ~) 35, 56, 94 / start (to ~) 13, 37, 56, 69, 76, 99
(be)halten	keep (to ~) 68 / save (to ~) 99
behandeln	treat (to ~) 103
behutsam (Adv.)	gently 105
behutsam	gentle 80
Behutsamkeit	gentleness 80
beide	both 71
Bein	leg 66, 101
Beispiel	example 59, 94
beißen	bite (to ~) 35
Beitrag	contribution 102
bekannt	known 47
beklecksen	spot (to ~) 72
bekommen	get (to ~) 60, 99
beliebt	hip 74
bemerken	notice (to ~) 51
benötigen	need (to ~) 17, 37, 85, 99, 102
Benzin	gas 21, 85, 88
Berater	banker 95
berechtigt sein	be allowed (to ~) 88 / be entitled (to ~) 88
bereit sein	be ready (to ~) 83
bereit	ready 40, 50, 83, 85, 105
bereits bezahlt	pre-paid 85
Berg	mountain 97, 105
Berufshochschule	vocational high school 78
berühmt	famous 16, 87, 93, 100
bescheiden	modest 66

Beschimpfung	insult 99
besetzt (belegt)	busy 6
besetzt (m. Rubinen)	studded 100
besitzen	own (to ~) 33, 85, 100
Besitzer	owner 61
besonders	particularly 96
besser	better 94
besserer, -e, -es	better 36, 55, 79, 96
bestätigen	confirm (to ~) 83
Bestattungsinstitut	funeral parlor 36
Besteck	silverware 58
bestehen auf	insist on (to ~) 79
bestellen	order out (to ~) 59, 60, 75, 87
Bestellung	order 41
bester, -e, -es	best 15, 96, 97, 99
Besuch	visit 51, 97 / tour 51
besuchen	visit (to ~) 16, 30, 52, 79, 97, 103
beten	pray (to ~) 38
betrachten	consider (to ~) 74
betreffen	concern (to ~) 102
betreiben	run (to ~) 36
betteln	beg (to ~) 72
bevorzugen	prefer (to ~) 34, 56
Bewegung	movement 102
beweisen	evidence (to ~) 59
Bewerbung	application 96
Bewerbungsgespräch	interview 96
bezahlen	pay (to ~) 35, 36, 66, 85, 87
bezaubernd	adorable 101 / sweet 36, 101
Beziehung	relationship 74, 80, 94
(be)zweifeln	doubt (to ~) 92, 98
Bier	beer 74, 58
bilden	form (to ~) 105
Bildungsprogramm	education program 78
Bindung	binding 75
Biologe	biologist 73
Biologe, Biologin	biology 73
Birke	birch 51
bis	through 40 / until 67
bisschen	litte 101 / bit 80, 103
bitte	please 43, 83, 88, 90, 103
blau	blue 32, 45, 101
Bleiben Sie dran	hold on 34
bleiben	stay (to ~) 57, 60, 74
Bleistift	pencil 44
Blick aufs Meer	seafront view 61
blind	blind 52

blöd	dumb 105
Blödmann	jerk 80, 83
Blumenkohl	cauliflower 56
Boa	boa 57
Boden	ground 50 / floor 51
bohren	drill (to ~) 81
Börse	stock market 85
böse	mean 21
böser Blick	dirty look 68
Bourbon	bourbon 100
Boxershorts	boxer shorts 103
Bratpfanne	frying pan 93
braun	brown 45
breit	wide 103
Brief	letter 3, 96
Brieffreund/-in	penpal 79
Briefmarke	stamp 3
Briefträger	postman 40
bringen	bring out (to ~) 12, 23, 35, 41, 82, 83, 99
Brokkoli	broccoli 56
Brot	bread 52, 56, 58
Brücke	bridge 79, 94
Bruder	brother 15, 27, 33, 35, 53
Brunch	brunch 99
Brust	chest 50
Buch	book 27, 69, 73, 102, 105
Bücherei	library 102
Büchsenöffner	can opener 51
Bucht	bay 52
Büfett	buffet 61, 99
bügeln	iron (to ~) 11
bundesstaatlich	state 90
Bürger	citizen 104
Büro	office 4, 56, 67, 68, 83
Büroklammer	paper clip 44
Büromitarbeiter	office worker 68
Bus	bus 19, 82
Busbahnhof	bus depot, bus station, bus terminal 19
Butter	butter 93
Cello	cello 43
Cent	cents 20
Champagner	champagne 101
Chancen	odds 39
Cheddar-Käse	cheddar 93
Cheeseburger	cheeseburger 40
Chef	boss 38

Chiropraktiker	chiropractor 103
Chirurg	surgeon 68
chronisch	chronic 103
Club	club 74
Computer	PC 48
Cousin/-e	cousin 35, 36, 52, 53, 92, 95
Creme	cream 93
dabei sein, zu	being 57
Dach	roof 30
Dachgeschoss	attic 51
Dame	lady 17
Damen	ladies 79, 94, 104
Danke	thank you 13, 88 / thanks 3, 66, 74, 99
Danke vielmals	thanks a bunch 68
danken	thank (to ~) 3
Darlehen	loan 73
dein, deine	your 55
Delikatessen	deli 60
denken an	think of (to ~) 89 / think about (to ~) 89
denken	think (to ~) 26, 30, 32, 35, 40, 53, 67, 81, 89, 90, 95, 99 / believe (to ~) 95
Denken	thinking 59
deprimierend	depressing 68
der, die, das	which 81 / who 81
der, die, das letzte	last 19, 69, 78, 100 / latest 96
Dermatologe	dermatologist 68
Diagnose	diagnosis 103
Dialog	dialog 21, 40
Diamant	diamond 100
Diät	diet 13, 76
dick	big 27, 46 / fat 27
Dienstag	Tuesday 14
diese	these 27
dieser, -e, -es dort	that 35
dieser, -e, -es	this 3, 4, 35, 40
Dill	dill 93
Ding	thing 43, 50
Diplom machen	graduate (to ~) 73
dir, dich	you 92
direkt (Adv.)	directly 79
dividieren	divide (to ~) 93
doch	though 30
Doktor	doctor 55
Doktor-	doctoral 95

Dokument	document 95
Dollar	dollar 39, 66, 88
Donnerstag	Thursday 14
doppelt	double 61
dort	there 3, 29
Dose	can 76
dranbleiben	hang on (to ~) 43, 48
drehen	turn (to ~) 17 / rotate (to ~) 50
dritter, -e, -es	third 68, 103
Droge	drug 80
drohen	threaten (to ~) 68
drücken	squeeze (to ~) 61
du selbst	yourself 36, 89, 94
du	you 7
dumm	silly 68
dummer Köter	dumb mutt 72
dunkel	dark 45, 80
Dunkelheit	darkness 80
durch	through 71
durchstehen	tough it out (to ~) 54
Durst haben	thirsty (to be ~) 22
ebenso	likewise 1, 64
echt	real 74
Ecke	corner 45
Effekt	effect 99
egal	whatever 103
Ehefrau	wife 5, 30, 53, 65, 94, 100
eher	more 40
Ehre	honor 73
ehrlich gesagt	frankly 5, 31
Ei	egg 61, 93, 99
Eiche	oak 51
Eichhörnchen	squirrel 33
eidesstattliche Versicherung	affidavit 90
eifersüchtig	jealous 81
ein bisschen	wee bit 105
einatmen	inhale (to ~) 50
Einbürgerung	naturalization 104
einer, eine	one 61
einfach	simple 94
einfache Fahrt	one way 21
eingebaut	built-in 51
eingebürgert	naturalized 104
eingehend	advanced 73
einige	few 27, 34, 79, 93, 105 / some 30, 90
Einkaufszentrum	mall 85
Einkommen	income 59

einmal	once 10, 13, 99
Einrichtung	facility 51
Einschätzung	appraisal 80
einschließen	include (to ~) 61
einspringen	jump in (to ~) 83
einverstanden	okay 5, 57, 67, 71, 99 / all right 10
Eis(creme)	ice-cream 13 / ice 83
Eiswürfel	ice 41
Eitelkeit	vanity 79
Elefant	elephant 16
elegant	fancy 58
elektrisch	electric 82
Ellbogen	elbow 56
Eltern	parents 29, 55, 90
Elternteil	parent 105
E-Mail	e-mail 67, 83
Empfang	reception 104
empfangen (schwanger werden)	conceive (to ~) 55
empfangen	receive (to ~) 104
empfehlen	recommend (to ~) 61
Ende	end 59, 67
Engagement	commitment 96
Englisch	English 66
entdecken	discover (to ~) 74
Ente	duck 52
Entschuldigung	pardon me 43
entsprechend	accordingly 94
entweder	either 82
er selbst	himself 89
er	he 7
Erbse	green pea 56
Erdbeere	strawberry 14
Erdgeschoss	first floor 21
Erfahrung	experience 59, 62, 96
Erfolg	success 104
Ergebnis	record 96
erhalten	get (to ~) 60, 99
erhitzen	heat (to ~) 100
Erhöhung	raise 38
erinnern (jdn.)	remind (to ~) 47
erklären (erläutern)	explain (to ~) 29, 76
erklären	declare (to ~) 104
erneuern	renew (to ~) 74
erschrecken	scare (to ~) 52
erschwinglich	affordable 61
erst	till 95
Erstattung	rebate 59

erstaunt sein	be surprised (to ~) 99
erster, -e, -es	first 4, 60, 94
erster Stock	second floor 51
erwachsen werden	grow up (to ~) 57
Erwachsener	adult 78, 89
erwähnen	mention (to ~) 81, 95
(er)warten	expect (to ~) 48, 86 / wait (to ~) 19, 43, 53, 88, 95, 99
erwerben	acquire (to ~) 102
erzählen	tell (to ~) 10
es	it 7
es sei denn	unless 88, 94
essen	eat (to ~) 16, 28, 35, 60, 61, 76, 99
Essen	food 62
Esszimmer	dining room 51
Estragon	tarragon 93
etwas daran liegen	set one's heart on it (to ~) 79
etwas	something 46, 62, 86
Eunuch	eunuch 102
Examen	exam 40, 55
Express	express 66
Fabrik	plant 67
fahren	drive (to ~) 24, 35, 61, 71 / ride (to ~) 92
Fahrplan	schedule 19
Fahrpreis	fare 79
Fahrrad	bike 64
Fall	case 44
fallen	fall (to ~) 46, 61
falsch interpretieren	misquote (to ~) 80
falsch	fake 103 / wrong 86
Familie	family 53, 94, 95
Familienname	surname 63
fangen	catch (to ~) 67 / grab (to ~) 99
Farbe	color 21
Fegefeuer	bonfire 79
fehlen	be missing (to ~) 53 / be short (to ~) 47 / miss (to ~) 105
Fehler	fault 71
feiern	celebrate (to ~) 58
feminin	feminine 102
Feministin	feminist 102
Fenster	window 32, 56, 66
Ferien	vacation 25, 54, 94
Fernsehen	television 32 / tv 43
fett	fat 27

fetter	fatter 27
Film	film 31, 74, 99 / picture 99 / movie 21, 28, 31, 60
finden	find (to ~) 17, 39, 61, 69, 78, 102
Finger	finger 56
Firma	outfit 69 / corporation 83 / company 79, 85
Fisch	fish 16, 41, 57
Flagge	flag 104
Flamme	flame 93
Flasche	bottle 83
Fleck	spot 52
Fliege	bowtie 47
fliegen	fly (to ~) 32, 67
fließend	fluently 24
Flöte	flute 43
Flug	flight 67
Flughafen	airport 67
Flugzeug	plane 9
Fluss	river 52
Fohlen	colt 72
folgen	follow (to ~) 61 / take (to ~) 78
fordern	call for (to ~) 101
Formular	form 96
Forschung	research 95
Fort-	continuing 78
Fortschritt	progress 105
fortsetzen	continue (to ~) 17, 56 / keep on (to ~) 55, 56
Frage	point 71 / question 65, 94
fragen	ask (to ~) 38, 94, 99, 102
Frau	woman 39, 57, 74, 102 / missus 34
Freak	weirdo 92
frei	free 27 / off 47
Freiheit	liberty 104
Freitag	Friday 14
fremd	foreign 12 / strange 68
Freund	friend 15, 42, 105
Freundchen	buddy 71
Freundin	girlfriend 68, 92
freundlich	friendly 6, 61
Freundlichkeit	kindness 80
Freundschaft	friendship 80
frieren	freeze (to ~) 61
frisch	fresh 22, 41, 58, 61, 87, 93, 99
frittieren	fry (to ~) 93
frostig	frigid 73

Fruchtbarkeit	fertility 55
Früchte	fruit 40, 99
früher	once 33
Frühling	spring 35
Frühstück	breakfast 61
Fuchs	fox 27
führend	leading 96
füllen	stuff (to ~) 41
Füller	cartridge pen 44 / fountain pen 44
Fuß (Füße)	foot (feet) 56, 57, 74, 76
Gabel	fork 99
Gans (Gänse)	goose (geese) 52
Gänseblümchen	daisy 22
Garage	garage 51
Garageneinfahrt	driveway 51
garnieren	garnish (to ~) 93
Garnierung	garnishing 93
Gästezimmer	guest room 51
Gasthaus	inn 74
geändert	altered 49
gebacken	baked 41
gebackene Kartoffel	baked potato 62
gebären	give birth (to ~) 52
Gebärmutterentfernung	hysterectomy 103
geben	give (to ~) 27, 35, 53, 61, 72, 87, 92
geben, noch einmal ~	give again (to ~) 44
Gebiet	area 78
geblümt	flowery 46
geboren werden	be born (to ~) 53, 73, 76
Geburtstag	birthday 66
Gedächtnis	memory 64
geeignet	eligible 39
gefallen	enjoy (to ~) 30
gefroren	frozen 60
gegen (+ Uhrzeit)	around 12
gegen	against 68
Gegend	area 102
gegenwärtig	currently 34, 48
gehen (zu)	go (to ~) 35, 54, 92 / head over (to ~) 85
gehen	walk (to ~) 79
gehören	own (to ~) 79 / belong (to ~) 88
Gehsteig	sidewalk 21
Geige	fiddle 22 / violin 43
Geist	mind 81 / spirit 96
gelb	yellow 45
Geld	money 24, 30, 42, 100 / change 66

Gelegenheit	occasion 58 / opportunity 96
gelingen	manage (to ~) 74 / make it (to ~) 105
Gemälde	painting 53
gemäß	according 86
Gemeinschaft	community 78, 80
Gemüse	veggies 87
Gemüsesuppe	vegetable soup 87
gemütlich	quaint 61
genau (Adv.)	exactly 80 / precisely 94
genau	actual 48
genehmigen	approve (to ~) 92, 104
genießen	enjoy (to ~) 30, 56
genug	enough 69, 89, 94
gerade eben	just 34
geradeaus	straight ahead 17
Gerechtigkeit	justice 104
Gericht	dish 99
gerne haben	like (to ~) 3, 28, 56, 97
gerne tun	enjoy (to ~) 30, 56
gesalzen	salted 76
gesamter, -e, -es	whole 69
Geschäft (Laden)	shop 32, 64
Geschäft	business 6, 30
Geschäftsführer	manager 61
Geschäftsleiter	manager 48
geschehen	happen (to ~) 33, 46, 61
Geschenk	gift 66
Geschenkeladen	gift shop 17
Geschichte	story 53
geschickt	handy 81
Geschirrspüler	dishwasher 51
Geschwindigkeit	speed 48 / rate 85
Gesellschaft	company 69, 79, 82, 85, 96
gestern	yesterday 11, 85
gestern Abend	last night 29, 99
gestreift	striped 16
Getränk	drink 56, 104
Getreide	cereals 99
Getreideflocken	grits 61
gewähren	yield (to ~) 71
gewinnen	make (to ~) 24, 100 / win (to ~) 39, 57, 73, 99, 100
gewiss	surely 62
gewöhnlich	usual 6, 55
Gewürz	spice 93
Gin	gin 100
Gitarre	guitar 43, 82

Glas	glass 58, 99
glauben	think (to ~) 34, 87, 100 / believe (to ~) 74, 99, 105
gleich	equal 59
Glück haben	be in luck (to ~) 48
Glück	luck 48, 105 / chance 23 / fortune 64
glücklich	lucky 69, 88 / happy 6, 9, 28, 36, 48, 49, 90, 100
glücklos	unlucky 62
Glückwunsch	congratulations 24, 90, 104
Glühbirne	light bulb 81
Golf	golf 23, 100
Gott	God 67, 104
Gramm	gram 66
Grapefruit	grapefruit 76
gratis	free 88
grau	gray 33, 85
Grenze	limit 66
Grippe	flu 54
groß	large 41, 51, 59 / big 13, 64, 99, 101
großartig	great 41, 87, 90, 99
Größe	size 10
Großeltern	grandparents 52, 58
größer	bigger 69
Großmutter	grandma 52 / grandmother 33, 35
größter, -e, -es	largest 16, 79
Großvater	grandfather 35, 53, 95
großzügig	generously 104
grün	green 45, 92, 93
Grund	reason 95
Gründung	foundation 73
grüne Bohnen	string beans 56, 87
grüner Salat	lettuce 56, 87
Gurke	cucumber 56
gut erzogen	well-bred 80
gut	good 3, 20, 55, 60, 66, 72, 79, 90, 94, 100 / right 39, 94 / well 20 / fine 8
Guten Tag	good morning 3, 88, 94 / hello 8
Gutschein	coupon 88
Gynäkologe	gynecologist 68
Haare	hair 83
haben	have (to ~) 8, 26, 35, 58, 69 / keep (to ~) 33
hacken	chop (to ~) 93
Hähnchen	chicken 85
Hai	shark 92

Haken	snag 83
halb	half 76, 93
Halbbruder	half brother 35
Halbschwester	half sister 35
Hälfte	half 53, 66, 94
Halle	hall 17, 56
Hallo	hi 8
Hals-Nasen-Ohren-Arzt	eye-ear-throat specialist 68
halten	hold (to ~) 44
Hand	hand 32, 50, 56, 104
Handel	business 6, 30
Handgelenk	wrist 56
Händler	distributor 75
Handy	cellular telephone 85
Happen	mouthful 62
harmlos	harmless 57
hart	tough 27, 54, 65 / hard 62, 105
Häschen	bunny 72
hassen	hate (to ~) 57, 99
Hauptfach, als ~ haben	major (to ~) 73
Haus	house 24, 37, 41, 52, 81, 100, 101 / home 29, 58, 60, 78, 82, 94
Haus-	domestic 57
hausgemacht	home-made 13
Haustier	pet 33, 57
heben	raise (to ~) 50
Heimat	home 4, 67
heiraten	marry (to ~) 24, 42, 53, 73 / get married (to ~) 39, 42, 57
heiß	hot 99
heiße Schokolade	hot chocolate 75
helfen	help (to ~) 18, 66, 95, 96
hell	light 45
Hemd	shirt 45
herausfinden	find out (to ~) 74, 83
Herausforderung	challenge 105
Herbst	fall 21, 35, 54
Herd	stove 51, 93
Herde	flock 52
Herr	mister 12, 34, 48, 79 / sir 4, 12
Herren	gentlemen 17, 94, 104
herumschicken	send around (to ~) 68
hervorragend	excellent 61
Herz	heart 40, 79, 104, 105
Herzschlag	heartbeat 92
heute	today 9, 40, 47, 68, 88
heute Abend	tonight 19, 41, 58, 60, 67

hier	here 3, 4, 67, 72, 83
Hilfe	help 105
Himbeere	raspberry 41
Himmel	sky 66
Hin- und Rückfahrt	round trip 21
hinaufgehen	go up (to ~) 50
hinausgehen	come out (to ~) 20 / go out (to ~) 74 / step out (to ~) 48
Hinterteil	rear 71
hinuntergehen	get off (to ~) 72 / go down (to ~) 62
hinzufügen	add (to ~) 93, 104
hoch	up 50 / high 93 / above 79
höchstens	at the most 27
Hochzeit	marriage 18
Hochzeitstag	wedding anniversary 58
hoffen	hope for (to ~) 67, 78, 83, 90
hoffentlich	hopefully 54
holen	fetch (to ~) 72
Holz	wood 51
Honig	honey 16, 28, 36, 56
hören	hear (to ~) 10, 43, 82, 94, 103
Hose	pants 21 / trousers 100
Hotel	hotel 47, 61, 67
hübsch	great 73 / beautiful 105 / lovely 51
Huhn	chicken 52
Hund	dog 26, 33, 100
hundert	hundred 27, 66, 102
Hunger haben	be hungry (to ~) 22
Husten	cough 54
Hut	hat 32
Hütte	cottage 37
Hypochonder/-in	hypochondriac 103
ich	I 7
ich selbst	myself 36, 79, 89
Idee	idea 8, 19, 81
ihr selbst	yourselves 89
ihr	you 7
ihr; ihre	hers 82
im Allgemeinen	in general 102
im Obergeschoss	upstairs 51
im Untergeschoss	downstairs 51
immer	always 9, 36 / still 6, 34
Immobilienmakler	realtor 51
in der Tat	actually 34 / in fact 4, 69, 94
in Ordnung	okay 17
in	within 39
inakzeptabel	unacceptable 47, 49

Industrie	industry 96
inklusive	included 61
Installateur	plumber 81
interessant	interesting 73
international	international 69
Internet	Internet 48, 87
Investition	investment 95
irgendetwas	anything 12, 46
irgendjemand	anyone 46, 55
irgendwie	kind of 65, 105
ja	yes 5, 39 / yeah 23
Jacke	jacket 45, 62
Jahr	year 18, 25, 32, 54, 59, 65, 69, 73, 78, 89, 99, 100, 103
jährlich	annual 104
je nach	depending 59
Jeans	jeans 85
jeden Tag	everyday 55
jeder, -e, -es	every 55, 105 / everyone 46, 73 / all 78 / each 55, 105
jemals	ever 84
jemand	someone 36, 46, 94 / anyone 99, 105
jene	those 101
jetzt	now 9, 54, 69
Joghurt	yogurt 60
jung	young 52, 65, 70
Junge	boy 16, 72
jünger	younger 27
juristisch	legal 83
Juwel	gem 74
Kabel	cable 60
Cabriolet	convertible 32
Kaffee	coffee 14, 61, 99
Kaffeemaschine	coffee maker 51
Käfig	cage 16
Kaktus	cactus 57
Kalb	veal 52 / calf 72
kalt	cold 62 / cool 99
Kampf	fight 39
Kanal	channel 87
Kandidat(in)	candidate 39
Kanne	pitcher 99
Kapitel	chapter 40
Kardiologe	cardiologist 68
Karotte	carrot 56, 76
Kartoffel	potato 4, 41, 56
Käse	cheese 93, 99

Königin	queen 79
Königreich	kingdom 97
können	can 12 / be able to (to ~) 41, 67, 82, 92, 94, 97
könnte	might 101
Konservenbüchse	can 21
Konsum	use 80
Kontrabass	bass 43
Kopf	head 50, 52 / mind 71
Kopie	copy 83, 96
Korb	basket 87
kosten	cost (to ~) 35, 48, 66
Krabbe	crab 41
Kraft	strength 80 / power 104
Kragen	collar 100
krank	sick 52
Krankheit	ailment 103
Kräuter	herb 93
Krautsalat	cole slaw 58
Kreditkarte	credit card 87
Kreuzung	intersection 21
Krise	crisis 57
Kristall	crystal 58
kritisch	judgmental 18
Küche	cuisine 62 / kitchen 51, 57
Küchenschrank	cupboard 51 / cabinet 51
Kugel	scoop 13
Kuh	cow 52
Küken	chick 72
Kumpel	pal 19
kündigen	quit (to ~) 38, call off (to ~) 69
Kürbis	squash 56
Kursus	course 78
kurz	short 80
kürzen	shorten (to ~) 80
kürzlich	recently 73
Labrador	labrador 52
lachen	laugh (to ~) 16
Laden	shop 69
Laib Brot (Laibe)	loaf (loaves) 52
Lamm	lamb 72
Land (= Nation)	country 66, 104
Land (≠ Stadt)	country 24
Landwirt	farmer 87
lange	long 85, 97
langweilig sein	drag (to be a ~) 76
lassen	let (to ~) 79

Luzerne-Sprossen	alfalfa sprouts 55
Mach weiter	go ahead 68
machen	do (to ~) 6, 31, 35, 69, 98 / make (to ~) 20, 35, 67, 71, 98 / achieve (to ~) 105
Mädchen	girl 16, 32
mager	skinny 52
Magie	magic 97
Mahagoni	mahogany 51
Mais	corn 56
mal	time 4, 31, 50, 54, 60, 62, 94, 103
malen	paint (to ~) 81
Mama	mom 9, 66 / mommy 9, 46
Mann (Männer)	man (men) 45, 57
Marke	brand 96
Marketing	marketing 96
Markt	market 20
Masern	chicken pox 54
Maus (Mäuse)	mouse (mice) 57
"Mäusespeck"	marshmellows 42
Mechanik	mechanics 78
Meeres-	marine 73
mehr	more 80, 100
meinen	mean (to ~) 82, 105
meiner, -e, -es	mine 55, 68, 82
Meinung	opinion 103
melken	milk (to ~) 52
Menschen-	people 26
Messe	fair 69
Meteorologe	weatherman 23
mies	lousy 62
Miete	rent 100
mieten	rent (to ~) 37, 60
Milch	milk 42, 52, 93
Million	million 46
mindestens	at least 99
Minute	minute 19, 34, 47, 53, 85, 88, 93, 105
mir; mich	me 92
Mischung	combo 4 / mix 53 / mixture 93
missverstehen	misunderstand (to ~) 80
Mittag	noon 12, 40
Mittagessen	lunch 8, 47, 60, 99
Mittagessenszeit	lunchtime 68
Mitternacht	midnight 19, 29
Mittwoch	Wednesday 14
Modem	modem 48
modern	modern 87

mögen	like (to ~) 3, 28, 56, 97, 99 30, 56 / feel like (to ~) 60
möglich	possible 47, 100
Möglichkeit	chance 59
Moment	moment 104
Monat	month 39, 40, 64, 66, 69, 76, 99, 100, 105
monatlich	monthly 96
Mönch	monk 78
Montag	Monday 13, 14
Morgen	morning 3, 9, 40, 48, 52, 55, 67, 81, 87, 105
morgen	tomorrow 12, 38, 76, 82
Motel	motel 61
Motorrad	motorcycle 24
Mountainbike	mountain bike 64
Mücke	mosquito 52
müde	tired 28
müde sein	be tired (to ~) 22, 79
Muffin	muffin 61
multiplizieren	multiply (to ~) 93
Mumps	mumps 54
Mund	mouth 56, 103
Münzfernsprecher	pay phone 17
müssen	must 10, 27, 84
Mutter	mother 11, 35
Mysterium	mystique 102
Mythos	myth 100
na gut	well 29, 34, 68 / hey 71
na, so was!	wow 38
nach	after 18
Nachbar	neighbor 33
nachdenken	think about (to ~) 40, 81
Nachmittag	afternoon 4, 23
Nachos	nachos 76
Nachrichten	news 88, 90
nächster, -e, -es	next 8, 17, 19, 37, 39, 47, 62, 76, 87, 92, 105
Nacht	night 12, 61
Nachteil	disadvantage 69
Nachtisch	dessert 13, 58
Nachttisch	night table 105
nahe	near 61
nähen	sew (to ~) 100
Name	name 15, 64, 95
Nase	nose 56
Nation	nation 104

organisch angebaut	organically-grown 87
Ort	place 16, 37, 35, 79
Orthopäde	orthopedist 68
Ozean	ocean 27
Paar	couple 53, 99
Paket	package 66 / pack 5
Panik haben	panic (to ~) 45
Papa	dad 9, 27, 92 / daddy 9, 72
Papier	paper 90
Paradies	paradise 61
Park	park 31
parken	park (to ~) 45
Parkett	parquet 51
Partei	party 59
Party	party 34
Pause	break 50
PC	personal computer 48
perfekt	perfect 23, 61
Perle	pearl 100
persönlich (Adv.)	personally 36
persönlich	personal 47
Petersilie	parsley 56
Petition	petition 68
Pfanne	pan 93 / frying pan 93
Pfannkuchen	pancake 99
Pfeffer	pepper 93
Pfefferminze	mint 93
Pfote	paw 72
Pfund	pound 27, 77
Philosophie	philosophy 78
Picknick	picnic 82
Pinguin	penguin 101
Pinie	pine 51
Pistazie	pistachio 14
Pizza	pizza 60
plädieren	advocate (to ~) 80
Planung	planning 67
Platin	platinum 100
Platz	room 61, 99
pleite sein	be broke (to ~) 39
plus	plus 92
Pol	pole 75
Politik	policy 59
Polizei	police 45
Pommes frites	french fries 4
positiv	positive 62
Post	mail 57, 66

reif (Obst usw.)	ripe 93
reif (Person)	mature 49
Reinigung	cleaner 71
Reise	trip 4
reisen	travel (to ~) 55, 92, 100
Reisender	traveler 21
relevant	relevent 102
Rennpferd	race horse 100
reparieren	repair (to ~) 12 / fix (to ~) 12, 75
repräsentieren	stand for (to ~) 104
Republik	republic 104
reservieren	book (to ~) 83 / reserve (to ~) 88
Reservierung	reservation 88
respektvoll	respectful 21
Rest	rest 100
Restaurant	restaurant 29, 62, 74, 76
Resultat	record 55
Retter	saviour 74
Rezept	recipe 93
richtig (nicht wahr?)	right 27
richtig	downright 68
riesig	huge 101
Risiko	chance 23
roh	raw 16, 76
Rolle	part 69
romantisch	romantic 74
rosa	pink 46, 100
Rosenkohl	Brussels sprouts 56
Rosmarin	rosemary 93
rot	red 45
Röteln	measles 54
Rubin	ruby 100
Rücken	back 92, 103
Rudel	pack 52
Ruhepause	rest 50, 100
rührselig	sappy 105
Rum	rum 100
Sache	cause 102 / thing 43, 50
Saft	juice 41, 50, 61, 99
sagen	say (to ~) 19, 35, 55, 78, 80, 105 / tell (to ~) 36, 38, 43, 55, 58, 67, 81, 89, 94, 95
sägen	saw (to ~) 81
Salat	salad 41, 85
Salatsoße	dressing 41
Salz	salt 76, 93
Sammlung	collection 65, 102

Samstag	Saturday 14
Satz	sentence 105
Saum	hem 100
Saxophon	saxophone 43
schade	damage 71 / pity 62 / shame 62
Schaf	sheep 57
Schäfer	shepherd 92
schaffen	achieve (to ~) 105
Schal	scarf 30
Schale	bowl 93
schälen	peel (to ~) 89
Schar	gaggle 52
scharf	caustic 99
Schauspieler	actor 105
Schauspielerin	actress 105
Scheck	check 21
Scheibe	slice 60
Schein	ticket 85
scheinen	seem (to ~) 69 / sound (to ~) 13, 61 / sound like (to ~) 89
Schere	scissors 44
scherzen	kid (to ~) 2, 65
schicken	send (to ~) 96
schießen	shoot (to ~) 45
Schiff	ship 73
Schinken	bacon 61
Schirm	umbrella 23
schlafen	sleep-over (to ~) 67 / stay (to ~) 67
Schlafraum	dorm room 33
Schlafzimmer	bedroom 33, 51, 103
schlagen	clap (to ~) 50 / hit (to ~) 72, 83 / beat (to ~) 93
Schlagsahne	whipped cream 76
Schlagzeug	drums 43
Schlange	snake 16, 33
schlecht	bad 11, 36
Schleife	bow 101
schleifen	sand (to ~) 81
schleppen	haul (to ~) 65
schließen	close (to ~) 80 / shut down (to ~) 69, 80
Schluck	sip 58 / mouthful 62
Schlussfolgerung	conclusion 80
schmelzen	melt (to ~) 93
Schmierpapier	scrap paper 44
schmutzig	dirty 72
Schneebesen	whisk 93

Schneider	tailor 100
schneien	snow (to ~) 54
schnell	fast 71
Schnittlauch	chives 93
Schokolade	chocolate 14, 96
schon	already 8, 57, 58, 65, 69, 94, 102, 103
schön	nice 23 / beautiful 23, 36, 74 / fine 105 / good 58
Schön, Sie/dich kennenzulernen	nice to meet you 1
Schönheit	beauty 37
Schrank	closet 33
schrecklich (Adv.)	awfully 99 / terribly 80
schrecklich	dreadful 62 / terrible 53 / horrible 62
schreiben	write (to ~) 61, 69, 102, 105
Schreibtisch	desk 32
schreien	scream (to ~) 89
Schriftsteller/-in	writer 102
Schritt	step 94
Schuh	shoe 72
Schulball	prom 92
Schule	school 15, 29, 65, 78
Schulter	shoulder 50, 56
schummeln	cheat (to ~) 105
Schuss	dash 93
schütten	pour (to ~) 93
Schutzbrille	goggles 75
Schwager	brother-in-law 35
Schwan	swan 52
Schwarm	horde 52
schwarz	black 16, 45, 52, 86, 95
Schwein	pig 27
schwer	hard 62, 105 / tough 27, 54, 65 / heavy 101
Schwere	seriousness 103
Schwertfisch	swordfish 41
Schwester	sister 30, 35
Schwiegermutter	mother-in-law 35, 74
Schwiegervater	father-in-law 35
schwierig	difficult 78
schwimmen	swim (to ~) 28, 100
Scotch	scotch 100
See	lake 37, 52
Seehund	seal 16
Seeotter	sea otter 73
Seepferd	seahorse 103

sehen	see (to ~) 31, 35, 37, 45, 51, 60, 65, 74, 87, 99, 101, 103 / spot (to ~) 103
sehr	very 4, 61, 81, 94 / pretty 55
Seilbahn	rope tow 75
sein	be (to ~) 9, 26
seit	since 40, 78, 81, 82, 103
Seite	side 50
selbstverständlich	of course 3, 64, 65 / sure thing 17 / sure 41
Seminar	seminar 94
senden	send (to ~) 3, 66, 67, 83, 90, 96
Sendung	program 87
sentimental	sentimental 105
Service	service 61, 62, 66, 87
Sessel	reclining chair 103
Sessellift	chairlift 75
sexuell	sexual 80
sich abwechseln	go in turns (to ~) 60
sich aufhalten	stay (to ~) 37
sich aufraffen	be inspired (to ~) 85
sich ausruhen	rest (to ~) 63
sich beeilen	hurry up (to ~) 9, 37, 45
sich befinden	locate (to ~) 69
sich beschweren	complain (to ~) 33
sich beunruhigen	worry (to ~) 9, 57, 72, 89 / care (to ~) 18 / be worried (to ~) 40
sich bücken	stoop down (to ~) 103
sich einprägen	memorize (to ~) 40
sich entschuldigen	excuse (to ~) 12, 19, 26, 61, 66
sich erheben	raise (to ~) 50 / rise (to ~) 61, 104 / stand up (to ~) 105
sich erinnern	remember (to ~) 47, 60, 64, 82, 105
sich erweisen	turn out (to ~) 74, 100
sich fragen	wonder (to ~) 36, 82, 101
sich freuen	look forward to (to ~) 100
sich fühlen	feel (to ~) 54
sich gestört fühlen	mind (to ~) 5
sich gewöhnen	get used (to ~) 65
sich in Verbindung setzen	contact (to ~) 96
sich kümmern um	care for (to ~) 89
sich leisten können	afford (to ~) 54
sich lohnen	pay (to ~) 58
sich rasieren	shave (to ~) 52
sich selbst	oneself 36
sich trennen	break up (to ~) 105
sich verlassen auf	rely on (to ~) 36

sich verspäten	be late (to ~) 9
sich vorstellen	imagine (to ~) 56
sich weigern	refuse (to ~) 79
sich zur Ruhe setzen	retire (to ~) 38, 100
sicher	sure 30, 43, 64, 96, 99, 105 / safe 61 / certain 49
sicherstellen	make sure (to ~) 83
sie (Pl.)	they 7 / them 92
sie selbst (f. Sing.)	herself 36, 89
sie selbst (Pl.)	themselves 36, 89
sie; ihr	she 7, her 92
sieben	seven 26
Sirup	syrup 99
Situation	situation 74
sitzen	sit (to ~) 72, 83
Sitzung	seance 39
skeptisch	sceptical 103
Ski fahren	ski (to ~) 75
Ski	ski 75
so (sehr)	so 91
Socken	sock 11
Sofa	sofa 72
sofort	right away 88
Software	software 69
sogar	even 34, 84, 99 / same 50, 74
Sohn	son 34, 64
solch	such 101
solide	sound 89
sollen (eigentlich ~)	be supposed to (to ~) 23, 67
sollte	should 13
Sommer	summer 25, 30, 35, 60, 74
Sonnenbrand	sunburn 86
sonnig	sunny 9
Sonntag	Sunday 9, 14
sorgen für	take care of (to ~) 89
sozial	social 59
sparen	save (to ~) 88
später	later 55
spätestens	at the latest 85
Speisekammer	pantry 51
Spezialist	specialist 55
Spezialität	specialty 21
speziell	special 41, 58, 66, 99
spielen	play (to ~) 35, 55, 82, 100
Spinat	spinach 56, 87
Spitzname	nickname 53

sprechen	speak (to ~) 24, 43, 61, 66, 90 / talk (to ~) 47
springen	jump (to ~) 35, 105
Spross	sprig 93
Spüle	sink 51
Staat	state 90
Staatsbürgerschaft	citizenship 104
Stadt	town 65
städtisch	urban 80
Stadtviertel	borough 33 / district 33 / area 61
Stadtzentrum	downtown 64
ständig	resident 73
stark	strong 27
starke Schmerzen	agony 103
stärken	strengthen (to ~) 80
staubsaugen	vacuum (to ~) 74, 103
Steak	steak 62, 77
Steckrübe	turnip 56
stehlen	steal (to ~) 61
Steinmetz	mason 81
stellen	place (to ~) 39, 104 / bring (to ~) 50 / put (to ~) 85
sterben	die (to ~) 10, 22
Stethoskop	stethoscope 103
Steuer-	tax 59 / fiscal 59
Steuerpflichtiger/-zahler	taxpayer 59
Stiefmutter	stepmother 35
Stiefvater	stepfather 35
Stier	bull 27, 52
Stift	pen 44
Stipendium	scholarship 73 / stock market 85
Stock	stick 72
stolz sein	be proud (to ~) 104
Stolz	pride 103
stolz	proud 61, 105
Strand	beach 61
Straße	street 32, 34, 45, 79
Strauß	bunch 68
streuen	sprinkle (to ~) 93
Strom	stream 52
Stück (Theater)	play 37
Stück	piece 20, 46 / chunk 66
Stückchen	dab 93
Stuhl	chair 99
Stunde	hour 34, 47, 66, 79, 83
subtrahieren	subtract (to ~) 93
suchen	look for (to ~) 6, 69

Südwesten	southwest 25, 100
Sünde	sin 74
super	great 16, 36, 44, 48
Supermarkt	supermarket 42
surfen	surf (to ~) 48
Süßigkeiten	candy 21
Süßkartoffel	sweet potato 42
Swimmingpool	swimming pool 100
System	system 79
Tablette	tablet 55
Tacker	stapler 44
Tag	day 5, 8, 23, 40, 52, 78, 79, 88
Tagesordnung	agenda 63
Tal	valley 87
Tank	tank 88
Tante	aunt 35
tanzen	dance (to ~) 34
Tarifstufe	bracket 59
Taschentuch	handkerchief 105
Tatsache	fact 4
tatsächlich	really 11, 13, 15, 27, 79, 94, 100
taub	deaf 83
Taxi	taxi 19, 79 / cab 21
Technologie	technology 87
Tee	tea 42
Teil	part 2, 80
teilnehmen	attend (to ~) 73
Teilnehmer	participant 94
Telefon	phone 81 / telephone 29, 96
Telefonnummer	phone number 75
Teller	plate 58, 99
Temperatur	temperature 55
Tennisschuhe	sneakers 21
teuer	dear 31 / pricey 62
Theater	theater 21
Thema	subject 102 / topic 102
Theorie	theory 103
These	thesis 57, 95
Thymian	thyme 93
tief	deep 50, 105
Tiger	tiger 16, 27
Time-Share	time-share 100
Tisch	table 34, 46, 58, 99
toasten	toast (to ~) 99
Toaster	toaster 51
Tochter	daughter 3, 64
Toiletten	rest rooms 17, 80 / bathroom 17, 80

tolerant	tolerant 11, 74
Tomate	tomato 56, 93
Torte	pie 13
tot	dead 52
tragen	carry (to ~) 37 / wear (to ~) 45, 100, 101
Traum	dream 97, 100
treffen	meet (to ~) 1, 64, 65, 67, 68, 105
treu	faithfully 105
Treue	allegiance 104
Trick	trick 86
trinken	drink (to ~) 32, 35, 41, 54, 100
Trommel	drum 43
Trompete	trumpet 43
trotz	nonetheless 66 / in spite of 87
Tüpfelchen auf dem i	ice the cake (to ~) 100
Tür	door 17, 87
tut mir leid	sorry 44, 79, 81, 102
Typ	guy 61
typisch	quintessential 100
U-Bahn	subway 79
übelnehmen	mind (to ~) 56
über	over 50, 55, 93 / above 96
überall	everywhere 34 / all over 86
überbacken	broil (to ~) 93
überbezahlt	overpaid 80
überfahren	run through (to ~) 71
überhitzen	overheat (to ~) 55
überprüfen	review (to ~) 40 / check (to ~) 48
überqueren	cross (to ~) 81
Überraschung	surprise 73
überreagieren	over-react (to ~) 80
überschätzen	overrate (to ~) 80
übersehen	overlook (to ~) 80
überspringen	skip (to ~) 105
Übertreibung	overstatement 80
überzeugen	convince (to ~) 74, 99
übrigens	by the way 47
Übung	exercise 105
Uhr	o'clock 19
Ulme	elm 51
um (herum)	around 95
um	in order to 94
umbringen	kill (to ~) 99, 103
umgehen mit	handle (to ~) 74
umgestalten	remodel (to ~) 81
umlegen	switch (to ~) 67

umrühren	stir (to ~) 93
Umschlag	envelope 44, 101
umtauschen	exchange (to ~) 64
umziehen	move (to ~) 18, 65
unbekannt	unknown 49
unbewohnt	inhabited 63
unbezahlt	unpaid 54
unfreundlich	nasty 62 / unfriendly 6
ungefähr	around 26 / about 61 / nearly 105
ungesalzen	unsalted 76
ungesund	unhealthy 80
ungesüßt	unsweetened 76
ungewöhnlich	unusual 6
unglaublich	unbelievable 49 / incredible 15, 78
unglücklich	unhappy 6
Universität	university 15, 73, 78
Unkraut	weed 85
unmöglich	impossible 49
unpersönlich	impersonal 47
unreif	immature 49
unsicher	unsafe 80 / uncertain 49
unteilbar	indivisible 104
unter	under 74, 103
unterer, -e, -es	down 50 / lower 103
Unterhaltung	conversation 96
Unternehmen	establishment 69 / firm 69 / corporation 69 / company 96
Unterschied	difference 67
unterschiedlich	different 92
unterstellen	imply (to ~) 103
Unterwasser-	underwater 73
unterzeichnen	sign (to ~) 83, 88, 90
Unterzeichnung	signing 83
unverändert	unaltered 49
unvernünftig	unreasonable 62
unwahrscheinlich	improbable 49
Unze	ounce 27, 76, 77, 93
unzufrieden	unhappy 49
Ur-	great 95
Vanille	vanilla 13, 14
Vase	vase 46
Vater	father 32, 35, 53, 58, 90, 92, 100
Verabredung	appointment 67 / date 76 / meeting 83
verarbeiten	process (to ~) 96
verbessern	improve (to ~) 67
verbinden	attach (to ~) 105

Vogel	bird 45
Vokabular	vocabulary 40
Volk	people 104
voll	full 104
völlig	completely 62, 80 / totally 79
von	from 2
vor (+ Zeitpunkt)	before 57, 59, 95 / until 54
vor (+ Zeitraum)	ago 34, 64
vor allem	anyway 95
vorbeifahren	drive by (to ~) 32
vorbeigehen	pass (to ~) 79, 101 / swing around (to ~) 85
vorbereiten	prep (to ~) 40 / prepare (to ~) 40 / cook (to ~) 28
Vorfahrt	right of way 71
vorkommen	figure (to ~) 59
vorschlagen	suggest (to ~) 56, 79 / propose (to ~) 83
vorsichtig	careful 80
Vorstadt-	suburban 85
vortäuschen	fake (to ~) 103 / pretend (to ~) 63
Vorteil	advantage 59, benefit 59
vortreten	step forward (to ~) 104
wachsen	grow up (to ~) 57 / grow (to ~) 89 / shoot up (to ~) 85
Waffe	gun 45
Waffel	waffle 99
wagen	dare (to ~) 101, 103
wählen	vote (to ~) 27
wählen	elect (to ~) 59
Wahljahr	election year 59
wahr	true 10, 78
während (+ Zeitangabe)	during 78
während (wogegen)	whereas 94
Wahrheit	truth 22, 68
Wahrsager/-in	fortune-teller 39
wahrscheinlich	probable 49 / likely 94
Walnuss	walnut 51
Walross	walrus 27
Wange	cheek 56
warnen	warn (to ~) 68, 101
Warteschlange	line 99
warum	why 18
was	what 2, 18
Wäsche	laundry 51
Waschmittel	detergent 51
Wasser	water 27, 41

Wasserquelle	water fountain 17
Website	web site 87
wecken	wake (to ~) 63
weder	either (nach Negation) 57
Weg	way 9
weggehen	go away (to ~) 30 / leave (to ~) 9, 34, 82 / quit (to ~) 38
wehtun	hurt (to ~) 103
weiblich	female 102
Weihnachtsfeier	Christmas party 32
weil	because 18, 58, 94
Wein	wine 58
weinen	cry (to ~) 18, 35, 89, 90, 101
Weise	way 82, 105
weiß	white 45, 86
weiterer, -e, -es	further 96
weitermachen	continue (to ~) 17, 56 / keep on (to ~) 55, 56 / go ahead with (to ~) 60
welcher, -e, -es	which 65
Welpe	pup 72 / puppy 52
Welt	world 2, 79, 96, 105
Weltraum	space 97
wenden	flip (to ~) 92
wenn	when 18, 48
wenn (falls)	if 84
wenn man bedenkt	considering 99
wer	who 18, 97
Werbe-	advertising 96
Werbung	advertising 96
werden (Zukunft)	be going to (to ~) 37
werden	come out (to ~) 20
werfen	throw (to ~) 85
Werk	work 102
wert	worth 88
Westküste	west coast 83
Wette	bet 39
Wetter	weather 54, 67
Whirlpool	jacuzzi 51
wichtig	important 40 / major 97
widerwärtig	repulsive 62
wie	how 6, 20, 36, 52
wie viel(e)	how long 38 / how many 27 / how much 27, 48, 61
wieder	again 85, 103, 105
wiederholen	repeat (to ~) 50, 71, 94, 104, 105
wiegen	weigh (to ~) 27

willkommen	welcome 3, 104
Wimper	eyelash 56
Winter	winter 30, 35, 54
wir selbst	ourselves 89, 99
wir	we 7 / us 92
Wirbel	vertebrae 103
wirklich	really 11, 13, 15, 27, 79, 94, 100
Wirtschaft	economy 36
wissen	know (to ~) 10, 61, 94, 102
Witz	joke 86, 105
Witze machen	kid (to ~) 2, 65
wo	where 2, 17, 18, 29, 31
Woche	week 8, 25, 30, 95, 103
Wochenende	weekend 30, 75
Wodka	vodka 100
wogegen	whereas 94
wohnen	live (to ~) 3, 33, 65
Wohnung	apartment 21, 37, 57
Wohnzimmer	den 51 / family room 51
Wolf	wolf 27, 52
Wolke	cloud 23
wollen	want (to ~) 5, 31, 44, 57, 68, 79, 90, 99 / like (to ~) 48
Wort	word 55, 92, 105
Wortspiel	pun 26, 79
wundervoll	wonderful 36
wünschen	wish (to ~) 65, 66, 105
Wurf	litter 52
würfeln	dice (to ~) 93
Wurst	sausage 99
Wurzel	root 95
wütend	mad 21
wütend werden	get angry (to ~) 80
Yacht	yacht 100
Yoga	yoga 102
Zahl	figure 59
zählen	count (to ~) 60
zahlreich	numerous 59
Zahn (Zähne)	tooth (teeth) 56, 57
Zebra	zebra 86
Zehe	toe 56
zehn	ten 18, 29
zehnter, -e, -es	tenth 58, 66
Zeichenbrett	drawing board 69
zeigen	indicate (to ~) 102 / point (to ~) 50
Zeit	time 27, 29, 36, 100
Zeiten	times 92

Zeitschrift	magazine 96
Zeitung	newspaper 86
Zelt	tent 104
Zen	zen 78
Zentrum	center 21
(zer)brechen	break (to ~) 35, 46, 54, 93
Zeremonie	ceremony 104
zerschmettern	smash (to ~) 46
Zertifikat	certificate 104
Zicklein	kid 72
ziemlich	rather 62
Zigarette	cigarette 5
Zimmergenosse	roommate 15
Zimmermann	carpenter 81
Zitrone	lemon 41
Zitrusfrucht	citrus fruit 104
zögern	hesitate (to ~) 96
Zoo	zoo 16, 79
Zoohandlung	petstore 57
Zoowärter/-in	zookeeper 57
zu (sehr)	too 70, 78, 105 / too much 94
zu spät	late 9, 28, 47
Zucchini	zucchini 41
züchten	be raised (to ~) 73 / breed (to ~) 80
Zucker	sugar 27
zuerst	first 41, 51
zufrieden sein	pleased (to be ~) 94
Zug	train 47, 79
zugeben	admit (to ~) 71, 99
zuhören	be listening (to ~) 40 / listen (to ~) 71, 94
Zukunft	future 55
Zunge	tongue 56
zurück	back 42, 66
zurückgeben	return (to ~) 57
zurückgehen	go back (to ~) 66 / be right back (to ~) 85
zurückkehren	come home (to ~) 28 / go home (to ~) 55 / run (to ~) 71
zurückkommen	be back (to ~) 43 / return (to ~) 57
zurückstellen	place back (to ~) 50
zurückverfolgen	trace (to ~) 95
zusammen	together 85, 105 / whole 55
zusätzlich	extra 99
Zuschuss	grant 73
Zustand	condition 54
zustimmen	agree (to ~) 92

Eigene Notizen...

Eigene Notizen...

Aussprache / Kurzübersicht

[*Lautschrift*]	Beschreibung / Aussprachebeispiel	Beispielwort
Konsonanten		
[*ch*]	**ch** wie in "Ka**ch**el"	**loch** [*lo**ch***] "der See"
[*dsch*]	wie der Anlaut von "**Dsch**ungel"	**jam** [***dsch**äm*] "klemmen"
[*j*]	**j** wie in "**j**ung"	**yet** [***j**et*] "noch"
[*ng*]	Nasallaut wie in "si**ng**en"	**to sing** [*tu: ßi**ng***] "singen"
[*r*]	retroflexes/kehliges **r** nicht gerollt! (s. Seite XIV)	**rat** [***r**ät*] "Ratte"
[*ß*]	stimmlos wie in "Lo**s**"	**sip** [***ß**ip*] "schlürfen"
[*s*]	stimmhaft wie in "Ro**s**e"	**zip** [***s**ip*] "Reißverschluss"
[*sch*]	stimmlos wie in "**Sch**iff"	**ship** [***sch**ip*] "Schiff"
[*sch~*]	stimmhaft wie in "Gara**ge**"	**vision** [*vi-**sch~**n*] "Vision"
[*tsch*]	wie in "Ma**tsch**"	**chin** [***tsch**in*] "Kinn"
[*fß*]	stimmloses gelispeltes **s** (s. Seite XIV)	**thin** [***fß**in*] "dünn"
[*fs*]	stimmhaftes gelispeltes **s** (s. Seite XIV)	**the** [***fs**ö*] "der, die, das"
[*wu*]	mit gespitzten Lippen gesprochenes **u** mit leichtem Luftausstoß	**win** [***wu**in*] "Gewinn"
Vokale		
[*ä/ä:*]	**ä** wie in "pl**ä**tten, K**ä**se"	**fat, fairy** [*f**ä**t, f**ä:**-ri*] "fett, Fee"
[*ö*]	kurzes dunkles **ö**, fast wie **e** in "Katz**e**"	**ago** [***ö**-gou*] "seit"
[*ö:*]	langes **ö** wie in "F**öh**r"	**fur** [*f**ö:**r*] "Pelz, Fell"
[*oi*]	wie in "h**eu**te"	**oil** [***oi**l*] "Öl"
[*ou*]	**o-u**	**goat** [*g**o**-**u**t*] "Ziege"
[*u͜ö*]	**u**, gefolgt von **ö**	**casual** [*käsch~**u͜ö**l*] "locker"
[*ju*]	wie in "**Ju**gend"	**fuel** [*f**ju**l*] "Kraftstoff"